HEYNE BÜCHER

HEYNE KOCHBÜCHER

Julie Sahni

DAS GROSSE *vegetarische* INDISCHE KOCHBUCH

200 Rezepte
aus dem Ursprungsland
der gesunden Ernährung

Deutsche Erstausgabe

WILHELM HEYNE VERLAG
MÜNCHEN

HEYNE KOCHBUCH
07/4480

Aus dem Amerikanischen übersetzt von Ursula Tavener
Titel der Originalausgabe:
CLASSIC INDIAN VEGETARIAN AND GRAIN COOKING
erschienen bei William Morrow and Company, Inc., New York

Wir danken folgenden Firmen für ihre freundliche Unterstützung
bei der Gestaltung des Titelfotos:
ASIEN-BASAR, Hirschbergstraße, München
SULTANA Orient-Restaurant, München

10. Auflage

Printed in Germany 2001
Umschlagfoto: Sigi Bumm-Hengstenberg, Studioh!, München
Illustrationen: Richard Pfanz
Umschlaggestaltung: Atelier Ingrid Schütz, München
Satz: Schaber, Wels
Druck und Bindung: Ebner Ulm

ISBN 3-453-00222-9

INHALT

Abkürzungen und Maßangaben:

EL = Eßlöffel
TL = Teelöffel
Msp = Messerspitze
1 Tasse = 235 ccm

EINLEITUNG:
Der Vegetarismus in Indien

Es gibt vor allem zwei Gründe, vegetarisch zu leben: 1. glaubt man, es sei gesünder, 2. will man ein anderes Lebewesen nicht töten.

Im Westen ist der erste Grund am häufigsten. Westliche Vegetarier glauben, daß der Mensch kein Fleisch braucht, um gesund zu bleiben. Einige gehen noch weiter und behaupten, daß Fleisch nicht nur unnötig, sondern sogar schädlich sei, da es zu einem erhöhten Cholesterinspiegel und somit zu Übergewicht, Herzkrankheiten, hohem Blutdruck und Schlaganfällen führt. Verwendung von Wachstumshormonen in der Viehzucht wird zudem mit erhöhtem Krebsrisiko in Verbindung gebracht.

In Indien hingegen stehen religiöse und moralische Gesichtspunkte im Vordergrund. Den meisten Hindus, die größte Gruppe der praktischen Vegetarier in Indien (83 % der Gesamtbevölkerung von 680 Millionen), widerstrebt es, Leben zu vernichten. Darüber hinaus glauben viele Hindus an die Wiedergeburt: Demnach könnte in jedem Lebewesen die Seele eines Menschen wohnen, die auf ihre Wiedergeburt wartet. Am weitesten ist der Respekt vor jedwedem Leben bei den Dschainas entwickelt. Sie führen stets einen Besen mit sich, mit dem sie den Weg vor sich fegen, um nicht versehentlich ein Insekt zu zertreten. Sie lehnen es sogar ab, während

Jammu
Hanle
Chamba
Amritsar
Jullundur
Dankhar
Chandigarh
Simla
Ambala
Bhatinda
Saharanpur
Hardwar
Panipat
Hissar
Rohtak
Meerut
Moradabad
Rampur
DELHI
Bareilly
Jorhat
Darjeeling
Dimapur
Kohima
Cooch Behar
Shillong
Siliguri
Imphal
Silchar
Bikaner
Aligarh
Mathura
Gorakhpur
Muzaffarpur
Jaisalmer
Lucknow
Phalodi
Jaipur
Agra
Faizabad
Kannauj
Kanpur
Sultanpur
Arrah
Patna
Purnea
Ajmer
Gwalior
Jodhpur
Allahabad
Varanasi
(Banaras)
Gaya
Bhagalpur
Barmer
Jhansi
Mirzapur
Kota
Daltonganj
Asansol
Udaipur
Ranchi
Purulia
Palanpur
Sagar
Bhuj
Ratlam
Bhopal
Jabalpur
Jamshedpur
CALCUTTA
Ahmadabad
Hoshangabad
Bilaspur
Indore
Rajgarh
Baroda

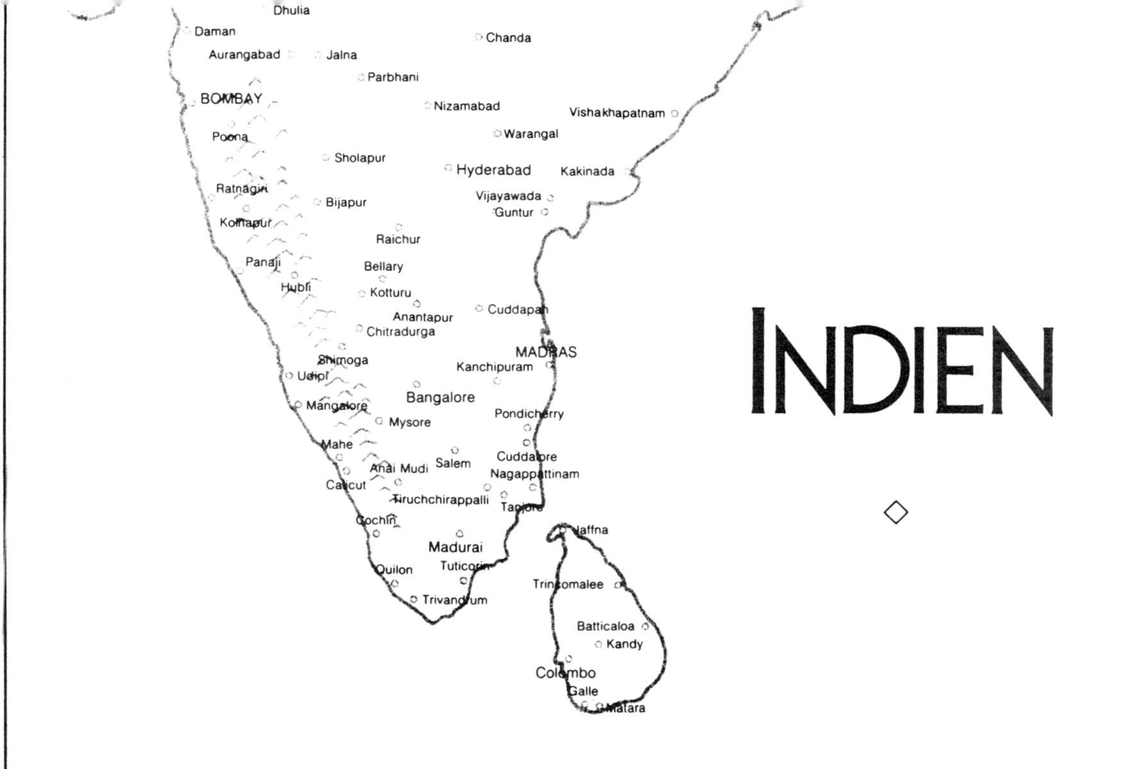
INDIEN
Dhulia
Daman
Chanda
Aurangabad
Jalna
Parbhani
BOMBAY
Nizamabad
Vishakhapatnam
Poona
Warangal
Sholapur
Hyderabad
Kakinada
Ratnagiri
Bijapur
Vijayawada
Guntur
Kolhapur
Raichur
Panaji
Bellary
Hubli
Kotturu
Anantapur
Cuddapah
Chitradurga
MADRAS
Shimoga
Kanchipuram
Udipi
Bangalore
Mangalore
Mysore
Pondicherry
Mahe
Anai Mudi
Salem
Cuddalore
Nagappattinam
Calicut
Tiruchchirappalli
Tanjore
Cochin
Jaffna
Madurai
Quilon
Tuticorin
Trincomalee
Trivandrum
Batticaloa
Kandy
Colombo
Galle
Matara

der Regenzeit bestimmte Obst- und Gemüsesorten zu essen, denn diese könnten Würmer oder Insekten enthalten. Auch vermeiden sie jede Art von Ackerbau, da sie das Leben der Tiere, die in der Erde wohnen, nicht gefährden wollen. Sie haben sich auf Geschäft und Handel spezialisiert und leisten auf diesem Gebiet Hervorragendes.

Im Westen wie im Osten gibt es verschiedene Stufen von Vegetarismus. Die einfachste Form besteht darin, kein rotes Fleisch mehr zu essen. Eine Stufe weiter, und der Verzehr von Geflügel ist ebenfalls verboten. Dann kommen Fisch und Meeresfrüchte auf die schwarze Liste, und der strengste Vegetarismus verbannt auch noch Eier aus der Diät, da Eier als embryonische Küken gelten. Einige Hindu-Sekten, die Brahmanen in den heiligen Städten Benares und Kalaunj zum Beispiel, gehen noch weiter: Sie verbieten den Genuß bestimmter Gemüsesorten wie Knoblauch und Zwiebeln. Sie glauben nämlich, daß die wichtigste Funktion dieser Gemüsesorten darin besteht, den Geschmack von Fleisch zu verbessern — eine höchst unglückliche Assoziation.

Dieses Buch wurde in dem Glauben geschrieben, daß die Vegetarier im Westen noch viele interessante Speisen zu entdecken haben und ihre Mahlzeiten noch abwechslungsreicher gestalten könnten. Egal, aus welchen Beweggründen man vegetarisch lebt, es gibt sicher einiges zu lernen von einer vegetarischen Küche, die eine viertausend Jahre alte Tradition hat.

Sie werden sehen, daß einige Rezepte ganz offensichtlich dem Wunsch entspringen, den Geschmack von Fleisch so echt wie möglich nachzuahmen. Andere dagegen enthalten ganz bewußt keine Gemüse-, Obst- und Gewürzsorten, die entweder mit der Zubereitung von Fleisch, Geflügel oder Fisch assoziiert werden oder in irgendeiner Hinsicht, zum Beispiel in der Farbe,

Fleisch ähnlich sind, wie Tomaten, rote Bete und Wassermelone.

Ich hoffe, daß die vegetarischen Rezepte dieses Buches Ihnen neue Anregungen geben, Ihr Leben um eine neue kulinarische Dimension erweitern.

Die meisten Rezepte in diesem Buch kommen aus der Küche der Hindus (vor allem der Brahmanen) und der Dschainas (ein Seitenzweig des Hinduismus), die beide streng vegetarisch leben. Andere religiöse Gemeinschaften, die Sikhs und die Buddhisten (beide ebenfalls Seitenzweige des Hinduismus), die Parsen (eine Sekte, die im neunten Jahrhundert von Persien nach Indien emigrierte, um religiöser Verfolgung zu entgehen), die Muslims, die Jüden und die Christen, leben zwar nicht ausschließlich vegetarisch, aber sie essen — vor allem aus wirtschaftlichen Gründen — nur wenig Fleisch, Geflügel oder Fisch. Deshalb kennen auch sie viele interessante und geschmackvolle vegetarische Zubereitungen, die in diesem Buch ebenfalls aufgenommen wurden.

ZUM THEMA SALZ: In den meisten Rezepten in diesem Buch wird relativ weniger Salz verwendet als in den klassischen Rezepten. Daß zuviel Salz gesundheitsschädlich ist, ist inzwischen weltweit bekannt, und viele Menschen, auch die Inder, haben ihre Würzgewohnheiten geändert, ohne deshalb den traditionellen Geschmack ihrer Speisen aufzugeben.

In unserem Restaurant »Nirvana« und in meinen Kochkursen verwende ich sehr wenig Salz. Unsere Gäste und meine Schüler finden die salzarmen Gerichte delikater, da man die einzelnen Zutaten viel besser schmekken kann. Aber letztendlich ist dies eine Frage des persönlichen Geschmacks. Wenn Sie das Gefühl haben, daß das Gericht zu wenig gesalzen ist, geben Sie einfach etwas mehr Salz zu.

GRUNDLAGEN DER INDISCHEN VEGETARISCHEN KÜCHE

◇

शाकाहारी पाक-शिक्षा के नियम

GEMÜSE UND FRÜCHTE

Gemüse und Früchte spielten in der indischen Küche schon immer eine wichtige Rolle, denn viele Inder sind aus wirtschaftlichen oder religiösen Gründen Vegetarier. Dies heißt glücklicherweise nicht, daß die indische Küche monoton und wenig abwechslungsreich ist. Im Gegenteil. Nirgendwo gibt es so viele verschiedene Gemüsesorten wie in Indien. Dazu kommt, daß indische Köche auch unreife Früchte als Gemüse zubereiten. Die tropische Sonne verleiht den Früchten und Gemüsen eine köstliche Süße, ein verschwenderisches Aroma und einen intensiven Geschmack. Viele dieser Obst- und Gemüsesorten werden auch bei uns angebaut. Da aber unser Klima viel gemäßigter ist, schmecken diese Produkte bei uns weniger intensiv. Man muß also aufpassen, daß man sie nicht zu stark würzt. Ein Beispiel soll das erläutern: Blumenkohl mit Blumenkohlblättern (S. 307) würde in Indien mit wesentlich mehr gemahlenen Bockshornkleesamen und Ingwer gewürzt, da indischer Blumenkohl ein viel stärkeres Aroma hat. Das milde Aroma unserer Blumenkohlköpfe hingegen würde dabei verlorengehen. Aus diesem Grund habe ich die Gewürzmenge reduziert. Dies gilt übrigens für alle Rezepte in diesem Buch.

Bei den folgenden Beschreibungen gehe ich hauptsächlich auf die Gemüse- und Obstsorten ein, die hierzulande nur wenig bekannt sind. Für die Produkte, die man hier nicht kaufen kann, wird, wenn möglich, ein Ersatz angegeben. Probieren Sie Obst- und Gemüsesorten, die

Sie noch nicht kennen, einmal aus. Sie werden Ihren Speisezettel abwechslungsreicher gestalten.

Gemüse

Gemüse wird am besten erntefrisch zubereitet, was in Indien auch gewöhnlich der Fall ist. Seitdem man sich immer mehr über die Zusammenhänge von Gesundheit und Ernährung im klaren ist, wird in den Läden verstärkt frisches Obst und Gemüse angeboten. In den Großstädten findet man fast in jedem Stadtteil Märkte, die diesen Konkurrenz machen. Jedes Gericht schmeckt so gut wie die Zutaten. Junge, zarte, frische Gemüse schmecken eben besser.

Avocado (Avocadoo)
Die grüne, birnenförmige Frucht des Avocadobaums (*Persea americanos*) wurde im 16. Jahrhundert von den Portugiesen in Indien eingeführt. Heute wird sie hauptsächlich in der Gegend von Bangalore (eine Stadt in Südindien) und an den Ausläufern der berühmten Blauen Berge, dem Nilgiri Gebirge, nördlich von Madras angepflanzt. Da der Transport der reifen Avocadofrüchte schwierig ist, werden sie hauptsächlich im Süden des Landes verwendet. Beliebt sind Avocados bei den Anglo-Indern in Bangalore und den Muslims in Malabar, andere indische Köche finden den milden Geschmack und die cremige Konsistenz des Fruchtfleisches wenig attraktiv. Man serviert Avocados entweder mit einer gut gewürzten Sauce oder als Suppe. Kalte Avocado-Kokosnuß-Suppe (S. 215) ist ein Beispiel dafür. Hierzulande kann man Avocados das ganze Jahr über kaufen. Wählen Sie eine Frucht, die sich weich anfühlt (ein Zeichen der Reife) und keine braunen Flecken hat.

»Bathua«
»Bathua«, (*Chenopodium album*), eine Pflanze mit unregelmäßigen dreieckigen Blättern und einem subtilen Aroma, das an Gras erinnert, ist in Nordindien beliebt. Häufig wird es mit anderen Blattgemüsen zusammen verwendet. Im Handel ist es bei uns nicht erhältlich. In den meisten Rezepten kann man anstelle von »Bathua« Spinat verwenden.

Balsambirne (Karela)
Die Balsambirne (auch als Bittermelone bekannt), ist ein tropisches Kürbisgewächs (*Momordica balsamina*) und hat gurkenähnliche Früchte mit einer grünen Schale, die an die Haut eines Krokodils erinnert. Man kann sie gelegentlich in orientalischen Lebensmittelgeschäften kaufen. Wählen Sie junge, feste Früchte mit möglichst dunkelgrüner Haut, die haben das beste Aroma. Die Balsambirne schmeckt bitter. Wenn man sie vor der Zubereitung in einer Salz-Kurkuma-Mischung einweicht oder kocht, verliert sich ein Teil dieser Bitterkeit.
Balsambirne ist sehr gesund, enthält Eisen und Vitamine und soll anregend wirken.
Balsambirne ist die Hauptzutat in dem klassischen vegetarischen Gericht »Shokhto« (S. 307). Ich bevorzuge Balsambirnen mit würziger Zwiebelfüllung (S. 309).

Bockshornkleeblätter (Methi ka Saag)
Bockshornkleeblätter stammen von der gleichen Pflanze (*Trigonella foenumgraecum*), die auch die Bockshornkleesamen, ein beliebtes Gewürz, liefert. Sie haben ein höchst exotisches, bitteres Aroma, an das man sich erst gewöhnen muß. Man serviert sie gewöhnlich zusammen mit anderen Gemüsen wie Spinat, Kohl, Rote-Bete-Blätter. Sie schmecken vorzüglich in Linseneintöpfen und gefüllten Broten. Besonders hervorragend schmecken

sie zusammen mit stärkehaltigen Wurzelgemüsen, deren relative Fadheit das kräftige Aroma der Bockshornkleeblätter mildert.

Buchweizenblätter (Faafar)
Im nördlichen und nordöstlichen Himalaya hat man schon immer Buchweizen (*Fagopyrus*) angebaut. Er wächst das ganze Jahr über und ist deshalb vor allem im Winter sehr beliebt. Inder bereiten die Blätter wie Spinat zu, der auch ersatzweise für Buchweizenblätter verwendet werden kann.

Grüne Bohnen
Von den vielen verschiedenen Bohnensorten sollen hier nur drei genannt werden: »Phalian«, »Sem« und »Guar ki Phalian«. »Phalian« (*Vigna sinensis*) sind manchmal auch unter der Bezeichnung »chinesische Bohnen« bekannt. Ihre Schoten sind dünn und bis zu 30 Zentimeter lang. Sie sind in Nord- und Westindien sehr beliebt. Hier gibt es sie in asiatischen Lebensmittelläden zu kaufen, ersatzweise kann man gewöhnliche grüne Bohnen verwenden, die aber längst nicht so süß und delikat schmecken. Wählen Sie kräftig-grüne, feste Schoten; solche, die sich gelblich verfärben und eher runzlig und trocken aussehen, sind nicht mehr frisch. »Sem« (*Dolichos lablab-typicus*) ähneln unseren Sau- und Puffbohnen, durch die sie auch ersetzt werden können. Auch hier gilt es, möglichst junge, knackige Schoten zu wählen. »Guar ki Phalian« (*Cyamopsis tetragonoloba*) haben ein würziges Aroma, das an Koriander erinnert, und schmecken leicht bitter. Obwohl man sie in vielen Regionen Indiens verwendet, handelt es sich doch um eine südindische Delikatesse. Man kann sie notfalls durch gewöhnliche grüne Bohnen ersetzen.

Grüne Kichererbsen (Phalian)
In Uttar Pradesch, wo die meisten Kichererbsen (*Cicer arietinum*) in Indien angebaut werden, schätzt man dieses Gemüse sehr. Die Samen werden roh genossen, als Salat serviert oder mit Kräutern und Gewürzen wie jedes beliebige Linsengericht zubereitet. Sie strömen einen wunderbaren erdigen Geruch aus und sind knackig. Mit den schweren, mehligen, getrockneten Bohnen haben sie nichts gemein. Bei uns sind sie nicht erhältlich. Junge, leicht gedämpfte Puff- oder dicke Bohnen können ersatzweise verwendet werden.

Jackbaumfrucht (Katahal)
Die Jackbaumfrucht (*Ortocarpus intergrifolia*), die überall in Indien wächst, ist von großer Bedeutung in der indischen Küche. Die Früchte, die bis zu 100 Pfund schwer werden können, erinnern gekocht in Konsistenz und Aroma an Fleisch. Sie werden von strengen Vegetariern deshalb oft als Fleisch-Ersatz verwendet. Die dicke grüne, mit kurzen Stacheln besetzte Haut der unreif geernteten Frucht wird geschält, das mandelfarbene Fruchtfleisch dann trocken geröstet und mit Kräutern und Gewürzen geschmort. Die Jackbaumfrucht schmeckt gut in Pilaws. Hier kann man sie gewöhnlich nicht kaufen. Jackbaumfrucht in Dosen schmeckt schrecklich, verzichten Sie lieber ganz darauf.

Kürbis
Kürbisse werden in Indien seit prähistorischer Zeit angebaut. Viele Inder betrachten sie als Bauerngemüse, was mit ihrem erdigen Aroma, aber wohl auch damit zusammenhängt, daß es daran keinen Mangel gibt. Tatsächlich haben die Bauern einige der besten Kürbisgerichte kreiert, zum Beispiel Kürbis mit Jaggery (S. 325).

Zur Kürbisfamilie gehören auch

1. Chayote (*Sechium edule*): eine birnenförmige, fleischige Frucht, die im 17. Jahrhundert von den Portugiesen in Südindien eingeführt wurde. Chayote kann man bei uns im Sommer in asiatischen Lebensmittelgeschäften kaufen. Sie sollten sich fest anfühlen, ihre hellgrüne Haut darf keine braunen Flecken aufweisen.

2. Flaschenkürbis oder Schlangengurke (*Lagenaria siceraria*): Wie schon der Name sagt, kommt dieser Kürbis in den verschiedensten Formen vor. Vor dem Kochen wird die dünne grüne Haut abgeschält. Das bleiche, elfenbeinfarbene Fruchtfleisch hat ein Aroma, das zwischen dem von Chayote und Gurke liegt. Da dieses Gemüse selbst bei längerer Garzeit seine Form nicht verliert, wird es oft gefüllt.

3. Gartenkürbis (*(Cucurbita pepo*): Indischer Gartenkürbis ist gewöhnlich rund, relativ klein (10 bis 15 Zentimeter Durchmesser) und hat bleiches, grünlich-weißes Fruchtfleisch und eine gleichfarbige Schale. Er schmeckt wie Zucchini, besitzt aber die Kocheigenschaften des Kürbis.

4. »Tori« (*Luffa acutangalum*): Diese Kürbissorte ist in Indien, China und Malaysia sehr beliebt. Die im unreifen Zustand eßbaren Früchte der Pflanze, von der auch der Luffa-Schwamm kommt, sehen wie Zucchini aus, schmekken aber wie Gurken. Versuchen Sie, dieses Gemüse in asiatischen Lebensmittelgeschäften zu bekommen. Die Chinesen nennen es »Seng Kwa«.

5. Wachskürbis »Petha« (*Benincasa hispida*): Wachskürbis wird vor allem im Süden Indiens angebaut. Die längliche Frucht mit der wachsartigen hellgrünen Haut und dem festen weißen Fleisch ist in chinesischen Lebensmittelläden erhältlich. Aus ihr wird die berühmte indische Süßigkeit »Petha« hergestellt, man verwendet sie aber auch in Eintopfgerichten.

6. Andere: Von den vielen anderen Kürbissorten sollen nur noch »Parval« (*Trichosanthes dioica*), das wichtigste Gemüse in Bengalen und Uttar Pradesch, und »Tindola« (*Coccinia indica*) erwähnt werden. Man kann sie bei uns selten frisch kaufen, es gibt sie aber in Dosen.

Lotoswurzel (Bhen oder Kamal Kakadi)
Die Lotoswurzel ist das Rhizom (Wurzelstock) der Lotospflanze (*Nelumbo nucifera*), die in Indien, China und Japan beheimatet ist. Sie wächst in Teichen und Seen, wird aber wegen ihrer eßbaren Wurzel auch in großen Wasserbehältern angebaut. Lotoswurzel erinnert im Geschmack an Champignons und wird von Vegetariern auch als Fleisch-Ersatz geschätzt. Man erhält sie in Läden, die chinesische und japanische Produkte verkaufen. Sie sollten eine grau-braune Farbe haben, sich fest anfühlen und weder runzlig noch vertrocknet aussehen.

Mango (Kachcha Aam)
Die unreifen Früchte des in Indien beheimateten Mangobaums (*Mangitera indica*) werden in der indischen Küche als Gemüse verwendet. Das Problem ist nur, daß man kaum feststellen kann, ob eine Mango reif oder unreif ist. Unreife Früchte sind normalerweise ganz grün und fühlen sich sehr hart an — wie unreife Pfirsiche. Ihr Fruchtfleisch ist weiß und schmeckt säuerlich. In der indischen Küche verarbeitet man unreife Mangos zu Pickles und Chutneys. Gelegentlich verwendet man sie auch bei Eintöpfen und Saucen, um ihnen ein säuerliches Aroma zu verleihen.
Weiteres über Mangos finden Sie unter »Früchte« (S. 24 ff).

Okra (Bhindi)
Okra (*Abelmoschus esculentus*) ist eines der beliebtesten Gemüse in Indien und auch bei uns erhältlich. Fri-

sche Okra hat eine wunderschöne grüne Farbe. Kaufen Sie nicht die mit dunklen Flecken. In der indischen Küche wird Okra gebraten, gefüllt, geschmort und für Pilaws verwendet.

»Palak«

»Palak« (*Beta vulgaris benghalensis*) ist eine Spinatsorte, die in Indien im Winter angebaut wird. Sie unterscheidet sich wesentlich von unserem Spinat, kann aber durch Mangos ersetzt werden. Falls Sie Schwierigkeiten haben, Mangold aufzutreiben, können Sie »Palak« notfalls durch gewöhnlichen Spinat ersetzen, den Sie aber mit kleingehacktem grünen Paprika vermischen sollten (eine kleine Paprika pro Pfund Spinat).

Papaya (Kachcha Papeeta)

Die Brahmanen und Dschainas halten unreife Papayas (*Carica papaya*) für eine Delikatesse. Die Früchte werden geschält, die Samen entfernt und das Fruchtfleisch klein gehackt. Man verwendet sie hauptsächlich in Pickles und Chutneys, aber auch in Bohnen- und Linseneintöpfen und geschmort in scharfen Saucen. Wenn Sie grüne, unreife Papayas nirgendwo kaufen können, verwenden Sie zarte, sehr junge Zucchini als Ersatz.

Pilze

Von den verschiedenen Pilzarten, die vor allem in den nördlichen und östlichen Gebieten Indiens an den Ausläufern des Himalaya wachsen, sind Morcheln »Gucchi« (*Marchella esculenta*), Pfifferlinge »Dhingri« (*Canthazellus cibarius*) und Champignons »Khombi« (*Agaricus campestris)* die beliebtesten. Morcheln findet man in Kaschmir; da sie wegen ihres Aromas sehr gesucht sind, verwendet man sie nur zu besonderen Anlässen. Pfifferlinge sind im Pandschab sehr begehrt. Sie werden entweder in scharf-würzigen Saucen geschmort oder einfach nur kurz angebraten. Champignons werden wie bei uns kommerziell angebaut. Alle diese Pilze sind auch hier überall erhältlich.

Senfblätter (Sarsoon ka Saag)
Im Pandschab sagt man, daß der Weg zum Herzen eines Sikhs mit Hilfe von Senfblättern gefunden wird. Das stimmt, man braucht nur Aromatische pürierte Senfblätter (S. 317) zu erwähnen, und jedem, der das Gericht kennt, läuft das Wasser im Munde zusammen.
Senf wird in Indien hauptsächlich wegen der schwarzen Senfsamen (ein Gewürz) angebaut, doch im Pandschab liebt man auch die Pflanze (*Brassica juncea*) selbst. Die jungen Blätter haben ein delikates Aroma. Da sie im Winter geerntet werden, schätzt man es besonders, daß einem beim Essen warm wird. Falls Sie indische Senfblätter (*Brassica juncea*) nicht erhalten, können Sie ersatzweise auch chinesische (aus asiatischen Lebensmittelläden) verwenden.

Taro (Ghuiyan oder Arbi)
Taro (*Colocasia esculenta*) gehört zu den Aronstabgewächsen. Sowohl die knolligen Rhizome als auch die zarten Blätter, die ausgewachsen wie Elefantenohren aussehen, sind eßbar. Taroknollen erinnern an Kartoffeln, sind aber kleiner und haben eine rauhe, haarige Haut, manchmal mit dunkelbraunen Ringen. Das weiße Fruchtfleisch, das sich beim Kochen leicht verfärbt, schmeckt ähnlich wie Kartoffeln.
Sowohl die Knollen als auch die Blätter sind in der indischen vegetarischen Küche sehr beliebt. Die Knollen werden mit Gewürzen angebraten, geschmort oder kalt als Salat serviert. Die Blätter füllt man mit würzigen Linsen oder schmort sie in Saucen.

Yam, indische (Zimikand oder Suran)
Die gigantische eßbare Knolle dieser Pflanze (*Amorphophallus campanulatus*) wird auch als »Elefantenfuß« bezeichnet, und so sieht sie auch aus. Prachtexemplare können bis zu 100 Pfund schwer werden! Wegen ihrer fleischähnlichen Konsistenz und ihres würzigen Geschmacks ist sie bei Vegetariern, vor allem bei den Dschainas und den Brahmanen, sehr beliebt.
In Indien wird die Riesenknolle in Stücke zerschnitten verkauft. Hierzulande ist sie nicht erhältlich. Yams, die Knollen der südamerikanischen Maniok, sind ein guter Ersatz.

Wasserkastanie (Singhada oder Paniphal)
Wasserkastanien (*Eleocharis dulcis*) spielten in der indischen Küche schon immer eine große Rolle, überall im Norden sind sie sehr beliebt. Man ißt sie als Snack, mit Gewürzen vermischt als Salat oder zusammen mit cremig-sahnigen Bohnen, um einen interessanten Kontrast in der Konsistenz zu erzielen. Getrocknete Wasserkastanien werden zu Mehl gemahlen, aus dem sich wunderbare Brote backen lassen. Wasserkastanien kann man in vielen asiatischen Lebensmittelgeschäften kaufen. Achten Sie darauf, daß sie sehr hart sind und gut riechen.

Früchte

Der Anbau von Mangos, Bananen, Feigen, Trauben und Datteln in Indien ist schon in der 2500 Jahre alten Hindu-Schrift »Artha Shashtra« dokumentiert. Die indische Begeisterung für frisches Obst erreichte einen Höhepunkt im 15. Jahrhundert, als der Mogulherrscher Akbar ei-

nen Garten anlegen ließ, in dem es 100 000 verschiedene Mangosorten gab.
Die meisten indischen Obstsorten sind süß — sehr süß. So lieben sie die Inder zum Nachtisch. Früchte, die eher etwas säuerlich schmecken, bestreut man mit Salz (von dem es ebenfalls viele verschiedene Sorten gibt) und macht daraus »Chat«, eine appetitanregende Vorspeise.
In der indischen vegetarischen Küche werden sowohl reife als auch unreife Früchte verwendet, in Chutneys, Saucen, Getränken und Pilaws.

Carambola (Kamarakh)
Carambola ist die Frucht des in Indien und Malaya beheimateten immergrünen Baumes *Avershoa carambola.* Es gibt zwei Sorten: Die eine hat ein ziemlich fades, unaromatisches Fruchtfleisch und schmeckt weder süß noch sauer, die andere ist extrem säuerlich mit hocharomatischem, geschmackvollem Fruchtfleisch. In der indischen Küche wird der zweiten der Vorzug gegeben. Das hellgelbe, durchsichtig scheinende Fruchtfleisch der unreifen Carambola wird goldgelb, wenn sie reif ist.
Carambola wird hauptsächlich in Südindien in den Küstengebieten angebaut. Man verwendet sie anstelle der Tamarinde vor allem in hellen Saucen, die sich durch die Beigabe von dunklem Tamarindensaft häßlich verfärben würden. Im Norden wird die Frucht mit schwarzem Salz und Gewürzen bestreut als »Chat«, Appetitanreger, gegessen. Sie schmeckt auch gut in einem Fruchtsalat oder Punsch.
Carambolafrüchte gibt es gelegentlich auch hier zu kaufen. Allerdings sind die beiden Sorten kaum auseinanderzuhalten und nur selten entsprechend gekennzeichnet. Verwenden Sie eher süßliche Früchte in Fruchtsalaten, verarbeiten Sie die säuerlichen zu Pickles oder Chutneys.

Feige (Anjeer)
Es heißt, daß der Feigenbaum älter sei als die indische Zivilisation. Nach den heiligen Schriften der Hindus sitzen die höchsten indischen Gottheiten unter dem heiligen Feigenbaum (*Asvattha ficus religiosa*) und segnen das Universum. Und auch Buddha fand die Erleuchtung unter einem Feigenbaum. Der Baum, der die süßesten Früchte trägt, ist eine Kreuzung zwischen einer wilden Sorte und der im Mittelmeer beheimateten *Ficus carica.* Die Früchte schmecken geradezu himmlisch.
Es gibt grüne und blau-violette Feigen. Das rosa-violette Fruchtfleisch mit den winzigen Samen schmeckt am besten, wenn die Feigen vollreif und ganz frisch sind. Ich serviere sie gern mit Pistazien bestreut in Sahne.
Frische Feigen gibt es auch bei uns auf dem Markt. Beim Kauf muß man gut aufpassen, denn unreife Feigen haben keinen Geschmack, überreife dagegen sind matschig-klebrig und schmecken nicht.

Granatapfel (Anar)
Vollreife Granatäpfel, die Früchte des im Mittelmeergebiet beheimateten Baumes *Punica Granatum,* sind scharlachrot und haben die Größe einer Orange. Unter der dicken, ledrigen Schale liegt das süße purpurrote Fruchtfleisch mit den eßbaren Samen. Granatäpfel zu essen kann mühsam sein, denn die Samen sind etwas hart. Am besten serviert man sie aufgeschnitten, mit etwas »Chat Masala«, schwarzem Pfeffer und Zitronensaft aromatisiert, als appetitanregende Vorspeise. Granatapfelsaft, gemischt mit dem Saft anderer Zitrusfrüchte, schwarzem Salz und nach Belieben etwas »Ruh-Abza«-Sirup, ergibt ein köstliches Getränk, das in Indien »Sharbat e Anar« heißt.
Granatäpfel kann man gewöhnlich von September bis Ende Januar kaufen. Wählen Sie tiefrote Früchte, die sich

fest anfühlen. Solche mit grün-gelblicher Farbe sind noch nicht reif, ihre Samen sind geschmacklos. Das Gewürz »Anardana« (S. 62) wird aus Granatäpfeln hergestellt.

Guave oder Guayave (Amrood)

Die Guave, auch als der Apfel der Tropen bekannt, ist die grünlich-gelbe Frucht des *Psidium guajava.* Ihre Heimat ist Zentralamerika, obwohl viele glauben, daß sie aus Indien stammt. Die Farbe des Fruchtfleisches wechselt von Cremig-Weiß über Rosa zu Purpurrot. Je nach Reifegrad ist das Fruchtfleisch eher körnig oder glatt.

Aus Guaven werden entweder appetitanregende Salate bereitet (S. 163), oder man mischt den Saft mit Honig, frischem Ingwer- und Zitronensaft und erhält ein köstliches Getränk.

Da Guaven sehr viel Pektin enthalten, werden sie häufig bei der Zubereitung von Chutneys, Marmeladen und Süßigkeiten verwendet.

Guaven sind in den Sommermonaten auch hier erhältlich. Wählen Sie weiche, aber feste Früchte (als ob Sie eine Birne kaufen wollten). Nehmen Sie keine, die braune Flecken haben.

Mango (Aam)

Die fleischige, saftige Mango, Frucht der *Mangifera indica,* gibt es in Indien schon seit über 5000 Jahren. Die Portugiesen, die die Frucht in Europa einführten, haben ihren tamilischen Namen »Mango« beibehalten. Sie wird von vielen als die Königin der Früchte betrachtet, allein in Indien gibt es über 1000 verschiedene Sorten. Manche sind klein wie Zitronen, andere so groß wie Ananas. Es gibt sie in Hellgrün, Gelb und leuchtendem Orange. Das Aroma und die Süße der indischen Mangos ist unübertroffen.

Das köstliche goldgelbe Fruchtfleisch kan man roh essen, in der indischen vegetarischen Küche findet es aber auch in Pilaws, Chutneys, würzig-scharfen Saucen, Currys, Joghurt-Getränken und in Desserts Verwendung.
Sie sollten nicht ganz reife Früchte kaufen, außer aber Sie wollen die Mango innerhalb weniger Stunden essen. Vollreife Mangos verderben schnell. Sie sollten sich weich, aber fest anfühlen. Dunkle Flecken zeigen an, daß die Frucht überreif ist.
Mangos sind zwar prinzipiell Sommerfrüchte, in Feinkostgeschäften kann man sie jedoch das ganze Jahr über kaufen.

Maulbeere (Shahtoot)
Wer in Indien war, in Kaschmir aber nicht die Maulbeeren in scharfer Sauce probiert hat, die während der Sommermonate vor den Palästen und Gärten der Moguln von Straßenhändlern angeboten werden, der kann nicht behaupten, daß er das Land wirklich kennengelernt hat. Maulbeeren können sehr süß sein, aber auch so bitter schmecken, daß es einem den Mund zusammenzieht. Frische Maulbeeren gibt es bei uns selten. Ersatzweise können Sie Brombeeren oder Loganbeeren verwenden.

Papaya (Papeeta)
Inder sind immer wieder überrascht, daß eine ihrer Lieblingsfrüchte, die Papaya (*Carica papaya*), ursprünglich aus Zentralamerika stammt. Es ist eine melonenähnliche Frucht, die unreif eine grüne Farbe hat, reif gelb-orangefarben aussieht. Das goldgelbe Fruchtfleisch der Papaya schmeckt süß und aromatisch, aber nur, wenn die Frucht reif ist. Reife Früchte erkennt man daran, daß sie auf Druck etwas nachgeben.
In Indien wird die Papaya gewöhnlich geschält, entsteint und in Schnitze geschnitten. Man ißt sie entweder so,

bereitet daraus »Chat« oder ein Joghurt-Getränk, oder man verwendet sie für die Zubereitung von Süßspeisen und Desserts.

Sapodilla-Pflaume (Chikoo)
Die Sapodilla-Pflaume, Frucht des in Zentralamerika beheimateten Baumes *Achras zapota,* wird im Gudscherat seit dem 17. Jahrhundert kultiviert. Sie ist oval, hat eine braune Haut und ähnelt der Kiwi. Das hellbraune, fast zu süße Fruchtfleisch enthält einige große schwarze Samen. Die Frucht wird vor dem Servieren geschält, die Samen werden entfernt.
Das Inder Süßes sehr schätzen, essen sie die Frucht am liebsten roh. Man kann daraus auch indische Salate bereiten oder Süßigkeiten herstellen. Beim Kauf sollte man darauf achten, daß die Früchte weich, aber nicht matschig sind.

Zimt- oder Zuckerapfel (Sharifa)
Als Zimt- oder Zuckeräpfel bezeichnet man die Früchte aller Bäume, die zur Familie der Annonaceaen gehören. In Indien versteht man darunter nur die Früchte des *Annonaa squamosa,* ein Baum der ursprünglich aus Afrika stammt, aber schon seit über 1000 Jahren in Indien heimisch ist.
Die grün-schwärzliche Frucht hat ein saftiges, mandelfarbenes, süßes Fruchtfleisch mit einem delikaten Aroma. Man ißt sie roh zum Nachtisch oder bereitet daraus unwiderstehliche Süßigkeiten wie Halwa oder Barfi.
Ab und zu kann man auch bei uns Zimtäpfel kaufen. Das beste Aroma haben die hellgrünen, die nur wenige hellbraune Flecken aufweisen. Sie sollten sich fest anfühlen und frisch riechen. Weiche, braune Zimtäpfel sind überreif. Man sollte sie nicht kaufen.

HÜLSENFRÜCHTE

Hülsenfrüchte lassen sich in drei große Kategorien einteilen: Linsen, Bohnen und Erbsen, die auf Hindi alle »Dal« heißen. Weiter unterscheidet man zwischen nicht enthülsten und enthülsten Hülsenfrüchten, wobei bei den letzteren die Schalen entfernt und die Samen gespalten wurden. Nicht enthülste »Dal« behalten auch bei längerer Kochzeit ihre Form, bieten einen ästhetischen Anblick und werden gern zusammen mit anderen Gemüsesorten als Hauptgericht serviert. Enthülste »Dal« dagegen werden in kurzer Zeit gar und sind leichter zu verdauen. Da sie beim Kochen zerfallen, bereitet man aus ihnen wunderbare, samtene Pürees. Gewürzt mit aromatisierter Butter, »Tadka«, serviert man sie als leichte Beilagen, die ebenfalls als »Dal« bezeichnet werden. Dals werden in der vegetarischen Küche als Grundnahrungsmittel betrachtet, denn sie versorgen den Körper mit dem nötigen Eiweiß.

Linsen

Der Linsenanbau in Indien hat eine uralte Tradition. Heute wird die Hälfte der gesamten Weltproduktion in Indien angebaut. Da Linsen leicht verdaulich sind und auf verschiedenste Weise zubereitet werden können, sind sie die populärste Hülsenfrucht in Indien.
Linsen variieren in der Farbe von Gelb bis Walnußbraun. Die zwei Sorten, die in der indischen Küche verwendet

werden, stammen von den Pflanzen *Lens culinaris* und *Cajanus cajan.* In Europa werden gewöhnlich nur die nicht enthülsten bräunlich-schwarzen Linsen der *Lens culinaris* verwendet.
In Indien werden die gleichen Samen zuerst enthülst und dann gespalten, dadurch werden sie schneller gar und sind leichter zu verdauen. Ohne ihre Schalen sind die Linsen der Sorte *Lens culinaris* entweder gelb oder rosa. Die rosafarbenen Linsen sind winzig und unter den Namen »Masar« oder »Masoor« bekannt. Von der Pflanze *Cajanus cajan* stammen die großen gelben Linsen, die unter der Bezeichnung »Toovar« oder »Arhar« im Handel sind.
Gelbe Linsen sind in ganz Indien beliebt, während die rosafarbenen hauptsächlich im Norden verwendet werden. Aus beiden Sorten wird ein glattes, goldgelbes Püree zubereitet. In den meisten Rezepten kann man sie beliebig gegeneinander austauschen, allerdings sollte man dabei bedenken, daß das Püree aus den gelben Linsen dicker und cremiger wird. Rosa Linsen sind dagegen schneller gar. Sie brauchen nur die Hälfte der Kochzeit der gelben Linsen.
Enthülste gelbe oder rosafarbene Linsen kann man bei uns im Reformhaus oder in Bioläden kaufen.

Bohnen

An zweiter Stelle in der Beliebtheitsskala der Hülsenfrüchte stehen die Bohnen. Es gibt sehr viele verschiedene Sorten, aber fünf davon sind besonders populär: Mungobohnen (Moong Dal), schwarze Mungobohnen (Urad Dal), Moth Dal, eine den Mungobohnen sehr ähnliche Sorte, Kidneybohnen (Rajma Dal) und dicke Bohnen oder Puffbohnen (Val). Abgesehen von den Kidneyboh-

nen, die nie enthülst werden, verwendet man die anderen sowohl enthülst und gespalten als auch nicht enthülst.
In der indischen vegetarischen Küche werden Bohnen zusammen mit Gemüse geschmort, mit Kräutern und Gewürzen gedämpft oder zu Pürees verarbeitet. In einigen Gegenden läßt man sie auch keimen und bereitet daraus Salate oder Vorspeisen. Man kann sie auch zu Mehl mahlen und daraus Klößchen und Pfannkuchen herstellen.

Mungobohnen (Moong Dal)
Grüne Mungobohnen sind die Samen der Pflanze *Vigna aureus* (auch unter der Bezeichnung *Vigna radiata, Phaseolus radiatus* oder *Phaseolus aureus* bekannt), die in Indien heimisch ist. Die kleinen grünen Samen enthalten gelbe Bohnen, und die meint man gewöhnlich, wenn man von »Moong Dal« spricht. Die nicht enthülsten grünen Mungobohnen werden als »Sabat Moong« verkauft. »Moong Dal« sind wegen ihres delikaten Aromas sehr beliebt. Sie sind schnell gar (doppelt so schnell wie gelbe Linsen) und leicht verdaulich. Aus Reis und eiweißreichen Mungobohnen wird eine Art Porridge zubereitet, das es im Norden als »Khichadi« und im Süden als »Pongal« zum Frühstück gibt, »Kedgeree« ist die anglo-indische Variation dieser Zubereitung, bei der die Mungobohnen durch Eier und Fisch ersetzt werden. Im Gudscherat und Maharaschtra läßt man ganze grüne Mungobohnen keimen (S. 89) und ißt die Keimlinge als Salat oder in anderen raffinierten Zubereitungen. Aus Mungobohnenmehl werden Brote und Süßigkeiten hergestellt. Fritierte Mungobohnen (S. 203) sind einer der beliebtesten und nahrhaftesten Snacks in Indien.
»Moong Dal« und »Sabat Moong« gibt es im Reformhaus und in Bioläden.

Schwarze Mungobohnen (Urad Dal)
Schwarze Mungobohnen sind die Samen der Pflanze *Vigna mungo* (auch unter der Bezeichnung *Phaseolus mungo* bekannt), die seit uralten Zeiten in Indien angebaut wird. Unter »Urad Dal« versteht man die enthülste, gespaltene elfenbeinfarbene Bohne. Die ganze Bohne wird als »Sabat Urad« bezeichnet. »Urad Dal« enthält viel Eiweiß und Vitamine und wird in vielen Zubereitungen, die zum Frühstück oder »Tiffin« gegessen werden, verwendet. Im Süden Indiens benutzt man »Urad Dal« auch als Gewürz, als Aromastoff.
»Urad Dal« und »Sabat Urad« gibt es im Reformhaus und in Bioläden.

Moth Dal
Hierbei handelt es sich um die bräunlich-grünen Samen der Pflanze *Vigna acontifolius.* Diese Bohne ist eng mit der Mungobohne verwandt und wird ähnlich zubereitet. Aus »Moth Dal« wird »Dal-Moth« hergestellt, ein vor allem im Norden und Südwesten beliebter Snack, den man fertig in indischen Läden kaufen kann.

Kidneybohnen (Rajma Dal)
Kidneybohnen sind die Samen der Pflanze *Phaseolus vulgaris,* die in der Farbe zwischen hellem Rosa und dunklem Purpurrot variieren. Kidneybohnen werden stets ganz verwendet. Sie sind nahrhaft und reich an Eiweiß und Kohlehydraten. Da sie schwer verdaulich sind, sollte man sie mit Gewürzen zubereiten, die die Verdauung anregen, wie Ingwer und Nelken.
Kidneybohnen sind in Supermärkten erhältlich.

Dicke Bohnen oder Puffbohnen (Val)
Dicke Bohnen sind die Samen der Pflanze *Dolichos lablabtypicus,* die in Indien heimisch sind. Im Gudscherat,

wo sie am beliebtesten sind, werden sie gewöhnlich enthülst und gespalten, ehe man daraus zusammen mit Gemüse und Gewürzen köstliche Gerichte herstellt.
Dicke Bohnen haben eine lange Kochzeit und sind schwer verdaulich. Indische Vegetarier mögen dicke Bohnen, da sie ihr ausgeprägtes Aroma und ihre Konsistenz an Fleisch erinnern.
Dicke Bohnen sind auch bei uns erhältlich.

Erbsen

Richtig gekochte, aromatisch gewürzte Erbsen sind eine wahre Delikatesse — eine Kunst, die vor allem die Bewohner des Pandschab beherrschen. In der indischen Küche werden Erbsen ganz oder enthülst verwendet.

Kichererbsen und gelbe halbe Erbsen (Channa Dal)
»Channa Dal« ist die populärste Erbsensorte in Indien. Man bezeichnet so die gelbe halbe Erbse der Pflanze *Cicer arietinum.* Die gelbe halbe Erbse der Pflanze *Pisum satiram* kann man ersatzweise verwenden. Im Gegensatz zu »Channa Dal« schmeckt sie jedoch wie eine Kreuzung aus Linsen und Erbsen. »Channa Dal« sind nicht so leicht verdaulich und werden deshalb oft zusammen mit Gemüse gekocht.
Von den ganzen Kichererbsen gibt es zwei Sorten: Die kleinen schwarzen (Kala oder Desi Channa), die überall in Indien angebaut werden, und die großen weißen, die man vor allem in den nördlichen und nordwestlichen Regionen kultiviert. Die weißen sind den schwarzen vorzuziehen. Man kann sie bei uns kaufen. Aus Kichererbsen wird »Besan« hergestellt, ein Mehl, aus dem Klößchen, Süßigkeiten und Brote zubereitet werden.

Schwarzäugige Erbsen oder Bohnen (Lobhia Dal)
Botanisch gesehen ist diese kleine, weiße, nierenförmige Erbse mit dem schwarzen Punkt eine Bohne. Sie stammt von der Pflanze *Vigna unquiculata* der Untergattung *Catjang* und ist in Coorg, Maharaschtra und Gudscherat fast ein Grundnahrungsmittel. »Lobhia Dal« wird vor dem Kochen eingeweicht, um die Kochzeit zu reduzieren. In Norditalien werden schwarzäugige Bohnen wie Kidneybohnen zubereitet.

Sojabohnen (Bhat oder Patnijokra)
Sojabohnen sind die weißen runden Samen der Pflanze *Glycine max.*, die in den östlichen Himalayagebieten wild wächst. In Indien werden sie als »Dal« verwendet und ähnlich zubereitet wie dicke Bohnen (Val). Man kann aus ihnen eine Art Popcorn herstellen (Bhunja), gemahlen und mit Usli Ghee und Palmzucker vermischt entsteht eine Süßigkeit, die das Herz der indischen Kinder höher schlagen läßt. In den letzten Jahren ist Sojabohnenmehl immer beliebter geworden, sowohl wegen seines hohen Nährwerts als auch aus Geschmacksgründen. Sojabohnenöl wird häufig zum Kochen und Braten verwendet, nur Sojamilch konnte sich nicht durchsetzen. Tofu dagegen wird immer populärer und oft anstelle von indischem Käse (Paneer) verwendet. Ich verarbeite ihn in vielen meiner Rezepte, denn er ist nicht nur gesund, sondern schmeckt in Verbindung mit Kräutern und Gewürzen ausgezeichnet.

REIS UND GETREIDE

(Dhan)

Reis und Getreide spielen in religiösen Zeremonien der Hindus eine wichtige Rolle. Kinder werden über einem Bett von Weizen getauft, frisch Vermählte werden mit Reis beworfen, weil das Glück bringen soll.
In Indien werden vielerlei Getreidesorten angebaut. Kein Mahl ist vollständig, wenn nicht Reis oder Getreide in irgendeiner Form darin verwendet wurde. Für viele auch eine Möglichkeit, ihrem Körper notwendiges Eiweiß und Kalorien zuzuführen. Reis und Getreide sind Grundnahrungsmittel.

Buchweizen (Faafar)
Buchweizen (*(Fagopyrum esculentum* und *Fagopyrum tataricum*) ist in Indien und Zentralasien heimisch und wächst im kalten Klima des Himalaya. Die Früchte haben eine grau-braune, grau-schwärzliche Farbe und werden geröstet und zu »Dalia« verarbeitet oder zu Mehl gemahlen, das man gewöhnlich mit Weizenmehl vermischt, um daraus »Chapati« zu backen. Die Bewohner des Himalayagebiets schätzen sein charakteristisches Aroma.
Buchweizenmehl ist reich an Eiweiß und Mineralien und hat einen hohen Nährwert. Man kann es im Reformhaus und in Bioläden kaufen.

Gerste (Jaun)
Gerste wird schon in den ältesten heiligen Schriften der Hindus erwähnt. Das Getreide (*Hordeum vulgare*), das

hauptsächlich in den nördlichen Provinzen von Radschastan und Uttar Pradesch angebaut wird, erinnert ein wenig an Weizen, seine Körner sind jedoch runder, voller. Gerste wird gewöhnlich zu Mehl gemahlen, das man mit Weizen- und Kichererbsenmehl vermischt, zum Brotbacken verwendet. Gerste hat ein wunderbares Aroma, das noch verstärkt wird, wenn man sie röstet. Gerste gibt es im Reformhaus und in Bioläden.

Grieß (Sooji)
Indischer Grieß wird aus Hartweizen hergestellt und ist in der indischen Küche überaus beliebt. Man bereitet daraus zum Frühstück eine Art Porridge oder köstliche Pilaws (Opma, S. 135, 138). Aus Grieß kann man auch Halwa herstellen. Man verwendet ihn ebenso für die Füllung von Crêpes und Pfannkuchen. Sie brauchen für keines der Rezepte original indischen Grieß, die Sorte, die Sie im Supermarkt kaufen, erfüllt den gleichen Zweck.

Hirse (Bajra)
Hirse (*Pennisetum typhoides*) ist neben Weizen eine der beliebtesten Getreidesorten in Indien. Sie stammt zwar ursprünglich aus Afrika, wird aber schon seit Jahrhunderten in Indien angebaut, wie Sorghum hauptsächlich in trockenen Gebieten, in den mittleren und nordwestlichen Regionen. Die Bewohner des Gudscherat und Radschastan schätzen Hirse sehr und bereiten daraus köstliche Pilaws. Hirsemehl wird gewöhnlich mit Weizenmehl vermischt; das macht die Verarbeitung, vor allem das Ausrollen, leichter, Hirsemehl enthält nämlich kein Bindemittel. Außerdem hat die Mischung einen noch höheren Nährwert und ist obendrein leichter verdaulich. Hirse und Hirsemehl gibt es im Reformhaus und in Bioläden.

Mais (Makka)
Mais ist eine der verbreitetsten Getreidesorten in Indien. Er wurde im 17. Jahrhundert von den Portugiesen eingeführt, die ihn aus Amerika mitbrachten. Im Gegensatz zu den USA, wo 90 Prozent der Maisproduktion als Viehfutter verwertet werden, konsumiert die indische Bevölkerung 90 Prozent der Maisproduktion. In der indischen Küche findet hauptsächlich das Maismehl Verwendung. Maismehl enthält keinen Kleber und eignet sich deshalb nur vermischt mit Weizenmehl oder bestimmten Gemüsesorten zum Brotbacken. Die Bewohner des Pandschabs sind auf diesem Gebiet hervorragend, wie das Rezept für Makkai ki Roti (S. 422) zeigt. Aus Mais werden außer Mehl auch Flocken, Stärke, Öl und Sirup hergestellt. Sie erhalten es im Reformhaus und in Bioläden.

Reis (Chawal)
Reis ist in Indien seit über 6000 Jahren bekannt. Heute ist er Grundnahrungsmittel zwei Drittel der indischen Bevölkerung. Reis wird vor allem in den südlichen, südwestlichen und östlichen Regionen angebaut — überall, wo der Monsunregen fällt, der für den Reisanbau die idealen Voraussetzungen schafft.
Es gibt mehrere tausend Reissorten in Indien, die nach verschiedenen Kriterien eingeteilt werden: nach Art der Behandlung, also Naturreis oder Parboiled Reis; nach der Form des Korns, also Langkorn- oder Rundkornreis; danach, ob der Reis ein Eigenaroma hat, wie Basmati, oder nicht.

Gewöhnlicher Langkornreis (Awa Chawal): Dieser geschliffene und polierte Reis entspricht dem amerikanischen Karolinareis. Er ist im Geschmack neutral und paßt daher gut zu stark gewürzten Zubereitungen, wie sie im Süden und Osten des Landes üblich sind.

Basmati-Langkornreis: Nordinder bevorzugen den an den Ausläufern des Himalaya angebauten Basmati-Reis, vorausgesetzt sie können ihn sich leisten. Dieser Langkornreis hat ein milchig-nussiges Aroma. Er paßt ausgezeichnet zu allen nordindischen Gerichten, vor allem zu denen aus der Mogul-Küche. Wie Wein muß Basmati eine gewisse Zeit lang gelagert werden, um die richtigen Kocheigenschaften zu entwickeln. Erstklassiger Basmati wurde mindestens sechs Monate gelagert; er darf keine zerbrochenen Körner enthalten. In Indien gibt es Dutzende verschiedener Basmati-Reissorten, bei uns gewöhnlich nur eine, und die auch nur in Spezialgeschäften.

Reisflocken (Phoa): Durch eine besondere Behandlung entstehen aus Langkornreiskörnern Reisflocken. Sie sind gut verträglich, in kurzer Zeit gar und haben ein charakteristisches Aroma, das an Tannen erinnert. Reisflocken gibt es im Reformhaus und in Bioläden.

Parboiled Reis (Sela Chawal): Diese Methode der Reisbehandlung wurde vor mehreren Jahrhunderten in Indien erfunden, sie ist auch im Westen außerordentlich populär. Vor dem Schälen wird der Reis mit Dampf und Druck behandelt, wodurch ein großer Teil der Vitamine und Mineralien ins Korninnere gepreßt und somit erhalten bleibt. Diese Behandlung hat den Vorteil, daß die einzelnen Reiskörner fester werden, nicht so leicht zerbrechen und beim Kochen nicht zusammenkleben, so daß ein körniger, lockerer Reis entsteht. Parboiled Reis ist in jedem Supermarkt erhältlich.

Parboiled Basmati-Reis (Sela Basmati): Dieser Reis wird nur in sehr beschränktem Maße produziert und ist deshalb selbst in Indien schwer zu finden. Ersatzweise können Sie gewöhnlichen Basmati-Reis verwenden.

Texmati und Calmati: Beides sind amerikanische Reissorten, die sich in den nächsten Jahren vielleicht auch bei uns durchsetzen werden. Texmati, eine Kreuzung aus indischem Basmati- und amerikanischem Karolinareis, wird in Texas angebaut. Es gibt braunen und weißen Texmati. Bei Calmati handelt es sich um indische Basmati-Reis-Pflanzen, die in Kalifornien unter idealen klimatischen Bedingungen kultiviert werden. Dennoch schmeckt Calmati nicht wie Basmati-Reis. Es ist ein brauner Reis mit einem ganz speziellen Aroma. Calmati ist sehr nahrhaft.

Sorghum (Jowar oder Cholam)

Sorghum oder Mohrenhirse wurde in Indien schon zur Zeit der Weden angebaut. Die Pflanze erinnert im Aussehen an Mais. Nach Reis und Weizen ist Sorghum eine der wichtigsten Getreidesorten in Indien, vor allem deshalb, weil es dort wächst, wo sonst kein Getreide gedeiht, nämlich in den trockenen, wasserarmen Gebieten in Mittel- und Südindien.

Sorghum wird ähnlich wie Reis zubereitet; aus Sorghum-Mehl werden Chapati gebacken. Falls Sie Schwierigkeiten haben, Sorghum zu finden, nehmen Sie ersatzweise Hirse.

Tapioka (Sago)

Sago oder Sagoperlen »Sagodana« ist eine Stärke, die aus dem Mark der Sagopalme (*Metroxylon sago*) gewonnen wird. Die Stärke wird durch Siebe gedrückt, wobei sie zu winzigen Körnern, »Perlen«, zusammenkleistert. Die Inder haben sie ursprünglich aus Malaya eingeführt. Inzwischen produzieren sie ihre eigene Stärke aus der Pflanze *Manihot esculenta,* die bei uns als Tapioca oder Tapiocaperlen im Handel ist. Die Inder nennen diese Stärke nach wie vor Sago. Da Tapioca leicht verdaulich ist, verwendet man es in der Krankenkost oder macht daraus Pudding. Tapioca gibt es auch bei uns im Supermarkt.

Weizen (Gehoon)
Weizen wird in Indien seit prähistorischen Zeiten angebaut, hauptsächlich in den nördlichen und westlichen Regionen, wo er wichtigstes Grundnahrungsmittel ist. Er kommt in der Rangfolge gleich nach Reis und Hirse und macht ein Sechstel der indischen Getreideproduktion aus. Die beiden wichtigsten Sorten sind *Triticum aestrium,* Weichweizen, den man vor allem im Norden anbaut und der 90 Prozent der Weizenproduktion ausmacht. Er wird hauptsächlich zum Backen verwendet. *Triticum durum,* Hartweizen, wird im Südwesten produziert, Weizen wird entweder zu Vollkornmehl (Atta), weißem Weizenmehl (Maida) oder zu Grieß (Sooji) verarbeitet.
Vollkornmehl ist reich an Ballast- und Nährstoffen; die Inder backen daraus Brote: Chapati, Paratha und Poori. Aus dem weißen Weizenmehl, das einen höheren Stärkegehalt hat, werden Gebäck und Süßigkeiten hergestellt. Aus dem Weichweizen werden auch Weizenflokken (Dalia) hergestellt. Zu Grieß wird ausschließlich Hartweizen verwendet.
Weizenstärke (Nishashta oder Godumbaa Paal) benötigt man für die Zubereitung von Halwa oder um die berühmten hauchdünnen Phalooda-Nudeln herzustellen, die man als Beilage zu indischem Eis reicht.

NÜSSE UND SAMEN

Nüsse und Samen haben die Fantasie der Köche schon seit Jahrhunderten angeregt. Inder lieben Nüsse so sehr, daß sie daraus sogar Hauptgerichte bereiten. Nüsse und Samen enthalten wesentlich mehr Eiweiß, Vitamine und Mineralien als die gleiche Menge Gemüse. Allerdings sind sie sehr teuer und deshalb für den Durchschnittsinder keine Alternative. Dennoch spielen Nüsse und Samen in der indischen Küche eine wichtige Rolle. Man schätzt ihr delikates Aroma und die samtige Konsistenz, die sie Saucen verleihen. Man garniert damit Pilaws, Reisgerichte und Gemüsezubereitungen, man macht aus ihnen Süßigkeiten und köstliche Halwas.
Nüsse und Samen müssen kühl und trocken gelagert werden, damit sie nicht ranzig werden. Am besten schmecken sie ganz frisch. Bewahren Sie sie nicht länger als sechs Monate auf. Und kaufen Sie Nüsse und Samen nur in solchen Geschäften, wo Sie sicher sind, daß sie nicht schon monatelang in den Regalen liegen.

Cashewnüsse (Kajoo)
Die Cashewnuß ist die Frucht des Baumes *Anacardium occidentale,* der ursprünglich aus Zentralamerika stammt. Er wurde von den Portugiesen in Indien eingeführt. Da dieser Baum hauptsächlich an der Westküste im Süden Indiens wächst, findet die aromatische Nuß mit dem hohen Eiweißgehalt vor allem in der südindischen Küche Verwendung. Die Cashewnuß wird klein gehackt, geröstet und allen möglichen Gerichten untergemischt. Auch als Snack ist sie beliebt.

Chironji-Samen
Die grau-braunen, linsenförmigen Samen des Baumes *Buchanania lazan,* der in den nordwestlichen Regionen Indiens heimisch ist, haben ein mandelähnliches Aroma. Man verwendet sie geröstet in Süßspeisen und Gebäck. Chironji sind in indischen Lebensmittelgeschäften erhältlich.

Erdnuß (Moong Phali)
Die Erdnuß wurde von den Portugiesen nach Indien eingeführt. Die Pflanze *Arachis hypogaea* wird hauptsächlich im Süden angepflanzt und in der dortigen Küche vielfältig verwendet. Da in Indien Erdnüsse wesentlich billiger sind als Mandeln oder Cashewnüsse und sie überdies einen höheren Nährwert haben (viel Eiweiß und wenig Fett), sind sie die Hauptzutat in vielen Snacks. Aus den Nüssen wird auch das Erdnußöl gewonnen, das in der indischen Küche eine wichtige Rolle spielt. (Vgl. auch (S. 54)

Lotoskerne (Makhana)
Verschiedene Wasserpflanzen produzieren eßbare Samen, die man in Indien und China schon seit Jahrhunderten schätzt. Die Samen der *Euryale ferox* werden in heißem Sand getrocknet und gedörrt, wodurch sie anschwellen und aufplatzen wie Popcorn. Sie fühlen sich wie Styropor an und haben ein feines, delikates Aroma. Man verwendet sie bei der Zubereitung von Makhane ki Kheer (S. 456), einem berühmten nordindischen Pudding. Lotoskerne sind in indischen und asiatischen Lebensmittelgeschäften erhältlich.

Mandeln (Badaam)
Mandeln, die Nüsse des Baumes *Prunus amygdalus,* der in Zentral- und Westasien heimisch ist, wurden vor Jahr-

hunderten von den Moguln nach Indien eingeführt. Von allen Nüsse spielen Mandeln die wichtigste Rolle in der indischen Küche, vor allem im Norden, wo man sie in sämtlichen Zubereitungen, von der Vorspeise bis zum Nachtisch, finden kann. Es versteht sich fast von selbst, daß daraus auch Getränke und Süßigkeiten hergestellt werden. Ein Moguln-Pilaw ohne Mandeln ist undenkbar. Das delikate Aroma und die glatte, cremige Konsistenz von Mandelbutter (gemahlene Mandeln mit Butter vermischt) haben Generationen von Köchen zu köstlichen Saucen inspiriert.
Die Brahmanen betrachten die eiweiß- und fettreiche Nuß als Geistesnahrung. Gemahlene Mandeln werden zeremoniell mit etwas Milch vermischt und vor allem von Männern und Kindern gegessen.

Melonenkerne (Kharbooje ke Beej)
Wenn man Melonenkerne trocknet und schält, erhält man einen eßbaren weißen Kern, der in der nordindischen Küche häufig anstelle der viel teureren Mandeln verwendet wird. Melonenkerne werden selten gekauft, man sammelt sie selbst. Dieser Aufwand lohnt sich bei uns nicht, zumal Sonnenblumenkerne, die sich als idealer Ersatz anbieten, im Reformhaus und in Bioläden erhältlich sind.

Mohnsamen (Khas Khas)
Die weißen Samen des *Papaver somniferum* werden in ganz Indien gern verwendet. Sie sind stark ölhaltig und werden leicht ranzig, wenn man sie nicht trocken und kühl lagert. Ersatzweise können auch schwarze Mohnsamen verwendet werden.

Pinienkerne (Chilgoza oder Nioza)
Als Pinienkerne bezeichnet man die weißen, eßbaren Samen verschiedener Pinienarten. Die indischen stam-

men von dem Baum *Pinus geradiana,* die Kerne sind dünner und länger als die italienischen, die es hier zu kaufen gibt. Man verwendet sie hauptsächlich in Nordindien und bereitet daraus Pudding, Nachspeisen, Süßigkeiten und samtige Saucen zu.

Pistazien (Pista)
Pistazien, die Nüsse des in Zentralasien heimischen Baumes *Pistacia vera,* haben ein exquisites Aroma und werden in der indischen Küche überaus geschätzt. Der Mogulherrscher Jahangir schrieb ihnen aphrodisische Eigenschaften zu und verbot ihren Genuß außerhalb der herrschaftlichen Küche. Gesalzene, geröstete Pistazien sind ein beliebter Snack; nur die rohen, ungesalzenen werden beim Kochen verwendet. Mit geschälten, kleingehackten Pistazien garniert man Nachspeisen, man mischt sie in Pilaws und macht daraus Süßigkeiten.
Geschälte und rohe Pistazien erhält man im Reformhaus, in Feinkostgeschäften und Bioläden.

Sesamsamen (Til)
Sesamum indicum wurde seiner Samen wegen in Indien schon in vorarischer Zeit angebaut. Von allen Samen, die in Indien erhältlich sind, haben Sesamsamen den höchsten Eiweißgehalt, deshalb spielen sie in der vegetarischen Küche eine wichtige Rolle. Besonders häufig werden sie in süd- und südwestlichen Zubereitungen verwendet, man gibt sie in Pilaws, Saucen, Chutneys, Füllungen, Gebäck und Süßigkeiten. Aus optischen Gründen werden die weißen Sesamsamen bevorzugt, die schwarzen verwendet man — weil sie weniger ölhaltig sind — vor allem bei der Herstellung von Konfekt und Süßspeisen. Aus Sesamsamen wird Sesamöl hergestellt, das am häufigsten verwendete Öl im Süden.

Walnuß (Akhroot)

Der Walnußbaum, *Juglans regia,* der im Norden, vor allem in Kaschmir, wächst, wird wegen seines Holzes und der Nüsse geschätzt. In der indischen Küche läßt man die Nüsse oft mitschmoren, um die Saucen anzudicken. Man bereitet aus ihnen auch Süßigkeiten und Nachspeisen. Im Kaschmir ißt man winzige grüne Walnüsse mit zartem, weichem Fleisch in Salaten und als Nachtisch. Sie werden auch zu Chutneys verarbeitet und eingelegt. Bei besonders festlichen Anlässen wird im Kaschmir statt normalem Öl frisch gepreßtes Walnußöl verwendet.

MILCH UND MILCHPRODUKTE

In Indien liebt man Milch über alles. Nichts kommt ihr an Geschmack und Aroma gleich. Als wichtige Eiweißquelle spielt Milch in der vegetarischen Küche eine große Rolle. Milch ist in der Tat das einzige tierische Eiweiß in der Diät von vielen Millionen Indern.

Neben der Kuhmilch wird auch die Milch anderer Tiere wie Büffel, Ziege, Schaf, Kamel, Esel, Stute und Jak verwendet.

Kamelmilch ist auf die Wüstengebiete im Radschastan beschränkt; Schaf-, Jak- und Stutenmilch findet man nur im Himalayagebirge. Ziegenmilch wird immer mit Armut und Muslims assoziiert, und Eselsmilch trinkt man nur, wenn man sich nichts anderes leisten kann. Brahmanen, die der Überzeugung sind, daß alles, was man ißt, zunächst in das Gehirn geht, würden sich eher umbringen als Eselsmilch zu trinken.

Die Milch von Kühen und Wasserbüffeln hat einen köstlichen Geschmack und ein wunderbares Aroma, sie wird deshalb von den meisten bevorzugt.

Man könnte annehmen, daß Milch reichlich vorhanden und erschwinglich ist. Dies ist jedoch nicht der Fall. Es gibt zwar genügend Milch, aber sie ist sehr teuer, denn das Futter für Kühe und Wasserbüffel ist kostenaufwendig. Eine durchschnittliche Familie muß bis zu einem Drittel ihres Haushaltungsgeldes für Milch und Milchprodukte ausgeben.

Vielleicht erklärt dies, warum Kühe in Indien als heilig gelten und Inder Milch als Segen empfinden.

Milch wird zu vielen Produkten verarbeitet: Joghurt, Buttermilch, Butter, geklärte Butter, Käse, eingedickte Milch und Milchkonzentrat.

Milch (Doddh)

Zum Trinken wird Kuhmilch mit ihrem delikaten Duft und Geschmack bevorzugt, während man aus Büffelmilch, die einen höheren Fettgehalt hat, verschiedene Milchprodukte herstellt.

Inder trinken Milch gern gewürzt. Warme Milch mit etwas Safran und Kardamomkapseln vertreibt die Winterkälte. Milch braucht man auch für indischen Tee (Chah) und südindischen Kaffee, ferner für Pudding, Desserts und Süßigkeiten.

Joghurt (Dahi)

Joghurt ist in Indien ein wichtiges Lebensmittel. Eine Mahlzeit ohne Joghurt ist unvollständig.

Indischer Joghurt unterscheidet sich beträchtlich von dem, den wir hier kaufen können. Er wird in der Regel aus Büffelmilch hergestellt, er ist fetter und fester und wunderbar aromatisch. Unser Joghurt dagegen ist fettarm, eher wäßrig und meist ohne Geschmack. Dem können Sie nur abhelfen, indem Sie den gekauften durch Zugabe von saurer oder dicker Sahne verbessern, je nach Rezept, oder indem Sie Joghurt selbst herstellen. Das ist ganz einfach: Milch abkochen und dann auf 45°—55° C abkühlen lassen. 1 EL Joghurt pro 2 Tassen Milch zufügen, gut vermischen, zudecken und an einen warmen Ort stellen, zum Beispiel auf einen Heizkörper oder in einen niedrig eingestellten Backofen. Die Mischung braucht zwischen 8 und 12 Stunden, um fest zu werden. Sobald der Joghurt fest ist, stellt man ihn in den Kühlschrank, um den Fermentierungsprozeß aufzuhalten. Es gibt auch spezielle Geräte, um Joghurt herzustellen. Sie sind nicht teuer und funktionieren gut.

»Aufgehängter« Joghurt (Khadi Dahi)

Hierbei handelt es sich um eine Delikatesse aus dem Gudscherat und aus Maharaschtra an der Westküste Indiens. Wie der Name sagt, wird der Joghurt aufgehängt, und zwar in einem Musselintuch, bis alle Flüssigkeit abgetropft ist. Zurück bleibt ein cremiges, käseartiges Produkt mit einem säuerlichen Aroma. Man kann es mit Kräutern vermischt zum Frühstück servieren, mit Früchten und Nüssen als Dessert. »Aufgehängter« Joghurt sollte innerhalb von 48 Stunden verzehrt werden, so schmeckt er am besten.

»Aufgehängten« Joghurt gibt es nicht zu kaufen, Sie müssen ihn selbst herstellen. Zunächst brauchen Sie einen wirklich sahnigen Joghurt: 3 Tassen Vollmilch mit 1 Tasse dicker Sahne vermischen. Den Joghurt wie oben beschrieben zubereiten. Wenn der Joghurt fest ist, die Sahneklümpchen, die an der Oberfläche sitzen, entfernen und anderweitig verwenden (z.B. als Aufstrich), dann den Joghurt in ein doppelt oder dreifach gefaltetes Musselintuch einwickeln und verknoten. Er wird nun 8 Stunden lang, beziehungsweise über Nacht aufgehängt — am besten über dem Spülbecken — und sollte am Ende nur noch die Hälfte seines ursprünglichen Umfangs haben. Wenn Sie ihn nicht gleich verwenden, in eine Schüssel geben, zudecken und im Kühlschrank aufbewahren.

Geklärte Butter (Usli Ghee)

Usli Ghee entsteht, indem man Butter so lange erhitzt, bis das in den Milchbestandteilen enthaltene Wasser verdampft. Durch das langsame Erhitzen erhält die geklärte Butter, das reine Butterfett, ihr nussiges Aroma. Zur geschmacklichen Verbesserung kann Usli Ghee gewürzt

werden: mit Muskat, Nelken, Pfeffer, Ingwer, Kurkuma. Man kann auch ein Blatt von der Betelnuß- oder Zimtpflanze beifügen.
Usli Ghee ist das Fett, das in der indischen vegetarischen Küche am häufigsten verwendet wird. Das Rezept dazu finden Sie auf S. 55.

Indische Buttermilch (Chach, Lassi oder Mattha)
Indische Buttermilch ist ein Nebenprodukt bei der Herstellung indischer Butter. Sie unterscheidet sich von unserer Buttermilch, die cremig ist und sehr wenig Eigengeschmack hat, denn sie ist dünn und hat ein kräftiges joghurtartiges Aroma. Der beste Ersatz für indische Buttermilch ist mit Wasser verdünnter Joghurt (am besten selbstgemachter). Die genauen Mengenangaben finden Sie in den jeweiligen Rezepten.

Indischer Käse (Chenna aur Paneer)
Indischer Käse ist eine wahre Delikatesse. »Chenna« ähnelt unserem Hüttenkäse. »Paneer« ist nichts anderes als »Chenna«, aus dem man alle Flüssigkeit herausgepreßt hat. »Chenna« und »Paneer« sind wichtige Eiweißquellen für indische Vegetarier. Im Westen zubereiteter Käse ist in Indien nicht sehr beliebt. Der Grund: Bei der Zubereitung unserer Käse wird Lab, eine Absonderung des Magens säugender Kälber, als Gerinnstoff verwendet.
Die Zubereitungsmöglichkeiten von »Chenna« und »Paneer« sind außerordentlich vielfältig. Viele der berühmten bengalischen Süßspeisen haben »Chenna« als Grundlage. »Paneer« dagegen wird, kleingeschnitten und angebraten, in zahllosen Saucen, Pilaws und anderen Hauptgerichten verwendet.
Rezept für »Chenna«: 8 Tassen Milch zum Kochen bringen. Hitze reduzieren und in die leise köchelnde Milch einen der folgenden Gerinnstoffe geben: 3 EL frisch ge-

preßten Zitronensaft oder 1 Tasse sauren Naturjoghurt oder 3 EL Apfelessig vermischt mit 3 EL Wasser. Sobald die Milch gerinnt und der weiße Käse sich von der grünlich-gelben Molke trennt, die Hitze ausschalten. Den Käse und die Molke durch ein Sieb abgießen, das mit einem vierfach gefalteten Musselintuch ausgelegt wurde. Dann das Sieb unter den Wasserhahn halten und den Käse unter fließendem Wasser abbrausen, um ihn von dem Geruch des Gerinnstoffes zu befreien. Anschließend die vier Ecken des Musselintuches verknoten und vorsichtig so viel Wasser wie möglich aus dem Käse herausdrücken. Dann das Tuch aufhängen und den Käse 1 Stunde lang abtropfen lassen.
Rezept für »Paneer«: Fertigen »Chenna« im Musselintuch auf die Arbeitsfläche geben und ½ Stunde beschweren, zum Beispiel mit einem großen Topf Wasser. Dann den Käse aus dem Tuch nehmen und in mundgerechte Stücke schneiden. Zugedeckt hält er sich im Kühlschrank 4 Tage.

Eingedickte Milch, Milchflocken und Milchkonzentrat (Rabadi, Kurchan und Khoya)

Wenn man Milch lange genug kocht, verändert sie sich in Farbe, Geschmack und Konsistenz. »Rabadi«, »Kurchan« und »Khoya« sind verschiedene Milchprodukte, die während dieses Kochprozesses entstehen. Jedes dieser Produkte spielt eine wichtige Rolle bei der Zubereitung indischer Süßigkeiten und Süßspeisen.
Für »Radadi« läßt man Milch in einem großen Topf so lange kochen, bis sie sirupartig eindickt. Die Haut, die sich während des Kochens immer wieder bildet, wird an den Topfrand geschoben, wo sie langsam antrocknet. Diese angetrocknete goldbraune blättrige Schicht nennt man »Kurchan«, Milchflocken.
Wenn man die eingedickte Milch mit Wasser und Aro-

mastoffen verdünnt, entsteht das klassische Getränk »Rabadi-dooth«. Die goldbraunen Milchflocken benutzt man zur Garnierung von Halwa und anderen Süßspeisen.
Man kann die Milchflocken auch in die eingedickte Milch einrühren; dieses »Rabadi« ist die Grundlage der berühmten Nachspeise »Ras Malai«, es schmeckt auch gut mit frischem Obst.
Wird dieses »Rabadi« noch weiter eingekocht, entsteht eine dickliche Masse, die abgekühlt eine fondantartige Konsistenz hat. Man nennt sie »Khoya«. Sie hat eine hellbraune Farbe und ein ausgeprägtes »Rabadi«-Aroma. Dieses »Khoya« ist eine Spezialität des Uttar Pradesch und Grundlage der berühmten Süßspeise »Peda«.
Das klassische »Khoya« wird aber nicht aus »Rabadi« hergestellt. Für echtes »Khoya« wird die Milch unter ständigem Umrühren so schnell wie möglich zu einer fondantartigen Masse eingekocht. Das Rühren verhindert, daß sich das Fett an der Oberfläche absetzt. »Khoya« ist perlweiß, cremig-glatt, von buttriger Konsistenz und hat ein nussiges Aroma. Es ist Grundlage fast aller Süßspeisen im Pandschab und im Gudscherat. Aus ihm wird das berühmte »Gulab Jamun« hergestellt. In Kaschmir wird mit »Khoya« »Matar Shufta« (S. 277) zubereitet, das einem Fleischgericht ähnelt.
In Südindien wird der Milch ein wenig Zitronensäure zugefügt, so schmeckt das »Khoya« leicht säuerlich. Es wird dort »Terati Paal« genannt und zum Fest des Lichtes (Diwali) zubereitet.
In Indien sind diese Milchprodukte im Handel erhältlich. Uns bleibt nichts anderes übrig, als sie zu Hause zuzubereiten. Schon deshalb, weil »Khoya«, das es bei uns gelegentlich in indischen Geschäften gibt, zwar authentisch aussieht, aber leider nicht so schmeckt.

ÖLE UND FETTE

(Tel aur Ghee)

Öle

Der individuelle Charakter der verschiedenen Regionalküchen Indiens wird wesentlich durch den Gebrauch unterschiedlicher Öle bestimmt. Aus diesem Grund schmeckt Spinat in jeder Region anders. Die Bengalen garen ihn in Senföl, in Madras benutzt man Sesamöl, in Malabar Kokosöl und in Bhopal Erdnußöl, um nur ein paar Beispiele zu nennen. Welches Öl in welcher Region verwendet wird, hängt von den örtlichen Gegebenheiten ab.
Indische Öle sind gewöhnlich kalt gepreßt, also sehr aromatisch, nicht raffiniert und ziemlich zähflüssig. Selbst in Großstädten werden auch heute noch Nüsse und Samen in altmodischen Ölpressen vor den Augen des Käufers gepreßt, der das Öl — noch warm und schaumig — in der Ölkanne nach Hause trägt.
Die wichtigsten vier Ölsorten in der vegetarischen Küche sind Senf-, Kokos-, Sesam- und Erdnußöl. In den letzten Jahren sind — hauptsächlich aus gesundheitlichen Gründen — noch Sonnenblumen-, Distel- und Sojaöl dazugekommen. Es gibt auch Mandel- und Walnußöl, doch sie werden nur sparsam verwendet, denn sie sind sehr teuer.
Alle diese Öle gibt es bei uns in gut sortierten Supermärkten zu kaufen.

Erdnußöl (Meetha Tel)
Erdnußöl ist in Zentral- und Nordindien beliebt. Es hat ein kräftiges Aroma und eine wunderschöne Farbe wie Bernstein. Unser Erdnußöl ist dagegen meist sehr hell und fast geschmacklos. Wenn Sie auf authentisches Aroma Wert legen, fügen Sie dem Gericht einfach einige ganze, gehackte oder gemahlene geröstete Erdnüsse bei.

Kokosöl (Narial ka Tel)
Kokosöl wird aus gemahlenen, getrockneten Kokosnüssen (Khopra) hergestellt. Kokospalmen wachsen zwar überall an der Küste, vom Gudscherat bis nach Bengalen, aber nur im Süden hat man sich auf die Herstellung von Kokosöl spezialisiert. Und natürlich sind die Bewohner dieses Gebietes die Hauptabnehmer. Kokosöl hat ein kräftiges, nussiges Aroma und den charakteristischen Kokosnußgeschmack. In Malabar, wo es mehr Kokospalmen als Sterne am Himmel gibt, wird fast ausschließlich mit Kokosöl gekocht; vor allem deshalb, weil es billig ist. Ich benutze Kokosöl, das mir zu schwer und zu fett ist, nur in solchen Gerichten, bei denen es wesentlich auf das Kokosnußaroma ankommt, zum Beispiel in den »Molee«-Zubereitungen aus Malabar.
Kokosöl soll gut für die Haare sein und wird deshalb von den Frauen im Süden in die Kopfhaut massiert.

Senföl (Sarsoon ka Tel)
Senfsamen werden nicht nur als Gewürz benutzt, man kann daraus auch Öl gewinnen, dessen intensives Aroma und leicht bitterer Geschmack bei der Bevölkerung der nördlichen und östlichen Regionen Indiens beliebt sind. Seit Jahrhunderten schreibt man ihm heilkräftige Wirkungen zu. Es soll gegen Rheuma und Arthritis helfen. Bengalische Frauen, die für ihre langen, glänzenden, schwarzen Haare berühmt sind, benutzen es als Haaröl.

Sesamöl (Til ka Tel)
Das tiefgoldene indische Sesamöl, das ein süßes, nussiges Aroma hat, wird von den Brahmanen und Dschainas im Süden und Südwesten Indiens besonders geschätzt. Sie verwenden es in Salatsaucen, aromatisieren damit Pfannkuchen und Klößchen und kochen und braten damit.
Wenn Sie nur unser helles oder das sehr dunkle chinesische Sesamöl im Handel finden, können Sie durch eine Mischung der beiden ein täuschend echt schmeckendes Sesamöl herstellen: Mischen Sie 1 Teil dunkles mit 7 Teilen hellem Sesamöl.

Fette

In Indien werden alle Fette als »Ghee« bezeichnet, und grundsätzlich gilt, daß bei der Zubereitung von Süßspeisen »Ghee«, vorzugsweise »Usli Ghee«, verwendet wird. Dafür gibt es zwei Gründe: Das Aroma von »Ghee«, das Inder sehr schätzen, und die Tatsache, daß Zubereitungen mit »Ghee« im Gegensatz zu denen mit Öl nicht fettig aussehen.

Geklärte Butter »Usli Ghee«
Butter heißt in Indien »Makkhan«, geklärte Butter müßte demnach »Makkhan Ghee« heißen, sie wird aber allgemein als »Usli Ghee« bezeichnet. »Usli« bedeutet »rein«, »pur«.

Rezepte für »Usli Ghee«: 1 Pfund ungesalzene Butter in einem schweren Topf bei schwacher Hitze schmelzen lassen, dabei ständig umrühren. Wärmezufuhr auf mittlere Stufe erhöhen und die Butter so lange köcheln lassen, bis sie aufhört zu zischen, was bedeutet, daß das in ihr enthaltene Wasser verdampft ist und die festen Butterbestandteile anfangen zu braten. Sobald diese Bestandteile sich braun verfärben (nach 10—12 Minuten), den Topf von der Kochstelle nehmen und warten, bis sich die Rückstände am Topfboden abgesetzt haben. Dann das reine Butterfett vorsichtig in ein anderes Gefäß gießen. Wenn das »Usli Ghee« abgekühlt ist, wird es eine hellgelbe Farbe haben. Gut zugedeckt hält es sich selbst bei Zimmertemperatur mehrere Monate. Wenn Sie ganz sichergehen wollen, bewahren Sie es im Kühlschrank auf.

Indisches Pflanzenfett (Vanaspati Ghee)
Indisches Pflanzenfett ist im Aussehen und Aroma »Usli Ghee« sehr ähnlich. Das ist kein Zufall, denn es wird als billiger Ersatz für das sehr teure »Usli Ghee« hergestellt. Obwohl die Brahmanen und Dschainas diese billige Imitation ablehnen und die Probleme der indischen Gesellschaft auf den Verzehr von »verfälschtem Fett« zurückführen, ist »Vanaspati Ghee« sehr populär. Ich jedenfalls mag den Geschmack von beiden, von »Usli Ghee« und von »Vanaspati Ghee«.

Rezept für »Vanaspati Ghee« (ergibt ca. 1 Pfund):

1 Pfund Kokos- oder anderes Pflanzenfett
½ Tasse Milchpulver
½ Tasse Mehl
Naturjoghurt

Pflanzenfett in einer Pfanne bei schwacher Hitze (150° C) schmelzen lassen. Unterdessen aus Milchpulver, Mehl und Joghurt einen weichen Teig bereiten. Kleine Teigbällchen in das geschmolzene Fett legen und darin braten, bis sie dunkelbraun sind (ca. 15 Minuten). Bällchen mit einem Schaumlöffel herausholen und wegwerfen.

Sobald das Fett etwas abgekühlt ist, durch ein Sieb in eine Schüssel abgießen. Abgekühlt wird es eine hellgelbe Farbe annehmen und im Aroma dem echten indischen Pflanzenfett ähnlich sein.

GEWÜRZE UND KRÄUTER

Viele Leute assoziieren indisches Essen mit interessantem, scharf-würzigem Aroma und Geschmack. Die Speisen erhalten ihre spezielle Note durch eine kunstvolle Mischung von Kräutern und Gewürzen, die ihnen während des Kochens beigefügt werden.
Gewürze und Kräuter sprechen alle Sinne an. Bei den meisten handelt es sich um Aromaträger, die ihren Duft am besten entfalten, wenn man sie leicht zerdrückt. Daneben gibt es auch solche, die eher das Auge ansprechen — man wählt sie wegen ihrer leuchtenden Farbe oder ihrer atemberaubenden Konsistenz.
Gewürze und Kräuter haben auch heilkräftige Wirkung. Sie bilden die Grundlage der 5000 Jahre alten indischen Kräuter-Medizin, die auch heute noch praktiziert wird.
Gewürze und Kräuter sind gut und wichtig für den Körper, Geist und die Seele. Je mehr Sie sich mit ihnen beschäftigen, um so mehr lernen Sie sie kennen. Sie werden dann in der Lage sein, Ihre eigenen Gewürzmischungen zusammenzustellen. Das ist dann die wahre indische Kochkunst.

Adiowan (Ajwain oder Omum)
Das Gewürz Adiowan, die winzigen, mohnähnlichen Samen der in Südwest-Asien beheimateten Pflanze *Carum copticum,* hat ein ausgeprägtes, stechendes Aroma und einen scharfen Geschmack. Es muß deshalb mit Zurückhaltung verwendet werden. Es paßt zu Gerichten, die viel Stärke enthalten, zu Broten, Dal Gerichten und Wurzelgemüse. Adiowan soll bei Blähungen und Grippe hel-

fen. Ersatzweise kann man Thymian oder Liebstöckel verwenden, die dasselbe flüchtige Öl »Ikymol« enthalten.

Anis und Sternanis (Saunfaur Badayan)

Die winzigen ovalen Samen der Pflanzen *Anisum vulgare* und *Anisum officinalis* werden in Indien wegen ihres delikaten Aromas geschätzt.

Sternanis (*Illicium verum*) riecht ähnlich wie Anis, ist lediglich etwas stärker und süßer. Er wird hauptsächlich aus China importiert und in der Gegend von Bombay von den Parsen in ihren delikaten Pilaws und Schmorgerichten verwendet. Sternanis ist eine der Hauptzutaten der Gewürzmischung »Dhanajeera«.

Sternanis ist viel billiger als Anis und wird deshalb ersatzweise in Restaurants verwendet. Beide Gewürze sind bei uns im Handel erhältlich.

Asafoetida (Heeng)

Asafoetida, auch Asant oder Teufelsdreck genannt, ist eine Mischung getrockneter Gummiharze, die aus den Wurzelknollen verschiedener indischer und persischer Pflanzen stammt.

Asafoetida gibt es in fester Form oder als Pulver. Wenn Sie es als Stück kaufen, erhalten Sie es in seiner reinsten Form. Es hat eine bräunlich-schwarze Farbe und ist geruchlos, bis es gemahlen wird. Erst dann wird sein charakteristisches Aroma frei, ein Gestank, den Sie kaum mehr aus der Küche hinausbekommen. Im Handel gekauftes Pulver ist immer mit Reismehl versetzt, damit es nicht klumpt. Böse Zungen behaupten, daß es auch mit Gersten- und Weizenmehl, ja sogar mit Kalk verfälscht sein könne. Wenn Sie trotzdem gemahlenes Asafoetida kaufen, nehmen Sie das Doppelte der in den Rezepten angegebenen Menge.

Asafoetida ist bei den Brahmanen und Dschainas, die keine Zwiebeln essen dürfen, sehr beliebt. Sobald das Pulver nämlich mit Hitze in Berührung kommt, stinkt es nicht mehr, sondern entwickelt ein zwiebelähnliches Aroma. Asafoetida ist in indischen Spezialgeschäften erhältlich.

Basilikum (Tulsi)

Basilikum gilt in Indien seit uralten Zeiten als heiliges Kraut. Das Haus eines Hindus gilt als unrein, wenn am Eingang nicht eine Basilikumpflanze wächst. In der indischen Küche wird Basilikum jedoch nur sparsam verwendet, in einigen Eintopfgerichten und in Basilikum-Tee.
Die wichtigsten Basilikumsorten sind heiliges Basilikum (*Ocimum sanctum*), weißes Basilikum (*Ocimum album*) und Kampfer-Basilikum (*Ocimum kilimandscharicum*).
Kampfer-Basilikum und heiliges Basilikum gibt es bei uns nur in manchen Asien-Geschäften frisch, getrocknet taugen sie nicht viel. Als Ersatz kann man für heiliges Basilikum gewöhnliches Basilikum, mit einigen Minzblättchen vermischt, verwenden. Für Kampfer-Basilikum fügt man gewöhnlichem Basilikum einige Stückchen Sternanis bei.

Bockshornklee (Methi)

Die bräunlich-gelben, rechteckigen Bockshornkleesamen sind eigentlich Hülsenfrüchte wie Mungobohnen, aber wegen ihres bitteren Geschmacks und ihres intensiven Aromas werden sie als Gewürz verwendet. Bockshornklee wird seit prähistorischer Zeit in Indien angebaut, die Blätter derselben Pflanze kann man auch als Gemüse zubereiten. Bockshornkleesamen werden nur in geringen Mengen verwendet, in der Regel werden sie angebraten oder geröstet, um ihre Bitterkeit abzumildern.

Chilischoten, grün (Mari Mirch)
Grüne Chili sind die unreifen Schoten der Pflanze *Capsicum*. Es gibt sie in vielen verschiedenen Sorten und Größen. Wegen ihres kräftigen Aromas sind sie in der indischen Küche geschätzt. Achten Sie beim Kauf darauf, daß sie sich fest anfühlen. Die Schoten sollten keine braunen Flecken aufweisen, sie sollten eine kräftige Farbe haben. Mattes Grün ist ein Hinweis darauf, daß sie zu lange gelagert wurden. Da sie unterschiedlich scharf sind, muß man die Menge nach Geschmack variieren.

Chilischoten, rot (Lal Mirch)
Rote Chili sind reife, an der Sonne getrocknete Schoten derselben Pflanze, von der die grünen Chili stammen. Sie sind sehr scharf und enthalten wenig Samen. Man kann sie ganz oder gemahlen als Cayennepfeffer kaufen.

Curryblätter (Meetha Neem)
Dieses Gewürz hat bei uns im Westen große Verwirrung gestiftet. Es handelt sich um die aromatischen Blätter der Pflanze *Murraya koenigii*, die bis zu zwei Meter hoch wird. Curryblätter, in Indien auch »Kari« genannt, werden in der indischen Küche seit uralten Zeiten verwendet, bei den Weden waren sie das einzige Gewürz. Daher überrascht es auch nicht, daß sie Grundlage des echten Currypulvers (S. 74) sind.
Außer in der Moguln-Küche, in der Minze bevorzugt wird, spielen Curryblätter in allen Regionalküchen Indiens eine große Rolle. Es ist fast unmöglich, das charakteristische Aroma gewisser Linsen- und Gemüseeintöpfe zu treffen, wenn man keine Curryblätter hat. Frisch sind sie bei uns allerdings kaum erhältlich (man kann sie im Kühlschrank bis zu zwei Wochen aufbewahren), es gibt sie aber getrocknet in Spezialgeschäften. Diese getrockneten Curryblätter kann man ersatzweise verwenden, es

empfiehlt sich jedoch die doppelte bis dreifache Menge, da sie weniger aromatisch sind.

Dill (Sowa)
Indischer Dill (*Anethum sowa*) hat große Ähnlichkeit mit dem europäischen, ist allerdings weniger kräftig im Geruch. Im Gudscherat bereitet man mit Dill und ganzen grünen Linsen wundervolle Eintöpfe zu. Dort werden auch getrocknete Dillsamen, die größer sind als die europäischen, nach dem Essen gekaut. Ersatzweise kann unser Dill verwendet werden.

Fenchel (Saunf)
Die grünlich-gelben Samen des Fenchel (*Foeniculum vulgare*) erinnern an Kreuzkümmel; letztere sind jedoch rundlicher und größer. Fenchel paßt ausgezeichnet zu Gemüse und ist ein wichtiges Gewürz bei der Zubereitung von geschmorten Okra. Es ist auch eines der fünf Gewürze in der berühmten Gewürzmischung »Panch Phoron«. Außerdem würzt man mit Fenchel Getränke, Süßspeisen und Gebäck.
Fenchel gilt als verdauungsanregend und wird deshalb oft geröstet und kandiert nach dem Essen angeboten. Fenchel gibt es bei uns überall zu kaufen.

Granatapfel-Samen (Anardana)
Granatapfel-Samen sind die sonnengetrockneten Samen des *Punica granatum.* In der nord- und nordwestindischen Küche werden diese Samen gemahlen geschmorten Gemüse- und Dalgerichten beigefügt, um ihnen ein pikant-säuerliches Aroma zu verleihen. Da es vor allem auf die Säure ankommt, sind die Samen der Speise-Granatäpfel nicht geeignet. »Anardana« stammt von einer wilden Granatapfelsorte, deren Früchte ungenießbar

sind. Granatapfel-Samen gibt es in indischen Spezialgeschäften zu kaufen.

Ingwer (Adrak)
Frischer Ingwer ist der scharf-aromatische Wurzelstock der tropischen Pflanze *Zingiber officinale* und ein beliebtes Gewürz in Indien sowie im ganzen Orient. Vor dem Kochen muß er geschält werden. Frischen Ingwer gibt es bei uns in allen Spezialgeschäften und in vielen Supermärkten.

Kampfer-Ingwer (Karpoora Injee): Diese Ingwersorte (*Zingiber zerumbet*) mit dem einzigartigen Kampferaroma hat unzählige heilkräftige Wirkungen und wird deshalb häufig roh in Salaten oder kalten Vorspeisen serviert. Da Kampfer-Ingwer leicht bitter schmeckt, wird er oft mit gewöhnlichem oder mit Mango-Ingwer vermischt. Bei uns ist Kampfer-Ingwer nicht erhältlich. Als Ersatz kann man gewöhnlichen Ingwer, vermischt mit etwas gemahlenem Anis und einem Tropfen Pfefferminz-Essenz, benutzen.

Mango-Ingwer (Amada): Diese Sorte hat dasselbe Aroma wie unreife Mango. In Wirklichkeit handelt es sich auch nicht um Ingwer: Mango-Ingwer (*Curcuma amada*) gehört zur Familie der Kurkuma. Allerdings sieht er aus und schmeckt wie Ingwer und wird deshalb Ingwer genannt. Mango-Ingwer wird hauptsächlich in Suppen und Joghurt-Salaten verwendet. Hier ist er nicht erhältlich, aber wenn man gewöhnlichen Ingwer mit rohen, unreifen Mangostückchen vermischt, hat man einen guten Ersatz.

Ingwerpulver (Sonth)
Ingwerpulver ist gemahlener, an der Sonne getrockneter frischer Ingwer. Man sollte es aber nur in Notfällen als Er-

satz für frischen Ingwer benutzen, denn sein Aroma ist ganz anders, deutlich süßlicher. Ingwerpulver wird hauptsächlich im Kaschmir verwendet, einige Chutneys werden ebenfalls mit Ingwerpulver gewürzt.

Kardamom (Elaichi)
Kardamom ist die Frucht der in Südindien und Sri Lanka beheimateten Pflanze *Elettaria cardamomum.* Die Aromastoffe sind in den Samen der Fruchtkapsel enthalten. Aus diesem Grund verwendet man die ganzen Kapseln, wenn das Gericht milder gewürzt sein soll, zum Beispiel bei Pilaws. Soll es aromatischer schmecken, bevorzugt man gemahlenen oder grob zerdrückten Kardamom. Man kann entweder die ganze Fruchtkapsel mahlen oder — wenn das Gewürz kräftig sein soll — die Samen allein. Es gibt grüne, weiße und schwarze Kardamomkapseln. Die grüne Sorte ist die begehrteste, denn sie hat das beste Aroma. Bei den weißen handelt es sich um gebleichte grüne Kardamomkapseln, die durch das Bleichen viel von ihrem Aroma verloren haben. Die schwarzen, die etwas größer als die anderen sind, schmecken milder, sind im Vergleich zu den grünen nur schwach gewürzt. Generell gilt, daß man grüne für Nachspeisen und Pudding benutzt, schwarze für Pilaws und andere Hauptgerichte. Es schadet jedoch nichts, wenn Sie in allen Zubereitungen grüne Kardamomkapseln verwenden. Kardamomkapseln und Samen sind in Spezialgeschäften und Supermärkten erhältlich.

Kokosflocken, getrocknet, ungesüßt (Khopra)
Getrocknete, ungesüßte Kokosflocken werden aus dem getrockneten Samenfleisch (Khopra) der Kokosnuß hergestellt. Man muß sie kühl lagern, da sie wegen ihres hohen Fettgehalts leicht ranzig werden. In der Küche der Brahmanen, im Gudscherat, in Bengalen und in der Mo-

guln-Küche sind getrocknete, ungesüßte Kokosflocken ein wichtiges Gewürz, das nicht mit frisch geraspelten Kokosflocken verwechselt werden darf. Sollten Sie keine getrockneten, ungesüßten Kokosflocken erhalten, können Sie ersatzweise frisch geraspelte Kokosflocken verwenden, diese müssen aber dann zuerst in einer Bratpfanne oder im Ofen getrocknet werden.

Kokum
Kokum ist die pflaumengroße, bittere Frucht des in Indien beheimateten Baumes *Garcinia india.* Sie verleiht den Speisen ein pikantes Aroma und wird in vielen Gerichten aus dem Maharaschtra und aus Coorg anstelle von Tamarinde verwendet. Kokum gibt es in indischen Lebensmittelgeschäften.

Koriander (Dhania)
Von der Pflanze *Coriandrum sativum* stammen sowohl die scharfriechenden weißen, pfefferkornähnlichen Koriandersamen als auch die sehr aromatischen Korianderblätter. Koriandersamen werden von allen Gewürzen in der indischen Küche am häufigsten verwendet, sie sind wichtigste Zutat in Currypulver und in der Gewürzmischung Garam Masala. Gemahlen und in heißem Öl angeröstet verwendet man sie, um Gemüse und Hülsenfrüchte zu aromatisieren.
Frische Korianderblätter spielen in der indischen Küche dieselbe Rolle wie bei uns Petersilie. Sie verleihen indischen Gerichten ihr wahres, einzigartiges Aroma. Ein Aroma, das man mag — oder aber nicht ausstehen kann. Wenn Sie es noch nie probiert haben, gehen Sie vorsichtshalber sparsam damit um.
Koriandersamen sind im Gegensatz zu Korianderblättern bei uns überall erhältlich. Wenn Sie die Samen aussäen, können Sie bald Ihre eigenen frischen Korianderblätter ernten.

Kreuzkümmel (Jeera)

Grün-gelbliche Kreuzkümmelsamen (*Cuminum cyminum*) spielen in der indischen Küche seit undenklichen Zeiten eine wichtige Rolle. Sie sind eine der wichtigsten Zutaten in den Gewürzmischungen Garam Masala und Panch Phoron. Man würzt damit Vorspeisen, Hauptgerichte, Joghurt-Salate und Pickles. Das Aroma von angeröstetem Kreuzkümmel und frischen Korianderblättern ist die Quintessenz der indischen Küche.
Schwarzer oder königlicher Kreuzkümmel (Chahi Jeera oder Kala Jeera): Schwarzer Kreuzkümmel (*Cuminum nigrum*) ist eine Kreuzkümmelsorte, die wild in den Tälern von Kaschmir und in südöstlichen Teilen des Iran wächst. Man sagt, er schmecke wie schwarze Trüffeln. Auf jeden Fall ist er sehr aromatisch und deshalb wichtige Zutat in den delikaten Pilaws aus dem Kaschmir und in allen Gerichten aus der Moguln-Küche.
Fälschlicherweise werden Kümmel und Schwarzkümmel oft als schwarzer Kreuzkümmel bezeichnet, sie sind aber keineswegs austauschbar.

Kümmel (Gunyan)

Kümmel heißen die Samen der Pflanzen *Carum carvi* oder *Carum bulbocastanum,* die wild in den Bergen von Kaschmir wachsen. Im Kaschmir würzt man mit ihnen Brot, Gebäck und Speisen, die wie Fleischgerichte aussehen sollen. Kümmel sollte nicht mit Schwarzkümmel oder schwarzem Kreuzkümmel verwechselt werden.

Kurkuma (Haldi)

Kurkuma ist das magische Gewürz, das dem Currypulver seine charakteristische gelbe Farbe verleiht. Kurkuma ist — wie Ingwer — ein Rhizom, das unter der Erde wächst. Der Wurzelstock wird ausgegraben, gereinigt, gekocht, getrocknet und dann zu dem gelben Pulver mit dem

nußartigen Aroma vermahlen. Kurkuma ist in der vegetarischen Küche außerordentlich beliebt. Es verleiht Tausenden von Gerichten, von der Vorspeise bis zu den Pickles, ihre schöne, gelbe Farbe. Ein Dal ohne Kurkuma ist unvorstellbar. In der südindischen vegetarischen Küche spielt Kurkuma dieselbe Rolle wie Salz.
Gelegentlich werden auch zarte junge Wurzelstöcke ausgegraben und als Gemüse gekocht. Im Süden und im Gudscherat gelten sie als Delikatesse.
Das Pulver ist bei uns überall erhältlich, junge Wurzelstöcke, die aussehen wie winziger frischer Ingwer, finden Sie allenfalls im Spezialhandel.

Lorbeer (Tej Patta)
Indische Lorbeerblätter sind die Blätter des in Indien und Ostasien heimischen Baumes *Cinnamomum cassia.* Sie werden in der nordindischen Küche verwendet, vor allem in den östlichen Regionen, wo der Baum in seiner natürlichen Umgebung wächst. Unsere Lorbeerblätter, die ein stärkeres Aroma haben, können ersatzweise verwendet werden, sie sind aber viel teurer.

Macis (Javitri)
Macis ist der leuchtend orangefarbene Samenmantel der Muskatnuß, der flachgedrückt oder als Pulver verkauft wird. Macis hat ein bittersüßes Aroma und wird bei der Zubereitung der Gewürzmischung Garam Masala und in Chutneys verwendet.

Majoran, indischer (Mirzan Josh)
Indischer Majoran oder wilder Majoran (*(Origanum vulgare*) ist ein hocharomatisches Kraut, das Ähnlichkeit mit Thymian hat. Die Bauern im Pandschab verwenden es als Gemüse. Im Kaschmir wird es herzhaften Kichererbseneintöpfen und Gemüsepürees beigefügt. Indischer

Majoran ist hier nicht erhältlich, ersatzweise können Sie frischen Thymian verwenden.

Mango-Pulver (Amchoor)
Mango-Pulver wird aus sehr sauren, unreifen Mangos hergestellt. Man benutzt es überall in Nordindien, wenn man Speisen ein säuerliches Aroma verleihen will. Es ist billig und daher auch populär. Bei uns ist es in indischen Lebensmittelgeschäften erhältlich.

Minze (Podina)
Minze (*Mentha spicata*) wird in der indischen Küche ausgiebig gebraucht. Man gibt es in Joghurt-Salate, Pilaws und Getränke. Frische Minze wächst auch bei uns im Garten; getrocknete Minzblätter sollten Sie nur im Notfall verwenden.

Mohnsamen (Khas Khas)
Weiße Mohnsamen werden gewöhnlich gemahlen, zusammen mit Ingwer und Zwiebeln angebraten und dann mit den anderen Zutaten vermischt. Es sind die Samen des weißen Mohns *Papaver somniferum album,* der seit Menschengedenken in Indien wächst. Gemahlene Mohnsamen sind ein Bindemittel, mit dem Saucen angedickt werden. Ihr Aroma wird noch intensiver, wenn man sie anröstet. Mohnsamen haben einen hohen Nährwert und werden deshalb in der vegetarischen Küche häufig verwendet. In Gerichten, bei denen es auf die Farbe nicht ankommt, kann man weiße Mohnsamen durch schwarze ersetzen. Der Unterschied im Aroma ist nur gering.

Muskat (Javitri)
Die Muskatnuß, der aromatische Kern der Frucht des Baumes *Myristica fragans,* wird in der indischen Küche

hauptsächlich bei der Zubereitung von Chutneys und Süßspeisen sowie beim Einmachen von Obst verwendet. Muskat ist ein wichtiger Bestandteil der Gewürzmischung Garam Masala, die in der Moguln-Küche eine bedeutende Rolle spielt. Im Gudscherat benutzt man Muskat häufig zusammen mit Kardamom und würzt damit Pudding und Joghurt-Nachspeisen.

Nelken (Laung)

Nelken sind die getrockneten Blütenknospen des in den Molukken heimischen Baumes *Syzgium aromaticum.* Sie werden vor allem in der Moguln-Küche und im Osten verwendet, wo man mit ihnen Pilaws und Schmorgerichte aromatisiert.

Paprika (Deghi Mirch)

Indischer Paprika wird aus einer milden Paprikasorte gewonnen, die man an der Sonne trocknen läßt und dann zu einem feinen Pulver mahlt. Diese Sorte wächst hauptsächlich im Kaschmir. Paprika verleiht den Speisen eine leuchtendrote Farbe, die viele indische Saucen kennzeichnet. Die Paprikaschoten, die man bei uns kaufen kann, sind ein vollwertiger Ersatz für indischen Paprika.

Pipal-Pfeffer (Pipal)

Pipal-Pfeffer ist die getrocknete Frucht der Pflanze *Piper longum.* Es ist ein würziger schwarzer Pfeffer mit einem Aroma, das an Ingwer erinnert. Er wird gemahlen und in Pickles, Chutneys und in einigen Brotsorten verwendet. Die Wurzel, Piplaumul genannt, spielt in der Kräuter-Medizin eine wichtige Rolle. Am Fest des Lichtes (Diwali) wird im Süden eine Speise zubereitet, der man sagenhafte Heilkräfte zuspricht: Sie besteht aus Pipal-Pfeffer, der Pipal-Wurzel, Palmzucker, Nüssen und Usli Ghee.

Pipal-Pfeffer und die Pipal-Wurzel sind in indischen Läden erhältlich.

Safran (Kesar)
Safran wird aus den Narben der Krokuspflanze *Crocus sativus* hergestellt. Es ist das teuerste Gewürz der Welt, dennoch wird es in der indischen Küche häufig verwendet. Alle Süßspeisen und Puddings, die anläßlich religiöser Feste im Süden und Südwesten Indiens zubereitet werden, enthalten Safran. Es gibt Safranpulver, aber Safranfäden werden bevorzugt, denn sie können nicht verfälscht werden. Safran verleiht den Speisen eine leuchtend orangegelbe Farbe und ein faszinierendes Aroma. Sie können ihn im Feinkostgeschäft oder in Apotheken kaufen.

Schwarzkümmel (Kalaunji)
Schwarzkümmel sind die winzigen Samen der Pflanze *Nigella sativa,* die überall in Nordindien wild wächst. Er wird vor allem im Osten des Landes häufig verwendet. Man würzt damit Gemüsegerichte, Dal und Pickles. Schwarzkümmel darf nicht mit schwarzem Kreuzkümmel oder Kümmel verwechselt werden.

Senfsamen, schwarze (Rai)
Schwarze Senfsamen gehören zu den wichtigsten Gewürzen in der indischen Küche. Sie stammen von derselben Pflanze (*Brassica juncea*), deren Blätter als Gemüse sehr beliebt sind (S. 317). In der Küche des Südens spielen sie dieselbe Rolle wie der Kreuzkümmel im Norden. Wie die gelben Senfsamen bei uns, durch die sie allerdings nicht ersetzt werden können, gehören sie zu den Einmachgewürzen. Aus Senfsamen wird auch das wunderbar duftende Senföl hergestellt (S. 54).

Zimt (Dal Chini)
Der Zimt, den man in der indischen Küche verwendet, ist die Rinde des Baumes *Cinnamomum cassia.* Er ist im Aroma intensiver als der sogenannte »echte« Zimt, der vom *Cinnamomum zylanicum* stammt. Zimt wird in den östlichen Regionen Indiens hergestellt und gilt dort als wichtiges Gewürz. In der Moguln-Küche kann man auf ihn nicht verzichten; er ist auch Bestandteil ihrer berühmten Gewürzmischung Garam Masala. Je nach gewünschter Intensität wird Zimt in Stangenform, zerbrökkelt oder gemahlen verwendet.

SPEZIELLE ZUTATEN UND ZUBEREITUNGSMETHODEN

Gewürzmischungen
(Masala)

Das Wort »Masala« ist jedem Inder ein Begriff. »Masala« gibt einem Gericht sein charakteristisches Aroma. Wenn sich ein Inder nach einem Rezept erkundigt, ist die Standardfrage: Was für eine »Masala« haben Sie verwendet? Und in der Antwort liegt das ganze Geheimnis der indischen Küche. Verständlicherweise ist die »Masala« der bestgehütete Schatz eines indischen Kochs. Die »Masala« kann zum Beispiel aus Gewürzen bestehen, oder es handelt sich um eine Mischung aus Gewürzen und Kräutern, zu denen manchmal auch noch Zwiebeln, Knoblauch und Ingwer kommen. Die Anzahl der Zutaten variiert zwischen einer einzigen und fünfundzwanzig oder mehr! Es kann ganz einfach sein, eine »Masala« zuzubereiten, aber auch unglaublich langwierig und mühsam. Die Zubereitung kann sogar mehrere Tage in Anspruch nehmen.

Die Gewürze und Kräuter, aus denen eine »Masala« besteht, werden nicht immer einfach nur miteinander vermischt; es ist durchaus möglich, einzelne Bestandteile der »Masala« dem Gericht zu unterschiedlichen Zeitpunkten zuzufügen. Zum Beispiel könnte man am Anfang ganze Gewürze beifügen; wenn das Gericht eine Zeitlang kocht, gibt man gemahlene Gewürze zu und kurz vor dem Servieren mischt man noch frische Kräuter unter.

Bei »Masalas« kann es sich um ganze Gewürze handeln, ein Beispiel dafür sind Pilaw-Masalas; um Pulver, wie das berühmte Madras-Curry oder Garam Masala; oder aber um Gewürzpasten, zum Beispiel die Avial-Kräuter-Mischung aus Malabar.
Früher wurde die »Masala« für jedes Gericht extra zubereitet, aber da hatte man mehr Personal. Heute verbringt man auch in Indien weniger Zeit in der Küche und greift deshalb immer häufiger auf fertig zubereitete »Masalas« zurück.
Jede Region hat ihre eigene Gewürzmischung, die den Speisen ihren unverkennbaren regionalen Charakter verleiht. So ist Currypulver die klassische »Masala« der südindischen Küche, Garam Masala ein unverzichtbarer Bestandteil der nordindischen Küche, und im Osten hat man das fantastische »Panch Phoron«.
Sie finden hier eine Auswahl der wichtigsten »Masalas«, die in der indischen vegetarischen Küche verwendet werden. Die Rezepte sind typisch für die jeweiligen Regionen und Religionsgemeinschaften. Da aber jeder Koch einer »Masala« seinen individuellen Stempel aufdrückt, spiegeln die Rezepte auch meine eigenen Vorlieben wider. Ich mag Kreuzkümmel, schwarze Senfsamen und Koriander, denn sie verleihen einem Gericht ein würziges Aroma, ohne die einzelnen Zutaten zu übertönen. Pfeffer und Chili verwende ich relativ sparsam, wenn Sie es schärfer mögen, geben Sie einfach etwas mehr dazu. Wollen Sie nur die Hälfte oder einen Bruchteil der Mischung herstellen, ist das kein Problem, solange die Proportionen stimmen.

Anmerkung: Alle Gewürze, die Sie für diese Mischungen verwenden, müssen geröstet werden, damit sie nicht so schnell verderben. Durch das Rösten lassen sie sich auch leichter mahlen. Manche Gewürze und Gewürzmischungen, die man erst nach Beendigung der Kochzeit auf ein Gericht streut, wie zum Beispiel Kreuzkümmel, Koriander und Garam Masala, werden angeröstet, um ihr Aroma zu verbessern und sie leichter verdaulich zu machen.

Wedisches Currypulver

Originalrezept

Kurz vor der wedischen Zeremonie »Shradha«, mit der man die Toten ehrt, wird dieses Currypulver zubereitet. Alle anderen Currymischungen sind im Vergleich zu diesem neu und deshalb der heiligen Zeremonie nicht angemessen. Es ist eine frische, leicht gewürzte Mischung, die ich gern über Salate streue.

Ergibt ½ Tasse

½ Tasse frische Curryblätter oder ¼ Tasse getrocknete
2 EL weiße halbe Bohnen (Urad Dal)
2 EL schwarze Pfefferkörner

1. Ofen auf 175° vorheizen.
2. Curryblätter, weiße halbe Bohnen und Pfefferkörner auf ein Backblech geben. 25 Minuten auf der mittleren Schiene rösten lassen, zwischendurch ein- bis zweimal umwenden. Wenn Sie getrocknete Curryblätter verwenden, nur während der letzten 10 Minuten zufügen. Am Ende der Backzeit sollten die Bohnen leicht Farbe genommen haben, die Curryblätter sollten trocken und die Pfefferkörner etwas dunkler sein.
3. Backblech aus dem Ofen nehmen und die Gewürze auskühlen lassen. Die Gewürze in einer Gewürz- oder Kaffeemühle grob mahlen.

Die Mischung hält, gut verschlossen, bei Zimmertemperatur 2 Wochen.

Currypulver

Grundrezept

In Südindien werden mit diesem köstlichen Currypulver hauptsächlich Gemüsegerichte gewürzt, aber ich finde, es paßt zu jeder Zubereitung, die Currypulver vorschreibt, denn es ist höchst aromatisch, ohne etwas zu übertönen.

Ergibt 1 Tasse

½ Tasse Koriandersamen
15 getrocknete rote Chilischoten
1½ TL Kreuzkümmelsamen
1½ TL schwarze Senfsamen
1½ TL Bockshornkleesamen
1½ TL schwarze Pfefferkörner
15—20 Curryblätter (frisch oder getrocknet, nach Belieben)
3 EL Kurkuma

1. Koriander, Chili, Kreuzkümmel, Bockshornklee und schwarzen Pfeffer vermischen und fein mahlen. In eine Schüssel geben.
2. Wenn Sie frische Curryblätter verwenden, in eine nicht gefettete Pfanne geben und bei schwacher Hitze 4—5 Minuten trocknen lassen. Ebenfalls mahlen und zu den Gewürzen in die Schüssel geben.
3. Kurkuma untermischen.
4. Currypulver in einen luftdicht verschließbaren Behälter füllen und kühl lagern. Es hält bis zu 3 Monate.

Anmerkung: Wenn Sie ein milderes Currypulver vorziehen, verwenden Sie weniger Chilischoten oder Sie verzichten ganz darauf.

Currypulver nach Art von Haiderabad

Bei diesem Currypulver, das allgemein als Andhra Masala bekannt ist, handelt es sich um eine Abwandlung des Grundrezepts.
Die Verwendung von Zimt und Nelken weist darauf hin, daß Haiderabad unter der Herrschaft der Moguln stand; die Gewürze geben der Mischung eine Spur von Süße.
Befolgen Sie die Anweisungen für Currypulver (Grundrezept S. 75), fügen Sie aber noch $1\frac{1}{2}$ TL gemahlenen Zimt und $\frac{3}{4}$ TL gemahlene Nelken bei. Luftdicht verschlossen und kühl gelagert, hält Currypulver nach Art von Haiderabad ebenfalls bis zu 3 Monate.

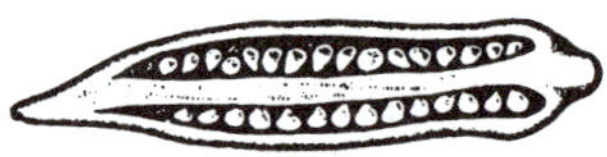

Sambaar-Pulver

Mit dieser klassischen »Masala« würzen die Brahmanen in Südindien Suppen, Linsen- und Schmorgerichte und feurig-scharfe Saucen. Es gibt Familien, die außer Sambaar-Pulver keine andere Gewürzmischung verwenden. Sambaar-Pulver hat ein faszinierendes, nussiges Aroma, das von den gerösteten Bohnen und Erbsen stammt. Die Zugabe von Hülsenfrüchten bewirkt auch, daß dieses Sambaar Saucen andickt, ihnen eine samtige Konsistenz verleiht. Wie Currypulver gibt Sambaar-Pulver jeder

Speise eine wunderschöne gelbe Farbe, es ist jedoch schärfer als das Currypulver, Grundrezept.

Ergibt 1 Tasse

½ Tasse Koriandersamen
1—14 getrocknete rote Chilischoten
1½ TL Kreuzkümmelsamen
1½ TL schwarze Pfefferkörner
1½ TL Bockshornkleesamen
1½ TL weiße halbe Bohnen (Urad Dal)
1½ TL gelbe Mungobohnen (Moong Dal)
1½ TL gelbe helle Erbsen (Channa Dal)
2 EL Kurkuma

1. Koriander, Chili, Kreuzkümmel, Pfeffer und Bockshornkleesamen in einem Kadhai oder in einer Bratpfanne bei mittlerer Hitze unter Rühren 4—6 Minuten rösten, bis sie ganz trocken sind und ihr Aroma freisetzen. Gewürze in eine Schüssel geben und abkühlen lassen.
2. Alle Hülsenfrüchte in eine andere Pfanne geben und bei mittlerer Hitze unter ständigem Umrühren leicht anbräunen (6—8 Minuten). In eine Schüssel geben und ebenfalls abkühlen lassen.
3. Kurkuma in die noch heiße Pfanne, in der die Hülsenfrüchte angeröstet wurden, geben, jedoch keine Hitze zuführen. Das Kurkuma soll unter Umrühren nur leicht warm werden, damit es seinen rohen Geschmack verliert. Dann in eine Schüssel geben, beiseite stellen und auskühlen lassen.
4. Die abgekühlten Gewürze und Hülsenfrüchte in einem Mixer oder in der Gewürzmühle fein mahlen. Kurkuma untermischen und in einem luftdichten Behälter kühl und trocken lagern.

Sambaar-Pulver hält sich gut 6 Monate, danach wird es weniger aromatisch und würzkräftig.

Bese-Bele-Pulver

Eine unglaublich aromatische Gewürzmischung mit einem Hauch von Zimt und Nelken. Meister in der Zubereitung von Bese-Bele-Pulver sind die Brahmanen aus Bangalore, die damit ihre Spezialität Bese Bele Olianna (S. 286) aromatisieren. Vangi Bhat, ein Auberginen-Pilaw (S. 285), wird ebenfalls mit Bese Bele gewürzt.

Ergibt etwa 2 Tassen

¼ Tasse gelbe halbe Erbsen (Channa Dal)
⅓ Tasse weiße halbe Bohnen (Urad Dal)
3 EL Kreuzkümmelsamen
¼ Tasse Koriandersamen
3 EL Bockshornkleesamen
4 je 7,5 cm lange Zimtstangen, zerbröckelt
½ TL Nelken (etwa 6 Stück)
¼ Tasse getrocknete rote Chilischoten (etwa 15) oder weniger, nach Belieben, zerbröckelt
2 EL getrockene Curryblätter, zerkleinert
⅔ Tasse getrocknete, ungesüßte Kokosflocken, fest zusammengepreßt

1. Einen Kadhai oder eine schwere Bratpfanne 2 Minuten über mittlerer Flamme erhitzen. Gelbe halbe Erbsen hineingeben und unter ständigem Rühren rösten, bis sie Farbe annehmen (ca. 5 Minuten). Dann weiße halbe Bohnen zufügen und zusammen mit den Erbsen rösten, bis sie eine hellgoldene Farbe annehmen (12—15 Minuten). Auf einen Teller geben und abkühlen lassen.
2. Kreuzkümmel, Koriander, Bockshornkleesamen, Zimt, Nelken und Chilischoten in die Pfanne geben. Unter ständigem Umrühren ebenfalls rösten, bis alle Gewürze mehrere Töne dunkler geworden sind und ein würziges Aroma abgeben (10 Minuten).
3. Curryblätter und Kokosflocken hinzufügen und zusammen mit den Gewürzen weitere 2—3 Minuten rö-

sten. Vom Herd nehmen. Die Gewürzmischung mit den Erbsen und Bohnen vermengen und auskühlen lassen.
4. Die Mischung in einem Mixer, einer Gewürz- oder Kaffeemühle zu einem feinen Pulver mahlen. In einem luftdichten Behälter kühl lagern. Bese-Bele-Pulver hält bis zu 3 Monate.

Garam Masala

Die wörtliche »Übersetzung« von »Garam« ist »warm« oder »heiß«, Garam Masala bedeutet demnach »heiße Gewürzmischung«. Diese Bezeichnung ist ein Hinweis darauf, daß die in der Mischung verwendeten Gewürze innere Wärme erzeugen und man Garam Masala eher in den Winter- als in den Sommermonaten benutzen sollte.
Garam Masala ist die Gewürzmischung des Nordens. Wie die Zubereitung von Currypulver von einem südindischen Staat zum anderen variiert, so hat auch jeder Staat in Nordindien seine eigene typische Garam-Masala-Version. Grundsätzlich wird Garam Masala den Speisen erst vor dem Servieren beigefügt und verleiht ihnen ein köstliches Aroma.
Man kann Garam Masala fertig im Handel kaufen, aber ich rate Ihnen davon ab. Erstens fehlt ihm das individuelle Aroma, und zweitens schmeckt es oft schal und abgestanden. Stellen Sie nach einem der folgenden Rezepte Ihr eigenes Garam Masala her.

Punjabi Garam Masala oder Garam Masala

Dieses klassische Rezept aus dem Pandschab und Uttar Pradesch ist das Grundrezept für Garam Masala. Es schmeckt milder als Curry- oder Sambaar-Pulver, sein Aroma wird hauptsächlich von Kreuzkümmel und Koriander bestimmt. Zu geschmorten Korma-Gerichten, zu Kabobs und Gemüse-Pilaws — alles Gerichte aus der Moguln-Küche — paßt dieses Garam Masala ganz hervorragend.

Ergibt ¾ Tasse

¼ Tasse Kreuzkümmelsamen
¼ Tasse Koriandersamen
1½ EL Kardamomsamen (von schwarzen oder grünen Kardamomkapseln)
2 je 7,5 cm lange Zimtstangen
1½ TL ganze Nelken
3 EL schwarze Pfefferkörner
4 Lorbeerblätter, zerkleinert
1½ TL Macis, gemahlen (nach Belieben)

Einen Kadhai oder eine schwere Bratpfanne 2 Minuten über mittlerer Flamme erhitzen. Alle Gewürze, außer dem Macis, in die Pfanne geben und unter ständigem Rühren rösten, bis sie einige Töne dunkler geworden sind und ein würziges Aroma freisetzen (ca. 10 Minuten). Die Gewürze in eine Schüssel geben und auskühlen lassen, dann in einem Mixer oder einer Gewürzmühle fein mahlen. Macis untermischen und in einem luftdichten Behälter kühl und trocken aufbewahren. Punjabi Garam Masala ist 3 Monate haltbar.

Gujarati Garam Masala

Dieses Garam Masala ist bei den Dschainas im Gudscherat sehr beliebt. Es ist schärfer als das Punjabi Garam Masala und schmeckt besonders gut in herzhaften Gemüse- und Bohnen-Eintöpfen.

Ergibt ca. 1 Tasse

$^1/_4$ Tasse Kreuzkümmelsamen
$^1/_4$ Tasse Koriandersamen
$^1/_4$ Tasse schwarze Pfefferkörner
4 getrocknete rote Chilischoten, zerbröckelt
$^1/_2$ Zimtstange, zerbröckelt
$^3/_4$ EL ganze Nelken
$1^1/_2$ TL Kardamomsamen (aus schwarzen oder grünen Kardamomkapseln)
$1^1/_2$ TL Sesamsamen
$^1/_2$ TL Fenchelsamen
7—8 ganze Lorbeerblätter
$^1/_4$ TL Adiowan oder $^1/_2$ TL getrockneter Thymian
$^1/_2$ TL Muskat, frisch gerieben

Einen Kadhai oder eine schwere Bratpfanne 2 Minuten über mittlerer Flamme erhitzen. Alle Gewürze, außer Muskat und — falls Sie ihn verwenden — Thymian, in die Pfanne geben und unter ständigem Rühren rösten, bis die Gewürze einige Töne dunkler werden und ein würziges Aroma freisetzen (ca. 10 Minuten). Thymian erst kurz vor dem Ende zufügen und 1 Minute mitrösten. Die Gewürze in eine Schüssel geben und auskühlen lassen, dann in einem Mixer oder in einer Gewürzmühle fein mahlen. Muskat untermischen und in einem luftdichten Behälter kühl und trocken aufbewahren. Gujarati Garam Masala ist 3 Monate haltbar.

Marathi Garam Masala

Dieses Garam Masala ist ein klassisches Beispiel für die Küche im Maharaschtra, die vom Gudscherat und von Madras beeinflußt ist. Obwohl man die Gewürzmischung Garam Masala nennt, enthält sie Zutaten, die normalerweise nur in Currypulver verwendet werden, so zum Beispiel Bockshornkleesamen. Marathi Garam Masala ist aromatisch und scharf zugleich. Die Kokosflocken geben dieser Gewürzmischung eine aparte Note, sie paßt wunderbar zu geschmorten Gemüsegerichten.

Ergibt 1 Tasse

¼ Tasse Koriandersamen
3 EL Kreuzkümmelsamen
½ Tasse Bockshornkleesamen
½ Tasse ganze Nelken
1½ Tassen Kardamomsamen (aus schwarzen oder grünen Kardamomkapseln)
7—8 Lorbeerblätter, zerkleinert
½ Tasse getrocknete, ungesüßte Kokosflocken
7—8 rote Chilischoten, zerbröckelt

Einen Kadhai oder eine schwere Bratpfanne 2 Minuten über mittlerer Flamme erhitzen. Kreuzkümmel, Koriander, Bockshornkleesamen, Nelken und Kardamomsamen in die Pfanne geben und die Gewürze unter ständigem Rühren rösten, bis sie einige Töne dunkler sind und ein würziges Aroma freisetzen (ca. 8 Minuten). Lorbeerblätter, Kokosflocken und zerbröckelte Chili beifügen und 2—3 Minuten weiterrösten, dabei ständig umrühren. Hitze wegnehmen. Die Gewürze auf einen Teller geben und ganz abkühlen lassen. In einem Mixer, einer Gewürz- oder Kaffeemühle fein mahlen. In einem luftdichten Behälter kühl aufbewahren. Marathi Garam Masala ist 3 Monate haltbar.

Parsi Dhanajeera Masala

Dies ist die Lieblingsgewürzmischung der Parsen (eine kleine Bevölkerungsgruppe, die im 9. Jahrhundert, um religiöser Verfolgung zu entgehen, von Persien nach Indien emigrierte und heute hauptsächlich in Bombay lebt). »Dhanajeera« bedeutet »Koriander-Kreuzkümmel«, und diese beiden Gewürze werden in dieser Mischung reichlich verwendet. Sternanis und Nelken, schwarze Senfsamen und die typischen Mogulgewürze verleihen diesem Masala ein Aroma, das an einen indischen Gewürzladen erinnert.

¾ Tasse Koriandersamen
2 EL Kreuzkümmelsamen
1½ TL schwarze Senfsamen
½ TL Fenchelsamen
1 EL weiße Mohnsamen
1 EL schwarze Pfefferkörner
2—3 Stück Sternanis
½ TL ganze Nelken
½ Zimtstange, zerbröckelt
1 EL grüne Kardamomkapseln
5 Lorbeerblätter, zerkleinert
¼—½ TL Safranfäden
1 TL Muskat, frisch gerieben

1. Ofen auf 110° C vorheizen.
2. Alle Gewürze, außer Safran und Muskat, gleichmäßig auf ein Backblech verteilen; sie sollen nicht übereinanderliegen.
3. Backblech auf die unterste Schiene stellen und die Gewürze 30 Minuten rösten lassen beziehungsweise bis sie leicht gebräunt sind. Gelegentlich umwenden, damit

sie nicht verbrennen. 5 Minuten vor Ende der Röstzeit Safran und Muskat über die Gewürze streuen.
4. Gewürze abkühlen lassen und in einer Gewürz- oder Kaffeemühle fein mahlen.

Dhanajeera-Pulver in einem luftdichten Behälter kühl und trocken aufbewahren, es ist 3 Monate haltbar.

Panch Phoron

Um »Panch Phoron«, eine Kreation der Bengalen, herzustellen, braucht man von 5 verschiedenen, nicht zerkleinerten Gewürzen jeweils die gleiche Menge. Diese Mischung wird in heißem Öl angeröstet; mit diesem Öl, werden dann Gemüse- und Dal-Zubereitungen aromatisiert.

Kreuzkümmelsamen
Fenchelsamen
schwarze Senfsamen
Bockshornkleesamen
Schwarzkümmelsamen (Kalaunji)

Von allen Gewürzen jeweils die gleiche Menge nehmen und miteinander vermischen. In einem luftdichten Gefäß kann man sie 1 Jahr aufbewahren.

Chat Masala

Mit dieser Gewürzmischung aromatisiert man Gemüse- und Fruchtsalate, die als Vorspeisen oder Snacks gegessen werden. Die Zubereitung eines guten Chat Masala, in das unter anderem auch Zweige und Wurzeln gehören, ist sehr mühsam und zeitraubend. In diesem Fall sind die im Handel erhältlichen Mischungen vorzuziehen. Wenn Sie es trotzdem einmal zu Hause herstellen wollen, probieren Sie diese einfachere Version.

Ergibt 1½ EL

1 TL geröstete gemahlene Kreuzkümmelsamen
½ TL Cayennepfeffer
¼ TL gemahlenes Asafoetida
⅔ TL Mangopulver
½—¾ TL Garam Masala (S. 79)
½ TL schwarzes Salz (Kala Namak)
1 TL grobes Salz

Alle Gewürze gut vermischen und in einem luftdichten Gefäß kühl lagern.

Kokosnuß
(Narial)

Kokospalmen (*Cocos nucifera*) wachsen in allen indischen Küstenregionen, vom Gudscherat bis nach Bengalen. In diesen Gebieten ist die Kokosnuß eine der wichtigsten Zutaten in der vegetarischen Küche. Man verwendet ihr Fruchtfleisch, in Scheiben geschnitten, Kokosflocken und Kokosnußmilch.
Beim Kauf einer Kokosnuß sollten Sie darauf achten, daß die Schale keine Sprünge aufweist und die drei Augen frei von Schimmel sind. Eine frische Kokosnuß ist wegen der in ihr enthaltenen Kokosmilch schwer. Sie sollten die Milch schwappen hören, wenn Sie die Kokosnuß schütteln.
Die Kokosnuß öffnen Sie am besten über dem Spülbekken. Halten Sie sie mit einer Hand fest und bearbeiten Sie sie mit einem Hammer oder Beil, bis die Schale aufspringt. Fangen Sie die Flüssigkeit — die Kokosmilch —, die austritt, in einer Schüssel auf und probieren Sie da-

von. Wenn sie süß schmeckt und gut riecht, ist die Kokosnuß frisch. Riecht die Milch dagegen säuerlich, dann ist die Kokosnuß ranzig und nicht zu gebrauchen.
Einfacher ist es, wenn Sie als erstes die Augen mit einem spitzen Gegenstand durchbohren, die Flüssigkeit auffangen und dann die Kokosnuß 25 Minuten in einen auf 190° C vorgeheizten Ofen legen. Anschließend mit einem Hammer auf die Kokosnuß klopfen, bis die Schale springt.
Das weiße Kokosfleisch mit einem gebogenen Messer von der Schale lösen und nach einer der folgenden Anweisungen weiterverarbeiten.

In Scheiben geschnittene Kokosnuß
Kokosnußscheibchen erhalten Sie, wenn Sie das Fruchtfleisch auf einem Gurkenhobel oder in der Küchenmaschine hobeln. Dünne, leicht angeröstete Kokosnußscheibchen schmecken köstlich als Snack. Essen Sie sie einfach so oder vermischt mit Palmzucker und gerösteten, ungesalzenen Erdnüssen. Man kann sie auch über frisches Obst streuen oder mit geschmortem Gemüse vermischen.

Frisch geraspelte Kokosflocken
Geben Sie etwa 1 Tasse in ca. 2 cm große Würfel geschnittenes Fruchtfleisch in den Aufsatz Ihrer Küchenmaschine und lassen Sie die Maschine so lange laufen, bis Sie feine, feuchte Raspel erhalten.
Frisch geraspelte Kokosflocken können unter keinen Umständen durch getrocknete Kokosflocken ersetzt werden.

Kokosnußmilch
Kokosmilch und Kokosnußmilch dürfen nicht verwechselt werden. Kokosmilch ist die süße, wäßrige Flüssigkeit,

die sich im Innern der frischen Frucht befindet. Kokosnußmilch dagegen ist die Flüssigkeit, die entsteht, wenn man frische Kokosflocken auspreßt. Auf den polynesischen Inseln und in Malabar drückt man frische Kokosraspeln mit der Hand aus, um Kokosnußmilch zu erhalten. Ein halbes Dutzend Kokosnüsse ergibt etwa eine halbe Tasse Kokosnußmilch. Dies ist nicht nur zeitraubend, sondern — bei uns — auch recht kostspielig. Wir stellen Kokosnußmilch folgendermaßen her: Kokosflocken und heißes Wasser im Verhältnis 1 : 1 mischen und mindestens 15 Minuten ziehen lassen, damit die Flocken ihr Aroma an das Wasser abgeben. Die Mischung dann im Mixer oder in der Küchenmaschine pürieren und durch ein doppelt gefaltetes Musselintuch in eine Schüssel gießen. Das Fruchtfleisch im Musselintuch gut auspressen, damit kein Tropfen verlorengeht. Aus einer mittelgroßen Kokosnuß können Sie etwa 3 Tassen Kokosnußmilch gewinnen.

Frisch geraspelte Kokosflocken und Kokosnußmilch lassen sich sehr gut einfrieren. Da ihre Herstellung relativ zeitaufwendig ist, empfiehlt es sich, größere Mengen auf einmal zuzubereiten und auf Vorrat in der Tiefkühltruhe zu lagern.

Tamarinde

(Imli)

Die Frucht des in Indien heimischen Tamarindenbaumes *Tamarindus indica* erinnert im Geschmack an saure Zwetschgen. In der indischen Küche wird sie verwendet, um den Speisen einen süß-sauren Geschmack zu verleihen. Tamarinde kann man als Tamarindenmus oder Ta-

marindenpaste in indischen Lebensmittelgeschäften kaufen.
Sie können Tamarindenpaste aus Tamarindenmus auch selbst herstellen: 1 Platte Tamarindenmus (1 Pfund) in eine große Schüssel geben, die nicht aus Metal sein sollte, 3½ Tassen kochendes Wasser zugießen und das Tamarindenmus darin einweichen, bis das Wasser auf Zimmertemperatur abgekühlt ist. Mit den Fingern oder einer Gabel das Tamarindenfruchtfleisch in kleine Stücke zupfen. Die Schüssel mit Folie zudecken und die Tamarindenstückchen im Wasser 8 Stunden oder über Nacht einweichen. Dann die Stückchen mit einer Gabel zerdrücken, so daß möglichst viel Saft aus ihnen gepreßt wird. Tamarindensaft durch ein Sieb gießen, die faserigen Rückstände wegwerfen. Saft in der Eiswürfelschale einfrieren. Die gefrorenen Tamarinden-Eiswürfel in eine Plastiktüte umfüllen, gut verschließen und in der Tiefkühltruhe lagern. Sie können die Würfel vor Gebrauch auftauen oder gefroren in die Saucen oder Eintöpfe geben. 3 normal große Tamarinden-Eiswürfel entsprechen etwa der Menge Tamarindensaft, die man erhält, wenn man eine Kugel Tamarindenmus von 2,5 cm Durchmesser wie in den Rezepten angegeben verarbeitet.

Palmzucker

(Goodh; engl. Jaggery)

Palmzucker ist unraffinierter brauner Zucker, der sich klebrig anfühlt. Viele der berühmten indischen Desserts und Süßspeisen verdanken ihm ihr delikates Aroma; würde man weißen Zucker statt Palmzucker verwenden, wäre das Resultat völlig anders.
Palmzucker wird aus dem Saft von Palmen hergestellt.

Die Sorten, die man hier gewöhnlich im Handel erhält, werden jedoch in Indien meist aus Zuckerrohr hergestellt. Palmzucker-Jaggery, der aromatischer und nahrhafter ist, wird in den Küstenregionen, vor allem in Madras und Bengalen, produziert. Wegen seines einzigartigen Geschmacks ist er außerordentlich beliebt, er wird jedoch kaum exportiert, da die Nachfrage im Herstellungsland kaum gestillt werden kann.
Jaggery-Sirup, ein Nebenprodukt bei der Herstellung von Palmzucker, wird in den südlichen und östlichen Regionen als Delikatesse betrachtet. Man gießt ihn über Crêpes und süße oder pikante Pfannkuchen.
Palmzucker (Jaggery) ist in indischen Lebensmittelläden erhältlich. Ersatzweise kann man eine Mischung aus dunkel- oder hellbraunem und weißem Zucker (Verhältnis 1 zu 1) verwenden.

Bohnenkeime

Gekeimte Bohnen werden in Maharaschtra, im Gudscherat und in Andhra Pradesch gern gegessen. Sie sind leicht verdaulich und nahrhaft. Indische gekeimte Bohnen unterscheiden sich deutlich von chinesischen oder japanischen. In Indien läßt man die Bohnen nur ankeimen, das heißt, sie sehen immer noch wie Bohnen aus, sind lediglich etwas aufgedunsen und haben einen winzig kleinen Keim.
In der indischen vegetarischen Küche bereitet man aus Bohnenkeimen Salate, Vorspeisen und Snacks.
Wenn Sie Bohnen keimen lassen wollen, waschen Sie Mungobohnen unter fließendem warmen Wasser. Die Bohnen in eine Schüssel geben und so viel warmes Wasser zugießen, daß sie von mindestens 5 cm warmem Wasser überdeckt sind. Die Bohnen 8 Stunden oder

über Nacht quellen lassen. Wasser abgießen und Bohnen unter warmem Wasser abbrausen. Abtropfen lassen. Einen Korb mit feuchtem Handtuch auslegen und die Bohnen hineingeben. Mit einem zweiten feuchten Tuch zudecken. Den Korb an einem warmen Ort (25—30° C) 12—24 Stunden stehenlassen, bis die Bohnen gerade aufplatzen und der winzige Keim sichtbar wird. Während des Keimens ein- bis zweimal mit Wasser besprenkeln, damit die Handtücher feucht bleiben. Die Bohnenkeime unter fließendem kalten Wasser abbrausen, gut abtropfen lassen und gleich verwenden oder in ein feuchtes Küchenhandtuch einwickeln und bis zum Gebrauch im Kühlschrank aufbewahren.
Bohnenkeime bleiben im Kühlschrank 2 Tage frisch.

Indische Nudeln

(Sevian, Phalooda und Sevai)

Bei Nudeln denken viele an die italienische oder chinesische Küche. Und man ist überrascht, von den wunderbaren Nudelgerichten zu hören, die in Südindien zubereitet werden. Viel zu wenig bekannt sind auch die köstlichen Phalooda-Nudeln, die im Norden zu Nachspeisen gereicht werden. Indische Nudeln können in drei Hauptkategorien eingeteilt werden.

Weizennudeln (Sevian)
»Sevian« sind kommerziell hergestellte, hauchdünne Hartweizennudeln, die von allen Indern mit großer Begeisterung gegessen werden. In erster Linie werden daraus Nachspeisen zubereitet, zum Beispiel »Sheer Korma«, ein Dessert aus »Sevian«, Butter, Nüssen und Obst, das in Haiderabad und im Kaschmir sehr beliebt ist. In

Bangladesh ißt man »Sevian« zusammen mit »Paratha« zum Frühstück. Diese Nudeln sind in indischen Lebensmittelgeschäften erhältlich.

Phalooda-Nudeln (Phalooda)

Diese durchsichtigen, nudelähnlichen Fäden werden aus Weizen- oder Maisstärke hergestellt. Man drückt den noch warmen Teig durch die Nudelmaschine direkt in eiskaltes Wasser, wodurch er fest und durchsichtig wird. Dann aromatisiert man das Wasser mit Pandanus- oder Rosenessenz, um den Nudeln Geschmack zu verleihen. Phalooda-Nudeln gelten — vor allem im Norden — als Delikatesse. Man ißt sie einfach so oder gießt süßen Zuckersirup darüber. Phalooda-Nudeln sind die klassische Beilage zu indischem Eis (Kulfi, S. 465).

Reisnudeln (Sevai)

Reisnudeln sind eine Spezialität der südindischen Regionen. Um sie herzustellen, kocht man Reismehl zusammen mit Wasser (1 Tasse Wasser auf 1 Tasse Reismehl und ein wenig Öl, damit der Teig nicht anbrennt) zu einem festen Teig. Sobald der Teig etwas abgekühlt ist, wird er im Idlee-Topf (S. 97) gedämpft. Das dauert etwa 10 Minuten. Nach dem Abkühlen werden die Reisnudeln in der Pfanne angebraten. Weil man in Indien traditionell mit den Fingern ißt, bricht man diese Nudeln immer in Stücke. So sind sie einfacher zu essen, und es sieht appetitlicher aus.

Essenzen

(Ruh)

Seit Jahrhunderten haben Inder Süßspeisen und Konfekt mit duftigen Essenzen aus Blüten, Rinden und Blättern aromatisiert. Es gibt unzählig viele verschiedene Essenzen. Die drei wichtigsten sind Rosenblüten-, Pandanus- und Sandelholz-Essenz, daneben spielt auch Kampfer eine große Rolle.

Rosenblütenessenz (Ruh Gulab)
oder Rosenwasser (Gulab Jal)

Rosenblütenessenz und Rosenwasser wurden im 16. Jahrhundert erfunden, als die Moguln die stark duftende Rose *Rosa damascena* aus Kleinsaien in Indien einführten. Diese Rose und eine Kreuzung (*Rosa bourboniana*) werden heute speziell für die Produktion von Rosenblütenessenz und Rosenwasser angebaut. Rosenblütenessenz wird in Indien nicht durch Destillation mit Dampf, sondern durch Destillation mit Wasser gewonnen, dadurch ist sie sehr sanft und mild. Sie aromatisiert eine Speise, übertönt sie aber nicht.
Rosenblütenessenz wird vor allem in Neu-Delhi, in Uttar Pradesch und im Pandschab verwendet. Sie ist die wichtigste Essenz in dem Joghurt-Getränk »Lassi«. Man verwendet sie ebenfalls bei der Zubereitung von Süßspeisen und Konfekt. Bei religiösen Zeremonien und Hochzeiten benutzt man Rosenblütenessenz auch als Duftwasser. Rosenblütenessenz und Rosenwasser sind bei uns in Apotheken, Feinkostgeschäften und in indischen sowie asiatischen Lebensmittelläden erhältlich.

Pandanus-Essenz (Kewra)

»Kewra« ist die indische Bezeichnung für einen Schraubenbaum (*Pandanus tectorius*), dessen dicke, blaßgelbe, ledrige Blätter, die an Blütenblätter erinnern, einen starken Duft ausströmen, der schon bei den Weden beliebt war. Pandanus-Essenz und Pandanus-Wasser spielen bei der Zubereitung von Süßspeisen und Konfekt eine wichtige Rolle, vor allem bei denen, die aus Milch hergestellt werden, wie zum Beispiel »Ras Gulla« (S. 460). Pandanus-Essenz und Pandanus-Wasser kann man als »Kewra« in indischen Lebensmittelgeschäften kaufen.

Sandelholz-Essenz (Chandan)
Aus dem wunderbar parfümierten Holz des seit wedischen Zeiten in Indien heimischen Sandelholzbaumes (*Santalum album*) werden nicht nur kunstvolle Lord-Krishna-Figuren geschnitzt, sein Holz spielt auch in der Küche eine große Rolle. »Sanda Sharbat«, ein in ganz Indien populärer, erfrischender Punsch, wird mit Sandelholz-Essenz zubereitet, Sandelholz-Essenz erhält man durch Kondensation des Dampfes, der entsteht, wenn man Holzspäne in Wasser einweicht und dann erhitzt.
Sandelholz-Essenz, Wasser, Puder und Späne sind in indischen Geschäften erhältlich.

Kampfer (Pachchai Karpoora)
Eßbarer Kampfer entsteht durch Kondensation der Blätter und Rinde des immergrünen Baumes *Cinnamomum camphora,* der im Norden in den Ausläufern des Himalaya, im Süden im Nilgiri-Gebirge wächst. Eßbarer Kampfer sieht wie grobkörnige Salzkristalle aus und wird zur Aromatisierung von Süßspeisen verwendet. Zum Beispiel Badam Halwa (S. 481).
Eßbarer Kampfer ist hierzulande nicht erhältlich. Lassen Sie ihn sich aus Indien mitbringen.

Silber- oder Goldfolie

(Vark)

Vark, hauchdünne Folie aus reinem Silber oder Gold, wurde in den Palästen der Moguln zur Dekoration von Speisen benutzt. Heute wird es nur noch bei bestimmten, feierlichen Anlässen, Hochzeiten und religiösen Festen, verwendet. Man dekoriert damit Pilaws, Süßspeisen und Konfekt. Vark ist völlig geschmacks- und geruchlos. Man kann es unbesorgt essen.
Wenn Sie eine Speise mit Vark dekorieren wollen, ziehen Sie zunächst die obere Schicht Papier ab. Stürzen Sie das Silber auf die Speise, an der es sofort hängenbleibt; ziehen Sie dann das untere Papier vorsichtig ab.
Silberfolie ist in Spezialgeschäften erhältlich, die noch eindrucksvollere Goldfolie muß gewöhnlich bestellt werden.

KÜCHENGERÄTE

Die meisten Haushalte sind mehr als ausreichend für die Zubereitung indischer vegetarischer Gerichte gerüstet. Es gibt jedoch einige wenige Zubereitungen, für die man spezielle Geräte benötigt.

Töpfe und Pfannen

Unsere Töpfe und Pfannen sind im allgemeinen gut geeignet, um indische Speisen zuzubereiten. Einige sind sogar besser als die, die in Indien vewendet werden. Ich benutze sowohl beschichtete Pfannen und Töpfe als auch schwere, gußeiserne, je nachdem, was ich zubereite. Allerdings gibt es ein Gerät, das zu kaufen ich Ihnen empfehlen möchte: einen Kadhai, einen indischen Wok. Voraussetzung ist jedoch, daß Sie mit Gas kochen. Der Kadhai hat nämlich einen gewölbten Boden und kann deshalb auf dem Elektroherd nicht benutzt werden. Er ist ideal zum kurzen Anbraten und zum Fritieren. Sie brau-

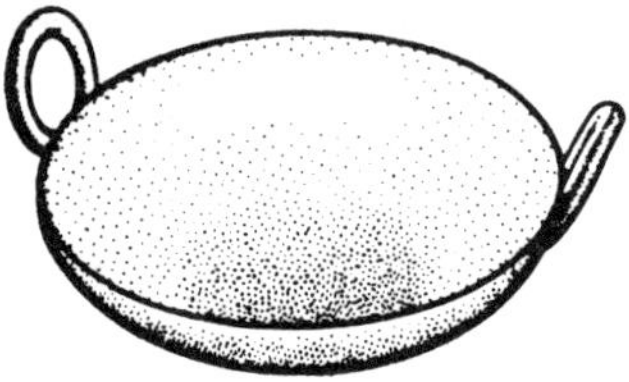

chen im Kadhai weniger Öl als in der Friteuse. Kadhais gibt es aus Messing, Eisen, Edelstahl, Blech und Kupfer; schwere, gußeiserne sind meiner Ansicht nach die besten, da sie die Hitze länger halten.
Bevor Sie den Kadhai zum ersten Mal benutzen, muß er einer Spezialbehandlung unterzogen werden: 1—2 EL Öl in den Kadhai geben und so lange erhitzen, bis das Öl raucht. Dann 2—3 EL Salz über die gesamte Innenfläche streuen und vom Feuer nehmen. Sobald der Kadhai abgekühlt ist, das Salz mit Küchenpapier in den Kadhai einreiben. Kadhai mit Spülmittel und Wasser abspülen und den ganzen Vorgang noch einmal wiederholen. Nun ist der Kadhai gebrauchsfertig. In Zukunft brauchen Sie ihn nach der Verwendung nur noch mit Spülmittel und Wasser ausspülen (nie scheuern) sowie mit Papiertüchern austrocknen.
Kadhais gibt es im Spezialhandel. Ein indischer Kadhai kostet die Hälfte eines chinesischen Woks, der ersatzweise jedoch sehr gute Dienste leistet.

Dampfkochtöpfe

Im Süden Indiens hat das Kochen in Dampf eine jahrhundertealte Tradition. Im Laufe der Zeit wurden köstliche vegetarische Gerichte entwickelt, die man jedoch nur in speziellen Dampfkochtöpfen herstellen kann. Die beiden wichtigsten sind der Idlee- und der Dhokla-Dampfkochtopf, die bei uns in indischen Läden erhältlich sind.

Idlee-Dampfkochtopf

Dieser Dampfkochtopf aus der Gegend um Madras besteht aus einem drei- bis vierstöckigen Aluminium- oder Edelstahlständer mit Mulden, die man mit Musselintuch auslegt, bevor man sie mit dem Idlee-Teig füllt. Der Ständer wird dann in einen großen Topf gestellt, in den man zuvor etwas Wasser gegeben hat, und die Klößchen im Dampf gegart. Das das Gestell und die Mulden fein perforiert sind, kann sich der Dampf ungehindert ausbreiten, was bewirkt, daß die Klöße sehr leicht und locker werden.

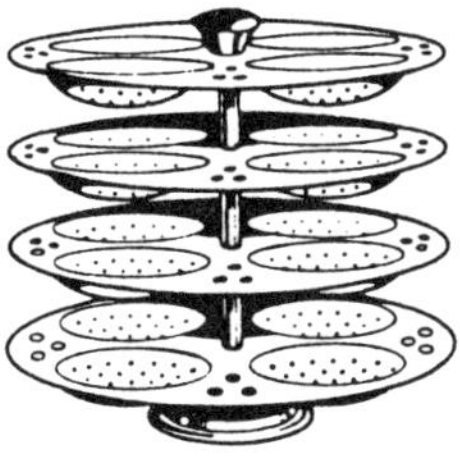

Im Idlee-Dampfkochtopf werden auch Reisnudeln gegart. Der feste Teig wird durch die Nudelpresse auf den mit Musselintuch belegten Ständer gedrückt und gedämpft.

Dhokla-Dampfkochtopf

Der Dhokla-Dampfkochtopf hat pro Etage nur eine Mulde, die nicht wie beim Idlee gewölbt, sondern flach ist. Im Grunde sieht die Mulde aus wie eine Obstkuchen-

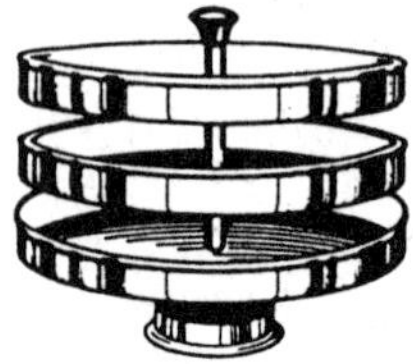

Backform (18 cm Durchmesser), die man notfalls als Ersatz verwenden kann.

Weitere nützliche Utensilien

Was Sie unbedingt brauchen, ist ein Gerät, um Gewürze zu zerkleinern. Das einfachste ist nach wie vor ein Mörser mit Stößel, am besten aus Marmor. Für größere Mengen empfiehlt sich eine Gewürzmühle; eine Kaffeemühle ist genausogut geeignet.
Zum Pürieren benötigen Sie einen Mixer oder eine Küchenmaschine, die auch beim Brotbacken gute Dienste leistet.
Siebe, Schaumlöffel und Reiben sind wie scharfe Messer in jedem guten Haushalt vorhanden.
Falls Sie Nudeln selbst herstellen wollen, sollten Sie sich eine indische Nudelpresse (Moroko) besorgen.
Kulfi-Formen brauchen Sie, wenn Sie indische Eiscreme herstellen wollen. Diese ca. 7 cm langen konischen Behälter aus Aluminium gibt es in indischen Läden. Kaufen Sie gleich mehrere davon, denn eine Form ist gerade eine Portion. Ersatzweise können Sie statt Kulfi-Formen die leeren Plastikbehälter verwenden, in denen gefrorenes Orangensaftkonzentrat verkauft werden.

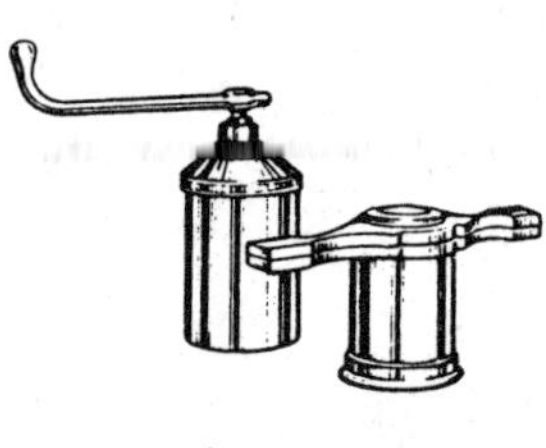

DAS PLANEN UND SERVIEREN EINER VEGETARISCHEN MAHLZEIT

Eine westliche Mahlzeit zu planen, ist meiner Meinung nach eine relativ einfache Angelegenheit. Sie besteht aus drei oder mehr Gängen, die sich deutlich voneinander unterscheiden.
Bei einer indischen vegetarischen Mahlzeit dagegen werden alle Speisen auf einmal serviert, und es gilt regionale, kulturelle und religiöse Taditionen zu beachten.

Gewöhnlich besteht eine indische vegetarische Mahlzeit aus folgenden Teilen:

- Aus einem Hauptgericht, das sich aus Gemüse mit Hülsenfrüchten, Gemüse mit Milchprodukten oder Gemüse mit Hülsenfrüchten, Milchprodukten und Zerealien zusammensetzt. Diese Gerichte haben meistens eine Sauce und sind oft recht kompliziert zuzubereiten. Einige von ihnen erinnern absichtlich an Fleischgerichte.
- Aus mehreren Beilagen. Gewöhnlich handelt es sich um einfache Gemüsezubereitungen (kurz gedämpftes oder kurz angebratenes Gemüse) und ein »Dal«, pürierte, mit parfümierter Butter aromatisierte Hülsenfrüchte. (Dal wird aus zwei Gründen serviert: Es ist ein wichtiger Eiweißlieferant, und es dient als Sauce, wenn das Hauptgericht trocken ist.) Weiterhin kommt ein Salat dazu, um für Abwechslung in der Konsistenz zu sorgen, sowie ein

Joghurt-Salat, der wiederum Eiweiß liefert und kühlend wirkt, wenn die übrigen Speisen sehr scharf sind.

- Aus den Grundnahrungsmitteln Brot und Reis. Auf beide kann nicht verzichtet werden, denn sie nehmen den normalerweise sehr würzigen Gerichten viel von ihrer Schärfe. Ich bin überzeugt, daß viele Gerichte von vornherein mit der Idee konzipiert wurden, sie mit Brot oder Reis zu essen. Da in Indien gewöhnlich mit den Fingern gegessen wird, ist Reis ideal, um Saucen aufzunehmen, indisches Brot eignet sich als Gabelersatz für trockenere Zubereitungen.
- Aus Chutneys, Pickles, Waffeln und scharfen Würzen, ohne die eine indische vegetarische Mahlzeit unvollständig wäre.

Es gibt in der indischen vegetarischen Küche allerdings Gerichte, die — zusammen mit einem Stück Brot — eine vollständige Mahlzeit sind. Man sollte sie entweder als leichtes Mittagessen servieren oder spät abends. Diese raffiniert gewürzten Gerichte machen sich auch sehr gut bei Banketten oder bei einem aufwendigen Mahl.
Um Ihnen die Planung einer indischen vegetarischen Mahlzeit zu erleichtern, habe ich die Gerichte nach ihrer Funktion zusammengestellt, also Vorspeisen, Suppen, Hauptgerichte, Beilagen usw. Sie brauchen also nur aus jeder Kategorie ein Gericht auszuwählen und bei der Zusammenstellung die Serviervorschläge zu berücksichtigen. Oberstes Ziel ist es, ein harmonisches Mahl zu servieren, die Aromen, die Konsistenzen und die Farben sollen zusammenpassen.

GETRÄNKE

Hier ist man der Überzeugung, daß Bier die ideale Ergänzung zum indischen Essen sei. Bier paßt auch sehr gut, vor allem zu sehr scharfen Gerichten. Aber es gibt eine ganze Reihe von Alternativen.
Die Mehrheit der indischen Bevölkerung darf aus religiösen Gründen keinen Alkohol trinken, es gibt deshalb viele nichtalkoholische Getränke, die zum Essen serviert werden. Dazu gehören vor allem die »Lassis« und »Sharbats« sowie verschiedene Teesorten.
Wein wird in Indien weder hergestellt noch viel getrunken, trotzdem gibt es Weine, die indische Mahlzeiten vorzüglich ergänzen. Sie sollten herzhaft und kräftig genug sein, um neben den scharf gewürzten Speisen zu bestehen. Weine mit einem feinen Bouquet wären eine Verschwendung.
Wenn Sie Weißwein mögen, würde ich einen trockenen Gewürztraminer empfehlen, auch ein Elsässer Riesling oder Sylvaner wären vortrefflich.
Bei den roten rate ich zu Côte de Rhone, Beaujolais oder zu einem kräftigen Bordeaux.
Rosé-Weine aus der Provence eignen sich besser als die von der Loire, denn sie haben mehr Eigencharakter.
Aber egal, welche Getränke Sie servieren, reichen Sie stets ein Glas Eiswasser zum Essen. Ein kräftiger Schluck Wasser, gefolgt von etwas Reis, löscht den schärfsten Brand!

FRÜHSTÜCK UND KLEINE GERICHTE FÜR ZWISCHENDURCH (TIFFIN)

◇

नाश्ता जलपान और टिफन

Mittag- und Abendessen sind auch in Indien die beiden Hauptmahlzeiten des Tages. Daneben gibt es noch eine Reihe von anderen Mahlzeiten, die genauso wichtig sind. Dazu gehören Frühstück, Brunch, »Tiffin« und der Nachmittagstee. Wann man diese Gerichte für Zwischendurch reicht und wieviel Aufwand man damit treibt, hängt vom Appetit und vom jeweiligen Anlaß ab.
Das Frühstück ist das einfachste aller indischen Mahlzeiten. Es kann sehr anspruchslos sein: ein Stück »Paratha«, mit Butter bestrichen, dazu eine Tasse mit Kardamom gewürztem Tee. Was zum Frühstück serviert wird, ist auch von Region zu Region verschieden. Die Bengalen essen zum Frühstück einen Nudelauflauf und dazu ein mit Kardamom gewürztes Brot. Die Bauern im Gudscherat fangen den Tag mit Hirsebrot an, das mit grünen Chilischoten und Knoblauch-Chutney gewürzt ist. Im paradiesisch schönen Kaschmir ißt man mit Fenchel gewürzte Kekse und saftige Beeren zum Frühstück und trinkt dazu grünen Tee. Die Bewohner Südindiens brauchen des extrem tropischen Klimas wegen etwas Scharfes, um ihre Lebensgeister zu wecken. Dort reicht man zum Frühstück Crêpes und Klößchen, die mit feurig-scharfen Saucen und Chutneys gewürzt werden. Dazu trinkt man gern den Kaffee, der in dieser Gegend angebaut wird, während die Nordinder Tee bevorzugen.
Die meisten der hier aufgeführten Zubereitungen kann man praktisch zu jeder Tageszeit servieren, sei es als Snack oder als leichte Zwischenmahlzeit. In südindischen Haushalten, wo das Mittagessen traditionsgemäß schon um neun Uhr morgens eingenommen wird (in der Regel verzichtet man dann auf das Frühstück), bietet man diese kleinen Mahlzeiten um die Mittagszeit (zwischen zwölf und drei Uhr nachmittags) als sogenannte »Tiffin« an. Im Süden Indiens spielen »Tiffin« also eine wichtige Rolle. Auf ihre Zubereitung wird viel Liebe und

Mühe verwendet, vor allem, wenn man Gäste hat. Es handelt sich dabei um höchst interessante und leckere Gerichte, die aber reich an Kohlehydraten sind, zwar deshalb, weil sie meist aus verschiedenen Getreidesorten (mit hohem Stärkegehalt) bestehen, oft nur wenig oder kein Gemüse enthalten und normalerweise ohne Milch oder andere Molkereiprodukte zubereitet werden (was übrigens für viele südindische Gerichte gilt). Um ein gesundes, ausgewogenes Mahl zu servieren, schlage ich deshalb vor, »Tiffin« mit Gemüse oder Salat als kleines Hauptgericht zu reichen oder in kleinen Portionen als Vorspeise anzubieten.

Außer den hier aufgeführten Zubereitungen können Sie auch gebratene oder gefüllte Brote, Pilaws oder Reiseintöpfe als Zwischenmahlzeit servieren. Rezepte finden Sie dazu in den Kapiteln Hauptgerichte (S. 223 ff.) und Grundnahrungsmittel (S. 401 ff.).

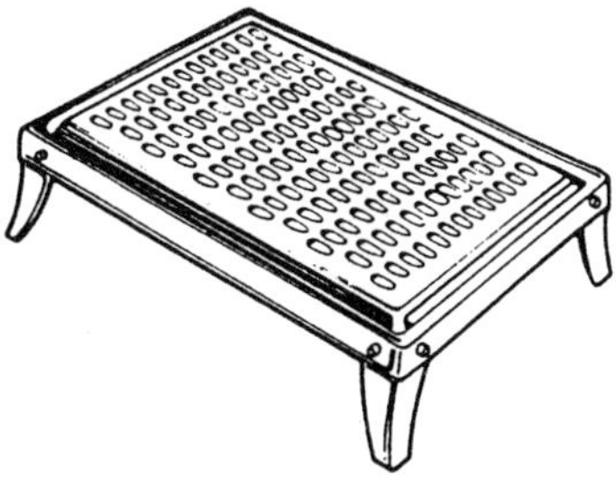

Weizenschrot-Porridge mit Mandeln und Aprikosen
(Dalia)

»Dalia« ist eine Spezialität aus dem nordwestlichen Grenzgebiet (im heutigen Pakistan) und zum Frühstück ein Genuß. Diese Zubereitung ist ein Lieblingsgericht meines Vaters. Es ist sehr cremig und hat ein herrliches Aroma. Mit Obst und Nüssen gespickt, schmeckt es köstlich an einem kühlen Wintermorgen.

Für 8 Personen

2 EL Butter
1 Tasse Weizenflocken
3½ Tassen Milch
1 Tasse Butter
2 Tassen Wasser
½ Tasse getrocknete, kleingeschnittene Aprikosen
3 EL Jaggery oder Honig
½ Tasse geschälte, geröstete Mandeln, in Scheibchen geschnitten
abgekochte Milch und Jaggery oder Honig

1. Die Butter in einen mittelgroßen Topf geben und bei schwacher Hitze schmelzen lassen. Weizenflocken zugeben und bei mittlerer Hitze unter häufigem Rühren goldbraun rösten (etwa 10 Minuten).
2. 2 Tassen Milch, 2 Tassen Wasser und die Aprikosenstücke zufügen, gut umrühren und zum Kochen bringen. Die Hitze zurücknehmen und das Ganze etwa 15 Minuten oder bis alle Flüssigkeit von den Weizenflokken aufgenommen ist köcheln lassen, dabei häufig umrühren, damit nichts anbrennt. Dann die Hitze wegnehmen, den Topf zudecken und 10 Minuten stehenlassen.
3. Die restlichen 1½ Tassen Milch und Palmzucker oder Honig hinzufügen, gut vermischen. Bei niedriger Tem-

peratur gut durchwärmen. Portionsweise in kleine Schüsselchen geben und mit gerösteten Mandeln bestreuen. Dazu abgekochte Milch und Palmzucker oder Honig reichen.

Indischer Maispudding

(Sattoo)

Zum Frühstück oder als Snack ist »Sattoo« das Leibgericht aller Kinder im Nordwesten Indiens, und bei den Erwachsenen weckt es angenehme Erinnerungen. Auch ich sehne mich heute noch nach dem »Sattoo«, das es im Hause meiner Mutter in Neu-Delhi gab.
Die Zubereitung des Originalrezeptes ist ziemlich kompliziert. Zuerst wird eine Mischung verschiedener Getreidesorten geröstet und dann gemahlen. Diese Mischung wird anschließend gekocht, gesüßt und mit getrockneten Früchten und Nüssen angereichert.
Leider ist dieses geröstete Getreidemehl nicht im Handel erhältlich. Das hier aufgeführte Rezept wird statt dessen aus Maismehl hergestellt, so ist es auch schneller und einfacher zuzubereiten. Ich bin mit dem Ergebnis ganz zufrieden. Wenn man statt getrockneter Früchte frisches Obst nimmt, schmeckt »Sattoo« noch besser.

Für 6—8 Personen

1½ Tassen weißes Maismehl
6 EL Usli Ghee (S. 55) oder zerlassene Butter
4 Tassen Wasser
¾ Tasse hellbrauner Zucker
¼ Tasse Rosinen

Zur Verzierung:
¼ Tasse ungesalzene, geröstete Kürbiskerne
2 Tassen Obst, in Scheiben geschnitten (Pfirsiche, Aprikosen, Brombeeren und Himbeeren)

1. Das Maismehl und Usli Ghee in einen großen, flachen Topf geben und vermischen.
2. Die Mehl-Ghee-Mischung auf kleiner Flamme 10 Minuten lang unter ständigem Rühren anbraten. Die Mischung wird glänzend und nimmt eine bernsteingleiche Farbe an. Wasser zugeben und schnell unterrühren, da die Masse leicht andickt. Unter ständigem Rühren 20 Minuten kochen lassen (oder bis das Maismehl weich und feucht ist und die ganze Milch aufgenommen hat). Den braunen Zucker unterrühren und die Masse weiterkochen lassen, bis der Zucker sich aufgelöst hat. Der Pudding sollte nun eine ziemlich feste Konsistenz haben. Hitze wegnehmen und die Rosinen unterrühren.
3. Der Pudding wird mit Kürbiskernen bestreut auf Tellern serviert, dazu reicht man frisches Obst.
Hübsch sieht es aus, wenn man die Kürbiskerne gleichmäßig in einer runden Pastetenform oder Tortenform (23 cm Durchmesser) verteilt. Den noch warmen Pudding in die Form geben und mit der Hand festdrücken. Abkühlen lassen, auf eine Tortenplatte stürzen und mit frischem Obst verzieren.

Jalaibees mit heißer Milch

(Jalaibee Doodh)

Dies ist ein unglaublich leckeres Frühstücksgericht und sehr einfach zuzubereiten, vorausgesetzt Sie haben Jalaibees, ein indisches Gebäck, vorrätig.
Jalaibees sind ganz leicht herzustellen. Sie schmecken herrlich, sehen hübsch aus und sind daher auch bei Kindern sehr beliebt.

Für 2 Personen

8—10 knusprig gebratene Jalaibees (S. 483)

1 kleine, reife Banane, geschält und in dünne Scheiben geschnitten

$1\frac{1}{2}$—2 Tassen abgekochte Milch

Jalaibees und die Bananenscheiben auf zwei Frühstücksschalen verteilen. Die abgekochte Milch darübergießen und sofort servieren.

Indischer Käse und Gurken, mit Zitronensaft und schwarzem Pfeffer angemacht

(Kheera-Paneer)

Frisch zubereiteter indischer Käse (Paneer) ist eine Delikatesse. Mit Zitronensaft, Salz und schwarzem Pfeffer angemacht, wird er von den Brahmanen in Nordindien zum Frühstück verzehrt. Er ist sehr nahrhaft, da er viel Eiweiß und kaum Fett enthält.

Meine Mutter, die sehr auf ihre Linie achtet, ständig von einer Diät auf eine andere umsteigt und Mitglied eines Gymnastikclubs ist, fängt ihren Tag mit diesem klassischen Gericht an, nur bestreut sie es auch noch mit geraspelter Gurke, was ihm eine elegante und erfrischende Note gibt.

Für 2 Personen

indischer Käse (Paneer), aus 8 Tassen Milch zubereitet (S. 51)

1 EL Honig oder Zucker

4 mittelgroße Gurken, geschält, entkernt und geraspelt

grobes Salz zum Abschmecken

frischgemahlener schwarzer Pfeffer

ungefähr 3 EL Zitronensaft

1. Den frisch zubereiteten warmen Käse in eine Schüssel geben und mit einer Gabel in kleine Stückchen zerbröckeln. Honig oder Zucker dazugeben und vorsichtig unterrühren. Darauf achten, daß der Käse nicht völlig zerrührt wird.
2. Die geraspelte Gurke in eine Schüssel geben. Salz, Pfeffer und Zitronensaft hinzufügen. Gründlich mischen. Jeweils eine Portion Käse in die Mitte eines Tellers setzen und die Gurkenstücke um den Käse verteilen. Mit frischgemahlenem schwarzem Pfeffer würzen.

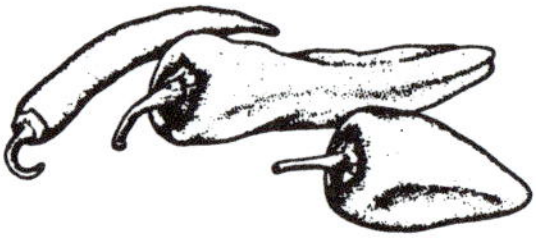

Joghurt-Käse-Aufstrich mit Kräutern
(Khadi Dahi)

In der Hindisprache heißt »Khadi Dahi« wörtlich übersetzt »erwürgter Joghurt«. Das beschreibt auch treffend dieses Gericht. Um es herzustellen, wird fast die ganze Flüssigkeit aus einem Naturjoghurt herausgepreßt, bis er weichem Rahmkäse gleicht. Es ist eine Spezialität des Gudscherats, und niemand versteht es so gut wie die Bewohner dieser Region, dieses wunderbare Gericht zu würzen.
Mit Kräutern und Gewürzen angemacht, wird dieser Aufstrich gern auf leckerem hausgemachtem Hirsebrot gegessen. Man kann ihn natürlich auch auf jedem anderen Brot zum Frühstück servieren. Oder reichen Sie ihn mit Crackern oder Gemüsestückchen als aromatischen Dip.

Ergibt etwa 1 Liter

Joghurt-Käse aus 3 Tassen Vollmilch und 1 Tasse Sahne (S. 49)
1 kleine rote Zwiebel, gehackt
4 grüne Chilischoten, gehackt
¼ Tasse gehackter frischer Dill
¼ Tasse gehackte frische Korianderblättchen
2 EL feingehackte Frühlingszwiebeln oder Schnittlauch
grobes Salz nach Belieben
Zitronensaft nach Belieben

Alle Zutaten in eine Schüssel geben und mit einem Holzlöffel gut vermischen. In eine Keramik- oder Glasschüssel umfüllen, mit Folie gut zudecken und mindestens 1 Stunde kühl stellen, damit sich die Aromen gut vermischen. Der Aufstrich schmeckt auch gut auf Gerstenbrot.
Da dieser Käse keine Konservierungsmittel enthält und sehr feucht ist, verdirbt er leicht. Man sollte ihn nicht länger als einen Tag im Kühlschrank aufbewahren.

Käseaufstrich mit Knoblauch und gerösteten Chili
(Khadi Masala Kahi)

Auch dies ist ein sehr beliebtes indisches Gericht aus Joghurt-Käse. Ich esse es gern mit gefüllten Broten oder frischem Mais-Brot. Zur Abwechslung sollten Sie den Joghurt-Käse mit einem einfachen Pilaw wie Tomaten-Pilaw (S. 436) probieren. Es wäre schade um diesen leckeren Aufstrich, wenn man ihn einfach nur mit Crackers zu Cocktails servierte. Frisch zubereitet schmeckt er am besten.

Ergibt etwa 1 Liter

Joghurt-Käse aus 3 Tassen Vollmilch und 1 Tasse Sahne (S. 49)
1 Tasse Kartoffelpüree
4 rote Chilischoten, klein gehackt ohne Kerne
1 EL leichtes Sesam- oder Pflanzenöl
1 große Knoblauchzehe, geschält und gehackt
1 kleine rote Zwiebel, klein gehackt
¼ Tasse grobgehackte frische Korianderblättchen
grobes Salz nach Belieben

1. Käse und Kartoffelpüree in eine Schüssel geben und mit einem Holzlöffel gut verrühren.
2. Eine kleine Bratpfanne auf starker Hitze heiß werden lassen. Die Chilischoten zugeben und ohne Fett anrösten, bis sie dunkel werden. Vom Herd nehmen, die Chilischoten auf einen kleinen Teller geben und abkühlen lassen.
3. Den Topf auswischen, wieder auf den Herd stellen und das Öl hineingeben. Öl erhitzen, dann den Knoblauch darin anrösten, bis er goldbraun und knusprig ist. Die gehackte Zwiebel hinzufügen und die Hitze wegnehmen. Zwiebelstückchen gut unterrühren, damit sie das gewürzte Öl aufnehmen. Die Zwiebel-Knoblauch-Mischung auf einen zweiten Teller geben und auskühlen lassen.
4. Die Chilischoten und die Zwiebel-Knoblauch-Mischung in den Joghurt-Käse geben, Koriander und Salz beifügen. Alles gut vermischen und sofort servieren.

Rühreier ohne Eier

(Chenna Bhorji)

Dieses Gericht habe ich zum ersten Mal vor zwei Jahrzehnten kennengelernt, als ich in Indien in einem Architekturbüro arbeitete. Meine Kollegin Veerata brachte oft Brote mit einer leckeren, feuchten Füllung zum Mittagessen mit. Lange Zeit dachte ich, es handle sich um Rührei, in Wirklichkeit war es ein mit Zwiebeln, Koriander und Kreuzkümmel aromatisierter Käse. Durch die Zugabe von Kurkuma sah er wie Rührei aus.
»Chenna Bhorji« schmeckt wunderbar frisch, vielleicht weil es ein so einfaches Gericht ist. Um es im klassischen indischen Stil zu genießen, reichen Sie dazu »Paratha« und eine Tasse gewürzten indischen Tee.

Für 4 Personen

Indischer Käse (»Chenna«), aus 8 Tassen Milch (S. 50)
2—3 EL Usli Ghee (S. 55) oder leichtes Pflanzenöl
1 mittelgroße Zwiebel, gehackt
1/8 TL Kurkuma in 2 TL Wasser gelöst
2—4 scharfe grüne Chilischoten, gehackt
1 mittelgroße Tomate, klein geschnitten
grobes Salz nach Belieben
1/2 TL zerstoßener, gerösteter Kreuzkümmel
1 EL gehackte frische Korianderblätter

1. Den Käse auf einem Teller mit der Hand zu einem etwa 1 cm dicken runden Fladen formen. Beiseite stellen.
2. Usli Ghee oder Öl bei mittlerer Hitze in einer großen Pfanne heiß werden lassen. Wenn das Fett heiß ist, die Zwiebelstückchen zugeben und 2—3 Minuten braten, bis sie glasig sind.
3. In der Zwischenzeit das Kurkuma-Wasser über den Käse sprenkeln.

4. Chili zur Zwiebel in die Pfanne geben und weitere 2 Minuten braten. Gehackte Tomate hinzufügen und eine weitere Minute garen lassen.
5. Den Käse in die Pfanne geben und so vorsichtig wie möglich mit dem Gemüse vermischen. Der Käse sollte dabei möglichst wenig zerfallen. Das Ganze soll wie Rührei aussehen. Dies dauert etwa 2—5 Minuten. Am besten benutzt man eine Teflon-Pfanne und zum Wenden einen breiten, flachen Spatel. Das »Rührei« auf eine vorgewärmte Platte oder auf Teller geben. Gerösteten Kreuzkümmel und gehackte Korianderblättchen darüber streuen und servieren.

Anmerkung: Kreuzkümmel läßt sich geröstet gut lagern. Um Zeit zu sparen, kann man ihn im voraus zubereiten.

Toast mit Kräutern
(Masala Dabal Roti)

Dieser Toast schmeckt unglaublich lecker. Ich schätze ihn als Snack für zwischendurch oder — in mundgerechte Stücke geschnitten — zu Cocktails.

Für 2 Personen

1/3 Tasse Kichererbsenmehl (Besan)
2—4 scharfe grüne Chilischoten
1/4 Tasse grobgehackte frische Korianderblättchen
1 Scheibchen (etwa 2 mm dick) frische Ingwerwurzel, geschält
2 EL gehackte Zwiebeln
1/4 Tasse zerbröselter Tofu
3/4 Tasse Wasser
1/2 TL grobes Salz oder nach Belieben
3—4 EL Butter
4 Scheiben Toastbrot, weiß oder Vollkorn

1. Alle Zutaten, außer Brot und Butter, im Mixer so lange pürieren, bis alles gründlich vermischt ist und die Kräuter zerkleinert sind. (Es macht nichts, wenn die Chilischoten und Korianderblättchen nicht gleichmäßig verteilt sind. Die grobe Konsistenz verleiht dem Toast besonderen Charakter.) Den Teig in eine große flache Schüssel geben. Er kann mehrere Stunden im voraus zubereitet werden und läßt sich im Kühlschrank zugedeckt bis zu 3 Tage aufbewahren.

2. Eine große gußeiserne Crêpe- oder Bratpfanne sehr heiß werden lassen. Hitze auf mittlere Stufe reduzieren, 3 EL Butter zufügen und schnell mit einem Spatel verteilen, damit die Pfanne ganz bedeckt ist. Die Toastbrotscheiben einzeln in den Teig tunken, so daß sie rundum bedeckt sind, und in die Pfanne geben. Wenn sie schön angebräunt sind (nach etwa 2 Minuten), wenden, dann auf der anderen Seite 1 Minute beziehungsweise bis sie gebräunt sind braten. Falls nötig, den restlichen Eßlöffel Butter zugeben. Sofort servieren.

Reis-und-Bohnenklöße
(Idlee)

Für die Zubereitung dieses Gerichts brauchen Sie einen Idlee-Kocher, den Sie in Indienläden käufen können. Es handelt sich dabei um einen dreistöckigen Ständer mit Mulden für den Idlee-Teig. Der Ständer wird in einen großen Kochtopf gestellt, in welchem die Klöße dann in Dampf garen.

Idlee ist ein südindischer Frühstücksleckerbissen. Er wird aus einem Teig aus eingeweichten Urad Dal und Reisgrieß hergestellt. Dieser Teig wird dann in die Idlee-Mulden gefüllt und gedämpft. Dabei entstehen die berühm-

ten lockeren Klöße, die man Idlee nennt. Damit die Idlee wirklich leicht und locker werden, muß das Verhältnis von Urad Dal und Reisgrieß stimmen: Man braucht immer die doppelte Menge Reisgrieß. Die Klöße gehen beim Dämpfen auf, durch die Fermentierung des Teiges wird ihr Nährwert gesteigert, sie werden reich an leicht verdaulichem Eiweiß.
Traditionsgemäß serviert man diese Klöße mit einem Kokosnuß-Chutney (S. 386, 387) und Rotem Schießpulver (S. 369). Kinder essen sie auch gern mit Palmzuckersirup, der aber außerhalb Indiens selten erhältlich ist. Naturhonig und Ahornsirup sind als Ersatz jedoch gut geeignet. Wenn Sie ein deftigeres Gericht vorziehen, servieren Sie dazu einen Kohl-Tomaten-Eintopf (Muttakos Sambaar), Rezept auf S. 243.
Um die Klöße warm zu halten, legt man sie am besten in einen Dampfkochtopf, der mit heißem, aber nicht kochendem Wasser gefüllt ist. Jeder beliebige Dampfkochtopf ist dafür geeignet, er muß nur groß genug sein, damit die Klöße nicht zerdrückt werden.

Ergibt 28—30 Klöße mit einem Durchmesser von ca. 5 cm

1⅓ Tassen weiße halbe Bohnen (Urad Dal)
1⅓ Tassen Wasser
2½ Tassen Reisgrieß
1 TL grobes Salz zum Abschmecken (nach Belieben)
¼ TL Backpulver
¾ Tassen leichtes Sesam- oder Pflanzenöl

1. Urad Dal verlesen und waschen. In eine Schüssel geben und so viel Wasser zufügen, daß sie von mindestens 5 cm Wasser bedeckt sind. 8 Stunden quellen lassen. Dann das Wasser abgießen und die Urad Dal abbrausen.
2. Urad Dal und 1½ Tassen Wasser in den Behälter ei-

ner Küchenmaschine oder eines Mixers geben und pürieren. Das Püree sollte sehr glatt, leicht und locker sein. In eine große Schüssel füllen.
3. Ein Sieb mit einer doppelten Lage Musselintuch auslegen und den Reisgrieß darauf geben. Den Reisgrieß unter fließendem kalten Wasser (über dem Ausguß) so lange abbrausen, bis keine Stärke mehr daran klebt und das Wasser klar durch das Tuch läuft. Alle Feuchtigkeit aus dem Reisgrieß ausdrücken und zum Bohnenpüree geben. Diese Mischung gründlich verrühren. Nach Wunsch Salz zufügen. Schüssel mit einem Küchentuch oder mit Plastikfolie zudecken und 8—12 Stunden an einen warmen Ort stellen, damit der Teig gehen kann.
4. Wenn Sie die Klöße zubereiten wollen, das Backpulver vorsichtig in den Teig einrühren. (Nicht zu stark rühren, da der Teig leicht und luftig bleiben muß, wenn die Klöße locker gelingen sollen.) Den Teig 4 bis 5 Minuten ruhen lassen.
5. Während der Teig ruht, aus Musselintuch saubere Kreise oder Vierecke in Größe der Mulden des Idlee-Topfes ausschneiden. Jedes Stück kann zweimal verwendet werden. Sie brauchen also nur halb so viele Tuchstücke, wie Sie Klöße machen wollen. Die Tücher sollten etwas größer als die Mulden sein, damit sie etwa $^3/_4$ cm überhängen.
6. Die Mulden mit dem Musselintuch auslegen. Leicht mit Öl einpinseln. Das Wasser im Idlee-Topf (notfalls in einem Dampfkochtopf oder einem $6^1/_2$—9 Liter fassenden Topf, in den der Idlee-Ständer hineinpaßt) aufkochen lassen.
7. Etwa $^1/_4$ bis $^1/_3$ Tasse Teig in jede ausgelegte Mulde im Idlee-Ständer geben. Den Idlee-Ständer in den Topf stellen.
8. Die Klöße 12—15 Minuten im Dampf garen lassen beziehungsweise Garprobe mit einem Zahnstocher ma-

chen: Es dürfen keine Teigreste kleben bleiben. Den Ständer aus dem Topf nehmen und auseinanderbauen. Jeden Kloß im Tuch herausheben, dann das Tuch vorsichtig abschälen. Die fertigen Klöße in einer Schüssel zugedeckt warm halten.

9. Die Leinenstücke umdrehen und die Mulden damit auslegen. Leicht mit Öl einpinseln. Mit dem restlichen Teig wie oben beschrieben verfahren.

Pro Person 2 Klöße in einen Suppenteller oder eine flache Schale (Durchmesser etwa 13 cm) geben. Mit dem Zeigefinger oder dem Stiel eines Kochlöffels in der Mitte eines jeden Kloßes eine Vertiefung machen. Etwa 1—1½ TL Sesamöl in die Verliefung und über die Klöße gießen.

Reis-und-Bohnenklöße in würziger Erbsen-und-Rettichsauce

(Idlee Sambaar)

Idlee Sambaar ist eine der großen klassischen Zubereitungen der indischen Küche. Traditionsgemäß wird Idlee Sambaar in reichlich Sauce auf Suppentellern serviert. Weitere traditionelle Beilagen sind zum Beispiel Kokosnuß-Chutney (S. 386, 387), Rotes Schießpulver (S. 369) und scharf-würzige Pickles. In Indien wird Idlee Sambar zum »Tiffin« oder zum Brunch serviert.

Sie brauchen 1 Rezept Reis-und-Bohnenklöße (S. 117) und 1 Rezept Erbsen-und-Rettichsauce (S. 121).

Würzige Erbsen-und-Rettichsauce

(Sambaar)

Ergibt 8 Tassen, für 8 Personen

1½ Tassen gelbe halbe Erbsen
¼ TL Kurkuma
4½ Tassen Wasser
1 EL Sambaar-Pulver (selbstgemacht, S. 76, oder gekauft)
1 EL gemahlener Koriander
½ TL gehackter Knoblauch
2 mittelgroße Zwiebeln, in dünne Scheiben geschnitten
2 Tassen dünngeschnittener weißer oder Daikon-Rettich
2 mittelgroße Tomaten (frisch oder aus der Dose), mit der Haut püriert oder feingehackt
1 EL Bockshornkleeblätter, pulverisiert, oder ⅓ TL Bockshornkleesamen
1½ TL grobes Salz oder nach Belieben
2 EL leichtes Sesam- oder Pflanzenöl
4 getrocknete rote Chilischoten
1 TL Senfpulver
1 EL Zitronensaft oder nach Belieben

1. Erbsen verlesen und waschen. In einen großen Topf geben. Kurkuma und Wasser zufügen und aufkochen lassen. Hitze drosseln und teilweise zugedeckt 40 Minuten köcheln lassen. Gelegentlich umrühren, damit die Erbsen nicht anbrennen. Sobald sie sehr weich sind, vom Feuer nehmen. Zum Pürieren Erbsen mit einem Schneebesen eine Minute schlagen. Das Püree in eine Schüssel füllen und so viel klares Wasser zufügen, daß es insgesamt 5 Tassen schaumiges Püree ergibt. Dann das Püree in den Topf zurückgießen.
2. Gewürze abwiegen und getrennt neben dem Herd bereitstellen. Hitze einschalten und das Püree aufko-

chen lassen. Das Sambaar-Pulver, den Koriander und den Knoblauch zugeben und halb bedeckt auf mittlerer Hitze 8—10 Minuten kochen lassen. Zwiebeln, Rettich, Tomaten, Bockshornkleeblätter (falls Sie Bockshornkleesamen verwenden, noch nicht zugeben!) und Salz zufügen und weitere 10 Minuten köcheln lassen. Hitze abschalten.

3. Das Öl in einer kleinen Bratpfanne auf mittlerer Flamme erhitzen. Sobald es heiß ist, die Chilischoten zugeben und rösten, bis sie dunkel werden (etwa 15—20 Sekunden). Die Pfanne vom Herd nehmen, Senfpulver und gegebenenfalls Bockshornkleepulver unterrühren und den Inhalt der Pfanne sofort über die Erbsenmischung schütten. Gut verrühren. Zudecken und das Gericht ein paar Minuten stehenlassen, damit sich die Aromen gut vermischen können.

Vor dem Servieren das Ganze noch einmal stark aufkochen lassen, dann den Zitronensaft unterrühren. In einer Suppenterrine oder in Schüsseln servieren.

Buchweizenklöße, mit Cashewnüssen gespickt
(Kanchipuram Idlee)

Dreierlei hat Kanchipuram, eine kleine Stadt in Südindien, berühmt gemacht: dort lebt Seine Heiligkeit Swami Shakara Charya, das geistige Oberhaupt der Hindus. Dort werden die seidenen Saris, die »Kanjeevaram Saris«, hergestellt. Und schließlich stammen aus Kanchipuram die hervorragenden Buchweizenklöße, die im Sri-Devaraja-Swami-Tempel dem Gott als Gabe dargeboten werden.

Das Originalrezept darf nicht preisgegeben werden, da dieses Gericht dem Tempel gehört. Kennt man die Neu-

gier der indischen Frauen, wundert man sich nicht, daß Geheimnisse nicht lange gehütet bleiben. Dieses Rezept bekam ich von meiner Schwester Chitra, die es eines Nachmittags für mich zubereitet hat.
Ich liebe diese »Idlee« wegen ihres zarten Aromas, ihrer Schönheit und ihres Geschmacks. Außerdem ist der Zeitaufwand für ihre Zubereitung geringer als der, um eine Tasse Reis zu kochen.

Ergibt 18 Klöße mit einem Durchmesser von ca. 5 cm

1/2 Tasse Naturjoghurt
1/2 Tasse Buttermilch
3/4 Tasse gekochte grüne Erbsen (frisch oder tiefgekühlt)
3/4 Tasse frisch geraspelte Kokosflocken, fest zusammengedrückt
2 EL gehackter frischer Ingwer
1 1/2 TL grobes Salz oder nach Belieben
1/2 Tasse gehackte frische Korianderblätter
2 EL leichtes Sesam- oder Pflanzenöl
1/4 Tasse gelbe halbe Erbsen (Channa Dal)
1/2 Tasse zerkleinerte, rohe, ungesalzene Cashewnüsse
1/2 TL Asafoetida
2 Tassen Instant-Grieß
1 1/2 Tassen Wasser
1 Prise Backpulver

1. Joghurt, Buttermilch, grüne Erbsen, Kokosflocken, Ingwer, Salz und Koriander in einer großen Schüssel mischen. Beiseite stellen.
2. Das Öl in einer kleinen Bratpfanne bei starker Hitze 2 Minuten heiß werden lassen. Wärmezufuhr auf mittlere Hitze reduzieren und Channa Dal zufügen. Unter Rühren goldgelb rösten (ca. 5 Minuten). Cashewnüsse 3—5 Minuten mitrösten beziehungsweise bis die Linsen und Cashewnüsse hellbraun werden. Asafoetida und Grieß hinzufügen. Gut vermischen. Das Ganze zur Joghurt-Mischung in die Schüssel geben.

3. Wasser und Backpulver in die Schüssel geben und gut verrühren. Der Teig soll die Konsistenz eines festen Kuchenteigs haben.
4. Zur Herstellung der Klöße siehe die Anweisungen 5 bis Ende des Rezeptes Reis-und-Bohnenklöße (S. 117).

Diese Klöße werden traditionsgemäß mit Sesamöl bepinselt und heiß serviert. Reichen Sie als Beilage Tamarinden-Auberginen-Sauce (S. 378), Kokosnuß-Chutney mit Tomaten (S. 386) und Rotes Schießpulver (S. 369).

Sauerteig-Erbsenkuchen mit Sesam und Koriander
(Khaman Dhokla)

Jeder südindische Staat weiß sich einer besonderen Delikatesse zu rühmen. Im Gudscherat ist es »Dhokla«. Wenn man wissen möchte, wie man sie perfekt zubereitet, muß man sich in die Stadt Surat begeben, deren Einwohner diese Kunst vollendet beherrschen. »Dhokla« werden hergestellt, indem man eingeweichte Hülsenfrüchte mahlt und sie dann mit verschiedenen anderen Zutaten, darunter Joghurt, frischer Ingwer und Gewürze, vermischt. Man braucht ein besonderes Gerät, einen sogenannten »Dhokla«-Topf, um die Kuchen zu dämpfen. Die fertigen Kuchen werden in rautenförmige Stückchen geschnitten und vor dem Servieren nochmals mit Koriander, Sesam- und Senfsamen gewürzt.
»Dhokla« hat einen vollen, leicht pikanten, kräftigen Geschmack und ein würziges Aroma. Ich esse sie gern zu jeder Tageszeit — zum Frühstück, als Snack, als Appetitanreger oder als Zwischenmahlzeit. Verwenden Sie für dieses Rezept einen sehr sauren Joghurt, das macht sie aromatischer. 1 EL Zitronensaft zufügen, falls der nor-

male Joghurt nicht sauer genug ist. Übriggebliebene »Dhokla können Sie mit Auberginen-Joghurt-Salat (S. 362) oder einer beliebigen würzigen Sauce (S. 368 ff.) als Hauptgericht servieren.

Für 6 Personen

1¾ Tassen gelbe halbe Erbsen (Channa Dal)
¼ Tasse Langkornreis
½ Tasse Naturjoghurt
4 scharfe grüne Chilischoten, gehackt
1 EL zerstoßener oder geraspelter frischer Ingwer
⅛ TL Kurkuma (nach Belieben)
1½ TL grobes Salz oder nach Belieben
¾ TL Zitronensäure oder 3 EL Zitronensaft
1 Tasse Wasser
1 TL Backpulver
4 EL leichtes Sesam- oder Pflanzenöl
1 TL schwarze Senfsamen
⅛ TL Sesamsamen
4 EL frische Kokosraspeln
4 EL gehackte Korianderblättchen
Cayennepfeffer oder Paprika

1. Halbe Erbsen und Reis jeweils getrennt in eine Schüssel geben. Mehrmals in frischem Wasser waschen. Soviel Wasser zugießen, daß sie mindestens 3 cm hoch mit Wasser bedeckt sind. 8 Stunden beziehungsweise über Nacht einweichen. Abtropfen lassen, abbrausen und nochmals abtropfen lassen.
2. Den Reis in den Aufsatz einer Küchenmaschine oder eines Mixers geben und pürieren. Bei Bedarf ein wenig Joghurt (4—5 EL) hinzufügen, damit sich der Reis leichter pürieren läßt. Nun alle Erbsen auf einmal zugeben und weiter verarbeiten, bis Sie eine Mischung haben, die eine noch etwas körnige Konsistenz hat. Sie sollte nicht ganz glatt sein und etwas grob und klumpig aussehen.
3. Die Mischung in eine Schüssel geben. Den übrigen

Joghurt, Chili, Ingwer, Kurkuma, Salz, Zitronensäure und Wasser hinzufügen und gründlich verrühren.
4. Wasser in einem »Dhokla«-Topf, einem Dampftopf oder einem 8—11 Liter fassenden Kochtopf, in den der »Dhokla«-Ständer hineinpaßt, zum Kochen bringen. Das Backpulver in den Teig einrühren und ihn in die eingefetteten »Dhokla«-Formen geben, den Ständer zusammenbauen und in den Topf stellen. 10 Minuten dämpfen. Den Ständer oder die Pastetenformen mit etwas »Dhokla« herausheben und 10 Minuten abkühlen lassen. Die runden »Dhokla« in rauten- oder keilförmige Stücke schneiden. Zudecken und mehrere Stunden bei Zimmertemperatur ruhen lassen.
5. Kurz vor dem Servieren die »Dhokla« ca. 5 Minuten dämpfen. Die Stücke auf einem Servierteller hübsch anrichten.
6. Gewürze abwiegen und neben dem Herd gesondert bereitstellen. Das Öl in einer kleinen Bratpfanne bei starker Hitze heiß werden lassen. Dann die Senfsamen zugeben. Einen Deckel oder Spritzschutz bereithalten, da die Samen hochspritzen. Danach Sesamsamen hinzufügen und so lange rösten, bis sie eine hellgoldene Farbe angenommen haben. Den Pfanneninhalt über die »Dhokla«-Stücke schütten. Gleichmäßig verteilen. Mit Kokosnuß, Koriander und etwas Cayennepfeffer oder Paprika bestreuen. Sofort servieren.

Blumenkohl-und-Halbe-Erbsen-Kuchen in würzig-scharfer Tomatensauce

(Handavo)

Handavo, ein weiterer Leckerbissen aus dem Gudscherat, hat Ähnlichkeit mit »Dhokla«, nur wird ein Teil des Hülsenfruchtteiges durch ein Püree aus gekochtem Gemüse ersetzt. Traditionsgemäß werden Blumenkohl, Kohl, Möhren, Kürbisse oder Blattgemüse dazu verwendet. Der Kuchen wird nicht im Dampf gegart, sondern gebacken, was dem Gemüse einen einmaligen Geschmack verleiht.

In Indien wird »Handavo« zuerst aufgeschnitten und dann serviert. Ich persönlich serviere ihn lieber ganz, da er so noch eindrucksvoller aussieht. Auf diese Weise hält er die Wärme besser und trocknet nicht aus. Dazu reiche ich gern eine würzig-scharfe Tomatensauce, die den milden Geschmack des Kuchens hervorragend ergänzt.

»Handavo« schmeckt zum Frühstück oder als Snack. Er eignet sich auch bestens als erster Gang eines festlichen Essens.

Für 8—12 Personen

Für den Teig:

1 Tasse gelbe halbe Erbsen (Channa Dal)
1 Tasse Naturjoghurt (möglichst sauer)
¾ Pfund Blumenkohl, in Röschen zerpflückt, gekocht und grob zerkleinert (etwa 2 Tassen)
½ Tasse grüne Erbsen (frisch oder tiefgekühlt), gekocht
⅓ Tasse Wasser
½ EL geriebener oder gehackter frischer Ingwer
2—4 scharfe grüne Chilis, gehackt
1 TL grobes Salz oder nach Belieben
1 TL Backpulver
¾ TL Zitronensäure oder Saft von 1 Zitrone
6 EL Kokosflocken (frisch oder ungesüßt aus der Dose)

Für den Belag:

4 EL leichtes Sesam- oder Pflanzenöl
1½ TL schwarze Senfsamen
1 TL zerdrückter Thymian
1½ TL Sesamsamen
gehackte Korianderblättchen (etwa 2 EL)
1 Rezept würzig-scharfe Tomatensauce (S. 129)

1. Channa Dal in eine Schüssel geben und so viel Wasser zugießen, daß sie mindestens 5 cm hoch mit Wasser bedeckt sind. Mindestens 4, am besten 8 Stunden oder über Nacht einweichen lassen. Wasser abgießen und die Channa Dal abbrausen. Abtropfen lassen.
2. Channa Dal in den Aufsatz eines Mixers oder einer Küchenmaschine geben. Ein wenig Joghurt ($\frac{1}{4}$ bis $\frac{1}{2}$ Tasse) zufügen und zu einem groben Püree verarbeiten. Das Püree in eine Schüssel geben. Die restlichen Teigzutaten einrühren. (Anstatt den Blumenkohl getrennt zu zerkleinern und darunterzumischen, können Sie ihn in größeren Stücken im Mixer pürieren, sobald die Channa Dal etwa zur Hälfte püriert sind.)
3. Den Ofen auf 170° C vorheizen.
4. Eine Kuchenform von 20—25 cm Durchmesser einfetten. Das Püree hineingießen und mit einem Spatel glattstreichen.
5. Für den Belag die Gewürze abwiegen und gesondert neben dem Herd bereitstellen. Öl in einer kleinen Bratpfanne auf starker Hitze heiß werden lassen. Dann die Senfsamen hineingeben. Einen Deckel oder Spritzschutz bereithalten: Die Senfsamen springen beim Erhitzen hoch. Danach die Sesamsamen zugeben und mitrösten, bis sie leicht Farbe angenommen haben. Den gesamten Inhalt der Pfanne sofort über das Püree in der Kuchenform gießen und gleichmäßig verteilen. Zum Schluß den Thymian darüberstreuen.
6. Den Kuchen auf der mittleren Schiene 45 Minuten backen. Garprobe mit einem Zahnstocher machen. Den Kuchen aus dem Ofen nehmen und 10 Minuten in der Form ruhen lassen.
7. Mit einem feuchten Messer den Rand des Kuchens von der Form lösen. Eine Servierplatte auf die Form legen und den Kuchen stürzen.
8. Mit gehackten Korianderblättchen bestreuen und

aufgeschnitten warm servieren. Dazu würzig-scharfe Tomatensauce reichen.

Würzig-scharfe Tomatensauce

Ergibt 2 Tassen

3 EL leichtes Pflanzenöl
½ Tasse gehackte Zwiebeln
2 TL gemahlener Kreuzkümmel
2 Tassen frische, reife Tomaten, mit der Haut püriert (oder 2 Tassen Dosentomaten, püriert)
½ Tasse Wasser
2 EL gehackte frische Korianderblättchen
1 TL Salz oder nach Belieben

Öl in eine kleine Pfanne geben und stark erhitzen. Zwiebeln zufügen, umrühren, leicht anbräunen lassen (etwa 8 Minuten). Kreuzkümmel zugeben, einige Sekunden rühren, dann Tomaten und Wasser hinzufügen. Ohne Deckel 15 Minuten kochen lassen beziehungsweise bis die Sauce eingekocht ist. (Sie soll wie eine Tomatensauce für Spaghetti aussehen.) Hitze wegnehmen und Koriander und Salz in die Sauce einrühren. Zum Blumenkohl-und-halbe-Erbsen-Kuchen reichen.
Wenn die Sauce zu sehr einkocht oder durch Lagern zu dickflüssig geworden ist, einfach etwas mehr Wasser zugießen, gut aufwärmen und servieren.

Reisnudeln mit Senfsamen und Kokosnuß
(Idlee Appai)

In Südindien ist es üblich, Reisnudeln zum Frühstück oder zum »Tiffin« zu servieren. Die Reisnudeln kann man selbst machen (S. 91) oder — und das ist wahrscheinlicher — kaufen. Man kann sie bei uns in Asienläden oder auch in vielen Supermärkten bekommen.
Für dieses Gericht werden gedämpfte (oder, falls es gekaufte sind, eingeweichte) Nudeln mit grünen Erbsen, Senfsamen und Kokosnuß zusammen kurz angebraten, was einen unwiderstehlichen Snack ergibt. Mich begeistert die Einfachheit dieses Gerichts.

Für 4—6 Personen

½ Packung sehr dünne Reisnudeln (etwa ½ Pfund)
3 EL leichtes Sesam- oder Pflanzenöl
2 TL schwarze Senfsamen
1 EL Urad Dal
1 EL geraspelter frischer Ingwer
2—4 scharfe grüne Chilischoten, zerkleinert
¼ Tasse geraspelte Möhren
½ Tasse gekochte grüne Erbsen (frisch oder tiefgefroren)
1½ TL grobes Salz oder nach Belieben
8 Curryblätter, frisch oder getrocknet (nach Belieben)
¾ Tasse frische, geriebene oder geraspelte Kokosnuß, fest zusammengedrückt

1. 4½ Liter Wasser in einem großen Topf aufkochen lassen. Hitze abschalten und Reisnudeln zugeben. 5 Minuten ziehen lassen. Wasser abgießen und Nudeln sofort mit kaltem Wasser abschrecken. Nudeln auf einen Teller geben und etwas auseinanderzupfen, damit sie nicht klumpen.
2. Gewürze abwiegen und gesondert neben dem Herd

bereitstellen. Öl in einem Kadhai oder in einer großen flachen Pfanne bei starker Hitze heiß werden lassen. Wenn das Öl sehr heiß ist, die Wärmezufuhr auf mittelstark drosseln und Senfsamen zugeben. Einen Deckel oder Spritzschutz bereithalten, da die Samen spritzen. Sobald die Samen zu spritzen anfangen, Urad Dal beifügen und umrühren, damit sie gleichmäßig bräunen. Wenn die Urad Dal hellbraun geröstet sind, Ingwer und Chili zugeben und 15 Sekunden braten lassen. Möhren und Erbsen hinzufügen und 1 oder 2 Minuten unter Rühren mit anbraten. Nudeln zugeben; mit Salz abschmekken und nach Belieben Curryblätter hinzufügen. Alles gut vermischen, und die Nudeln gut durchwärmen. Ein wenig Kokosnuß darüberstreuen (etwas für die Garnierung zurückbehalten) und einige Minuten unter Rühren erhitzen.

Die Nudeln auf eine große, vorgewärmte Platte oder auf Salatteller geben und mit Kokosnuß garnieren. Reichen sie dazu Tamarinden-Auberginen-Sauce (S. 378).

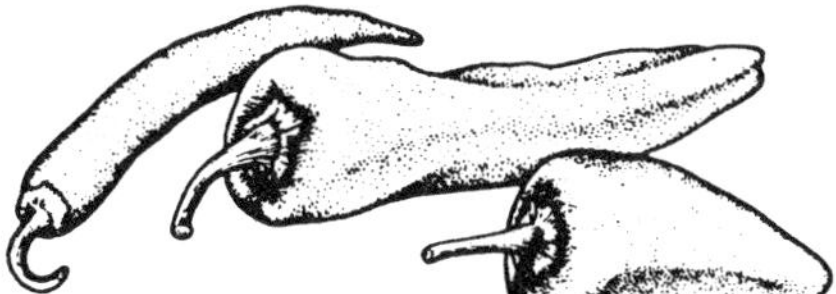

Zitronennudeln mit roten Chilischoten

(Elumbuchapayam Sevai)

Hier stelle ich Ihnen eine delikate, zitronengelbe Variation von Reisnudeln vor, ein Rezept, das sowohl das Auge wie den Gaumen erfreut.

Für 4—6 Personen

½ Packung sehr dünne Reisnudeln, etwa ½ Pfund
3 EL leichtes Sesam- oder Pflanzenöl
2 TL schwarze Senfsamen
1 EL weiße halbe Bohnen (Urad Dal)
2—4 getrocknete rote Chilischoten, zerbröckelt, ohne Samen
⅓ TL gemahlenes Asafoetida
¼ TL Kurkuma, in ¼ Tasse Wasser aufgelöst
1½ TL Salz oder nach Belieben
2 EL grobgehackte Korianderblättchen
Saft von 1 Zitrone
⅓ TL Zitronenschale, gerieben
Zitronenscheiben und gehackte Korianderblättchen zum Garnieren

1. 4 Liter Wasser in einem großen Topf aufkochen lassen. Hitze abschalten und Reisnudeln zugeben. 5 Minuten ziehen lassen. Wasser abgießen und die Nudeln sofort mit kaltem Wasser abschrecken. Nudeln auf einen Teller geben und mit einer Gabel auseinanderzupfen, damit sie nicht klumpen.
2. Das Öl in einem Kadhai oder einer großen flachen Pfanne bei starker Hitze erhitzen. Wenn das Öl sehr heiß ist, die Hitze auf mittlere Stufe zurückschalten und Senfsamen zugeben. Einen Deckel oder Spritzschutz bereithalten, da die Samen spritzen. Sobald es nicht mehr spritzt, Bohnen hinzufügen. Wenn die Bohnen etwas Farbe angenommen haben, Chili zugeben und weiter

rösten, bis die Bohnen hellbraun werden (das dauert etwa 1 Minute). Asafoetida zugeben und einige Sekunden braten lassen. Nudeln zufügen und sofort das Kurkuma-Wasser zugießen. Mit Salz abschmecken. Gut wenden, damit die Nudeln die Gewürze gleichmäßig aufnehmen können. 5 Minuten weiterkochen, um die Nudeln gut durchzuwärmen. Hitze wegnehmen und 2 TL Koriander, Zitronensaft und Zitronenschale untermischen. Nochmals wenden.

Auf eine große vorgewärmte Platte oder auf Salatteller geben und mit gehackten Korianderblättchen und Zitronenscheiben garniert servieren. Als Beilage reichen Sie »Gozzoo«, eine aromatische Tomaten-Zwiebel-Sauce (S. 377).

Klöße-und-Gemüse-Haschee
(Idlee Opma)

Bei diesem Rezept denke ich immer an meine Schwester Roopa, die dieses Gericht so sehr liebte, daß sie oft eine Portion Klößchen extra machte, sie altbacken werden ließ, um daraus diese leckere, pikante Speise zuzubereiten.
Übriggebliebene Klöße (Idlee) werden für dieses Gericht zerkrümelt und dann mit einer hocharomatischen Mischung aus Senfsamen, Zwiebeln, Curryblättern und anderen Gewürzen ohne Fett geröstet. Idlee Opma hat etwas Bäuerliches an sich, schmeckt aber ausgezeichnet.

Für 4 Personen

8—10 übriggebliebene Idlee (S. 117)
1½ TL grobes Salz oder nach Belieben
4 EL leichtes Sesam- oder Pflanzenöl
1½ TL schwarze Senfsamen
1 EL weiße halbe Bohnen (Urad Dal)
4 getrocknete rote Chilischoten, zerbröckelt, ohne Samen
2 TL feingehackter frischer Ingwer
1 Tasse gehackte Zwiebeln
1 Tasse gehackte grüne Paprika
6 Curryblätter, frisch oder getrocknet
2 EL gehackte frische Korianderblätter

1. Die Idlees in eine kleine Schüssel geben, mit den Fingern zerkrümeln, und beiseite stellen.
2. Restliche Zutaten abwiegen und neben dem Herd bereitstellen. Öl in einem Kadhai oder einer großen flachen Pfanne bei starker Hitze erhitzen. Wenn das Öl sehr heiß ist, Hitze auf mittelstark reduzieren und die Senfsamen zugeben. Einen Deckel oder Spritzschutz

bereithalten, da die Samen hochspritzen. Sobald es nicht mehr spritzt, Bohnen hinzufügen. Bohnen leicht Farbe nehmen lassen, Chili untermischen und weiterrösten, bis die Bohnen hellbraun werden. Ingwer hinzufügen und 10 Sekunden braten lassen, dann Zwiebeln und Paprika zugeben. Das Gemüse unter Rühren garen, bis die Zwiebeln glasig werden und der Paprika weich ist (etwa 5 Minuten).

3. Idlee-Krümel und Curryblätter zufügen und unterrühren. Falls die Mischung etwas trocken erscheint, einige Eßlöffel Wasser darübersprenkeln. Hitze reduzieren und das Opma zugedeckt 5—8 Minuten dämpfen. Deckel abnehmen, Koriander darüberstreuen und das Opma mit einer Gabel auseinanderzupfen.

Zum Servieren in eine flache Schüssel oder auf Salatteller geben. Als Beilage Erbsen-und-Rettich-Sauce (S. 121) oder Tamarinden-Auberginen-Sauce (S. 378) reichen.

Grieß-Pilaw mit Tomaten und Gewürzen

(Takkali Payam Opma)

Gerichte mit Grieß sind sehr beliebt, da sie leicht und schnell zuzubereiten sind und das zarte Aroma von Grieß zahlreiche Variationen erlaubt. »Takkali Payam Opma« kann man je nach Belieben eher trocken oder feucht zubereiten, indem man mehr oder weniger Wasser zusetzt. In jedem Fall wird der Grieß zunächst mit ein wenig Öl angeröstet, ehe man das Gemüse, die Gewürze und das Wasser hinzufügt. So vermeidet man, daß das Opma klumpt. Dieses Rezept wird mit Tomaten gemacht. Es ist sehr schmackhaft, sieht attraktiv aus und steht deshalb in vielen Restaurants auf der Speisekarte.

Für 4 Personen

5 EL leichtes Sesam- oder Pflanzenöl
⅓—½ Tasse zerkleinerte rohe Cashewnüsse
1 Tasse Grieß oder Instant-Grieß
1 TL schwarze Senfsamen
1¼ TL gelbe halbe Erbsen (Channa Dal)
2 TL weiße halbe Bohnen (Urad Dal)
1—2 scharfe grüne Chilischoten, gehackt
⅓ TL Asafoetida (nach Belieben)
1 EL gehackter frischer Ingwer
½ Tasse gehackte Zwiebeln
½ Tasse gehackte Tomaten (entkernt und ohne Saft)
1½ TL grobes Salz oder nach Belieben
½ Tasse Naturjoghurt, mit 1½ Tassen warmem Wasser verrührt
1—2 TL Zitronensaft
gehackte Korianderblättchen zum Garnieren

1. Einen Kadhai oder eine große flache Pfanne stark erhitzen. Wenn die Pfanne heiß ist, Wärmezufuhr auf mittlere Stufe reduzieren, 1 EL Öl zugeben und auf dem Boden der Pfanne gleichmäßig verteilen. Cashewnüsse zufügen und hellbraun sautieren (4 Minuten). Mit einem Schaumlöffel herausnehmen und auf einen Teller geben.
2. Noch 1 EL Öl in die Pfanne geben, Grieß oder Instant-Grieß dazuschütten. Den Grieß auf mittelstarker Hitze rösten, bis die Körner gleichmäßig mit Öl überzogen und leicht angebraten sind (etwa 5 Minuten). In eine Schüssel geben, und die Pfanne mit Küchenpapier auswischen.
3. Alle Zutaten bereitstellen. Die restlichen 3 EL Öl in die Pfanne geben und auf höchste Temperatur schalten. Wenn das Öl sehr heiß ist, die Wärmezufuhr auf mittlere bis niedrige Stufe zurückschalten und die Senfsamen hineingeben. Einen Deckel oder Spritzschutz bereithalten, da die Samen hochspritzen. Sobald das Spritzen

nachläßt, die halben Erbsen hinzufügen und leicht Farbe nehmen lassen (etwa 1 Minute). Dann die halben Bohnen dazugeben und gleichfalls Farbe nehmen lassen (etwa 1 Minute). Chili hinzufügen und rösten (20—30 Sekunden). Asafoetida, Ingwer und Zwiebeln zugeben und unter häufigem Rühren 3 Minuten braten lassen.
4. Grieß, Tomaten, Salz und den mit Wasser verrührten Joghurt zugeben und 1 Minute gut mischen. Das Ganze soll wie eine dicke Suppe aussehen. Beim Kochen wird der Grieß immer trockener. Während des Garens das Opma immer wieder vorsichtig umrühren, auf dieselbe Art wie man Eiweiß in einen Kuchenteig einrührt, damit das Gemüse nicht zerdrückt wird und der Pilaw eine leichte, lockere Konsistenz bekommt. (Dies dauert bei Grieß etwa 15 Minuten, bei schnellkochendem Instant-Grieß etwa 8 Minuten). Zum Schluß Cashewnüsse, Zitronensaft und etwas gehackten Koriander einrühren.
Zum Servieren den Pudding in eine flache Schüssel oder auf Salatteller geben und mit Koriander garnieren. Als Beilagen passen Tomaten-Zwiebel-Sauce (S. 377), Erbsen-Rettich-Sauce (S. 121), Rotes Schießpulver (S. 369) und Palmzucker (S. 88).

Grieß-Pilaw mit Auberginen und Ingwer

(Rava Opma)

Diese Version von Opma schmeckt mir am besten, weil sie viel Gemüse enthält. Eigentlich ist es eine komplette Mahlzeit. Statt Auberginen können Sie auch Zucchini, Kürbisse, Pilze, grünen Paprika oder grüne Bohnen verwenden.

Für 4 Personen

5 EL leichtes Sesam- oder Pflanzenöl
⅓ Tasse rohe, ungesalzene, in Scheiben geschnittene Mandeln oder zerkleinerte Cashewnüsse
1 Tasse Grieß oder Instant-Grieß
1 TL schwarze Senfsamen
3 getrocknete rote Chilischoten, zerbröckelt, entkernt
½ Tasse gehackte Schalotten oder rote Zwiebeln
1½ TL gehackter frischer Ingwer
1 Tasse gewürfelte Aubergine, nicht geschält
½ Tasse geschälte und gewürfelte Kartoffeln
½ Tasse grüne Bohnen (frisch oder tiefgefroren)
2 Tassen heißes Wasser
1½ TL grobes Salz oder nach Belieben
2 TL Zitronensaft
2—3 EL gehackte frische Korianderblättchen

1. Nüsse, Gemüse und abgewogene Gewürze neben dem Herd bereitstellen. Einen Kadhai oder eine große, flache Pfanne erhitzen. Wenn der Kadhai sehr heiß ist, Hitze auf mittlere Stufe zurückschalten, 1 EL Öl hineingeben und den Kadhai schwenken, damit sich das Öl gut verteilt. Mandeln oder Cashewnüsse zugeben und sautieren, bis sie leicht Farbe angenommen haben

(4 Minuten). Mit einem Schaumlöffel aus der Pfanne nehmen und auf einen Teller geben. Beiseite stellen.
2. 1 EL Öl zusammen mit dem Grieß oder Instant-Grieß in den Kadhai geben. Hitze auf mittelstark stellen und den Grieß rösten, bis die Grießkörner gleichmäßig mit Öl beschichtet und leicht angebraten sind (etwa 5 Minuten). In eine Schüssel geben. Den Kadhai mit Küchenpapier auswischen.
3. Die restlichen 3 EL Öl in den Kadhai geben und Hitze auf höchste Stufe schalten. Sobald das Öl zischt, Hitze auf mittelstark zurückschalten und Senfsamen hineingeben. Einen Deckel oder Spritzschutz bereithalten, da die Samen hochspritzen. Wenn sie nicht mehr spritzen, Chilistückchen zugeben und dunkel rösten (etwa 30 Sekunden). Schalotten oder Zwiebeln und Ingwer hinzufügen und 2 Minuten mitrösten.
4. Auberginen und Kartoffeln zugeben und unter häufigem Wenden 5 Minuten braten beziehungsweise bis sie anfangen, weich zu werden. Grieß, Bohnen, Wasser und Salz zugeben. Alles gut vermischen und zum Kochen bringen. Es wird zunächst wie eine dicke Suppe aussehen. Der Grieß wird beim Kochen immer trockener, bis er einem lockeren Pilaw ähnelt. Opma während des Kochens oft, aber vorsichtig wenden, damit das Gemüse nicht zerdrückt wird und der Pilaw eine leichte, lokkere Konsistenz erhält. (Dies dauert mit Grieß 15 und mit Instant-Grieß 8 Minuten.) Zitronensaft, gehackten Koriander und Mandeln beziehungsweise Cashewnüsse untermischen.

In einer flachen Schüssel oder auf Salattellern mit gehacktem Koriander garniert servieren. Als Beilage dazu Tamarinden-Auberginen-Sauce (Puli Gozzoo, S. 378) oder indischen Palmsiurp oder Palmzucker (S. 88) reichen.

Reisflocken-Gemüse-Pilaw

(Aval)

Aval, Reisflocken, werden kommerziell hergestellt. Dazu werden behandelte, gekochte Reiskörner gepreßt, bis sie wie kleine Schneeflocken aussehen. Aval weicht man nomalerweise kurz in Wasser ein, bevor man es in den Topf gibt. Aval ist dank seines niedrigen Stärkegehalts leicht verdaulich, hat einen zarten, süßlichen Geschmack und ein ganz besonderes Aroma. Die Brahmanen haben eine Vorliebe für Aval. Sie verwenden es in zahllosen Snacks, bereiten daraus Konfekt, Nachspeisen und Pilaws.
Dieser Pilaw wird mit Kreuzkümmel, Senfsamen und frischem Koriander gewürzt. Es ist ein deftiges Essen, das sich auch als einfaches, herzhaftes Abendbrot eignet. Joghurt-Salat, würzige Pickles und frische Chutneys passen gut dazu.

Für 6 Personen

2½ Tassen dünne oder dicke Reisflocken (Phoa, S. 39)
4 EL leichtes Sesam- oder Pflanzenöl
2 TL schwarze Senfsamen
2 TL Kreuzkümmelsamen
½ TL gemahlenes Asafoetida
2 Tassen gehackte Zwiebeln
3 mittelgroße Kartoffeln, geschält und klein gewürfelt
2 mittelgroße Möhren, geschält und klein gewürfelt
½ Tasse grüne Erbsen (frisch oder tiefgefroren)
¼ TL Kurkuma
4 EL gehackte frische Korianderblättchen
1½ TL grobes Salz oder nach Belieben
Zitronensaft nach Geschmack (etwa 1 EL)

1. Reisflocken in eine Schüssel geben. Soviel kaltes Wasser daraufgießen, daß sie bedeckt sind. 20 Sekunden einweichen. Wasser abgießen und beiseite stellen.
2. Gewürze abgewogen neben dem Herd bereitstellen. Öl in einer großen, beschichteten Pfanne auf starker Flamme 2 Minuten erhitzen. Senfsamen hineingeben. Wenn sie zu spritzen anfangen, Kreuzkümmel hinzufügen und dunkelbraun rösten, Asafoetida zugeben und sofort darauf die Zwiebeln, Kartoffeln und Möhren. Unter Rühren 5 Minuten braten. Erbsen und Kurkuma zugeben und weitere 2 Minuten rösten lassen. Falls das Gemüse trocken aussieht, ein wenig Wasser darübersprenkeln, Hitze zurückschalten, Pfanne zudecken und das Gemüse 10 Minuten garen lassen. Das Gemüse soll weich, aber nicht musig werden.
3. Reisflocken, Koriander und Salz in die Pfanne geben und gut vermischen. Zugedeckt weitere 15 Minuten kochen lassen. Aufdecken, Zitronensaft darübersprenkeln und Pilaw mit einem Löffel auflockern.

Pilaw in einer flachen Schüssel oder auf Tellern servieren. Reichen Sie dazu Minze-Chili-Zwiebel-Relish (S. 372).

Reis-und-Bohnen-Crêpes

(Pattu Dosai)

Dosai ist die indische Version der französischen Crêpes. Statt aus Mehl, Eiern und Milch weden Dosai aus einem Teig gemacht, der nur gemahlene weiße halbe Bohnen und Reis enthält. Dieser Teig ist dem Idlee-Teig (S. 117) ähnlich, nur viel feiner und dünner, da die Crêpes nicht zu dick werden sollen. Den Dosai-Teig läßt man auch länger ruhen, damit er an Aroma gewinnt.

In Indien werden Dosai auf jener Eisen- oder Steinplatte gebraten, die der Stolz jeder indischen Hausfrau ist. Man kann aber auch eine beschichtete Bratpfanne verwenden. In Indien gilt die Zubereitung von Dosai als eine Kunst, denn der Teig muß mit der Rückseite eines Löffels in der Pfanne verteilt werden, bis die Crêpe die richtige Größe und Dicke hat. Dies erfordert eine schwer zu meisternde Bewegung des Handgelenks. Denn es muß schnell gehen, sonst bekommen Sie einen Pfannkuchen und keine Crêpe. Seien Sie aber nicht enttäuscht, wenn die erste — oder auch die zweite — Crêpe nicht gelingt. Es braucht fast immer einige Minuten, bis die Temperatur der Pfanne gerade richtig ist und man die Technik des Verteilens gemeistert hat. Auch hier: Übung macht den Meister.
Die Crêpe wird Pattu genannt, was »Seide« bedeutet, da sie sich weich und seidig anfühlt.
Dosai ist einer der beliebtesten Snacks in Indien. In Südindien wird Dosai gern zum Frühstück oder als Zwischenmahlzeit mit frischen Chutneys und würzigem Linseneintopf gegessen. Am besten schmecken sie ganz frisch und heiß.

Für 8 Personen

1 Tasse weiße halbe Bohnen (Urad Dal)
½ TL Bockshornkleesamen
2 Tassen Reismehl
3 Tassen warmes Wasser (ca. 55° C)
2 TL grobes Salz oder nach Belieben
⅛ TL Backpulver (nach Belieben)
leichtes Sesam- oder Pflanzenöl zum Braten (etwa 1 Tasse)

1. Bohnen verlesen und gründlich waschen. In eine große Schüssel geben. Bockshornkleesamen hinzufügen

und so viel Wasser zugeben, daß die Bohnen 2½ cm hoch mit Wasser bedeckt sind. 8 Stunden quellen lassen. Wasser abgießen, Bohnen abbrausen und abtropfen lassen. Bohnen in der Küchenmaschine oder im Mixer mit 1 Tasse heißem Wasser zu einem ziemlich lockeren Brei mixen (etwa 5 Minuten). In eine Schüssel geben.
2. Reismehl mit den restlichen 2 Tassen heißem Wasser zufügen und die Masse mit einem Hölzlöffel oder mit dem Pürierstab etwa 2 Minuten schlagen. Mit einem Handtuch oder einer Serviette zudecken. Den Teig an einem warmen Ort 8—12 Stunden ruhen lassen. Er wird dann etwas säuerlich riechen und schmecken und sehr locker und schaumig sein. Er soll auch flüssig sein. Sollte das nicht der Fall sein, geben Sie so viel Wasser dazu, bis der Teig die gewünschte Konsistenz hat.
3. Kurz bevor Sie die Crêpes zubereiten wollen, Salz und Backpulver in den Teig einrühren. Dann 5 Minuten ruhen lassen.
4. Eine große beschichtete Pfanne erhitzen und mit Öl bepinseln. Es soll kein überschüssiges Öl auf dem Pfannenboden sein, sonst läßt sich der Teig schwer verteilen. ½ Tasse Teig in die Mitte der Pfanne geben und schnell mit der Rückseite eines Löffels eine flache, runde Crêpe (Durchmesser ca. 20—22 cm) formen. Dosai können rund oder oval sein, aber sie sollten so dünn wie möglich sein, selbst wenn dabei Löcher entstehen. Wenn der Teig anfängt, fest zu werden (etwa 2 Minuten), 1—2 TL Öl um den Rand des Dosai träufeln. Sobald er auf der Unterseite braun ist, wenden und ein paar Sekunden auf der anderen Seite braten. Mit einem Spatel den Dosai sofort auf eine vorgewärmte Platte geben und im Ofen warm halten. Die restlichen Crêpes ebenso zubereiten. Pattu Dosais werden gewöhnlich mit zerlassenem Usli Ghee (In Südindien Nei genannt) beträufelt und mit Rotem Schießpulver (S. 369), Vulkanischer Sauce (S. 370)

oder auch mit Kokosnuß-Chutneys (S. 386 und S. 387) genossen.

Reis-und-Bohnen-Crêpes mit würziger Kartoffelfüllung

(Masala Dosai)

Dies ist eine kräftigere Version von Dosai, die Crêpes werden mit Kartoffeln, gewürzt mit frischem Ingwer, Chili, Kurkuma und Kräutern, gefüllt. Zum Abendessen oder als Snack sind Masala Dosai ein Genuß. Sie sind in den Kaffeehäusern, die es überall in Indien gibt, sehr beliebt.

Für 8 Personen

Würzige Kartoffelfüllung:
2 Pfund Kartoffeln (etwa 8 mittelgroße), gekocht, geschält und gewürfelt
1/3 Tasse gekochte, kleingeschnittene Möhren
1/3 Tasse gekochte grüne Erbsen (frisch oder tiefgekühlt)
4 EL leichtes Sesam- oder Pflanzenöl
1 1/2 TL schwarze Senfsamen
1 TL gelbe halbe Erbsen (Channa Dal)
1 1/2 TL weiße halbe Bohnen (Urad Dal)
4—6 scharfe grüne Chili, klein geschnitten
4 mittelgroße Zwiebeln, klein geschnitten
1 EL kleingeschnittener frischer Ingwer
3/4 TL Kurkuma oder Currypulver
8 Curryblätter, frisch oder getrocknet (nach Belieben)
2 TL grobes Salz oder nach Belieben
Saft von 1 kleinen Zitrone oder nach Belieben
2 EL gehackte frische Korianderblättchen (nach Belieben)

Dosai-Teig:
Zutaten wie für Reis-und-Bohnen-Crêpes (S. 111)

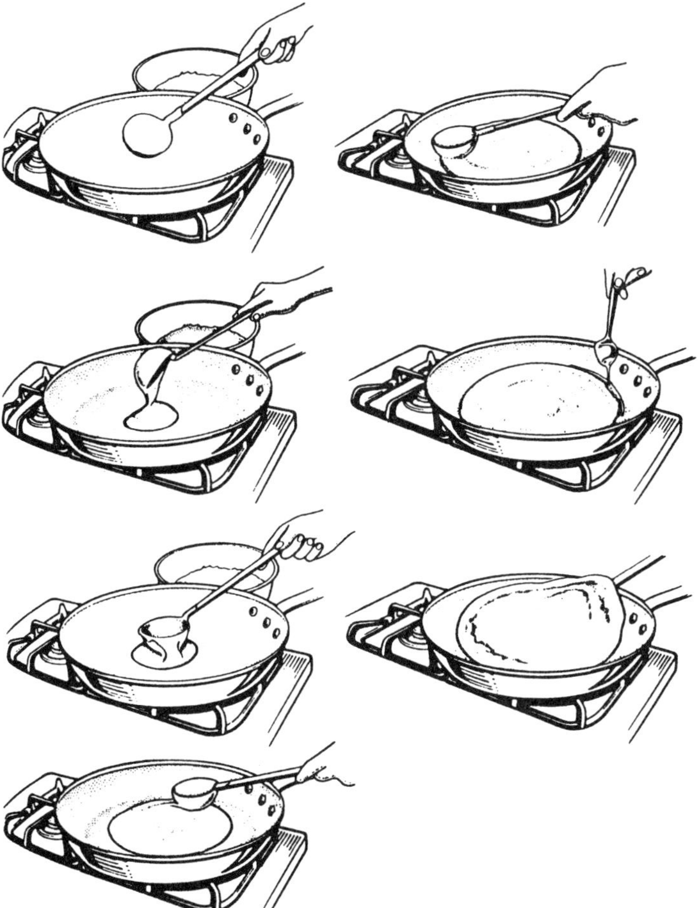

1. Kartoffeln, Möhren und grüne Erbsen in einer Schüssel mischen. Beiseite stellen.
2. Öl in einer großen Pfanne auf mittlerer Flamme 3 Minuten erhitzen. Wenn das Öl heiß ist, Senfsamen zugeben. Einen Deckel bereithalten, da die Samen spritzen. Sobald dies der Fall ist, Channa Dal zugeben und Farbe nehmen lassen. Dann Urad Dal zufügen und so lange mitrösten, bis sie braun werden (insgesamt 1 Minute).
3. Grüne Chili, Zwiebeln und Ingwer zufügen und unter Rühren braten lassen, bis die Zwiebeln hellgelb sind (etwa 5—7 Minuten). Kurkuma und Currypulver, Curryblätter und Kartoffel-Gemüse-Mischung zugeben und unter Rühren 5 Minuten rösten. ⅓ Tasse Wasser zugießen, zudecken und 3—5 Minuten bei niedriger Temperatur köcheln lassen beziehungsweise bis das Gemüse fast alle Flüssigkeit aufgenommen hat.
4. Deckel abnehmen, Salz, Zitronensaft und Koriander darübergeben. Die Füllung soll sahnig, nicht suppig sein. Falls sie zu feucht erscheint, ohne Deckel noch ein paar Minuten weiterkochen lassen, bis die Feuchtigkeit verdampft ist.
5. Füllung warm halten, während Sie die Crêpes nach den Anweisungen auf Seite 141 zubereiten.
6. Eine fertige Crêpe auf der Arbeitsfläche ausbreiten. Etwa ½ Tasse Füllung in die Mitte der Crêpe geben und entweder aufrollen oder eine Hälfte über die andere klappen. Mit den anderen Crêpes ebenso verfahren.
7. Eine große Pfanne erhitzen. Die gefüllten Crêpes, immer eine oder zwei auf einmal, hineinlegen und gut aufwärmen. Einmal wenden (1—2 Minuten).

Sofort auf den Tisch bringen und dazu zerlassene Usli Ghee (S. 55) und Kohlrabi-Grüne-Tomaten-Linsen-Suppe (S. 218) oder Kokosnuß-Chutney (S. 386, 387) reichen.

Grieß-Crêpes mit grünen Chilischoten und Ingwer
(Rava Dosai)

Grieß-Crêpes werden in Indien nicht so häufig zum Frühstück oder Brunch gegessen wie Reis-und-Bohnen-Crêpes, da sie etwas schwer sind. Aber zum »Tiffin« oder als Snack machen sie »Masala Dosai« Konkurrenz. Diese Crêpes sind einfach zuzubereiten und schmecken hervorragend. Der Teig wird in die Pfanne geträufelt, wobei zahllose kleine Perforationen entstehen. So sehen die Crêpes aus wie Spitze, die mit Ingwerstückchen und grünem Chili besetzt ist.
Zu diesen Crêpes paßt eine Tasse starker südindischer Kaffee.

Ergibt 8 Crêpes
(Durchmesser ca. 25 cm)

½ Tasse Instant-Grieß
¼ Tasse Mehl
¼ Tasse Reismehl
1⅔ Tassen Wasser
¼ Tasse leichtes Sesam- oder Pflanzenöl
½ TL schwarze Senfsamen
½ TL Kreuzkümmelsamen
2 getrocknete rote Chilischoten, zerbröckelt
2 scharfe grüne Chilischoten, gehackt
1½ TL gehackter frischer Ingwer
¼ Tasse feingehackte Zwiebeln
1½ TL grobes Salz oder nach Belieben

1. Grieß, Mehl und Reismehl in eine große Schüssel geben und 2 Tassen Wasser zugießen. Mit einem Schneebesen oder einem Holzlöffel gut verrühren. Zudecken und das Ganze 1 Stunde quellen lassen.
2. 2 EL Öl in einer kleinen Pfanne erhitzen. Sobald es heiß ist, Senfsamen zufügen. Einen Deckel oder Spritzschutz bereithalten, da die Samen hochspritzen. Sobald

sie dies nicht mehr tun, Hitze wegnehmen. Öl zusammen mit den Samen in den Mehlteig geben. Die übrigen Zutaten außer dem restlichen Wasser hinzufügen und gut vermischen. Dann die restlichen 1¾ Tassen Wasser in den Teig geben und nochmals umrühren. Der Teig sollte sehr dünnflüssig sein.

3. Wenn Sie die Crêpes zubereiten wollen, das übrige Öl in einer kleinen Schüssel bereitstellen.

4. Eine große beschichtete Pfanne (30 cm Durchmesser) bei hoher Temperatur erhitzen (ca. 3 Minuten). Vom Feuer nehmen und die Pfanne 15 Sekunden abkühlen lassen. Hitze auf mittlere Stufe schalten. Teig gut umrühren, dann etwa ⅓ Tasse Teig in die Pfanne hineinträufeln lassen, so daß der Pfannenboden bedeckt ist. (Die Crêpe wird am Rand ungleich sein und größere Löcher haben. Sie soll wie Spitze aussehen. Wenn Sie eine runde Crêpe wollen, dann etwas Teig auf einer Seite am Rand in die Pfanne gießen und schnell die Pfanne schwenken, damit der Teig um den Rand läuft und einen sauberen Abschluß bildet.) Etwa 1—2 TL Öl um den Rand der Crêpe und in die Löcher träufeln. Nicht versuchen, die Crêpe vom Pfannenboden zu lösen, bis sie braun und knusprig ist (etwa 2 Minuten). Wenden und auf der anderen Seite 2—4 Minuten braten. Die Crêpe auf einen Servierteller geben und warm halten. Mit dem Rest des Teigs auf dieselbe Weise verfahren, dabei jedesmal vorher gut umrühren.

Anmerkung: Falls der Teig zu dick wird, ein paar Eßlöffel Wasser einrühren.

Reis-Crêpes mit Kreuzkümmel und Chili
(Arisi Rava Dosai)

Diese Crêpes werden auf ähnliche Weise wie Grieß-Crêpes zubereitet, sie sind jedoch würziger. Falls Sie gegen Weizen allergisch sind, sind diese leckeren und schönen Crêpes ideal.

Ergibt 12 Crêpes

1 Tasse Reisstärke oder Reismehl
1 Tasse Grieß
2 Tassen Wasser
2 getrocknete rote Chilischoten, entkernt und zerbröckelt
¼ Tasse gehackte Schalotten oder Frühlingszwiebeln mit Grün
¾ TL Kreuzkümmelsamen, grob gemahlen
1½ TL grobes Salz oder nach Belieben
⅓—½ Tasse leichtes Sesam- oder Pflanzenöl

1. Reisstärke oder -mehl, Grieß und 1 Tasse Wasser in eine Schüssel geben. Gut rühren, zudecken und 4 Stunden beziehungsweise über Nacht bei Zimmertemperatur ruhen lassen.
2. Die restliche Tasse Wasser zusammen mit allen anderen Zutaten, außer dem Öl, zugeben und gut verrühren. Der Teig sollte sehr dünnflüssig sein.
3. Eine große beschichtete Bratpfanne (23 cm Durchmesser) bei starker Temperatur erhitzen (ca. 3 Minuten). Die Pfanne leicht mit Öl bepinseln. Etwa ¼ bis ⅓ Tasse Teig in die Pfanne gießen. Die Pfanne schwenken, um den Teig gleichmäßig zu verteilen. Auf mittlere oder mittelstarke Temperatur herunterschalten, und die Crêpes 3 Minuten braten.
4. 1—2 EL Öl um den Rand der Crêpe in die Pfanne hineinträufeln und weiterbraten, bis die Crêpe auf der Unterseite leicht gebräunt ist (1—2 Minuten). Crêpe

nicht zu lösen versuchen, bis sie braun ist. Wenden und auf der anderen Seite 1 Minute braten lassen. Aus der Pfanne nehmen und entweder sofort servieren oder warm halten, bis die restlichen Crêpes zubereitet sind.

Anmerkung: Falls der Teig zu dick sein sollte, einige Eßlöffel Wasser zugeben, um die richtige Konsistenz zu bekommen.

Kichererbsen-Crêpes mit Ingwer und Chili
(Chilla)

Chilla ist eine würzige Delikatesse aus den östlichen Regionen Indiens. Die Inder sagen dazu auch »eierloses Omelette«, da Chilla wie ein Omelette aussieht. Diese Crêpes werden mit Kichererbsenmehl zubereitet. Der Teig wird mit frischem Ingwer und scharfen roten und grünen Chilischoten gewürzt. Um Konsistenz und Geschmack zu verbessern, füge ich dem Teig auch etwas geraspelte Zucchini (für dieses Rezept 1 Tasse) oder gehackte Schalotten ($^1/_4$ Tasse) bei.
Zu Chilla trinken Sie indischen Tee, so schmecken sie am besten.

Ergibt 8 Crêpes,
für 3—4 Personen

1 Tasse Kichererbsenmehl
1 Tasse Wasser
1 EL gehackter frischer Ingwer
2 scharfe grüne Chilischoten, gehackt
$^1/_8$ TL roter Paprika
1 TL grobes Salz oder nach Belieben
2 EL leichtes Sesam- oder Pflanzenöl
Öl zum Braten

1. Kichererbsenmehl und Wasser in der Küchenmaschine, im Mixer oder mit dem Schneebesen zu einem glat-

ten Teig rühren. Alle Zutaten, außer dem Öl zum Braten zugeben und gut verrühren.
2. Eine beschichtete Pfanne (15—20 cm Durchmesser) bei mittlerer Hitze sehr heiß werden lassen. Pfanne leicht mit $\frac{1}{2}$—$\frac{3}{4}$ TL Öl bepinseln.
2. Ca. $\frac{1}{4}$ Tasse Teig in die Pfanne gießen. Pfanne schwenken, um den Teig gleichmäßig zu verteilen. Crêpe braten, bis sie auf der Unterseite leicht gebräunt ist (ca. 2 Minuten). Wenden und auf der anderen Seite 30—45 Sekunden braten. $\frac{1}{2}$—1 TL Öl während des Bratens zugießen, damit die Crêpe knusprig wird. Wenn Sie wollen, daß die Crêpes noch knuspriger werden, 2—2$\frac{1}{2}$ TL Öl pro Crêpe nehmen. Sofort servieren oder warm halten, bis die restlichen Crêpes zubereitet sind.

Sauerteig-Pfannkuchen mit Zwiebeln und Tomaten

(Uttappam)

Traditionsgemäß werden diese Pfannkuchen aus Resten von Idlee- oder Dosai-Teig (S. 117) hergestellt, daher auch der Name, denn »Utta« heißt »altbacken« und »Appam« heißt »Pfannkuchen«.

Ergibt 6—8 Pfannkuchen

$\frac{1}{2}$ Tasse Mehl aus weißen halben Bohnen (Urad Dal Atta)
1 Tasse und 2 EL Reismehl
1$\frac{3}{4}$ Tassen Wasser
1 EL Weizen- oder Reisgrieß
1 EL normales Mehl
$\frac{1}{8}$ TL Backpulver
1$\frac{1}{2}$ TL grobes Salz oder nach Belieben
1$\frac{1}{3}$ Tassen gehackte Zwiebeln
1$\frac{1}{3}$ Tassen gehackte frische Tomaten
8—10 EL leichtes Sesam- oder Pflanzenöl

1. Mehl aus weißen halben Bohnen, Reismehl und Wasser in einer Schüssel mit einem Schneebesen oder Holzlöffel zu einem glatten Teig rühren. Zudecken und den Teig an einem warmen Ort 8 Stunden ruhen lassen.
2. Grieß und normales Mehl zugeben und gut verrühren. Teig zudecken und bei Zimmertemperatur ruhen lassen. So lange gehen lassen, bis er ein starkes, säuerliches Aroma entwickelt (ca. 8—12 Stunden).
3. Backpulver und Salz einrühren. Der Teig soll wie Pfannkuchenteig aussehen. Falls er zu dick ist, 1 oder 2 EL Wasser zugeben.
4. Gehackte Zwiebeln und Tomaten neben dem Herd bereitstellen.
5. Eine große beschichtete Pfanne (30 cm Durchmesser) bei mittlerer Hitze 3 Minuten heiß werden lassen. 1 EL Öl hineingeben und die Pfanne schwenken, um das Öl zu verteilen. Eine gute halbe Tasse Teig in die Mitte der Pfanne gießen und vorsichtig mit der Rückseite eines Holzlöffels einen 15—18 cm großen Pfannkuchen daraus formen.
6. Jeweils ⅓ Tasse Zwiebeln und Tomaten auf den Teig streuen. Pfannkuchen 2 Minuten braten lassen. 1 EL Öl um den Rand träufeln und weitere 2 Minuten braten beziehungsweise bis der Pfannkuchen auf der Unterseite schön gebräunt ist. 1 oder 2 EL Öl über den Pfannkuchen sprenkeln. Mit einem Spatel wenden und fest auf den Pfannenboden drücken. Etwa weitere 2 Minuten braten. Der Pfannkuchen muß schön gebräunt sein. (Es kann sein, daß er auf der Oberfläche mehrere Löcher hat.)

Entweder sofort servieren oder warm halten, während Sie mit dem Rest des Teigs weitere Pfannkuchen backen.

Sauerteig-Pfannkuchen mit Kohl und Chili

(Muttakoos Uttappam)

Hier stelle ich Ihnen eine weitere Uttappam-Version vor. In diesem Rezept wird statt Zwiebeln und Tomaten würzig-aromatischer Kohl als Füllung verwendet.
Diese Pfannkuchen sind recht sättigend. Sie eignen sich gut als Vorspeise oder als leichtes Mittagessen. Reichen Sie dazu nur ein mild-würziges Sambaar, wie zum Beispiel Erbsen-und-Rettich-Sauce (S. 121).

Ergibt 4—5 Pfannkuchen

Für den Teig:
½ Tasse Mehl aus weißen halben Bohnen (Urad Dal Atta)
1 Tasse und 2 EL Reismehl
1¾ Tassen Wasser
1 EL Weizen- oder Reisgrieß
1 EL normales Mehl
⅛ TL Backpulver

Für die Füllung:
2 EL leichtes Sesam- oder Pflanzenöl
1 TL schwarze Senfsamen
4 scharfe grüne Chili, klein geschnitten
¼ TL gemahlenes Asafoetida (nach Belieben)
1 mittelgroße Zwiebel, gehackt
¼ mittelgroßer Kohlkopf (ca. ¾ Pfund), ohne Strunk, in feine Streifen geschnitten
1½ TL grobes Salz oder nach Belieben
8—10 EL leichtes Sesam- oder Pflanzenöl
Öl zum Braten

1. Den Pfannkuchenteig mit sämtlichen Zutaten nach den Anweisungen 1—3 auf Seite 151 zubereiten. Zudecken und beiseite stellen.
2. Für die Kohlfüllung Öl in einer großen Bratpfanne bei starker Hitze erhitzen. Wenn es sehr heiß ist, Senfsamen hineingeben. Einen Deckel bereithalten, da die Samen

hochspritzen. Sobald sie aufhören zu spritzen, Chili zufügen und 15 Sekunden braten lassen. Asafoetida, wenn Sie es verwenden, zugeben und die Pfanne 5 Sekunden hin- und herrütteln. Dann Zwiebeln zufügen und unter Rühren 1 Minute mitrösten, Kohl zugeben und weitere 3 Minuten braten lassen. Wärmezufuhr reduzieren und zugedeckt 10 Minuten kochen beziehungsweise bis der Kohl weich und gar ist. Mit Salz abschmecken. Vom Feuer nehmen.

3. Eine große beschichtete Pfanne (30 cm Durchmesser) bei mittelstarker Hitze 3 Minuten heiß werden lassen. 1 TL Öl hineingeben und die Pfanne schwenken. Etwa ein Viertel des Teigs (½ Tasse, großzügig gemessen) in die Mitte der Pfanne gießen. Mit der Rückseite eines Löffels einen 15—18 cm großen Pfannkuchen formen.

4. Etwa ein Viertel der Kohlfüllung gleichmäßig auf der Mitte des Pfannkuchens verteilen; es sollte rundum ein 1½ cm breiter Rand frei bleiben. Leicht pressen, damit der Kohl auf dem Teig haften bleibt. Pfannkuchen 2 Minuten braten. 1 EL Öl um den Rand gießen und weitere 2 Minuten backen. Wenn die Unterseite gebräunt ist, 1—2 TL Öl auf den Pfannkuchen sprenkeln und vorsichtig wenden. Noch 2 Minuten braten beziehungsweise bis der Pfannkuchen auf der Rückseite ebenfalls gebräunt ist.

Pfannkuchen auf eine Servierplatte stürzen, so daß Kohl und Chili oben sind, und sofort servieren. Oder zugedeckt warm halten, während Sie mit dem übrigen Teig weitere Pfannkuchen zubereiten.

Halbe-Erbsen-Pfannkuchen mit Chili

(Adai)

An diesem klassischen Pfannkuchen, Adai, zeigt sich die Fantasie und Geschicklichkeit der südindischen Köche. Einfache, alltägliche Linsen (Channa Dal), eingeweicht und mit Gewürzen zu einer körnigen Konsistenz gemahlen, verwandeln sich in knusprige, herzhafte Leckerbissen. Ich esse Adai gern als leichtes Mittag- oder spätes Abendessen und trinke dazu ein Glas Wein oder eine Tasse Kaffee.

Die Inder verteilen den Teig in der Pfanne mit den Fingern, was dem Adai ein rustikales Aussehen gibt. Das kann für Anfänger schwierig sein. Sie werden am Anfang zu dicke Pfannkuchen machen, aber mit der Übung kommt die Erfahrung: Die Pfannkuchen werden Ihnen besser gelingen. Natürlich können Sie auch statt der Finger einen Spatel oder einen Löffel nehmen.

Ergibt 8 Pfannkuchen (15 cm Durchmesser)

½ Tasse gelbe halbe Erbsen (Channa Dal)
½ Tasse gelbe Linsen (Toovar Dal)
⅓ Tasse Langkornreis
¾ Tasse Wasser
1 scharfe grüne Chili, in 3 Stücke geschnitten
¼ TL gemahlenes Asafoetida
½ TL roter Paprika
1 TL grobes Salz oder nach Belieben
½ Tasse leichtes Sesam- oder Pflanzenöl

1. Halbe Erbsen und Linsen verlesen und säubern, in eine Schüssel geben und mehrmals in frischem Wasser waschen. So viel Wasser zugeben, daß sie von 2½ cm Wasser bedeckt sind. Den Reis in eine zweite Schüssel

geben und mit Wasser aufgießen bis er von $2\frac{1}{2}$ cm Wasser bedeckt ist. Beides 8 Stunden beziehungsweise über Nacht einweichen.

2. Hülsenfrüchte und Reis abtropfen lassen und in Schüsseln geben. Den Mixer einschalten und den Reis in den Aufsatz schütten. 2 Minuten verarbeiten bzw. bis der Reis fein gemahlen ist. Die Maschine alle 15 Sekunden ausschalten, um den Reis von den Wänden des Aufsatzes zu entfernen.

3. Hülsenfrüchte, Wasser, Chili, Asafoetida und roten Paprika zugeben und zu einem nicht zu feinen Püree verarbeiten. Die Maschine immer wieder ausschalten, um die Masse von den Wänden des Aufsatzes abzuschaben. Den Brei in eine Schüssel geben. Der Teig soll dickflüssig sein. Falls er zu trocken ist, 2—4 EL Wasser zufügen. Der Teig läßt sich im Kühlschrank bis zu 5 Tage aufbewahren. Sie können ihn auch einfrieren.

4. Eine Teflon-Pfanne bei mittlerer bis mittelstarker Hitze sehr heiß werden lassen. Den Pfannenboden ganz leicht mit Öl bepinseln (überschüssiges Öl, wenn nötig, mit Küchenpapier absaugen, denn bei zuviel Öl gerinnt der Teig) und ca. $\frac{1}{2}$ Tasse Teig in die Mitte der Pfanne geben. Mit den Fingern, einem Löffel oder Spatel aus dem Teig einen 15 cm großen Pfannkuchen formen. Wenn Sie die Finger dazu benutzen, den Teig mit einer Spiralbewegung von der Mitte weg zum Rand hin verteilen. Mit der Rückseite eines Löffels in der Mitte des Kreises ein 1 cm großes Loch machen. Pfannkuchen 2 Minuten backen lassen. Etwa 2 TL Öl um den Rand des Pfannkuchens und in das Loch in der Mitte träufeln. Den Pfannkuchen noch 1 oder 2 Minuten backen beziehungsweise bis er auf der Unterseite schön gebräunt und knusprig ist. Dabei die Wärmezufuhr nach Bedarf regulieren. Dann den Pfannkuchen mit einem Spatel wenden und auf der anderen Seite 1—2 Minuten bak-

ken beziehungsweise bis er auf beiden Seiten goldbraun und knusprig ist.

Sofort servieren oder zugedeckt warm halten, bis die restlichen Kuchen zubereitet sind. Reichen Sie dazu Palmzucker (S. 88) oder Melasse.

VORSPEISEN UND PIKANTE LECKERBISSEN (NAMKEEN)

◇

नमकीन्

Ich bin in Indien aufgewachsen und erinnere mich, daß, wenn meine Schwester und ich aus der Schule nach Hause kamen, uns köstliche Gerüche aus unserer Küche entgegenströmten. Das bedeutete, daß gerade ein Lekkerbissen oder ein Nachmittagssnack zubereitet wurde. Dazu gab es ein kühles Joghurt-Getränk oder eine Früchtebowle.

Indische Snacks sind berühmt. Sie sind so lecker, daß man sich daran satt essen kann. Diese Snacks, die »Namkeen« heißen, werden in den Großstädten von Straßenhändlern verkauft. In vielen indischen Restaurants werden sie als Appetitanreger angeboten, denn sie passen ausgezeichnet zu Cocktails. Nachmittags zum Tee schmecken sie ebenfalls.

In Indien ißt man in der Regel keine Vorspeisen. Das liegt vielleicht an der Armut, der wichtigste Grund ist jedoch, so glaube ich, daß Inder ganz einfach Angst haben, sich den Appetit für den Hauptgang zu verderben.

Heute, da so viele Inder mit westlichen Gewohnheiten aus dem Ausland zurückkehren, verändern sich allmählich die Eßgepflogenheiten. Vorspeisen und Salatteller gehören inzwischen zu einem typischen indischen Essen. Zu Cocktails reicht man heutzutage Kartoffelchips, Waffeln und andere Näschereien.

Ich serviere gern vor dem Essen eine Kleinigkeit, um den Appetit anzuregen und den Gaumen zu kitzeln.

In Indien gibt es Restaurants, die sich auf pikante Leckerbissen spezialisiert haben, die sogenannten »Dhabas«. Jedes Stadtviertel hat seine »Dhaba«, wo sich Freunde zu jeder Tagesstunde und auch bei Nacht — die meisten »Dhabas« sind 24 Stunden geöffnet — treffen, um über Politik zu reden. Die »Dhaba« ist das indische Gegenstück zum französischen Café.

Vorspeisen

Pikante Leckerbissen

Alt-Delhi-Obstsalat

(Phalon ki Chat)

»Chat«, einer der beliebtesten Snacks, die in Indien auf der Straße verkauft werden, ist eigentlich ein Salat, nur wesentlich leichter und würziger, da er ohne Öl, dafür aber mit hocharomatischen Gewürzen wie geröstetem Kreuzkümmel und Asafoetida zubereitet wird. Die fertige Gewürzmischung, »Chat Masala« genannt, wird kommerziell hergestellt. Sie können aber auch Ihre eigene herstellen (S. 84).
»Chat« wird in der Regel nie gekühlt, aus Angst, die Gewürze könnten ihr feines Aroma verlieren.
Dieses »Chat« aus saftigen tropischen Früchten ist die Spezialität von »Nayi Sadak«, einer Straße im alten Teil von Delhi (Alt-Delhi), die wegen ihrer Snacks berühmt ist. Ich erinnere mich noch, wie ich oft mit dem Bus einen Umweg gefahren bin, nur um dort auszusteigen und mich mit dieser himmlischen Köstlichkeit zu verwöhnen.
Obst-»Chat« bietet man bei Cocktail-Parties auf flachen Tellern mit Zahnstochern an.

Für 6—8 Personen

2 reife Bananen
1 reife Papaya
2 reife Guaven oder Birnen
1 Orange
3 süße Äpfel
2 TL »Chat Masala« (S. 84, oder gekauft)
2 EL Zitronensaft
grobes Salz nach Belieben
Salatblätter

1. Bananen schälen und in 1 cm dicke Scheibchen schneiden. In eine große Schüssel geben. Die Papaya halbieren und Kerne entfernen. Jede Hälfte der Länge nach in 1 cm dicke Schnitze schneiden. Die Schnitze schälen, das Fruchtfleisch in 1 cm dicke Scheiben schneiden und in die Schüssel geben.
2. Guaven vierteln. Jedes Viertel quer in 1 cm dicke Scheiben schneiden und in die Schüssel geben.
3. Orange schälen und, wenn nötig, entkernen. In Scheiben schneiden und in die Schüssel geben.
4. Zum Schluß die Äpfel schälen und vierteln. Die Kerne entfernen. Jedes Viertel in zwei Teile schneiden und in die Schüssel geben.
5. »Chat Masala«, Zitronensaft und Salz darüberstreuen und gut vermischen. Auf Salatblättern servieren. Dieser Salat schmeckt am besten ganz frisch. Wenn man ihn aufbewahrt, verliert er seine herrliche Farbe.

Dieses leichte und erfrischende »Chat« paßt als Vorspeise zu allen Hauptgerichten, außer zu denen, die Obst enthalten. Mein Vorschlag: Blumenkohl, Auberginen und Kartoffeln in Kräutersauce (S. 228) oder Zucchini-Koftas in Tomatensauce (S. 240).

Maulbeeren-Wasserkastanien-Salat
(Shahtoot aur Singhade ki Chat)

Auf den oberen Hängen des Himalaya, unterhalb der schneebedeckten Spitzen, wachsen diese saftigen, etwas säuerlichen Beeren. Oft ißt man sie nur mit etwas schwarzem Salz bestreut. Hier wird aus ihnen, zusammen mit anderen Zutaten, ein herb-süßes »Chat« zubereitet, das eine dekorative Vorspeise ergibt.
In Indien fügt man diesem Salat traditionsgemäß »Chat Masala« (für dieses Rezept etwa 1 TL) zu. Ich lasse es lie-

ber weg, da es das zarte Aroma der Beeren verdeckt und verhindert, daß sich die Süße der Wasserkastanien entfalten kann.

Für 2—3 Personen

12 frische Wasserkastanien (»Singhada«)
1 Tasse frische Maulbeeren (oder eine Mischung aus frischen Himbeeren und Brombeeren)
¼ Tasse frische Preiselbeeren oder Kirschen
¼ TL grobes Salz oder nach Belieben
¼ TL schwarzes Salz (»Kala Namak«)
4 TL schwarzer Pfeffer

1. Wasserkastanien waschen, schälen und in ½ cm dikke Scheiben schneiden. In eine Schüssel geben.
2. Maulbeeren abbrausen, abtropfen lassen und dazugeben.
3. Preiselbeeren abbrausen, feinschneiden und ebenfalls dazugeben. (Falls Sie Kirschen verwenden, entsteinen und kleinschneiden.)
4. Beide Sorten Salz und Pfeffer darüberstreuen, vorsichtig vermischen und das Ganze im Kühlschrank sehr kalt werden lassen.

Dieses »Chat« paßt als elegante Vorspeise zu Kürbis und halben Erbsen mit Kampferbasilikum (S. 255) oder zu Kürbis-Bohnen-Eintopf (S. 257).

Beignets
(Pakoda)

Indische Beignets unterscheiden sich von allen anderen. Sie sind würzig, knusprig und aromatisch, da sie aus einem Kichererbsen-Teig mit duftenden Kräutern und Ge-

würzen zubereitet werden. Jede Region würzt den Teig auf ihre Art. Im Norden zum Beispiel nimmt man Kreuzkümmel und Koriander, während im Süden Asafoetida vorgezogen wird. Den Bengalen im Osten schmecken die Beignets mit Schwarzkümmel, während die Bewohner des Gudscherat Adiowan dazugeben, und so weiter. Die sehr unterschiedlichen Ölsorten, die man zum Fritieren benutzt, spielen auch eine Rolle: Die gleichen Spinatbeignets haben einen unterschiedlichen Geschmack, je nachdem, ob sie in Sesamöl oder in Senföl fritiert werden. Ich könnte nicht sagen, welche ich vorziehe, da sie beide ganz ausgezeichnet sind. Auch hängt viel von der Qualität der Zutaten, von der Stimmung und von der Zusammensetzung des Essens ab.
Beignets sind als Vorspeise das Vielseitigste, was die indische Küche zu bieten hat. Sie passen zu jedem Hauptgericht, so lange es nichts Fritiertes ist, wie etwa »Kafta«. Zum Tee, als Zwischenmahlzeit oder zum Picknick sind sie ebenfalls geeignet. Inzwischen reicht man sie auch gern zu Cocktails. Inder tunken sie in eine würzige Sauce, zum Beispiel in Tamarinden-Chutney (S. 383), oder Koriander-Chutney (S. 382).

Gemüsebeignets mit Frühlingszwiebeln
(Sabzi Pakoda)

Diese einfachen, aber schmackhaften Beignets aus Auberginen, Kartoffeln und indischem Käse sind in Nordindien am beliebtesten. Mein Rezept stammt aus Bangladesch (einst Teil von Indien), wo der Beignetteig mit dem aromatischen Schwarzkümmel gewürzt wird. Die winzigen schwarzen Samen in den goldbraunen Beignets sehen sehr hübsch aus. Zur Abwechslung können Sie die Beignets auch mit Blumenkohl, Zwiebeln oder Yamswurzeln zubereiten. Angesichts der wachsenden Popularität der Sojabohnen in der indischen vegetarischen Küche möchte ich, als eine der wichtigsten Zutaten von »Pakoda«, Tofu erwähnen. Tofu ist gesund und überaus schmackhaft. Selbstverständlich können Sie ihn durch »Paneer« ersetzen.

Für 6—8 Personen

Für den Teig:
1½ Tassen Kichererbsenmehl (Besan)
2 EL Erdnuß- oder Maisöl
1 TL gemahlener Kreuzkümmel
1 TL Garam Masala (S. 79, 80)
½ TL Paprika
½ TL Kurkuma
¾ TL Backpulver
2 EL frische, gehackte Korianderblätter
4 grüne Chilischoten, fein gehackt
1¼ Tassen warmes Wasser
½ TL grobes Salz oder nach Belieben
3 Frühlingszwiebeln mit Grün, in 2½ cm lange, dünne Stückchen geschnitten
½ TL Schwarzkümmel (Kalaunji)

Gemüse:
1 kleine Aubergine (ca. ½ Pfund), ungeschält
1 mittelgroße Kartoffel (ca. ⅓—½ Pfund), ungeschält
1 Tasse Tofu (oder 1 Tasse indischer Käse, »Paneer«, in Würfel geschnitten, oder 1 mittelgroße Zucchini, in ¼ cm dicke Scheiben geschnitten)
Erdnuß- oder Maiskeimöl (es sollte 5 cm hoch in einem Kadhai oder einer Friteuse stehen)

1. Sämtliche Zutaten für den Teig in eine Schüssel geben und gut verrühren, bis ein glatter Teig entsteht. Wenn Sie den Teig im Mixer oder in der Küchenmaschi-

ne machen wollen, vermischen Sie alle Zutaten — außer den Frühlingszwiebeln und dem Schwarzkümmel, diese werden erst zum Schluß in den Teig eingerührt. Den Teig zugedeckt bei Zimmertemperatur mindestens 30 Minuten gehen lassen. Er läßt sich im Kühlschrank 2 Tage aufbewahren.

2. Aubergine vierteln, jedes Viertel in dünne Scheiben schneiden und diese in eine Schüssel Wasser geben. Zudecken und beiseite stellen. Kartoffel waschen, nicht schälen und der Länge nach in $\frac{1}{4}$ cm dicke Scheiben schneiden. Zur Aubergine in die Schüssel geben. Tofu in 1 cm dicke Scheiben schneiden. Tofu bzw. indischen Käse (»Paneer«) oder Zucchini in eine zweite Schüssel geben.

3. Öl in einem Kadhai oder einer Friteuse erhitzen (190° C). Aubergine und Kartoffel abtropfen lassen und mit Küchenpapier abtupfen. Gemüse- und Tofu-Stücke, eines nach dem anderen, in den Teig tunken und vorsichtig ins heiße Öl gleiten lassen. Mit einem Schaumlöffel wenden und goldbraun fritieren (3—4 Minuten auf jeder Seite). Mit dem Schaumlöffel herausheben und auf Küchenpapier abtropfen lassen.

Diese Beignets kann man mehrere Stunden im voraus zubereiten: Nicht ganz braun werden lassen, also nur 7—8 Minuten fritieren. Vor dem Servieren noch einmal 1 Minute in heißem Öl (190° C) fritieren, um sie zu erhitzen. Reichen Sie dazu Tamarinden-Chutney (S. 383) oder Joghurtsalat mit Kräutern und Gewürzen (S. 359).

Winterkürbisbeignets
(Pooshnikai Bajjee)

In Südindien nennt man Beignets »Bajjee« oder »Bajia«. Grüne Winterkürbisbeignets, die in einem Teig aus Reismehl, normalem Mehl und Kichererbsenmehl ausgebakken werden, sind eine Spezialität aus Haiderabad in der Provinz Andhra. Der indische Winterkürbis hat ein delikates Aroma, das an Zucchini erinnert. Die milden und geschmackvollen Beignets sind auch bei Kinderfesten sehr beliebt.
Zur Abwechslung können Sie die Beignets mit Paprika, Aubergine, Spargel, Zucchini oder jeder beliebigen Kürbissorte zubereiten.

Für 8 Personen

1 Winterkürbis (ca. 1½—2 Pfund)

Für den Teig:
⅔ Tasse Kichererbsenmehl (Besan)
⅔ Tasse normales Mehl
⅔ Tasse Reismehl (statt Reismehl können Sie auch normales Mehl oder Kichererbsenmehl zu gleichen Teilen verwenden)
1¾ Tassen warmes Wasser
½—1 TL Paprika
grobes Salz nach Belieben
Erdnuß- oder Maiskeimöl (es sollte 4 cm hoch in einem Kadhai oder einer Friteuse stehen)

1. Den Kürbis säubern. In feine Scheiben (2 mm dick), dann jede Scheibe in ca. 5 mm lange Stücke schneiden.
2. Alle Teigzutaten im Mixer oder in einer Küchenma-

schine verrühren, bis ein ganz glatter Teig entsteht. Den Teig 30 Minuten bei Zimmertemperatur ruhen lassen.
3. Das Öl im Kadhai oder in einer Friteuse erhitzen (190° C). Einige Kürbisstückchen in den Teig tunken, dann ins heiße Fett gleiten lassen. Die Beignets goldbraun und knusprig braten (auf jeder Seite etwa 3 Minuten). Mit einem Schaumlöffel herausheben und auf Küchenpapier abtropfen lassen. Mit den restlichen Kürbisstückchen ebenso verfahren.

Wenn Sie die Beignets im voraus zubereiten, vor dem Servieren noch einmal kurz ins heiße Fett geben, um sie zu erhitzen (etwa 1 Minute).
Sie passen zu fast jedem Hauptgericht. Denken Sie aber daran, daß diese Beignets sehr sättigend sind. Nicht zu viele servieren!

Wasserkastanienmehl-Beignets mit Lotoswurzeln
(Bhen Pakoda)

Diese knackigen, aromatischen Beignets aus Lotoswurzeln werden traditionsgemäß in der heiligen Stadt Benares zubereitet. Man füllt die Löcher in den Lotoswurzel-Scheiben mit einer würzigen Kräutermischung, bestäubt das Ganze mit Wasserkastanienmehl und fritiert sie. Lotoswurzel und Wasserkastanienmehl sind in gutbestückten chinesischen Lebensmittelgeschäften erhältlich.

Für 6 Personen

½ Tasse und 2 EL Kichererbsenmehl (Besan)
1 Pfund frische Lotoswurzeln
1 Scheibe frischer Ingwer (in der Größe eines Markstücks)
4—6 scharfe grüne Chilischoten, grob gehackt
½ Tasse frische Korianderblätter, gehackt, fest zusammengedrückt
½ Bund Frühlingszwiebeln ohne Wurzeln, gehackt
1 EL Zitronensaft
½ Tasse warmes Wasser
½ TL gemahlener Kreuzkümmel
1 TL Salz oder nach Belieben
1 Tasse Wasserkastanienmehl
Erdnuß- oder Maiskeimöl (es sollte 5 cm hoch in einem Kadhai oder einer Friteuse stehen)

1. Eine kleine Bratpfanne auf mittlerer Hitze heiß werden lassen. 2 EL Kichererbsenmehl hineingeben und unter ständigem Rühren rösten, bis es hellbraun wird und ein nußartiges Aroma entsteht. In eine Schüssel geben und abkühlen lassen.
2. Lotoswurzeln unter fließendem kalten Wasser gründlich putzen. In einen Topf geben, mit Wasser bedecken und 15 Minuten kochen lassen bzw. bis sie gar sind. Sie sollten aber noch Biß haben. Abtropfen lassen, schälen und in ca. ¼ cm dicke Scheiben schneiden. Beiseite stellen.
3. Ingwer, Chili, Koriander, Frühlingszwiebeln und Zitronensaft in den Aufsatz einer Küchenmaschine oder eines Mixers geben und zerkleinern. Zum abgekühlten Kichererbsenmehl geben und vermischen. Falls die Masse zu trocken und krümelig ist, 1—2 EL Wasser zugeben. Die Mischung muß wie dickes Mus aussehen.
4. Lotoswurzelscheiben nebeneinander auf die Arbeitsfläche legen. Etwa ½ TL der Kichererbsen-Kräuter-Mischung daraufgeben und in die Löcher der Lotoswur-

zelscheiben hineindrücken, bis sie gefüllt sind. Die gefüllten Scheiben auf einen Teller legen. (Man kann sie mehrere Stunden im voraus zubereiten und zugedeckt im Kühlschrank aufbewahren.)

5. Für den Teig die restliche ½ Tasse Kichererbsenmehl in eine flache Schüssel geben. ½ Tasse warmes Wasser zugießen und glattrühren. Kreuzkümmel und Salz beifügen. Wasserkastanienmehl in eine zweite Schüssel geben.

6. Das Öl in einem Kadhai oder in einer Friteuse erhitzen (190° C). Eine Scheibe Lotoswurzel in den Teig tunken. Ein paar Sekunden über der Schüssel halten, um den überschüssigen Teig abtropfen zu lassen. (Die Lotoswurzeln sollen nur dünn mit Teig bedeckt sein.) Dann kurz mit Wasserkastanienmehl bestäuben und ins heiße Öl gleiten lassen. Fritieren, bis sie goldbraun sind (etwa 3 Minuten), dabei ständig wenden. Beignets herausnehmen und auf Küchenpapier abtropfen lassen. Mit den restlichen Lotoswurzel-Scheiben ebenso verfahren.

Diese Beignets schmecken warm oder kalt hervorragend. Dazu paßt Tamarinden-Chutney (S. 383).

Kürbis-Koftas
(Ghia Kofta)

Kofta, ein klassisches Gericht, das von den Moguln stammt, gehört zu den wichtigsten Zubereitungen der indischen vegetarischen Küche. Man kann es aus jeder Art Gemüse (von Kürbissen bis zu Blatt- und Wurzelgemüse) herstellen. Das Gemüse wird geraspelt, mit Gewürzen, Kräutern und Mehl vermischt, zu Bällchen (Kofta) geformt und schließlich fritiert. Traditionsgemäß läßt man »Koftas« in einer delikaten Sauce ziehen und serviert sie als Hauptgericht (siehe Rezept S. 240). Da sie

aber auch ohne Sauce hervorragend schmecken und lecker aussehen, reicht man sie oft als Vorspeise.
»Ghia Kofta«, eine Spezialität aus der heiligen Stadt Allahabad in Nordindien, ist in indischen Restaurants auf der ganzen Welt beliebt.

Für 6 Personen

Erdnuß- oder Maiskeimöl (es soll in einem Kadhai oder in einer Friteuse 6 cm hoch stehen)
1½—2 Pfund gelbe Kürbisse oder Zucchini, geraspelt
1 mittelgroße Zwiebel, geschält und gerieben
¾ Tasse Kichererbsenmehl
1 EL gemahlener Koriander
¾ TL Paprika
2—4 scharfe grüne Chilischoten, gehackt
¼ Tasse gehackte frische Korianderblätter
¼ TL Backpulver
¾ TL grobes Salz oder nach Belieben

1. Öl in einem Kadhai oder einer Friteuse erhitzen.
2. In der Zwischenzeit die übrigen Zutaten zusammen in eine Schüssel geben und mit den Händen gut vermischen. Wenn das Öl heiß ist (190° C), mit einem Löffel oder mit den Fingern etwa einen gehäuften TL von der Gemüse-Mischung nehmen, zu einer Kugel formen und ins heiße Öl gleiten lassen. Nicht zu viele »Koftas« auf einmal einlegen! Beim Fritieren ständig rühren und wenden, bis die »Koftas« schön braun sind (ca. 4—6 Minuten). Herausheben und auf Küchenpapier abtropfen lassen. Auf diese Weise alle »Koftas« bereiten.

Anmerkung: Da die »Kofta«-Mischung nicht mit Ei gebunden wird, fallen die Bällchen leicht auseinander. Gehen Sie also vorsichtig mit ihnen um.

Sofort servieren oder zugedeckt beiseite stellen. Um sie wieder zu erhitzen, 1 Minute in heißem Öl (190° C) fritieren. Vor dem Servieren nochmals abtropfen lassen. Diese Gemüseböllchen sind deftig und schnell sättigend, Sie sollten die Menge danach berechnen. Dazu paßt Paprika mit Käse-Frühlingszwiebel-Füllung in Afghanischer Sauce (S. 273), ein weiteres Gericht aus der Moguln-Küche.

Vegetarische Pastetchen
(Sabzi Kabab)

»Kabab«, eine Spezialität aus der Mogulstadt Agra, ist einem Fleischgericht täuschend ähnlich. Man würzt es so, daß es wie Fleisch schmeckt. (»Kabab« bedeutet übrigens auf Hindi »Gehacktes« mit Bezug auf Hackfleisch.) Diese vegetarischen Pastetchen sind bei indischen Vegetariern besonders beliebt, denn sie schmecken einfach köstlich.

Für die Erbsen-Mischung:
1½ Tassen gelbe halbe Erbsen (Channa Dal)
½ Tasse gehackte Zwiebeln
½ Tasse gehackte Lotoswurzel oder Pilze
1 EL geriebener Knoblauch
1 EL geriebener frischer Ingwer
½ TL gemahlener Kardamom
1½ TL gemahlener Kreuzkümmel
½ TL Cayennepfeffer
grobes Salz nach Belieben

Für die Würze:
2 EL Erdnuß- oder Maiskeimöl
1 Tasse gehackte Zwiebeln
4 scharfe grüne Chilischoten
½—1 TL schwarzer Pfeffer
½ Tasse frische Korianderblätter, fest zusammengedrückt
2 EL Zitronensaft
1½ Tassen Brotkrümel, am besten frische, selbstgemachte
Wasser nach Bedarf
ca. 1 Tasse Erdnuß- oder Maiskeimöl

Zubereitung der Erbsen:

1. Halbe Erbsen 4 Stunden in Wasser quellen lassen (sie sollen wenigstens 5 cm hoch mit Wasser bedeckt sein). Abtropfen lassen und abbrausen.
2. Die eingeweichten Erbsen zusammen mit den anderen Zutaten für die Erbsen-Mischung und 3 Tassen Wasser in einen Topf geben und aufkochen lassen. Bei mittlerer Hitze halb zugedeckt 30 Minuten kochen lassen beziehungsweise bis die Erbsen weich sind, aber noch nicht zerfallen. Die Erbsen sollen das Wasser ganz aufnehmen. Wenn noch Wasser im Topf bleibt, die Masse so lange bei starker Hitze kochen, bis alle Flüssigkeit verdampft ist. Hitze wegnehmen. Die Mischung einige Minuten abkühlen lassen.

Zubereitung der »Kababs«:

3. In der Zwischenzeit das Öl in einer kleinen Pfanne bei mittelstarker Hitze heiß werden lassen. Zwiebeln hineingeben und unter Rühren goldbraun rösten (etwa 10 Minuten). Hitze wegnehmen.
4. Zwiebeln, Chili, Pfeffer und Koriander in den Aufsatz einer Küchenmaschine geben und 30 Sekunden verarbeiten. Die Maschine alle 10 Sekunden ausschalten, und die Mischung von den Seitenwänden abkratzen. Die Kräuter und die Gewürze sollen gleichmäßig zerkleinert und vermischt sein. Halbe-Erbsen-Mischung dazugeben und weitere 30 Sekunden verarbeiten. Schalten Sie die Maschine alle 10 Sekunden ab, und kratzen Sie die Seitenwände ab. Sie sollten ein gebundenes, leicht körniges Püree bekommen.
5. Die Mischung in eine Schüssel geben. Zitronensaft, Brotkrumen und ein paar EL Wasser beifügen, so daß das Püree die Konsistenz eines weichen Teigs erhält.
6. Den Teig mit angefeuchteten Fingern zu gleichmäßig

runden Pastetchen von 5 cm Durchmesser formen. Auf Wachspapier setzen und beiseite stellen.

7. ¼ Tasse Öl in einer großen Pfanne sehr heiß werden lassen. Etwa 8—12 Pastetchen ins heiße Öl einlegen. Wenden, bis sie auf allen Seiten schön gebräunt sind (ca. 10 Minuten). Mit einem Spatel herausheben und auf Küchenpapier abtropfen lassen. Mit den restlichen Pastetchen ebenso verfahren.

Diese Pastetchen können Sie als Vorspeise zu jedem Hauptgericht servieren; probieren Sie dazu einen würzigen südlichen Eintopf wie den feurigen Auberginen-Chili-Linsen-Eintopf (S. 248) oder Unreife Pfirsiche und Kichererbsen mit Fenchel (S. 254).

Kartoffel-Kroketten in Kichererbsen-Teig

(Bonda)

»Bonda« besteht aus Kartoffelpüree mit Currypulver, Senfsamen, Zwiebeln, Chili und halben Bohnen. Der würzige Kichererbsenteig paßt ausgezeichnet zu der aromatischen Füllung.

»Bonda«, eine traditionelle südindische Zubereitung, wird heute überall in Indien zu Cocktails gereicht.

Ergibt 16—20 »Bondas«

Für die Kartoffelmischung:
5 mittelgroße Kartoffeln (ca. 1¼—1½ Pfund), weich gekocht
½ TL Kurkuma
½ TL Currypulver (selbstgemacht S. 75, oder gekauft)
2—3 EL leichtes Sesam- oder Pflanzenöl
¾ TL schwarze Senfsamen
1½ TL weiße halbe Bohnen (Urad Dal)
1 Tasse gehackte Zwiebeln
Saft von ½ kleinen Zitrone
2 TL grobes Salz oder nach Belieben
4 EL gehackte frische Korianderblätter

Für den Teig:
1½ Tassen Kichererbsenmehl
2 EL Reismehl (oder Kichererbsenmehl)
¼ TL Cayennepfeffer
¾ TL Backpulver
4 TL grobes Salz oder nach Belieben
1⅓ Tassen warmes Wasser oder mehr nach Bedarf
Erdnuß- oder Maiskeimöl (es soll in einem Kadhai oder einer Friteuse 8 cm hoch stehen)

1. Kartoffeln schälen und mit der Rückseite eines Löffels zu einem groben Brei zerdrücken. Kurkuma und Currypulver untermischen.
2. Gewürze, Zwiebeln und Chili neben dem Herd bereitstellen. Das Öl in einer großen Pfanne erhitzen. Wenn es sehr heiß ist. Senfsamen hineingeben. Einen Deckel oder Spritzschutz bereithalten, da die Samen hochspritzen. Während die Samen noch hochspritzen, halbe Bohnen beifügen und hellbraun rösten. Dabei die Pfanne immer wieder hin- und herrütteln. Zwiebeln und Chili zugeben und braten, bis die Zwiebeln weich und gar sind (ca. 4 Minuten).
3. Kartoffelbrei zufügen. Unter Rühren weitere 5 Minuten braten beziehungsweise bis der Kartoffelbrei an-

fängt, Farbe zu nehmen. Hitze wegnehmen und Zitronensaft, Salz und Koriander einrühren. Gut vermischen. Wenn die Kartoffelmischung soweit abgekühlt ist, daß man sie anfassen kann, daraus etwa 2½ cm große Bällchen formen. Es sollten etwa 16—20 »Bondas« sein. Beiseite stellen.

4. Kichererbsenmehl, Reismehl, Cayennepfeffer, Backpulver und Salz mit so viel warmem Wasser verrühren, daß ein dickflüssiger Teig entsteht. Er soll wie Pfannkuchenteig aussehen. Zudecken und beiseite stellen.

5. Das Öl in einem Kadhai oder einer Friteuse auf 190° C erhitzen. Die Kartoffelbällchen, eines nach dem anderen, in den Kichererbsenteig tunken. Sie sollten rundum überzogen sein. Den überschüssigen Teig abtropfen lassen und die Bällchen ins heiße Öl geben. Nicht zu viele Bällchen auf einmal fritieren, sie sollten im Öl frei herumschwimmen.

Fritieren, bis sie auf allen Seiten goldgelb sind (ca. 3—5 Minuten), dabei häufig wenden. Mit einem Schaumlöffel herausheben und auf Küchenpapier abtropfen lassen. Mit den übrigen Bällchen ebenso verfahren.

Anmerkung: Falls Sie Teig übrig haben, können Sie Gemüsestückchen (zum Beispiel Kartoffeln, Zucchini, Auberginen, Kürbis) hineintunken und daraus Beignets bereiten.

Als Hauptspeise zu »Bonda« reiche ich gern Aubergine mit Käse-Kräuter-Füllung (S. 270).

Tapioka-Erdnuß-Kroketten
(Sago Vada)

Die Brahmanenfrauen in Maharaschtra sind in Indien als die erfindungsreichsten vegetarischen Köchinnen bekannt. Es ist also kein Wunder, daß sie es waren, die aus einfacher Tapioka (in Indien »Sago« genannt) diese erstaunlich schmackhaften Kroketten kreierten. Diese Kroketten werden gern als Hors d'œuvre mit Cocktails serviert. Bitte beachten Sie, daß die Kroketten extrem scharf sind; seien Sie also gewarnt. Sie können auch weniger Chilischoten nehmen als im Rezept angegeben.

Ergibt 24 »Vadas«

6 EL Tapioka
8 scharfe grüne Chilischoten, fein gehackt
½ Tasse frischer Koriander (Blätter und Stiel), fein gehackt
½ Tasse geröstete Erdnüsse (gesalzen oder ungesalzen) zerkleinert
3 mittelgroße Kartoffeln (ca. ¾ Pfund), gekocht, geschält und grob zerstampft
½ Bund Frühlingszwiebeln, sowohl das Grüne als auch das Weiße, gehackt
¼ TL gemahlenes Asafoetida oder ¼ Tasse feingehackte Zwiebeln
Erdnuß- oder Maiskeimöl (das Öl soll mindestens 4 cm hoch im Kadhai oder in der Friteuse stehen)

1. Tapioka in ein Sieb geben. Mit kaltem Wasser abbrausen und abtropfen lassen. Drei- bis viermal wiederholen, um die überflüssige Stärke abzuwaschen. In eine Schüssel geben und so viel Wasser zugießen, daß die Tapioka 2½ cm hoch mit Wasser bedeckt ist, 20 Minuten

einweichen. Abtropfen lassen, abbrausen und nochmals abtropfen lassen. In eine Schüssel geben.
2. Die restlichen Zutaten außer dem Öl zufügen und gründlich vermischen, die Mischung 1 Minute durchkneten.
3. Mit angefeuchteten Händen (sonst klebt die Masse an den Fingern) 2½ cm große Stücke vom Teig abreißen und zu glatten Kugeln formen. Teigkugeln flachdrücken. Beiseite stellen. Die Kroketten können mehrere Stunden im voraus zubereitet und mit Plastikfolie zugedeckt im Kühlschrank aufbewahrt werden.
4. Öl in einem Kadhai oder einer Friteuse auf 190° C erhitzen. 6 oder 7 Kroketten auf einmal ins Öl geben und fritieren, bis die Unterseite goldbraun ist. Wenden und auf der anderen Seite ebenfalls goldbraun werden lassen (ca. 3 Minuten pro Seite). Auf Küchenpapier abtropfen lassen. Mit den restlichen Kroketten ebenso verfahren.

Vor dem Servieren die »Vadas« auf einem Backblech 10—12 Minuten im vorgewärmten Ofen bei 190° C aufbacken.
Diese Kroketten sind lecker, aber etwas stärkehaltig. Als Hauptgericht paßt am besten eine einfache Zubereitung aus Gemüse oder indischem Käse dazu, wie etwa gefüllter Blumenkohl mit herber Tomaten-Koriander-Sauce (S. 233) oder In Joghurt und Gewürzen geschmortes Gemüse nach Art von Patna (S. 265).

Halbe-Erbsen-Steaks

(Masala Vada)

Ergibt 16 »Vadas«

1 Tasse gelbe halbe Erbsen (Channa Dal)
2 scharfe grüne Chilischoten
4 getrocknete rote Chilischoten, zerkleinert und ohne Samen
2 EL Wasser
2 EL gehackter frischer Ingwer
2 EL gehackte frische Korianderblätter
⅓ Tasse gehackte Zwiebeln
grobes Salz nach Belieben (ca. 1 TL)
Erdnuß- oder Maiskeimöl (das Öl soll 4 cm hoch in einem Kadhai oder einer Friteuse stehen)

1. Halbe Erbsen 4 Stunden in 3 Tassen Wasser quellen lassen. Abtropfen lassen, unter fließendem kalten Wasser gründlich abbrausen und nochmals abtropfen lassen.
2. Halbe Erbsen zusammen mit den grünen und roten Chili in den Aufsatz einer Küchenmaschine geben. 1 Minute verarbeiten. Die Maschine alle 10 Sekunden abschalten und die Masse von den Seitenwänden herunterkratzen. Dabei das Wasser zugeben. Die noch nicht ganz glatte Mischung in eine Schüssel geben. Sämtliche restlichen Zutaten (ausgenommen das Öl zum Fritieren) hinzufügen und gut vermischen.
3. Mit angefeuchteten Fingern etwa 1 gehäuften EL von der Erbsen-Mischung zu einer Kugel formen. Mit dem restlichen Teig ebenso verfahren.
4. Öl in einem Kadhai oder einer Friteuse auf 180° C erhitzen. Eine Kugel nehmen, flachdrücken und ins heiße Öl legen. Sobald die »Steaks« auf der Unterseite schön gebräunt sind (ca. 3 Minuten), wenden und auf der anderen Seite goldbraun fritieren (ca. 2 Minuten). Mit ei-

nem Schaumlöffel herausheben und auf Küchenpapier abtropfen lassen. Mit den restlichen »Steaks« ebenso verfahren. Heiß oder mit Zimmertemperatur servieren.

»Masala Vada« können mehrere Stunden im voraus zubereitet und vor dem Servieren im vorgeheizten Ofen bei 190° C in 8—10 Minuten aufgebacken werden.
Sorgen Sie für Abwechslung und Ausgewogenheit, indem Sie als Hauptgericht dazu eine Gemüse-Zubereitung wie Aubergine mit Knoblauch (S. 234) oder Malabar-Gemüse, in Kokosnuß und Joghurt geschmort (S. 263), servieren.

Bohnenklößchen
(Medu Vadai)

»Medu Vadai«, wörtlich übersetzt, heißt »weiche, seidige Klößchen«. So sollten sie sein: innen weich und nachgiebig, außen knusprig. Diese Bohnenklößchen, gewürzt mit gehacktem Ingwer, Pfeffer und Kreuzkümmel, sind eine Spezialität aus Karnataka, wo sie mit dem berühmten Mysore-Kaffee serviert werden. Sie passen hervorragend zu Cocktails und eignen sich gut als Vorspeise. Man verwendet sie auch bei der Zubereitung verschiedener Delikatessen, die im folgenden aufgeführt werden.

Für 8—12 Personen

1 Tasse weiße halbe Bohnen (Urad Dal)
½ Tasse Wasser
1 Stück Ingwer (ca. 1 cm)
¾ TL Kreuzkümmelsamen
¾ TL zerstoßene schwarze Pfefferkörner
⅓ TL gemahlenes Asafoetida (nach Belieben)
⅛ TL Backpulver
1 TL grobes Salz oder nach Belieben
Erdnuß- oder Maiskeimöl (das Öl sollte 5 cm hoch in einem Kadhai oder einer Friteuse stehen)

1. Halbe Bohnen nach den Anweisungen für die Behandlung von »Dal« Seite 332 verlesen, säubern und waschen.
2. Bohnen in eine Schüssel geben und so viel Wasser zugießen, daß sie mindestens 5 cm hoch mit Wasser bedeckt sind. 4 Stunden einweichen, abtropfen lassen und abbrausen.
3. Wenn Sie eine Küchenmaschine verwenden, halbe Bohnen in den Aufsatz geben. 1 Minute verarbeiten. ¼ Tasse Wasser, Ingwer, Kreuzkümmel, Pfefferkörner und Asafoetida beifügen und weiter verarbeiten. Die Maschine alle 15 Sekunden abschalten und die Masse von den Seitenwänden abkratzen. Der Teig soll locker und luftig sein (ca. 5 Minuten). Bei Bedarf noch ¼ Tasse Wasser zufügen.
Wenn Sie einen Mixer verwenden, ½ Tasse Wasser, Ingwer, Kreuzkümmel, Pfefferkörner und Asafoetida in den Aufsatz geben und 20—30 Sekunden pürieren. Die abgetropften halben Bohnen nach und nach zufügen und zu einer glatten Masse verarbeiten. Die Maschine zwischendurch ein paarmal aus- und einschalten und die Masse mit einem Gummispatel von den Seitenwänden herunter- und vom Schneidmesser wegkratzen (der ganze Vorgang dauert ca. 4—5 Minuten).
4. Die Bohnen-Masse in eine saubere Schüssel geben und mit einem Schneebesen oder einer Gabel schlagen, bis sie leicht und luftig ist (ca. 10 Minuten). Zudecken und den Teig 4 Stunden bei Zimmertemperatur gehen lassen beziehungsweise bis er Blasen wirft.
5. Aus Wachspapier 6 15×15 cm große Vierecke schneiden. 2 EL Öl in eine kleine Schüssel geben; eine zweite Schüssel mit kaltem Wasser füllen. Neben dem Herd bereitstellen.
6. Backpulver und Salz in den Teig einrühren. Ein Stück Wachspapier auf die Arbeitsfläche legen und mit Öl be-

pinseln. Die Finger ins Wasser tauchen und genug Teig in die Hand nehmen, um daraus eine Kugel in der Größe eines Golfballs zu formen. Die Teigkugel auf das Wachspapier setzen. Mit den Fingern zu einem Fladen von 5 cm Durchmesser flachdrücken. Mit der Fingerspitze in der Mitte des Fladens ein Loch machen. Sobald 6 Fladen fertig sind, können Sie den ersten Schub fritieren. (Eine einfachere Methode, die auch viele indische Köche befolgen, ist die: Die Finger befeuchten, 2—3 EL Teig nehmen, zu einem Bällchen formen und fritieren.)
7. Öl in einem Kadhai oder einer Friteuse erhitzen, bis es mäßig heiß ist (170—180° C). Eines der Wachspapier-Stücke mit einem daraufgesetzten Klößchen nehmen und über das Öl halten. Mit einem angefeuchteten Messer oder einem Spatel das Klößchen vorsichtig vom Wachspapier ins heiße Öl gleiten lassen. Die restlichen 5 Klößchen auf die gleiche Weise ins Öl geben. 3 Minuten fritieren, mit einem Schaumlöffel wenden und so lange fritieren, bis die Klößchen auf allen Seiten eine goldbraune Farbe haben. Die Klößchen auf dem Wachspapier abtropfen lassen. Mit dem restlichen Bohnenteig ebenso verfahren.

Sofort servieren. Sie können die Klößchen auch mehrere Stunden im voraus zubereiten. Dann vor dem Servieren 30—45 Sekunden nochmals in heißem Öl (190° C) fritieren, um sie zu erhitzen.

Variation: Man kann die Bohnenklößchen vor dem Fritieren in gehackten Zwiebeln und grünen Chilistückchen wälzen. Sie brauchen etwa jeweils 2 Tassen Zwiebeln und gehackte Chili.

Diese zart-aromatischen Klößchen sollten gefolgt werden von einem Hauptgericht mit viel würziger Sauce, wie zum Beispiel Blumenkohl, Auberginen und Kartoffeln in Kräutersauce (S. 228) oder Paprika mit Käse-Frühlingszwiebel-Füllung in Afghanischer Sauce (S. 271).

Bohnenklößchen in Chili-Joghurt-Sauce
(Dahi Vadai)

»Dahi Vadai« ist ein klassisches Gericht, das bei den Brahmanen in Süd- und Südwestindien zu Hochzeiten und religiösen Festtagen serviert wird. Die seidigen Klößchen läßt man in einem Joghurt ziehen, der mit grünen und roten Chilischoten, Kokosnuß und frischem Ingwer gewürzt ist. Das schmeckt herrlich. Man kann »Dahi Vadai« als Vorspeise oder mit einem gefüllten Brot als kleine Mahlzeit servieren.

Für 8 Personen

24 Bohnenklößchen (S. 182)

Für die Joghurt-Sauce:
4 Tassen Naturjoghurt
½—¾ Tasse Wasser
½ Tasse Kokosflocken (frisch oder tiefgekühlt), fest zusammengepreßt
1 EL geraspelter frischer Ingwer
4—6 scharfe grüne Chilischoten, in feine Streifen geschnitten
2 EL leichtes Sesam- oder Pflanzenöl
1½ TL schwarze Senfsamen
1—2 getrocknete rote Chilischoten, zerbröckelt, ohne Samen
1 TL grobes Salz oder nach Belieben
gehackte Korianderblätter zum Garnieren

1. Joghurt, Wasser, Kokosflocken, Ingwer und grüne Chilistreifen in eine flache Schüssel geben. Gut vermischen. Die Klößchen beifügen und mit einem Gummispatel vorsichtig wenden, damit sie auf allen Seiten von

der Joghurt-Mischung bedeckt sind. Zudecken und 1 oder mehrere Stunden ziehen lassen.
2. Senfsamen und rote Chili neben dem Herd bereitstellen. Das Öl in einer kleinen Bratpfanne erhitzen. Wenn es sehr heiß ist, Senfsamen hineingeben. Einen Deckel oder Spritzschutz bereithalten, da die Samen hochspritzen. Sobald das Spritzen nachläßt, die Chilistücke beifügen. Kurz anrösten. Die Pfanne vom Herd nehmen und den Inhalt über die Joghurt-Bohnen-Mischung geben. Nach Belieben mit Salz abschmecken. Die Klößchen vorsichtig wenden, damit sie gleichmäßig von Gewürzen bedeckt sind. Auf einen flachen Servierteller geben und mit gehacktem frischen Koriander garnieren.

Nach dieser deftigen Vorspeise fehlt zu einer kompletten Mahlzeit nur noch ein leichtes Pilaw und Gemüse. Mein Vorschlag: Pilaw aus braunem Reis mit Broccoli, Cashewnüssen und Kreuzkümmel (S. 448), begleitet von Champignons mit Ingwer und grünem Chili (S. 315) und Tamarinden-Auberginen-Sauce (S. 378).

Halbe-Erbsen-Steaks in würziger Tomaten-Linsen-Suppe

(Rasa Vada)

Dieses Gericht ist einfach und schnell zusammenzustellen, vorausgesetzt Sie haben die Zutaten zur Hand. Sie brauchen nur Halbe-Erbsen-Steaks mit Tomaten-Linsen-Suppe zu verbinden. Die Steaks werden in der Suppe feucht, weich und zart. »Rasa Vada«, eine Spezialität aus Madras, wird von Erwachsenen und Kindern gleichermaßen gern gegessen. Man kann es zum »Tiffin« oder als Beilage servieren; ich esse es am liebsten als Vorspeise.

Das milde Aroma der Tomaten-Linsen-Suppe, die nach Koriander duftet, vermischt mit dem erdigen Geruch der Erbsen, wirkt appetitanregend.

Für 8 Personen

24 Halbe-Erbsen-Steaks (S. 181)

4 Tassen dicke Tomaten-Linsen-Suppe (S. 209)
4 EL gehackte frische Korianderblätter

1. »Steaks« in eine tiefe Schüssel geben. Die Suppe zugießen und die »Steaks« 1 Stunde darin ziehen lassen. Zugedeckt mehrere Stunden kühl stellen.
2. Vor dem Servieren die »Steaks« in der Suppe auf kleiner Flamme gut durchwärmen. Pro Person 2 »Steaks« in einen tiefen Teller geben. Etwas Suppe darübergießen und mit gehacktem Koriander garnieren.

Dieses Gericht schmeckt heiß, warm oder kalt. Dazu reiche ich gern — schon des Kontrastes wegen — Indischen Käse und rote Paprikaschoten in aromatischer Spinatsauce (S. 267) sowie ein einfaches Pilaw, wie Kokosnuß-Pilaw mit gerösteten Sesamsamen (S. 442).

»Pooris«, gefüllt mit scharf-saurer Tamarindenbrühe

(Gol Gappa ya Paani Poori)

»Gol Gappas«, was »aufgeschwollene Bällchen« bedeutet, bestehen eigentlich aus kleinen knusprigen »Pooris«. Sie werden mit kleingeschnittenen, gekochten Kartoffeln, Kichererbsen und würziger Tamarindenbrühe gefüllt und sofort gegessen, damit die sagenhafte Kombination verschiedener Texturen und Aromen voll zur Geltung kommt.

»Gol Gappas« sind eine klassische Zubereitung aus der nördlichen Provinz Indiens, wo sie auf der Straße verkauft werden. Ich finde, daß sie einen ausgezeichneten ersten Gang abgeben.
Wenn Sie knusprige »Pooris« vorrätig haben, können Sie »Gol Gappas« in wenigen Minuten zubereiten. »Pooris« lassen sich im voraus herstellen und in einem gut verschlossenen Behälter bis zu einer Woche aufbewahren. Knusprig gebratene »Pooris« erster Qualität (in Plastik verpackt) sind bei vielen indischen Händlern zu erhalten.

Für 6 Personen
(pro Person 5—6 »Gol Gappas«)

30—36 »Pooris« (Rezept S. 189)
2½ Tassen gekochte Kichererbsen
1½ Tassen gekochte Kartoffeln, in ½ cm große Würfel geschnitten
Paprika
2 EL gehackte grüne Chilischoten
4 EL gehackte frische Korianderblätter
6 Tassen kalte Tamarindenbrühe (Rezept S. 191)

1. Wie man »Pooris« serviert: Je 5—6 kleine knusprige »Pooris« auf Salattellern anordnen. ⅓ Tasse Kichererbsen und ¼ Tasse Kartoffeln mit Paprika, gehackten Chilis und Koriander bestreuen. Reichen Sie die Tamarindenbrühe in Teetassen oder Schälchen mit Löffeln.
2. Wie man »Pooris« ißt: Je ein »Poori« in die Hand nehmen. Oben mit dem Finger vorsichtig eine kleine Öffnung (etwa 2½ cm Durchmesser) machen. Etwa 3—5 Kichererbsen und 1—2 Stückchen Kartoffeln hineingeben. Dann etwas Tamarindenbrühe in das »Poori« hineinlöffeln. Sofort in den Mund stecken. Sie können nur wenig

Brühe nehmen oder aber das »Poori« ganz mit Brühe auffüllen.

Zu dieser Vorspeise paßt jedes Hauptgericht. Ich ziehe es aber vor, bei nordindischen Gerichten zu bleiben und reiche dazu Gefüllten Blumenkohl mit herber Tomaten-Koriander-Sauce (S. 230) oder Balsambirnen mit würziger Zwiebelfüllung (S. 309).

»Pooris«

(Gol Gappa ki Poori ya Papdi)

Ergibt etwa 8 Dutzend »Pooris«

3/4 Tasse Mehl und etwas Mehl zum Bestäuben
3/4 Tasse »Chapati«- oder Vollkornmehl
1 EL Grieß (Instant)
1/2 Tasse warmes Wasser
Erdnuß- oder Maiskeimöl (das Öl soll 8 cm hoch in einem Kadhai oder einer Friteuse stehen)

1. Beide Mehlsorten und Grieß in eine Schüssel geben. Wasser zugießen und gut mit dem Mehl vermischen, bis es sich zu einem Klumpen zusammenballt. Die Teigmasse auf die Arbeitsfläche geben und 5 Minuten durchkneten. Handflächen und Knöchel öfter mit Öl bepinseln, damit der Teig während des Knetens nicht an den Händen klebt. Den Teig mit Folie zudecken und 10 Minuten ruhen lassen.
Wenn Sie den Teig in der Küchenmaschine bereiten, »Chapati«-Mehl, Vollkornmehl und Grieß in den Aufsatz geben. Die Maschine laufen und das Wasser nach und nach hineinlaufen lassen. Verarbeiten, bis sich das Mehl zu einem Klumpen zusammenballt und eine Kugel bildet. Die Maschine 30 Sekunden laufen lassen, um den

Teig zu kneten; dabei alle 5—10 Sekunden kurz ausschalten. Den Teig auf die Arbeitsfläche geben. Sie können ihn sofort ausrollen, er braucht nicht zu gehen.

2. Den Teig in 4 gleichgroße Stücke teilen und aus jedem eine Kugel formen. Die Teigkugeln auf die Arbeitsfläche geben. Die erste Kugel mit reichlich Mehl bestäuben (die übrigen mit Folie zudecken, damit sich keine harte Kruste bildet), dann zu einem runden Fladen (23—25 cm Durchmesser) ausrollen. Mit einem Ausstecher (5 cm Durchmesser) runde »Pooris« ausstechen. Diese Arbeit kann man schon 1 Stunde vor dem Fritieren erledigen, allerdings sollten Sie dann die »Pooris« mit Folie abdecken.

3. Öl in der Pfanne heiß werden lassen (190—200° C). Den ersten »Poori« ins heiße Öl legen. Sobald er an die Oberfläche steigt, mit einem Schaumlöffel behutsam niederdrücken und etwa 10 Sekunden unter der Oberfläche halten, bis er aufgeht und die Unterseite leicht gebräunt ist. Wenden und auf der anderen Seite etwa 5 Sekunden fritieren. Den »Poori« mit einem Schaumlöffel herausheben und auf Küchenpapier abtropfen lassen. Sobald das Öl wieder heiß ist, die restlichen »Pooris« herstellen.

Einige »Pooris« werden nicht ganz aufgehen. Man kann sie zu »Aloo Papdi Chat« (S. 192) und »Bhel-Poori« (S. 193) verwenden.

Tamarindenbrühe
(Imli Paani)

Ergibt 7 Tassen

1 Stück Tamarinde in der Größe von 1 Zitrone
2 EL ungeschwefelte Melasse
1 EL gemahlene, geröstete Kreuzkümmelsamen
3 EL Zitronensaft
2 TL Cayennepfeffer
½ Tasse Minze, fein gehackt
2 TL geraspelter frischer Ingwer
½ TL schwarzes Salz
2 TL grobes Salz oder nach Belieben

1. Tamarinde in eine Porzellanschüssel geben, 1 Tasse kochendes Wasser dazugießen und Tamarinde ½ Stunde bzw. über Nacht darin weichen lassen. Das Fruchtfleisch mit der Rückseite eines Löffels oder zwischen den Fingern zerdrücken. Die Flüssigkeit durch ein Sieb in eine zweite Schüssel gießen. Das gut ausgepreßte übriggebliebene Fruchtfleisch zurück in die erste Schüssel geben. Noch 2 Tassen warmes Wasser zugießen. Das Fruchtfleisch nochmals auspressen und die Flüssigkeit durch das Sieb in die Schüssel gießen. Den faserigen Rest wegwerfen. So viel Wasser zugeben, bis Sie 7 Tassen Brühe erhalten. Sämtliche restlichen Zutaten einrühren. Die Brühe zudecken und kühl stellen. Sie hält sich 5 Tage.

»Pooris« und Kartoffeln in Joghurt-Tamarinden-Sauce

(Aloo Papdi Chat)

»Pooris«, die beim Fritieren nicht ganz aufgehen, braucht man nicht wegzuwerfen; man vermischt sie mit Kartoffeln, Kräutern und weiteren Zutaten und serviert dazu eine Sauce aus Tamarinde und erfrischendem Joghurt. So entsteht »Aloo Papdi Chat«, ein beliebter Snack, der in der nördlichen Provinz auf der Straße verkauft wird. Dieser Snack paßt ausgezeichnet zu Cocktails und eignet sich auch als Vorspeise. Zur Abwechslung können Sie ihn statt mit »Pooris« auch mit Mais-Chips zubereiten.

Für 8 Personen

2 Tassen Naturjoghurt, so sauer wie möglich
1 EL Zucker
$\frac{1}{2}$ TL grobes Salz oder nach Belieben
$\frac{1}{2}$ TL geröstete Kreuzkümmelsamen, grob zerstoßen
48 knusprige »Pooris« (S. 189)
2 Tassen gekochte Kartoffeln, in $\frac{1}{2}$ cm große Würfel geschnitten
$\frac{1}{2}$ Tasse Tamarinden-Chutney (S. 383)
$\frac{1}{3}$ Tasse gehackte frische Korianderblätter
schwarzer Pfeffer und Cayennepfeffer
4—8 grüne Chilischoten, gehackt
$\frac{1}{3}$ Tasse gehackte Frühlingszwiebeln

Joghurt, Zucker, Salz und Kreuzkümmel in eine Schüssel geben und vermischen. Auf 8 Salattellern je 6 »Pooris« anordnen und je $\frac{1}{4}$ Tasse Kartoffeln darauf gleichmäßig verteilen. Je $\frac{1}{4}$ Tasse von der Joghurt-Mischung über die Kartoffeln und die »Pooris« träufeln. Je 1 EL Tamarinden-Chutney auf jeden Teller über die »Pooris« träufeln und das Ganze mit 2 TL Koriander, etwas schwarzem Pfeffer und Cayennepfeffer, gehackten Chilischoten und Frühlingszwiebeln bestreuen. Sofort servieren.

Leckereien nach Bombay-Art
(Bhel Poori)

Wenn ein Inder aus Bombay »Bhel Poori« hört, stellt er sich sofort vor, daß er den berühmten Marina Drive in Chowpati Beach hinunterläuft und dabei diese würzig-knusprigen Leckerein knabbert. »Bhel Poori« ist eine Version des nordindischen »Chat«, jedoch im Geschmack und in der Konsistenz viel komplexer. Normalerweise stellt man »Bhel Poori« nicht selbst her, denn die Zubereitung nimmt zuviel Zeit in Anspruch. Außerdem macht es auch viel mehr Spaß, sie am Strand zu kaufen und dort zu essen. Dieses Rezept ist allerdings relativ einfach, weil man dazu eine fertige »Bhel«-Mischung nimmt, die bei indischen Lebensmittelhändlern erhältlich ist. Diese Mischung enthält keine Konservierungsstoffe und schmeckt gut. Zur Abwechslung können Sie statt »Pooris« auch Mais-Chips verwenden.

Für 8 Personen

48 »Pooris« (S. 189)
½ Tasse gehackte Zwiebeln
½ Tasse gehackte, geschälte und entkernte Gurke
½ Tasse gehackte Tomaten
½ Tasse gehackte unreife grüne Mango (oder saurer Apfel), nach Belieben
1½ Tassen gekaufte »Bhel«-Mischung (scharfe Mischung, »Dal Moth« oder »Chivra«)
¾ Tasse Koriander-Chutney (S. 382)
¾ Tasse Tamarinden-Chutney (S. 383)
½ Tasse gehackte frische Korianderblätter
8—12 scharfe grüne Chilischoten, gehackt
½ TL Cayennepfeffer
½ TL schwarzer Pfeffer

Zum Garnieren:
8 grüne Chilischoten
8 Zitronenschnitze
8 Salatblätter

1. 24 knusprige »Pooris« auf einem Teller beiseite stellen. Die restlichen 24 »Pooris« in einer Schüssel grob zerkleinern. Ebenfalls beiseite stellen.
2. Zwiebel, Gurke und Tomate in eine zweite Schüssel geben. Wenn Sie Mango oder Apfel zufügen wollen, ebenfalls dazugeben. Vermischen und beiseite stellen.
3. Fertige »Bhel«-Mischung in eine Schüssel geben, gleichfalls beiseite stellen.
4. Beide Chutneys jeweils extra in eine Schüssel geben. Koriander und gehackte Chilischoten ebenfalls in ein Schüsselchen geben und vermischen. Beiseite stellen. Alles läßt sich gut vorbereiten und aufbewahren (Gemüse, Chutneys und Kräuter im Kühlschrank).
Vor dem Servieren sämtliche Zutaten in der gleichen Reihenfolge wie oben in eine Salatschüssel geben. Gut durchmischen. Auf Salatblättern auf kleinen Tellern servieren. Mit Chilischoten und Zitronenschnitzen garnieren. »Bhel Poori« ist ein höchst nahrhafter Snack. Er paßt gut zu Cocktails oder als Vorspeise. Als Hauptgericht empfiehlt sich eine einfache Zubereitung wie Aubergine mit Käse-Kräuter-Füllung (S. 270) oder Zucchini-Koftas in Tomatensauce (S. 240).

PIKANTE LECKERBISSEN

Plantenbananen-Chips
(Vayakkai Varuval)

Planten, eine Bananenart, die aus Südamerika kommt und auch bei uns gelegentlich auf dem Markt ist, sind in Indien ein beliebtes Gemüse. Die Plantenbanane wird geschält, in dünne Scheiben geschnitten und traditionsgemäß in Kokosöl fritiert. Diese Chips passen hervorragend zu jedem südindischen Linsen- oder Gemüsegericht und zu allen Gerichten, die mit Senfsamen zubereitet werden. Man kann sie auch zu Cocktails anbieten.

Anmerkung: Ich selber vermeide nach Möglichkeit Kokosöl, da es reich an gesättigten Fettsäuren ist. Stattdessen nehme ich leichte Öle wie Erdnußöl. Achten Sie auch darauf, daß die Plantenbananen, die Sie zu diesem Rezept verwenden, noch ganz grün, unreif und fest sind.

Ergibt etwa 1½ Tassen Chips

1 große, sehr feste Plantenbanane (ca. ½ Pfund)

Erdnuß- oder Maiskeimöl (das Öl soll 6 cm hoch in der Friteuse stehen)

1. Mit einem langen Messer die Plantenbanane entlang der Rippe der Länge nach aufschneiden. Schale entfernen. Wenn sich die Schale nicht leicht abziehen läßt, Fruchtfleisch mit dem Messer ablösen. Fruchtfleisch diagonal in sehr dünne Scheibchen schneiden. Die Scheib-

chen auf Küchenpapier legen und abtupfen. Beiseite stellen.

2. Öl in der Friteuse auf 190° C erhitzen. Etwa ¼ der Plantenscheiben ins heiße Öl legen. (Nicht zu viele Scheiben auf einmal, sonst kocht das Öl über.) Das Öl schäumt stark auf. Die Plantenscheiben fritieren, bis der Schaum zurückgeht und die Scheiben ganz leicht angebräunt sind (ca. 3—4 Minuten). Mit einem Schaumlöffel herausheben und auf Küchenpapier abtropfen lassen. Mit den restlichen Scheiben ebenso verfahren. Völlig abkühlen lassen und in einem luftdichten Behälter aufbewahren. Die Chips bleiben lange knusprig.

Getrocknete Kartoffelchips

(Sookha Jalidar Aloo)

Die Bewohner des Pandschabs sind für ihre Gastfreundschaft berühmt. Auch wenn Sie unangemeldet zu Besuch kommen, werden Sie mit Sicherheit eine Tasse süßen, milchigen Tee und einige Häppchen vorgesetzt bekommen, darunter bestimmt auch die Kartoffelchips, die man in dieser Gegend auf eine einzigartige Methode zubereitet: Kartoffelscheiben werden in warmem Wasser eingeweicht, wodurch viel Stärke freigesetzt wird. Dies macht Chips knuspriger. Dann werden die Kartoffelscheiben vorgekocht und zuletzt bestäubt man die Chips mit Cayennepfeffer.

Grundrezept:

4 große mehlige Kartoffeln (ca. 2 Pfund)

½ TL Cayennepfeffer (nach Belieben)

1. Kartoffeln schälen und mit einem scharfen Messer in ungefähr $\frac{1}{4}$ cm dicke Scheiben schneiden. Die Scheiben sollen nicht zu dünn sein, da die Kartoffeln vor dem Fritieren noch gekocht werden.
2. Kartoffelscheiben mehrmals in warmem Wasser gründlich waschen, bis das Wasser klar bleibt, also nicht mehr milchig-weiß ist. Dann die Scheiben 2 Stunden in warmem Wasser einweichen.
3. Eine große Menge Wasser (ca. 5 Liter) in einem tiefen Topf heftig aufkochen lassen. Die abgetropften Kartoffelscheiben ins kochende Wasser schütten. 1 Minute lang rühren. Hitze wegnehmen, zudecken und die Kartoffelscheiben 15 Minuten ziehen lassen. Die Scheiben herausnehmen und auf Küchenpapier abtropfen lassen. Wenn sie gründlich abgetropft sind, in eine Schüssel geben und mit Cayennepfeffer bestäuben. Gut mischen, damit die Scheiben schön gleichmäßig beschichtet werden.
4. Die Scheiben auf einem Kuchenblech ausbreiten und im Ofen bei ganz niedriger Temperatur trocknen lassen. Die getrockneten Kartoffelscheiben in luftdichten Behältern an einem kühlen, trockenen Ort aufbewahren.

Kartoffelchips
(Jalidar Aloo)

Für 8 Personen

Getrocknete Kartoffelchips (S. 196)

Erdnuß- oder Maiskeimöl (das Öl soll 8 cm hoch in einem Kadhai oder einer Friteuse stehen)

1. Das Öl in einem Kadhai oder einer Friteuse sehr heiß werden lassen (190° C). Kartoffelscheiben ins heiße Öl legen. (Nicht zu viele auf einmal, da das Öl sonst überschäumt.) Die Chips im schäumenden Öl fritieren, bis der Schaum zurückgeht und die Chips am Rand leicht Farbe nehmen (ca. 3—4 Minuten). Herausnehmen und auf Küchenpapier abtropfen lassen. Während sie noch warm sind, mit Salz bestreuen. Mit den restlichen Chips ebenso verfahren.

Würzige Kartoffelstäbchen
(Aloo ke Lachchee)

Was für uns Popcorn und Süßigkeiten, das sind für Inder Kartoffelstäbchen. Sie sind würzig und scharf wie die Hölle. Ich finde sie unwiderstehlich, besonders zu Cocktails.
Man kann Kartoffelstäbchen in indischen Lebensmittelgechäften kaufen; es ist auch ganz einfach, sie selbst herzustellen. Nach meinem Rezept werden sie würzig, aber nicht zu scharf.

Für 8 Personen

4 große mehlige Kartoffeln (ca. 2 Pfund)
Erdnuß- oder Maiskeimöl (das Öl soll 2 cm hoch in einem Kadhai oder einer Friteuse stehen)

Gewürzmischung:
½ TL gemahlener Kreuzkümmel oder Garam Masala (S. 79)
½ TL Salz nach Belieben
½ TL Zitronensäure oder
1 EL Mangopulver
1 TL extrafeiner Zucker
¼ TL schwarzer Pfeffer
¼ TL Cayennepfeffer

1. Kartoffeln schälen und in dünne (ca. 2—3 mm) Scheiben schneiden. Mehrere Scheiben aufeinanderschichten und in dünne Stäbchen schneiden (2—3 mm dick). Gewürze miteinander vermischen.
2. Kartoffelstäbchen mehrmals in warmem Wasser waschen, bis das Wasser klar bleibt. Die Stäbchen in eine Schüssel geben, warmes Wasser zugießen, bis sie bedeckt sind und mindestens ½, am besten aber 2 Stunden einweichen. Abtropfen lassen und mit Küchenpapier abtupfen.
3. Das Öl in einer Bratpfanne stark erhitzen. So viele Kartoffelstäbchen hineinlegen, daß der Pfannenboden gut bedeckt ist. Die Temperatur des Öls wird sofort heruntergehen. Stellen Sie die Hitze auf mittlere Stärke. Durch dieses langsame Braten werden die Kartoffelstäbchen schön knusprig. Wenn sie durchgebraten und braun sind, mit einem Schaumlöffel herausheben und in einem großen Sieb kurz abtropfen lassen. In eine Schüssel geben. Solange die Stäbchen noch warm sind, mit etwas Gewürzmischung bestreuen, gut durchmischen. Mit den restlichen Kartoffelstäbchen ebenso verfahren. Die Gewürzmischung soll ganz aufgebraucht werden. Die Stäbchen halten mehrere Tage, wenn man sie in einem luftdicht verschlossenen Behälter an einem kühlen, trockenen Ort aufbewahrt.

Vollkornkekse

(Mathia)

»Mathia«, der klassische Snack der Nordinder, wird traditionsgemäß während der Trauungszeremonie von der Familie der Braut als Teil der Mitgift der Familie des Bräutigams angeboten. Zu »Mathia« ißt man ein säuerliches Pickle und trinkt dazu eine Tasse heißen Tee.
Das klassische »Mathia« ist sehr reichhaltig und schwer verdaulich, daher habe ich ein Rezept entwickelt, das weniger Fett enthält. Im Geschmack kommt es dem klassischen »Mathia« gleich und wird der Mutter des Bräutigams bestimmt willkommen sein!
Diese Kekse passen ausgezeichnet zu Drinks, sie sind ein ideales Geschenk und schmecken gut zu einem Teller Suppe.

1½ gestrichene Tassen Chapati-Mehl (oder eine Mischung aus Vollkorn- und Weizenmehl), dazu etwas Mehl zum Bestäuben
½ Tasse Pflanzenfett
⅓ Tasse Milch
1 TL Salz
¾ TL getrockneter Thymian
1½ TL zerstoßene ganze schwarze Pfefferkörner
Erdnuß- oder Maiskeimöl (das Öl soll 5 cm hoch in einem Kadhai oder einer Friteuse stehen)

1. Mehl in eine große Schüssel geben. Pflanzenfett in das Mehl hineinreiben, bis es wie grobes Maismehl aussieht. Milch, Salz, Thymian und schwarzen Pfeffer zugeben und mit dem Mehl vermischen, bis ein feuchter Teig entsteht. Den Teig auf die Arbeitsfläche setzen und in drei gleiche Portionen teilen.
2. Ein Stück Teig nehmen (die beiden anderen Stücke mit Folie bedecken, damit sich keine Kruste bildet), mit

Mehl bestäuben und zu einem runden Fladen von ca. 20 cm Durchmesser ausrollen. Den Fladen mit einem scharfen Messer in ½ cm breite Streifen, jeden Streifen quer in 8 cm große Stücke schneiden. Mit den übrigen Teigportionen ebenso verfahren.
3. Öl in einem Kadhai oder einer Friteuse sehr heiß werden lassen (190° C). Mehrere Streifen Teig ins heiße Öl legen. Achten Sie darauf, daß Sie nicht zu viele auf einmal in die Pfanne geben, sonst schäumt das Öl über. Kekse fritieren und dabei häufig wenden, bis sie gar sind (ca. 3 Minuten). Sie sollen nur ganz wenig Farbe annehmen. Mit einem Schaumlöffel herausheben und auf Küchenpapier abtropfen lassen. Mit den restlichen Keksen ebenso verfahren.

Kekse an einem kühlen, trockenen Ort in luftdichten Behältern aufbewahren.

Kreuzkümmelkekse
(Namkeen Para)

»Namkeen Para« haben große Ähnlichkeit mit den Vollkornkeksen (S. 200), sie werden aber mit Kreuzkümmel gewürzt und karoförmig zugeschnitten. Kreuzkümmelkekse, eine Spezialität der nördlichen Provinz, sind nicht so blättrig wie die Vollkornkekse, dafür aber knuspriger. Traditionsgemäß serviert man Kreuzkümmelkekse zum Fest des Lichtes (Diwali). Sie schmecken gut zu Tee oder zu Drinks.

2 gestrichene Tassen Weizenmehl
1½ TL Kreuzkümmelsamen
½ TL Cayennepfeffer
1 TL grobes Salz oder nach Belieben
½ Tasse zerlassene Butter, Usli Ghee (S. 55) oder Pflanzenfett
6 EL kaltes Wasser oder mehr, nach Belieben
Weizenmehl zum Bestäuben
Erdnuß- oder Maiskeimöl (das Öl soll 8 cm hoch in einem Kadhai oder einer Friteuse stehen)

1. Mehl, Kreuzkümmelsamen, Pfeffer und Salz in eine große Schüssel geben. Zerlassene Butter oder Pflanzenfett beifügen und mit den Fingern gründlich vermischen. 6 EL Wasser zugießen und zu einem ziemlich weichen Teig verarbeiten. Den Teig in zwei Portionen teilen und jede Portion zu einer Kugel formen. Eine der Teigkugeln mit Folie zudecken, damit sich keine Kruste bildet, und beiseite stellen. Die zweite Teigkugel auf die Arbeitsfläche setzen.
2. Den Teig mit Mehl bestäuben und mit dem Nudelholz zu einem Kreis mit 23 cm Durchmesser oder Quadrat ausrollen. Den Fladen mit einem scharfen Messer in 1¼ cm breite Streifen und jeden Streifen diagonal in 2½ cm lange karoförmige Stücke schneiden. Die andere Teigkugel ebenso ausrollen und zurechtschneiden.
3. Öl in der Friteuse heiß werden lassen (190° C). Die Teigstückchen ins heiße Öl geben und fritieren. Häufig wenden. Die Kekse sollen eine hellgoldene Farbe annehmen (höchstens 5 Minuten). Aufpassen, daß sie nicht zu dunkel werden. Sobald die »Namkeen Para« gar sind, mit einem Schaumlöffel herausnehmen und auf einem Kuchenblech auf mehreren Lagen Küchenpapier abtropfen lassen. Mit den restlichen Teigstücken ebenso

verfahren. Die besten Resultate erzielen Sie, wenn Sie nicht zu viele auf einmal in die Friteuse geben.

Gut auskühlen lassen und in luftdichten Behältern aufbewahren. An einem kühlen, trockenen Ort kann man »Namkeen Para« einige Monate aufbewahren.

Fritierte Mungobohnen
(Bhona Moong)

Die Dschainas im Gudscherat sind für ihre vegetarische Küche berühmt, nicht nur weil ihre Gerichte so schmackhaft und appetitlich sind, sondern auch weil sie einen hohen Nährwert haben. Bei ihnen sind selbst die Snacks wohldurchdacht. Fritierte Mungobohnen enthalten viel Eiweiß. Ich habe immer welche auf Vorrat. Diese fritierten Bohnen empfehlen sich auch zu Cocktails.

Ergibt 2 Tassen

1 Tasse grüne ganze Mungobohnen (Sabat Moong)
Erdnuß- oder Maiskeimöl (das Öl soll 7 cm hoch in einem Kadhai oder einer Friteuse stehen)

Gewürzmischung:
½ TL Zitronensäure oder 1 TL Mango-Pulver (S. 68)
½—1 TL extrafeiner Zucker
¼ TL schwarzer Pfeffer
grobes Salz nach Belieben

1. Bohnen unter fließendem Wasser waschen und in eine Schüssel geben. So viel Wasser zugießen, daß die Bohnen mindestens 5 cm hoch mit Wasser bedeckt sind. 12—18 Stunden quellen lassen. Abtropfen, unter kaltem Wasser abbrausen und wiederum abtropfen lassen.
2. Ein Kuchenblech mit mehreren Lagen Küchenpapier

auslegen. Die Bohnen auf dem Papier ausbreiten und ½ Stunde trocknen lassen.

3. Solange die Bohnen noch trocknen, langsam das Öl erhitzen. Sobald das Öl sehr heiß ist (190° C), die Hälfte der Bohnen hineinschütten. Unter Rühren fritieren, bis das Öl aufhört zu schäumen und die Bohnen klar sichtbar sind und schön brutzeln (ca. 4—5 Minuten). Sofort mit einem Schaumlöffel herausheben, 1 Minute auf Küchenpapier abtropfen lassen und in eine Schüssel geben. Während die Bohnen noch warm sind, die Hälfte der Gewürzmischung darüberstreuen und gut vermischen. Die restlichen Bohnen auf dieselbe Weise fritieren, in die Schüssel geben und mit der restlichen Gewürzmischung bestreuen. Gut vermischen. Auskühlen lassen. An einem kühlen, trockenen Ort in luftdichten Behältern aufbewahren.

Anmerkung: Da das Öl stark aufschäumt, wenn die Bohnen hineingelegt werden, soll die Friteuse nicht randvoll sein. Die Bohnen auch nicht zu lange fritieren, sie werden sonst sehr hart und sind schwer zu kauen.

Fritierte halbe Erbsen

(Bhona Channa)

Diese eiweißreichen Appetithappen sind eine Spezialität aus dem Gudscherat. Wenn man diese fritierten halben Erbsen mit der gleichen Menge Mungobohnen vermischt, entsteht eine höchst interessante Geschmackskombination.

Ergibt $1\frac{1}{2}$ Tassen

1 Tasse gelbe halbe Erbsen (Channa Dal)
Erdnuß- oder Maiskeimöl (das Öl soll 7 cm hoch in einem Kadhai oder einer Friteuse stehen)

Gewürzmischung:
$\frac{1}{2}$ TL Zitronensäure oder 1 TL Mango-Pulver (S. 68)
$\frac{1}{2}$ TL Garam Masala (selbstgemacht, S. 79, oder gekauft)
grobes Salz nach Belieben

Die fritierten halben Erbsen werden genau wie fritierte Mungobohnen (S. 203) zubereitet.

Fritierte Linsenwaffeln
(Papad Tala)

Linsenwaffeln sind als Appetithappen zu Cocktails in ganz Indien beliebt. Aber niemand stellt sie mehr selbst her, denn die gekauften schmecken ausgezeichnet. »Papad« sind in indischen Lebensmittelgeschäften in vielen Geschmacksrichtungen erhältlich: mit schwarzem Pfeffer, mit Cayennepfeffer, mit grünem Chili, mit Knoblauch usw. Sie finden hier zwei Rezepte, das eine für fritierte, das andere für geröstete »Papad«.

Für 4 Personen

4—8 gekaufte Waffeln

Erdnuß- oder Maiskeimöl (das Öl soll 4 cm hoch in einem Kadhai oder einer Friteuse stehen)

Öl in einem Kadhai oder einer Friteuse erhitzen. Wenn es heiß ist (190° C), eine Waffel einlegen. Mit einer Küchenzange die Waffel vorsichtig nach unten drücken, so daß sie die ganze Kochzeit hindurch unter der Oberfläche bleibt. Die Waffel geht stark auf und wird viel größer (ca. 10 Sekunden). Herausnehmen und auf Küchenpapier abtropfen lassen. Mit den restlichen Waffeln ebenso verfahren. Sobald die »Papads« abkühlen, werden sie knusprig.

Geröstete Linsenwaffeln

(Papad Bhona)

Diese gerösteten Waffeln schmecken meinem Vater am besten, da er fritierte Speisen nicht mag. Bei dieser Methode wird der »Papad« über die nackte Flamme gehalten und gar geröstet. Ohne Fett schmeckt er leichter und würziger.

Je eine Waffel mit einer Küchenzange direkt über eine starke Flamme halten und auf beiden Seiten rösten, bis sie gar ist (1—1½ Minuten). Wie fritierte Waffeln servieren.

SUPPEN (SHORVA)

◇

शोरवा

Es gibt in der indischen Küche mehrere Gerichte, die nach westlichem Verständnis als Suppen zu bezeichnen wären. Da aber Suppe als erster Gang in Indien keine Tradition hat, werden diese Zubereitungen einfach zusammen mit dem Hauptgericht gegessen.
In den letzten Jahren allerdings ist in städtischen Kreisen die Gewohnheit aufgekommen, diese Gerichte sowie indische Abwandlungen vieler klassischer französischer Suppen als ersten Gang zu reichen. An kalten Wintertagen schmecken mir reichhaltige, würzige Suppen am besten; während der warmen Sommermonate empfehlen sich erfrischende Zubereitungen.
Sie können diese Suppen auch mit einem gefüllten Brot und einem Salat als leichtes Abendessen servieren.

Tomaten-Linsen-Suppe
(Tomato Rasam)

Dies ist die berühmteste Suppe aus Madras in Südindien, eine schmackhafte Zubereitung aus Linsen und Tomaten, mit Senfsamen und Curryblättern leicht parfümiert. Da sie sehr würzig und aromatisch ist und ganz köstlich schmeckt, empfiehlt sie sich als Vorspeise zu einem festlichen Essen.

Für 6—8 Personen

1 Pfund Tomaten, am besten italienische
3 Tassen gekochte Linsen (S. 332)
1 Tasse Wasser
1½ TL Kreuzkümmelsamen
2 TL Koriandersamen
¼—½ TL Cayennepfeffer
1 EL gehackte Zwiebeln
1 TL gehackter Knoblauch
2 TL grobes Salz nach Belieben
1 EL Zitronensaft

Für die gewürzte Butter:
1 EL Usli Ghee (S. 55)
1 TL schwarze Senfsamen
8 Curryblätter (Kari), frisch oder getrocknet, oder
2 EL gehackte frische Korianderblätter

1. Tomaten blanchieren, schälen und halbieren. Das Fruchtfleisch und die Kerne herauslöffeln und im Mixer, in der Küchenmaschine oder mit einem scharfen Messer fein zerkleinern, die Tomatenhälften beiseite stellen.
2. Linsen in einen 3½—4½ Liter fassenden Topf geben. 1 Tasse Wasser zufügen und 1 Minute verquirlen, damit einige der Linsen zerdrückt werden. Pürierte Tomaten, Kreuzkümmel, Koriander, Cayennepfeffer, Zwiebeln, Knoblauch und Salz beifügen und das Ganze zum Kochen bringen. Halb zugedeckt 10 Minuten auf kleiner Flamme leise köcheln lassen. Zitronensaft und Tomatenhälften zugeben und ohne Deckel 1 Minute mitkochen,

bis die Tomatenhälften erhitzt, aber kaum gar sind, Hitze wegnehmen. Die Suppe zudecken, dann die gewürzte Butter zubereiten.
3. Gewürze neben dem Herd bereitstellen. Usli Ghee in einer kleinen Bratpfanne sehr heiß werden lassen. Senfsamen hineingeben. Einen Topfdeckel oder Spritzschutz bereithalten, da die Samen hochspritzen. Sobald das Spritzen nachläßt, Curryblätter beifügen und Hitze wegnehmen. Pfanne vom Herd nehmen und einige Sekunden schütteln. Den gesamten Pfanneninhalt in die Suppe geben und gut unterrühren. Wenn Sie statt Curryblätter Korianderblätter verwenden, jetzt beifügen. Die Suppe soll ziemlich dünn sein. Falls sie zu dick ist, Wasser zugießen. Sehr heiß in kleinen Suppenschalen servieren.

Diese unglaublich schmackhafte Suppe paßt zu fast jedem Hauptgericht. Wenn Sie ein südindisches Mahl bereiten wollen, reichen Sie Broccoli-Mungobohnen-Eintopf mit Kokosnuß (S. 241) oder, als Kontrast, In Joghurt und Gewürzen geschmortes Gemüse nach Art von Patna (S. 265) oder auch Hirse-Mungobohnen-Pilaw mit Koriandergeschmack (S. 290).

Mungobohnensuppe mit Zitronengeschmack
(Elimbichipayam Rasam)

Diese erfrischende Suppe stammt aus Tanjore in Südindien. Sie wird mit Gewürzen, Zitronensaft und frisch gehackten Korianderblättern abgeschmeckt und ist eine wahre Delikatesse. Man bereitet sie immer dann zu, wenn das Essen einfach sein soll.

Für 4 Personen

1½ Tassen gekochte gelbe Mungobohnen (S. 332)
2 scharfe grüne Chilischoten, gehackt
½ TL gemahlener Kreuzkümmel
¾ TL schwarzer Pfeffer
12 Curryblätter (Kari), frisch oder getrocknet, nach Belieben
2½ Tassen Wasser
1 mittelgroße Gurke, geschält, entkernt und in dünne Scheiben geschnitten
Saft ½ Zitrone
1 TL grobes Salz oder nach Belieben
2 EL Usli Ghee (S. 55)
½ TL schwarze Senfsamen
¼ TL gemahlenes Asafoetida
2 EL grobgehackte frische Korianderblätter

1. Gekochte Mungobohnen, Chili, Kreuzkümmel, Pfeffer, Curryblätter und Wasser in einem 3½—4½ Liter fassenden Topf geben und zum Kochen bringen. Zugedeckt 5 Minuten leise köcheln lassen. Gurke beifügen und weitere 3 Minuten mitkochen. Hitze wegnehmen. Zitronensaft und Salz einrühren. Suppe zudecken und warm halten, während Sie die würzig-aromatische Butter zubereiten.
3. Gewürze neben dem Herd bereitstellen. Usli Ghee in einer kleinen Bratpfanne sehr heiß werden lassen. Senfsamen zugeben. Einen Topfdeckel oder Spritzschutz bereithalten, da die Samen hochspritzen. Wenn sie nicht mehr spritzen, Asafoetida zufügen und die Pfanne einige Sekunden schütteln. Den Inhalt der Pfanne in die Suppe geben. Heiß mit frischen Korianderblättern bestreut servieren.

Dieselben Menüvorschläge wie bei Tomaten-Linsen-Suppe (S. 209).

Kalte Joghurtsuppe
(Mooru Koyamboo)

In Udipi in Südindien wird eine kalte, sehr erfrischende Joghurtsuppe hergestellt. Sie sucht ihresgleichen. Ich vermute, ihr Zauber rührt von der dortigen Milch her, aus der die für diese Suppe verwendete Buttermilch gemacht wird. Es ist kein Wunder, daß der Gott Krishna, der Kuhhirte, den es ständig nach Buttermilch und Sahne gelüstet, eine besondere Beziehung zu Udipi hat! Ich liebe diese Suppe und serviere sie gern an heißen Sommertagen, weil sie so erfrischend ist.

Für 6 Personen

3 Tassen Naturjoghurt
2 Tassen Buttermilch
1½ TL grobes Salz oder nach Belieben
2 TL geraspelter oder geriebener frischer Ingwer
2—4 scharfe grüne Chilischoten, gehackt
½ Tasse grüner Paprika, in dünne Streifen geschnitten
½ Tasse roter Paprika, in dünne Streifen geschnitten
1 Tasse Tomaten, in dünne Streifen geschnitten
4 EL leichtes Sesam- oder Pflanzenöl
2 TL schwarze Senfsamen
12 Curryblätter (Kari), frisch oder getrocknet
¼ TL gemahlenes Asafoetida

1. Joghurt und Buttermilch in eine Schüssel geben und mit dem Schneebesen oder einem Holzlöffel schlagen, bis sie gut vermischt sind. Salz, Ingwer und Chili einrühren. Zudecken und kühl stellen.
2. Roten und grünen Paprika sowie Tomaten in einer zweiten Schüssel vermengen. Etwas Salz darüberstreuen, vorsichtig vermischen, zudecken und kühl stellen.
3. Wenn Sie die Suppe servieren wollen, die Joghurt-

Mischung in eine Suppenterrine geben. Das Gemüse vorsichtig darüber verteilen. Wollen Sie die Suppe in Suppenschalen servieren, die Joghurt-Mischung gleichmäßig auf die Schalen verteilen und das geschnittene Gemüse obenauf streuen. Es macht nichts, wenn das Gemüse im Joghurt versinkt.

4. Gewürze neben dem Herd bereitstellen. Öl in einer kleinen Pfanne auf starker Flamme erhitzen. Wenn es sehr heiß ist, Senfsamen hineingeben. Einen Topfdeckel oder Spritzschutz bereithalten, da die Samen hochspritzen. Sobald es aufhört zu spritzen, Hitze wegnehmen. Curryblätter und Asafoetida hinzufügen und die Pfanne ein paar Sekunden schütteln — gerade lange genug, um die Curryblätter anzubräunen und das Aroma des Asafoetida freizusetzen. Den Pfanneninhalt in die Suppe geben.

5. Vor dem Servieren die Gewürze und das Gemüse vorsichtig in den Joghurt einrühren.

Diese einfache, zarte Suppe paßt zu jedem Hauptgericht. Wenn Sie etwas Südliches mögen, probieren Sie dazu Auberginen-Linsen-Chili-Eintopf (S. 248).

Wachskürbis-Joghurtsuppe mit Senfsamen

(Pooshnikai Koyamboo)

Hierbei handelt es sich um ein klassisches Gericht der Brahmanen. Je nach Rezept kann es so dick wie ein Eintopf oder so dünn wie ein Brühe sein. Die folgende Zubereitung ist eine Art Brühe, in der kleine Gemüsestückchen schwimmen. Ich serviere diese Suppe gern als Vorspeise. Von den gebratenen und gemahlenen Linsen und Gewürzen, die der Suppe Geschmack und Substanz geben, erhält sie ihr wunderbares, zartes Aroma.

Statt Wachskürbis können Sie auch jede andere Kürbissorte, Zucchini oder Kohlrabi verwenden. Denken Sie jedoch daran, die Kochzeit der Gemüsesorten dann entsprechend zu ändern.

Für 6 Personen

1½ Pfund Wachskürbis (Petha)
2 Tassen Wasser
2 Tassen Naturjoghurt
1 Tasse geraspelte Kokosnuß, frisch oder ungesüßt aus der Dose, fest zusammengepreßt
6 scharfe grüne Chilischoten
5 cm großes Stück frischer Ingwer, geschält
1½ TL grobes Salz oder nach Belieben
4 EL Sesam- oder leichtes Pflanzenöl
2 TL schwarze Senfsamen
2 EL feingehackte frische Korianderblätter

1. Wachskürbis schälen und faseriges Innere und Kerne auskratzen. Kürbis in 2½ cm dicke Streifen, jeden Streifen in ⅓ cm dicke Stücke schneiden.
2. Kürbisstücke zusammen mit 2 Tassen Wasser in einen 3½—4½ Liter fassenden Topf geben und Kürbis 5 Minuten kochen lassen bzw. bis er durchsichtig, aber noch nicht ganz gar ist.
3. Während der Kürbis kocht, Joghurt, Kokosraspeln, Chili, Ingwer und etwas Salz in den Aufsatz eines Mixers oder einer Küchenmaschine geben und zu einem feinen Püree verarbeiten.
4. Dieses Joghurt-Kokosnuß-Püree zum Kürbis geben und weitere 2 oder 3 Minuten kochen lassen bzw. bis alles gut erhitzt ist. Hitze wegnehmen.
5. Senfsamen neben dem Herd bereitstellen. Öl in einer kleinen Bratpfanne auf großer Flamme erhitzen. Wenn es heiß ist, Senfsamen hineingeben. Einen Deckel oder Spritzschutz bereithalten, da die Samen hochsprit-

zen. Sobald es aufhört zu spritzen, den Pfanneninhalt in die Suppe geben. Gut vermischen und gründlich kühlen. Vor dem Servieren mit Korianderblättchen bestreut servieren.

Diese Suppe serviert man am besten kalt oder gut gekühlt. Sie paßt zu jedem Hauptgericht. Mir schmecken dazu besonders gut Schwarze Mungobohnen und Lotoswurzeln mit Knoblauch (S. 252) und Südindischer Möhrensalat mit Erdnüssen und Senfsamen (S. 351).

Kalte Avocado-Kokosnuß-Suppe

(Avocadoo Koyamboo)

Die Muslims in Kerala an der Malabarküste verstehen sich auf die Zubereitung von Avocadobirnen. Bei dieser von ihnen kreierten cremigen Suppe — mit süßer Kokosnuß und Gewürzen — kommt das Aroma der Avocado voll zur Geltung. Sie eignet sich ausgezeichnet als erster Gang eines Festessens.

Für 6 Personen

1 große, reife Avocado
1 Tasse geraspelte Kokosnuß (frisch oder ungesüßt aus der Dose)
1 Tasse Naturjoghurt, so sauer wir möglich
1 große Knoblauchzehe
2 scharfe grüne Chilischoten
½ TL gemahlener Kreuzkümmel
2 EL Zitronensaft
1 TL grobes Salz oder nach Belieben
3 Tassen Wasser
2 EL feingehackte frische Korianderblätter

1. Die Avocado schälen, Kern entfernen. 8 dünne Scheiben abschneiden, in Folie wickeln und für die Gar-

nierung beiseite legen. Das restliche Fruchtfleisch zusammen mit Kokosraspeln, Joghurt, Knoblauch, Chili, Kreuzkümmel, Zitronensaft, Salz und 1½ Tassen Wasser in den Aufsatz einer Küchenmaschine oder eines Mixers geben und pürieren.
2. Suppe in eine Schüssel geben und die restlichen 1½ Tassen Wasser zugießen. Gut verrühren und in den Kühlschrank stellen.

In Suppenschalen mit den Avocadoscheiben und frischgehacktem Koriander servieren.
Ideal wäre, dieser delikaten Suppe ein raffiniertes Hauptgericht folgen zu lassen, zum Beispiel Blumenkohl, Auberginen und Kartoffeln in Kräutersauce (S. 228) oder Okra mit Tomaten, Zwiebeln und Gewürzen (S. 236).

Kürbis-Tomaten-Suppe mit Kreuzkümmel
(Laudi ka Shorva)

Wenn Sie diese erfrischende Suppe mit einem Hauch von Kreuzkümmel, Koriander und Kurkuma probiert haben, werden Sie sicher ein Kürbisfan, falls Sie es nicht ohnehin schon sind. Angenehm an diesem Gemüse ist, daß es auch bei langem Kochen nicht musig wird. Wählen Sie kleine, feste Kürbisse aus, da sie weniger Kerne haben. Sie können statt Kürbis auch Zucchini verwenden.

Für 6—8 Personen

2 Pfund Kürbis oder Zucchini
1 mittelgroße Kartoffel
5 EL Usli Ghee (S. 55) oder Öl
2 EL Kreuzkümmelsamen
1½ EL gemahlener Koriander
1 EL gemahlener Kreuzkümmel
½ TL Kurkuma
¼—½ TL Paprika
1 Tasse gehackte Zwiebeln
1 EL geraspelter frischer Ingwer
3 große Tomaten, püriert (ca. 2 Tassen), oder 1½ Tassen Tomaten aus der Dose, püriert
1½ TL grobes Salz oder nach Belieben
3—3¾ Tassen Wasser
¼ Tasse gehackte frische Korianderblätter

1. Kürbis oder Zucchini schälen und in drei Stücke teilen. Jedes Stück der Länge nach vierteln. (Beim Kürbis die Kerne entfernen.) Dann in ½ cm dicke Scheiben schneiden.
2. Kartoffel schälen und halbieren. Jede Hälfte in ½ cm dicke Scheiben schneiden.
3. Gewürze neben dem Herd bereitstellen. Usli Ghee in einem 3½—4½ Liter fassenden Topf stark erhitzen (2 Minuten). Hitze auf mittlere Stufe zurückschalten und Kreuzkümmelsamen zugeben. Wenn die Samen dunkel sind, Koriander und Kreuzkümmel jeweils gemahlen, Kurkuma und Paprika beifügen. Pfanne einige Sekunden lang schütteln, dann die Zwiebeln zugeben und unter Rühren 3 Minuten braten. Ingwer zusammen mit dem Kürbis (oder Zucchini) und der Kartoffel beifügen und unter Rühren 10 Minuten braten. Tomaten, Salz und 3 Tassen Wasser in den Topf geben und zum Kochen bringen. Hitze zurücknehmen und zugedeckt 10 Minuten kochen lassen bzw. bis das Gemüse gar ist und die Aromen sich vermischt haben. Hitze wegnehmen. Falls

die Suppe zu dick ist, ½—¾ Tasse Wasser zusätzlich dazugießen und erneut erhitzen.

In einer Suppenterrine oder in Suppentellern mit frischen Korianderblättern garniert servieren.

Abwandlung: Lassen Sie Ingwer und Zwiebeln weg, um den Geschmack zu mildern und das zarte Aroma des Kürbis voll zur Geltung zu bringen.

Diese Suppe kann für sich allein als komplette Mahlzeit serviert werden. Reichen Sie dazu Brot oder Reis. Sie eignet sich aber auch als festliche Vorspeise, zum Beispiel zu Schwarzen Mungobohnen und Lotoswurzeln mit Knoblauch (S. 252).

Kohlrabi-Grüne-Tomaten-Linsen-Suppe

(Nool Kohl Koyamboo)

Für diese Suppe werden grüne, unreife Tomaten zusammen mit Kohlrabi in einer mit Curry und Kurkuma gewürzten Linsenbrühe gekocht. Kurz vor dem Servieren wird sie mit einem mit Senfsamen parfümierten Öl und frischen Korianderblättern abgeschmeckt. Eine himmlische Kombination von Aromen!

Für 8 Personen

4½ Tassen gekochte gelbe Linsen *(S. 332)*
1½ Tassen frische Tomaten, püriert, oder ¾ Tasse Tomatenpüree
1 EL zerdrückte getrocknete Bockshornkleeblätter
8 Curryblätter (Kari), frisch oder getrocknet
1 EL Sambaar-Pulver *(S. 76)*
1 EL gemahlener Koriander
1 Pfund Kohlrabi, geschält und in Scheiben geschnitten
½ Pfund harte, grüne, unreife Tomaten, in Scheiben geschnitten
1 mittelgroße Zwiebel, in Scheiben geschnitten

Für die parfümierte Butter:
3—4 EL leichtes Sesam- oder Pflanzenöl
1 TL schwarze Senfsamen
2 TL grobes Salz oder nach Belieben
2—4 EL gehackte frische Korianderblätter

1. Linsen mit so viel Wasser vermischen, daß es insgesamt 6 Tassen ergibt.
2. Das verwässerte Linsenpüree zusammen mit den pürierten Tomaten, den Bockshornkleeblättern, dem Sambaar-Pulver und dem gemahlenen Koriander in einen großen, tiefen Topf geben und aufkochen. Das Linsenpüree zugedeckt 10 Minuten auf kleiner Flamme leise köcheln lassen.
3. Kohlrabi hinzufügen und zugedeckt weitere 10 Minuten köcheln lassen. Deckel abnehmen, grüne Tomaten und in Scheiben geschnittene Zwiebel zugeben. 5 Minuten weiterkochen lassen. Hitze wegnehmen.
4. Gewürze neben dem Herd bereitstellen. Öl in einer kleinen Bratpfanne stark erhitzen. Senfsamen vorsichtig in die Pfanne geben. Wenn die Samen nicht mehr spritzen und sich verfärbt haben, den Pfanneninhalt in die

Suppe geben. Salz und gehackte Korianderblätter hinzugeben und gut vermischen (einige Korianderblätter für die Garnierung zurückbehalten).

Die Suppe mit gehackten frischen Korianderblättern garniert servieren.
Dieselben Menüvorschläge wie bei Kürbis-Tomaten-Suppe mit Kreuzkümmel (S. 216).

Gemüse-Halbe-Erbsen-Cremesuppe mit Currygewürz

(Sabzi Shorva)

Dies ist eine der beliebtesten vegetarischen Suppen in indischen Restaurants. Sie bekommt ihren Geschmack von den gerösteten Gewürzen und der Kombination von verschiedenen Gemüsesorten mit Linsen. Man kann sie im Kühlschrank gut aufbewahren; sie wird noch geschmackvoller.

Für 6 Personen

4—5 EL Usli Ghee (S. 55)
1 EL Currypulver nach Grundrezept (S. 75) oder gekauft
½ Tasse feingehackte Zwiebeln
½ Tasse feingehackte Möhren
½ Tasse feingehackte Selleriestangen
1 Tasse Wasser
¾ Tasse feinpürierte frische Tomaten oder ½ Tasse Tomatenpüree aus der Dose
3 Tassen gekochte halbe Erbsen (S. 332)
¼ TL schwarzer Pfeffer
2 TL grobes Salz oder nach Belieben
½—¾ Tasse dünne Sahne oder Milch
gehackte frische Korianderblätter zum Garnieren

1. Usli Ghee in einem tiefen 3½—4½ Liter fassenden Topf sehr heiß werden lassen. Currypulver zugeben und sofort danach Zwiebeln, Möhren und Sellerie beifügen. Gemüse unter häufigem Rühren 5 Minuten braten. 1 Tasse Wasser, Tomaten, halbe Erbsen, Pfeffer und Salz zugeben. Zudecken und bei schwacher Hitze kochen lassen, bis das Gemüse weich ist (10 Minuten). Genügend Sahne oder Milch zugeben, um die Suppe mild und samtig zu machen.
2. Erhitzen und mit gehackten frischen Korianderblättern bestreut servieren.

Oft reiche ich diese Suppe als leichte, aber komplette Mahlzeit mit einem Stück Brot und einem Salat.
Sie können aber auch nach der Suppe Indischen Käse und rote Paprikaschoten in aromatischer Spinatsauce (S. 267) oder Tofuklößchen mit Tomaten in einer mit Bockshornklee aromatisierten Joghurtsauce (S. 274) servieren.

HAUPTGERICHTE/ EINTOPFGERICHTE (EK HANDI KA KHANA)

◇

एक हान्डी
का ख़ाना

Es gibt in der indischen Küche viele Zubereitungen, die so deftig sind, daß nur noch Brot und Salat fehlen, um das Ganze zu einer vollkommenen Mahlzeit zu machen. Da diese Gerichte in der Zubereitung meist etwas kompliziert sind, werden sie in der Regel zu besonderen Anlässen serviert, zum Beispiel an Hochzeiten oder wenn man Gäste hat.

Mit einigen dieser Gerichte assoziiert man sogleich bestimmte Anlässe. So erwartet man zum sonntäglichen Brunch in Nordindien »Kadhi«, eine Art Klößchen in Joghurtsauce, oder »Channa«, Kichererbsen in würziger Sauce. Gefüllte Brote mit Pickles und Reiseintöpfe sind eine Spezialität aus den nordwestlichen und nordöstlichen Gebieten Indiens. Andere Gerichte werden gewöhnlich an bestimmten religiösen Festtagen zubereitet, Reis-Mungobohnen-Eintopf (Ven Pongal) zum Beispiel zum Fest von »Kanu«.

Die folgenden Rezepte sind nach ihren Hauptzutaten geordnet, also Gemüse mit Hülsenfrüchten, Gemüse mit Milchprodukten usw. Wenn Sie Gäste haben, können Sie diese Gerichte gut als deftigen Hauptgang servieren, evtl. auch mit Beilagen.

Gemüse

Gemüse mit Hülsenfrüchten

Gemüse mit Milchprodukten

Gemüse mit Hülsenfrüchten, Milchprodukten und Zerealien

GEMÜSE

Blumenkohl, Auberginen und Kartoffeln in Kräutersauce
(Sabzi Korma)

»Korma« ist die Bezeichnung für die klassische Methode der Moguln, Gemüse in einer dicken, mit Nüssen angereicherten Sauce zu schmoren. »Korma«-Gerichte gelten als eine der elegantesten Zubereitungsarten der vegetarischen Küche. Im folgenden Rezept wird das Gemüse in einer mit Fenchel und Koriander gewürzten Sauce aus Mandeln und Tomaten gekocht. Die Garnierung mit gerösteten Sesamsamen verleiht dem Ganzen sowohl eine interessante Konsistenz als auch einen nussigen Geschmack.

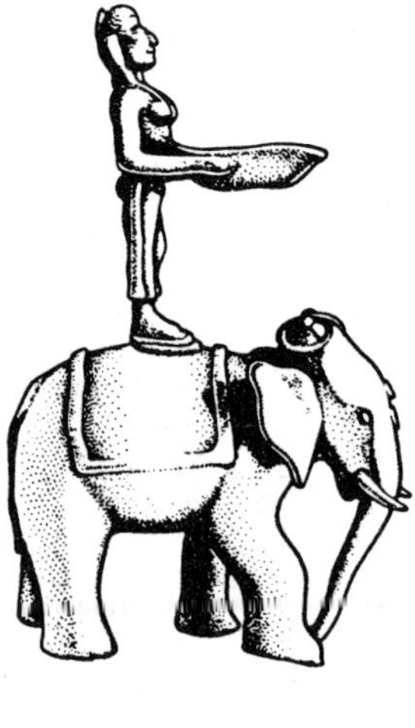

Für 4—6 Personen

6 EL leichtes Pflanzenöl
1½ Tassen gehackte Zwiebeln
2 TL gehackter Knoblauch
2 EL geriebener oder zerdrückter frischer Ingwer
¼ Tasse gehackte frische Korianderblätter
¼ Tasse gemahlene blanchierte Mandeln
1 EL gemahlener Koriander
½ TL gemahlener Fenchelsamen
½ TL Cayennepfeffer
¼ TL Kurkuma
½ Tasse Tomatenpüree aus der Dose (oder 2 mittelgroße Tomaten mit Haut püriert und 2 TL Tomatenpüree)
1 TL Paprika
1½ Tassen Wasser
1 mittelgroßer Blumenkohl (ca. 2 Pfund), ohne Strunk und in Röschen zerteilt
1 kleine Aubergine (ca. ½ Pfund), ungeschält, in 4 cm große Würfel geschnitten
2 mittelgroße Kartoffeln (ca. ½ Pfund), geschält, in 4 cm große Würfel geschnitten
1½ TL gemahlene geröstete Kreuzkümmelsamen oder Garam Masala (S. 79)
2 TL grobes Salz oder nach Belieben
1 EL geröstete Sesamsamen

1. Gewürze neben dem Herd bereitstellen. Das Öl in einer großen, schweren Pfanne heiß werden lassen. Gehackte Zwiebeln zugeben und unter Rühren anbräunen (ca. 10 Minuten). Knoblauch und Ingwer untermischen und weitere 2 Minuten braten. Gehackte Korianderblätter und Mandeln hinzufügen und nochmals 2 Minuten braten.
2. Gemahlenen Koriander, Fenchel, Cayennepfeffer und Kurkuma zugeben und ein paar Sekunden brutzeln lassen. Tomatenpüree und Paprika beifügen, auf schwacher Hitze 2 Minuten kochen lassen. Ständig umrühren,

damit es nicht anbrennt oder am Pfannenboden haften bleibt.

3. 1½ Tassen Wasser, Blumenkohl, Auberginen und Kartoffeln zugeben. Auf starke Hitze schalten und aufkochen lassen. Dann zugedeckt 30 Minuten bei schwacher Hitze köcheln lassen bzw. bis der Blumenkohl gar, aber noch knackig ist. Hitze wegnehmen und gemahlene geröstete Kreuzkümmelsamen oder Garam Masala einrühren. Vor dem Servieren zugedeckt 30 Minuten ziehen lassen, damit sich die Aromen gut vermischen können. Mit Sesamsamen bestreut servieren.

Zum Mittagessen reichen Sie dazu ein leichtes, schmackhaftes Brot wie Mais-Brot (S. 406) oder Gersten-Brot mit Dill, Knoblauch und grünen Chilischoten (S. 424). Für ein anspruchsvolleres Essen servieren Sie als Beilage etwa Champignons mit Ingwer und grünem Chili (S. 315) und Rote Linsen mit Gewürzen (S. 343).

Gefüllter Blumenkohl, mit herber Tomaten-Koriander-Sauce

(Gobhi Masallam)

»Gobhi Masallam« ist das vegetarische Gegenstück zum »Murgh Masallam«, dem berühmten Mogulgericht aus der Stadt Lucknow, bei dem ein Huhn in einem Tontopf gegart wird. In der vegetarischen Küche nimmt man statt des Huhns einen Blumenkohl. Dieses Gericht ist in Indien sehr beliebt. Der Blumenkohl wird, bedeckt von einer Kruste aus Zwiebeln, Mandeln und grünem Chili, im Ganzen serviert und sieht fantastisch aus, besonders wenn er aufgeschnitten und mit einer leuchtend roten Tomatensauce übergossen wird.

Für 4—6 Personen

$1\frac{1}{2}$—$1\frac{3}{4}$ Pfund Blumenkohl, ohne Strunk und Blätter

Für die Füllung:
6 EL leichtes Pflanzenöl
$1\frac{1}{2}$ Tassen feingehackte Zwiebeln
1 EL feingehackter Knoblauch
$1\frac{1}{2}$ EL feingehackter frischer Ingwer
6 scharfe grüne Chilischoten, gehackt
$\frac{1}{4}$ TL Cayennepfeffer
$\frac{1}{4}$ TL schwarzer Pfeffer
$1\frac{1}{2}$ EL gemahlener Koriander
$\frac{1}{2}$ TL gemahlene Fenchelsamen
2 EL gemahlene blanchierte Mandeln
1 TL grobes Salz oder nach Belieben
1 EL Weizenmehl
4—6 Stengel Koriander zur Garnierung
2 Tassen Tomaten-Koriander-Sauce (siehe Rezept S. 233)

1. Ofen auf 200° C vorheizen.
2. Den Blumenkohl 8 Minuten dämpfen. Herausnehmen und auskühlen lassen. Beiseite stellen.
3. Gewürze neben dem Herd bereitstellen. 4 EL Öl in einer Bratpfanne heiß werden lassen. Zwiebeln hineingeben und unter Rühren 10 Minuten rösten bzw. bis sie leicht gebräunt sind. Knoblauch und Ingwer beifügen und weitere 2 Minuten mitrösten. Chili zufügen und noch 1 Minute braten.
4. Sämtliche restlichen Zutaten vom Cayennepfeffer bis zum Mehl zugeben. Gut vermischen und 2 Minuten weiterrösten. Etwa $\frac{1}{4}$ Tasse Wasser zugießen, gut verrühren und weiterkochen, bis die Mischung zu einer dikken Paste wird. Hitze wegnehmen und die Füllung abkühlen lassen.
5. Die Hälfte der Gewürzmischung in die Hohlräume zwischen die Röschen des Blumenkohls hineindrücken. Dies ist nicht ganz einfach, aber versuchen Sie, soviel

wie möglich von der Füllung hineinzubekommen. Den Rest über den Blumenkohl streichen und festdrücken (die Mischung wird sich nicht ganz gleichmäßig verteilen lassen). Den gefüllten Blumenkohl in eine flache ofenfeste Schüssel oder auf ein Blech setzen. In dünne Scheibchen geschnittene Mandeln darüberstreuen und mit den restlichen 2 EL Öl beträufeln.

6. Den Blumenkohl auf mittlerer Schiene 25—30 Minuten backen bzw. bis die Gewürzkruste schön gebräunt, glänzend und knusprig ist.

Vor dem Servieren den Blumenkohl auf eine vorgewärmte Platte geben und mit Korianderstengeln umlegen. Auf dem Blech angebackene Füllung und Gewürze abkratzen und in die Tomatensauce einrühren. Die Sauce in ein Schälchen oder in eine Sauciere geben. Blumenkohl in 4 oder 8 keilförmige Stücke schneiden. Über jedes Stück ein wenig Sauce gießen und mit Koriander garnieren.

Tomaten-Koriander-Sauce

Ergibt 2 Tassen

3 EL leichtes Pflanzenöl
½ Tasse gehackte Zwiebeln
2 TL gemahlener Kreuzkümmel
1 Pfund frische Tomaten, püriert (oder 2 Tassen Tomaten aus der Dose, püriert)
1 Tasse Wasser
grobes Salz nach Belieben
2 EL gehackte frische Korianderblätter

Öl in einer kleinen Pfanne sehr heiß werden lassen. Darin Zwiebeln unter ständigem Rühren 6—8 Minuten rösten. Kreuzkümmel zugeben und 1 Minute mitrösten. Pürierte Tomaten, 1 Tasse Wasser und Salz hinzufügen, gut vermischen und zum Kochen bringen. Bei schwacher Hitze ohne Deckel 15 Minuten unter häufigem Rühren leise köcheln lassen. Hitze wegnehmen und gehackte Korianderblätter einrühren.

Für ein schönes Abendessen reichen Sie zu diesem Gericht Einfaches, gebackenes Vollkornbrot (S. 404) und einen Nordindischen Gemüsesalat (S. 349) oder einen Tomaten-Pilaw (S. 436) sowie einen Joghurt-Salat (S. 359 ff.) Bei festlichen Anlässen servieren Sie dazu noch Beilagen wie Grüne Bohnen und Kartoffeln in Senföl (S. 303) und Süß-saure Bombay-Linsen (S. 344).

Aubergine mit Knoblauch

(Khatti Bhaji)

Jede Provinz Indiens kann sich einer besonderen Zubereitung mit Auberginen rühmen. Im Pandschab ist es »Khatti Bhaji«, was »saure Aubergine« bedeutet: Für dieses Gericht werden die Auberginen in Tomaten geschmort. Gewöhnlich fügt man Zwiebeln, Kartoffeln und grüne Chilischoten hinzu, um den Geschmack zu verbessern und das Gericht zu strecken. Sein besonderes Aroma hat »Khatti Bhaji« vom Knoblauch und Senföl, die beim Kochen verwendet werden.

Für 6 Personen

1 mittelgroße Aubergine (ca. 1 Pfund), ungeschält
½ Pfund mehlige Kartoffeln (ca. 2 große)
1 Tasse Senföl (oder leichtes Pflanzenöl oder eine Mischung von beiden)
⅓ Tasse in Scheibchen geschnittener Knoblauch
2½ Tassen dünngeschnittene Zwiebeln
4—8 grüne Chilischoten, grob zerkleinert
½ TL Kurkuma
½—1 TL Cayennepfeffer
2½ Tassen Tomaten, in dünne Scheiben geschnitten
1½ TL grobes Salz oder nach Belieben

1. Aubergine mit Haut der Länge nach halbieren. Jede Hälfte quer durchschneiden und jedes Viertel in längliche, etwa 1 cm dicke Streifen schneiden. Kartoffeln unter fließendem Wasser schrubben und abtrocknen, dann der Länge nach halbieren. Jede Hälfte in längliche, etwa 1 cm dicke Scheiben schneiden. Auberginen und Kartoffelscheiben in eine große, mit Wasser gefüllte Schüssel geben und beiseite stellen.
2. Gewürze neben dem Herd bereitstellen. Senföl in ei-

nem Kadhai oder einer großen, schweren Pfanne erhitzen, bis es raucht. Vom Herd nehmen und ein paar Minuten abkühlen lassen. (Wenn Sie Pflanzenöl oder eine Mischung aus Senf- und Pflanzenöl verwenden, ist dies nicht nötig.) Das Öl wieder erhitzen. Wenn es sehr heiß ist, Knoblauch hineingeben und unter Rühren rösten, bis er Farbe annimmt.

3. Zwiebeln hinzufügen und weitere 5 Minuten braten lassen. Chili zugeben und 2 Minuten mitrösten. Kurkuma und Cayennepfeffer zufügen und 30 Sekunden brutzeln lassen.

4. Aubergine beifügen, gut verrühren, um die Gewürze zu verteilen, und 8 Minuten braten lassen bzw. bis die Auberginenstücke weich werden und angebräunt sind. Dann die Kartoffeln zugeben, untermischen und weitere 3 Minuten kochen lassen. Tomaten zusammen mit dem Salz hinzufügen, die Hitze auf mittlere Stufe zurückschalten. Das Gemüse unter ständigem Rühren 5 Minuten schmoren lassen. Hitze auf schwache Stufe schalten, und das Gemüse ohne Umrühren noch weitere 5 Minuten garen lassen.

Jetzt fehlt nur noch eine Schüssel Reis und als Beilage ein Linsenpüree. Wenn es etwas aufwendiger sein soll, reichen Sie dazu außerdem ein Gemüsegericht und Ananas-Chutney (S. 393).

Okra mit Tomaten, Zwiebeln und Gewürzen

(Masala Bhindi)

Okra enthalten eine gallertartige Masse, was aber bei richtiger Zubereitung keineswegs stört. In Indien kocht man sie zusammen mit etwas Saurem wie etwa Tomaten, Tamarindensaft, Zitronensaft oder Mangopulver. In diesem Rezept aus den Bergen Nordindiens wird Okra in einer mit Fenchel aromatisierten Tomaten-Zwiebel-Sauce leise geschmort — eine wahre Delikatesse und sehr beliebt in indischen Restaurants.

Für 4 Personen

½ Tasse leichtes Pflanzenöl
1 Pfund Okra, Stiel und Spitze abgeschnitten, ansonsten aber ganz belassen
3 Tassen feingehackte Zwiebeln
2 TL gehackter Knoblauch
2 EL geriebener oder zerstoßener frischer Ingwer
2 TL gemahlener Kreuzkümmel
2 TL gemahlener Koriander
½ TL gemahlene Fenchelsamen
½ TL Cayennepfeffer
¼ TL Kurkuma
1 Tasse feingehackte Tomaten
1½ TL grobes Salz oder nach Belieben
1 Tasse Wasser
3 EL gehackte frische Korianderblätter

1. ¼ Tasse Öl in einer großen schweren Pfanne sehr heiß werden lassen. Dann eine Schicht Okra auf dem Pfannenboden verteilen und ohne Rühren 1 Minute anbraten. 3 oder 4 Minuten weiterbraten, dabei rühren und umwenden, bis die Okra auf allen Seiten leicht angebräunt sind. Okra aus der Pfanne herausnehmen und beiseite stellen.

2. Gewürze neben dem Herd bereitstellen. Die restliche $\frac{1}{4}$ Tasse Öl zusammen mit den Zwiebeln in die Pfanne, in der die Okra angebraten wurden, geben. Zwiebeln hellbraun rösten (ca. 3 Minuten). Knoblauch und Ingwer beifügen und unter ständigem Rühren braten, bis die Masse karamelfarben wird (ca. 8—10 Minuten).
3. Kreuzkümmel, Koriander, Fenchel, Cayennepfeffer und Kurkuma zugeben. Ein paar Sekunden umrühren, dann die Tomaten hinzufügen. Hitze auf mittlere Stufe stellen und die Mischung unter Rühren 3 Minuten kochen lassen bzw. bis sie dickflüssig ist. Geröstete Okra, Salz und 1 Tasse heißes Wasser zugeben. Gut vermischen und kochen lassen, bis die Okra gar sind (ca. 20 Minuten) und die Sauce eingedickt ist. Einen Teil der gehackten frischen Korianderblätter einrühren, den Rest zur Garnierung darüberstreuen.

Dieselben Menüvorschläge wie bei Aubergine mit Knoblauch (S. 234).

Kürbis mit würziger Kartoffelfüllung in Tomaten-Kräuter-Sauce

(Aloo Bhara Lanki)

Lucknow, die Mogulstadt der »Nawabs« (der muselmanischen Prinzen) in der nördlichen Provinz Indiens, ist für ihre ausgefallenen vegetarischen Zubereitungen bekannt. Dort wird selbst ein einfaches Gemüse mit einer raffinierten Kartoffelfüllung zu etwas Besonderem. Der Kürbis wird in einer Koriander-Ingwer-Sauce gegart und im Ganzen zu Tisch gebracht. Man serviert dieses Gericht zu Banketten und feierlichen Festessen.

Für 6 Personen

1½ Pfund Kürbis (2 kleine) oder 1 große kernlose Gurke (oder 4 mittelgroße normale Gurken)

Für die würzige Kartoffelfüllung:
2 EL Senföl oder leichtes Pflanzenöl
½ TL gemahlener Kreuzkümmel
¼ TL Ingwerpulver
½ TL Mangopulver oder 2 TL Zitronensaft
2 mittelgroße Kartoffeln, weich gekocht, geschält und grob zerdrückt
2—4 scharfe grüne Chilischoten, gehackt
1 EL ungeschwefelte Melasse

Für die Sauce:
1 EL leichtes Pflanzenöl
2 EL gehackte Zwiebeln
1 TL gehackter Knoblauch
2 TL geriebener oder zerstoßener frischer Ingwer
¼ TL Cayennepfeffer
½ Tasse Tomatenpüree aus der Dose
grobes Salz nach Belieben
1 Tasse Wasser
3 EL gehackte frische Korianderblätter
1 Korianderstengel zum Garnieren

1. Ofen auf 200° C vorheizen.
2. Kürbis oder Gurke schälen. Die Mitte herausschneiden, so daß eine 1¼ cm dicke Schale übrigbleibt. Das herausgeschnittene Fruchtfleisch fein zerhacken.
3. Gewürze neben dem Herd bereitstellen. Senföl in einer Pfanne erhitzen, bis es raucht. Hitze wegnehmen und das Öl kurz abkühlen lassen. (Wenn Sie Pflanzenöl benützen, ist dies nicht nötig.) Öl wieder erhitzen und das gehackte Fruchtfleisch hineingeben. Unter Rühren bei mittlerer Hitze 1 Minute braten. Kreuzkümmel, Ingwerpulver und Mangopulver hinzufügen und weitere 30 Sekunden braten. Kartoffeln und Chili zugeben, umrühren, damit sie die Gewürze gut aufnehmen können

und 5 Minuten braten. Hitze wegnehmen und Melasse einrühren.

4. Den Kürbis mit der Kartoffelmischung füllen. Gefüllten Kürbis in eine möglichst genau passende flache, ofenfeste Form legen.

5. Für die Sauce Öl in derselben Pfanne sehr heiß werden lassen. Gehackte Zwiebeln und Ingwer zugeben. Unter ständigem Rühren 1 Minute braten. Cayennepfeffer, Tomatenpüree, Salz und Wasser hinzufügen und zum Kochen bringen. Korianderblätter einrühren.

6. Tomaten-Kräuter-Sauce über den gefüllten Kürbis gießen. Mit Alufolie fest zudecken und im Ofen auf mittlerer Schiene 30 Minuten backen (45 Minuten, wenn der Kürbis weicher sein soll). Schüssel aus dem Ofen herausnehmen und das Gericht vor dem Servieren 5 Minuten ruhen lassen.

Gefüllten Kürbis auf eine vorgewärmte Servierplatte geben. Sauce darübergeben und mit gehackten Korianderblättern garnieren. Servieren Sie den Kürbis in 1½—2 cm dicke Scheiben geschnitten, mit Sauce übergossen.

Dieselben Menüvorschläge wie bei Blumenkohl, Auberginen und Kartoffeln in Kräutersauce (S. 228).

Zucchini-Koftas in Tomatensauce

(Malai Kofta)

In der heiligen Stadt Benares wird dieses Gericht mit Schlangenkürbis zubereitet, Zucchini aber eignen sich auch sehr gut. Der Tradition der klassischen brahmanischen Küche folgend wird bei dieser Zubereitung kein Knoblauch verwendet.

Für 6 Personen

Für die Kofta-Bällchen:
2 Dutzend »Ghia Kofta«
(S. 172)

Für die Sauce:
4 mittelgroße Tomaten, geviertelt
6 scharfe grüne Chilischoten
3 cm großes Stück frischer Ingwer, geschält
5 EL Erdnußöl
2 TL gemahlener Kreuzkümmel
¾ TL Kurkuma
2 EL gemahlene Mandeln oder Erdnüsse
2 TL Paprika
2 TL Garam Masala
(S. 79)

1. Für die Sauce Tomaten, Chili und Ingwer in den Aufsatz eines Mixers oder einer Küchenmaschine geben und fein pürieren. Öl in einer schweren Pfanne heiß werden lassen, dann sämtliche Zutaten — vom Kreuzkümmel bis zum Garam Masala — hineingeben und sofort die pürierte Tomatenmischung dazugießen. Zum Kochen bringen. Wärmezufuhr reduzieren und die Sauce 20 Minuten köcheln lassen. Hitze wegnehmen. Sauce abmessen. Es sollten 3½ Tassen sein; falls nicht, die entsprechende Menge Wasser dazugießen. Mehrere Stunden zugedeckt beiseite stellen oder über Nacht im Kühlschrank aufbewahren.
2. Vor dem Servieren Sauce leise aufkochen lassen, »Koftas« zugeben und durchziehen lassen.

GEMÜSE MIT HÜLSENFRÜCHTEN

Broccoli-Mungobohnen-Eintopf mit Kokosnuß
(Tandoo Kootoo)

Ein Gericht aus der heiligen Stadt Tanjore, der Heimat des »Meenakshi«-Tempels. In Indien wird dieser Eintopf aus einer besonderen Art Spinat, der dicke, fleischige Stengel hat, gemacht. Broccolistengel eignen sich aber ausgezeichnet als Ersatz. Dieses klassische Gericht, dem ein Aroma von frischer Kokosnuß, Chili und Asafoetida eigen ist, kann auch mit jeder Art Kürbis zubereitet werden.

Für 4—6 Personen

1 Bund Broccoli
¾ Tasse gelbe halbe Mungobohnen (Moong Dal)
⅛ TL Kurkuma
1½ Tassen Wasser
⅓ TL gemahlenes Asafoetida
1½ TL grobes Salz oder nach Belieben
1½ TL Sambaar-Pulver (S. 76) oder Currypulver nach dem Grundrezept (S. 75)
1¾ Tassen Wasser
1 TL Kreuzkümmelsamen
1 Tasse frische geraspelte Kokosnuß, fest zusammengepreßt
4 scharfe grüne Chilischoten
¼ Tasse Wasser
4 EL Usli Ghee (S. 55) oder eine Mischung aus Butter und leichtem Pflanzenöl
1 TL schwarze Senfsamen
8 Curryblätter (Kari), frisch oder getrocknet (nach Belieben)
2 EL gehackte frische Korianderblätter

1. Broccolistengel und Röschen voneinander trennen. Stengel schälen und in ½ cm dicke Scheibchen schneiden. Röschen in 2½ cm große Stücke zerteilen. Beiseite stellen.
2. Bohnen, Kurkuma und 1½ Tassen Wasser in eine schwere, mittelgroße Pfanne geben und zum Kochen bringen. Bohnen halb zugedeckt bei mittelstarker Hitze 15 Minuten kochen lassen bzw. bis die Bohnen eben gar sind. Falls das Wasser zu schnell verdunstet, nach Bedarf mehr zugießen.
3. Broccolistengel und Röschen, Asafoetida, Salz und Sambaar-Pulver zusammen mit 1¾ Tassen Wasser zugeben. Gut vermischen und halb zugedeckt weitere 8 Minuten kochen lassen, bzw. bis das Gemüse fast gar ist.
4. Während das Gemüse kocht, Kreuzkümmelsamen, Kokosraspel, Chili und ¼ Tasse Wasser in den Aufsatz eines Mixers oder einer Küchenmaschine geben und fein pürieren.
5. Das Püree zur Broccoli-Mungobohnen-Mischung geben und weitere 2 Minuten kochen lassen bzw. so lange, daß Kreuzkümmel und Kokosraspel ihren rohen Geschmack verlieren. Hitze wegnehmen.
6. Usli Ghee in einer kleinen Bratpfanne sehr heiß werden lassen. Dann Senfsamen zugeben. Einen Deckel oder Spritzschutz bereithalten, da die Samen hochspritzen. Wenn sie nachlassen zu spritzen, die Pfanne vom Herd nehmen, Curryblätter hinzufügen und 15—20 Sekunden braten lassen. Den Pfanneninhalt sofort in den Eintopf hineingeben, gut verrühren und mit gehackten Korianderblättern bestreut servieren.

Damit das zarte Aroma dieses Gerichts voll zur Geltung kommt, reichen Sie nur gekochten Reis dazu sowie ein Würziges Kartoffelcurry (S. 322). Wenn es ein festliches Essen sein soll, servieren Sie als Vorspeise eine Tomaten-Linsen-Suppe (S. 209) oder Mungobohnensuppe mit Zitronengeschmack (S. 210). Als Beilagen passen Südindischer Möhrensalat mit Erdnüssen und Senfsamen (S. 351) und Zucchini-Joghurt-Salat (S. 361). Ein Carambola-Chutney (S. 394) würde das Ganze abrunden.

Kohl-Tomaten-Eintopf aus den Blauen Bergen

(Muttakos Sambaar)

Aus den Blauen Bergen, dem Nilgiri-Gebirge, stammt dieses einfache, leckere Gericht, eine Spezialität meiner Großmutter. Es besteht aus Linsen, Kohl, Tomaten, Zwiebeln und aromatischen Curryblättern. Das Gemüse behält seinen Eigengeschmack, weil die schärferen Gewürze auf ein Minimum beschränkt werden. Es ist eines meiner Lieblingsgerichte. Ich serviere den Eintopf auch als leichtes Mittagessen mit etwas Brot oder Reis.

Für 6—8 Personen

1 Tasse gelbe Linsen (Toovar Dal) oder rote Linsen (Masar Dal)
3 Tassen Wasser
¼ TL Kurkuma
¾ Pfund Tomaten, geviertelt
8—12 Curryblätter (Kari)
4 EL leichtes Pflanzenöl
1½ TL schwarze Senfsamen
⅓ TL Bockshornkleesamen (nach Belieben)
1 EL Sambaar-Pulver (S. 76) oder Currypulver nach Grundrezept (S. 75)
1 mittelgroße Zwiebel, geschält und in 2½ cm große Stücke geschnitten
1½ Pfund Kohl (Strunk und zähe äußere Blätter entfernen), in 2½ cm große Stücke geschnitten
grobes Salz nach Belieben
3—4 EL gehackte frische Korianderblätter
3 EL Usli Ghee (S. 55) oder Butter (nach Belieben)

1. Linsen in eine Schüssel geben und mehrmals mit frischem Wasser gründlich waschen. Die Linsen in einen $3\frac{1}{2}$—$4\frac{1}{2}$ Liter fassenden Topf geben, 3 Tassen Wasser und Kurkuma zufügen und zum Kochen bringen. Dann bei mittlerer Hitze halb zugedeckt 30 Minuten kochen lassen bzw. bis die Linsen gar sind.
2. Tomaten und Curryblätter zugeben, gut vermischen und Hitze wegnehmen. Etwa die Hälfte der Tomaten-Linsen-Mischung aus dem Topf herausnehmen und in einer Küchenmaschine oder einem Mixer fein pürieren. Das Püree in den Topf zurückgießen.
3. Gewürze neben dem Herd bereitstellen. Das Öl in einer großen, schweren Pfanne sehr heiß werden lassen. Dann die Senfsamen hineingeben. Einen Deckel oder Spritzschutz bereithalten, da die Samen hochspritzen. Dazu gleich die Bockshornkleesamen geben und dunkelbraun rösten. Dann das Sambaar- oder Currypulver hinzufügen und einige Sekunden braten lassen. Danach Zwiebel und Kohl hinzufügen. Gut vermischen. Das Gemüse 4—5 Minuten ohne Deckel kochen lassen. Falls es zu schnell zu stark bräunt, Hitze zurücknehmen.
4. Linsenmischung zugeben, gut verrühren und das Ganze zum Kochen bringen. Den Eintopf zugedeckt 20 Minuten bei mittlerer Hitze kochen lassen bzw. bis das Gemüse gar, aber noch knackig ist. Salz und etwas gehackten frischen Koriander einrühren.

In einer Suppenterrine oder in Suppenschalen mit gehackten frischen Korianderblättern garniert servieren. Nach Belieben einen oder zwei Teelöffel Usli Ghee darüberträufeln.
Dieselben Menüvorschläge wie bei Broccoli-Mungobohnen-Eintopf mit Kokosnuß (S. 241).

Chayote-Mungobohnen-Eintopf mit Kokosnuß

(Iyangar Lankoo Kootoo)

Die Brahmanen von Bangalore, Anhänger des Gottes Vishnu, heißen »Iyangar«. Wie die Brahmanen von Tanjore, Anhänger des Gottes Shiva, bereiten auch sie einen Mungobohnen-Eintopf zu, nur sie geben auch noch etwas Zucker hinein — ganz typisch für diese Gegend. Außerdem verwenden sie Chayote, ein in Bangalore allgemein beliebtes Gemüse.

Für 4—6 Personen.

Folgen Sie, was Zutaten und Zubereitungsmethode angeht, dem Rezept Broccoli-Mungobohnen-Eintopf mit Kokosnuß (S. 241). Statt der Broccoli nehmen Sie aber 2 mittelgroße Chayote, geschält und in 2 cm große Würfel geschnitten. Kurz vor dem Servieren 1½ TL Zucker (am besten dunkelbraunen) einrühren.

Dieselben Menüvorschläge wie bei Broccoli-Mungobohnen-Eintopf mit Kokosnuß (S. 241).

Bohnen-Dill-Eintopf mit Aubergine

(Soa Nu Dal)

In Deutschland zählt Dill zu den Kräutern. Im Gudscherat in Westindien wird er als Gemüse verwendet und mit Hülsenfrüchten — in diesem Fall mit Bohnen — zusammen gekocht. Dieser Eintopf wird mit der örtlichen Gewürzmischung, »Gujarati Masala«, gewürzt, deren Aroma von Fenchel, Lorbeerblättern und Muskatnuß bestimmt wird. Er ist würzig, aromatisch und sehr deftig und wird am besten in kleinen Portionen serviert.

Für 6 Personen

2½ Tassen frische oder
1 Tasse getrocknete Limabohnen
3 Tassen Wasser
5 EL leichtes Sesam- oder Pflanzenöl
1½ TL Kreuzkümmelsamen
¾ TL Bockshornkleesamen
¾ TL Senfsamen
½—¾ TL Cayennepfeffer
1 TL gehackter Knoblauch
1 Tasse gehackte Zwiebeln
1½ Tassen feingehackte Tomaten, frisch oder aus der Dose
4 Lorbeerblätter
1 mittelgroße Aubergine (ca. 1 Pfund), ungeschält, in 2½ cm große Würfel geschnitten
2—3 Bund frischer Dill, mit den Stengeln gehackt
1 TL Paprika
2 TL »Gujarati Garam Masala« (S. 81) oder Garam Masala (S. 79)
1½ Tassen Wasser
grobes Salz nach Belieben

1. Wenn Sie frische Bohnen verwenden, diese mit 2 Tassen Wasser in einen 3½ Liter fassenden Topf geben und zum Kochen bringen. Bei mittlerer Hitze halb zugedeckt 1 Stunde kochen lassen. Wasser abgießen und Bohnen abtropfen lassen. Wenn Sie getrocknete Bohnen verwenden, in eine Schüssel geben und so viel Wasser zugießen, daß die Bohnen mindestens 5 cm hoch mit Wasser bedeckt sind. 8 Stunden bzw. über Nacht quellen lassen. Wasser abgießen, Bohnen unter fließendem Wasser abbrausen und abtropfen lassen, mit 3 Tassen Wasser in einen 3½ Liter fassenden Topf geben und zum Kochen bringen. Bei mittlerer Hitze halb zugedeckt 1 Stunde kochen lassen. Wasser abgießen, Bohnen abtropfen lassen und beiseite stellen.
2. Gewürze neben dem Herd bereitstellen. Öl in einem

Topf sehr heiß werden lassen, dann Kreuzkümmel, Bockshornklee und Senfsamen hineingeben. Gewürze braten und Farbe nehmen lassen (ca. 15—20 Sekunden). Cayennepfeffer, Knoblauch und Zwiebeln hinzufügen. Unter Rühren braten, bis die Zwiebeln leicht angebräunt sind.

3. Tomaten, Lorbeerblätter, Aubergine, Erbsen, Dill, Paprika, 1 TL Garam Masala, 1¼ Tassen Wasser und Salz nach Belieben zugeben. Gut vermischen und aufkochen lassen. Hitze herunterschalten und das Ganze ohne Deckel 15 Minuten kochen lassen. Falls der Eintopf zu dick ist, die restliche ¼ Tasse Wasser zugießen.

In kleinen Schalen mit etwas Garam Masala bestreut und — nach Belieben — frischem Koriander garniert servieren.

Dies ist eine Mahlzeit für sich. Es genügt, einfaches Brot dazu zu reichen, wie etwa Süßkartoffel-Brot (S. 416) oder Gerstenbrot mit Dill, Knoblauch und grünen Chilischoten (S. 424).

Für Gäste servieren Sie dazu Taroblätter-Rollen mit Linsenfüllung (S. 329), Kohlsalat mit Senfsamen und Kokosflocken (S. 352) und Linsenwaffeln. Mango-Chutney mit Mandeln und Safran (S. 392) würde die Mahlzeit vervollständigen.

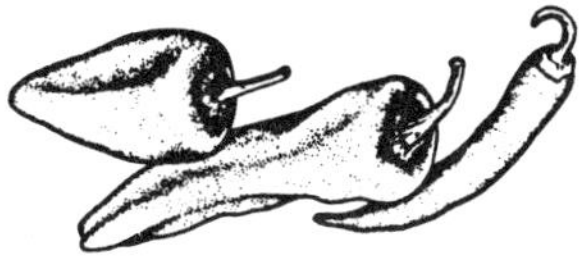

Auberginen-Linsen-Chili-Eintopf

(Pitlai)

»Pitlai« ist eine der schärfsten Zubereitungen in der süd-indischen Küche. Der charakteristische Geschmack kommt von einer Gewürzpaste aus Kokosflocken, Chili, Koriander und verschiedenen Hülsenfrüchten, die in die Sauce eingerührt wird. Wenn Sie es nicht ganz so scharf mögen, nehmen Sie einfach weniger Chili.

Für 4—6 Personen

Für die Gewürzpaste:
3 EL leichtes Sesam- oder Pflanzenöl
2 EL gelbe halbe Erbsen (Channa Dal)
1 EL weiße halbe Bohnen (Urad Dal)
5 EL Koriandersamen
1 TL schwarze Pfefferkörner
12 getrocknete rote Chilischoten
3 EL getrocknete, ungesüßte Kokosflocken (Khopra)
½ Tasse Wasser (oder mehr)

2 Pfund Auberginen, ungeschält, in 2½ cm große Würfel geschnitten
1 TL Kurkuma
3 Tassen Wasser
2½—3 Tassen gelbe oder rote Linsen
grobes Salz nach Belieben

Für die parfümierte Butter:
2 EL Usli Ghee (S. 55) oder leichtes Pflanzenöl
2 TL schwarze Senfsamen
½ TL gemahlenes Asafoetida
8—10 Curryblätter (Kari), frisch oder getrocknet (nach Belieben)

1. Öl in einer kleinen Bratpfanne erhitzen. Darin halbe Erbsen und weiße halbe Bohnen unter Rühren 1 Minute anbraten bzw. bis sie anfangen, Farbe zu nehmen. Koriandersamen und Pfefferkörner 1 Minute mitrösten. Chilischoten hinzufügen und die Zutaten braten, bis die

Hülsenfrüchte eine hellgoldene Farbe angenommen haben und die Gewürze ein geröstetes Aroma ausströmen. Kokosflocken zugeben, alles 15 Sekunden verrühren und die Hitze wegnehmen. Die Gewürzmischung zusammen mit ½ Tasse Wasser in den Aufsatz eines Mixers geben. Verarbeiten, bis Sie eine feine Sauce haben. Falls nötig, zusätzlich Wasser zugießen. Beiseite stellen.

2. Auberginen, Kurkuma und Wasser in einen großen, schweren Topf geben und zum Kochen bringen. Zugedeckt bei mittelstarker Hitze 5 Minuten kochen lassen. Gekochte Linsen beifügen und noch 1 Minute kochen lassen.

3. Die pürierte Gewürzpaste und Salz zugeben. Behutsam umrühren, um die Gewürze in der Auberginenmischung gleichmäßig zu verteilen. Hitze ausschalten.

4. Gewürze neben dem Herd bereitstellen. Usli Ghee oder Pflanzenöl in einer kleinen Bratpfanne stark erhitzen. Dann Senfsamen zugeben. Einen Deckel oder Spritzschutz bereithalten, da die Samen hochspritzen. Wenn das Spritzen nachläßt, die Pfanne vom Herd nehmen und Asafoetida und Curryblätter hineingeben. Gewürze und Kräuter im Öl 10—15 Sekunden braten lassen, dann den Pfanneninhalt zu den Auberginen geben. Gewürze vorsichtig in die Masse einrühren. Vor dem Servieren erhitzen.

Dieselben Menüvorschläge wie bei Broccoli-Mungobohnen-Eintopf mit Kokosnuß (S. 241).

Schwarze Mungobohnen und Aubergine

(Pahadi Maa Dal)

Diese deftige Zubereitung aus Bohnen, Tomaten, Joghurt und frischem Ingwer, eine Spezialität, die man in den Gegenden entlang der unteren Hänge des Himalaya zubereitet, hat ihr köstliches Aroma vom Senfsamen und den Gewürzen. In diesem Rezept wird die Aubergine nicht als Gemüse verwendet, hier verleiht sie der Sauce Konsistenz. Diese Dal-Zubereitung ist sehr mild. Wenn Sie es schärfer lieben, geben Sie mehr Cayennepfeffer hinein und garnieren Sie das Ganze mit in Streifen geschnittenen grünen Chilischoten.

Für 6 Personen

1 Tasse ganze schwarze Mungobohnen (Sabat Urad)
3 EL feingehackter frischer Ingwer
1½ Tassen gehackte Zwiebeln
1 grüne Paprikaschote, von Samen und Rippen befreit
1—4 scharfe Chilischoten, gehackt
½ TL Cayennepfeffer
2 TL Paprika
1 EL gemahlener Koriander
1 Tasse Naturjoghurt
2½ Tassen Wasser
½ Tasse Aubergine, ungeschält, in 2 cm große Würfel geschnitten
½ Pfund Tomaten, gehackt
grobes Salz nach Belieben
4—5 EL Senföl oder leichtes Pflanzenöl mit
1 TL Senfpulver
1 EL Kreuzkümmelsamen, zerdrückt
1½ Tassen feingehackte Zwiebeln
6 EL gehackte frische Korianderblätter

1. Bohnen mehrmals in frischem Wasser waschen und in eine Schüssel geben. So viel Wasser zugießen, daß die Bohnen mindestens 4 cm hoch mit Wasser bedeckt

sind. 8 Stunden bzw. über Nacht quellen lassen. Wasser abgießen, Bohnen unter fließendem Wasser abbrausen und abtropfen lassen.

2. Bohnen zusammen mit Ingwer, Zwiebeln, Paprikaschote, Chili, Cayennepfeffer, Paprika, Koriander, Joghurt und 1 Tasse Wasser in einen schweren Topf geben und zum Kochen bringen. Bei mittlerer Hitze zugedeckt 1 Stunde kochen lassen. Die restlichen 1½ Tassen Wasser zugießen und zugedeckt weitere 30 Minuten kochen lassen bzw. bis die Bohnen gar sind.

3. Auberginenwürfel und Tomaten zugeben, gut vermischen und etwa 30 Minuten kochen lassen, bis das Gemüse gar und sehr weich ist. Der Inhalt der Pfanne soll wie ein dicker Eintopf aussehen. Mit Salz abschmecken. Leise köcheln lassen, während Sie die parfümierte Butter zubereiten.

4. Gewürze neben dem Herd bereitstellen. Senföl in einer kleinen Bratpfanne erhitzen, bis es raucht. Hitze wegnehmen und das Öl einige Minuten abkühlen lassen. (Wenn Sie Pflanzenöl verwenden, ist dies nicht nötig.) Das Öl wieder sehr heiß werden lassen und Kreuzkümmelsamen hineingeben. Sobald die Samen dunkelbraun werden (ca. 10 Sekunden), Zwiebeln hinzufügen und unter ständigem Rühren rösten, bis sie karamelfarben sind. Falls Sie Senfpulver verwenden, jetzt zugeben. 4 EL gehackte Korianderblätter hinzufügen und einige Sekunden im heißen Öl brutzeln lassen. Den gesamten Pfanneninhalt in den Topf zum Dal geben. Gründlich verrühren und mit dem restlichen gehackten Koriander bestreut servieren.

Zu diesem cremigen, aromatischen Bohnengericht paßt am besten gekochter Reis oder ein Joghurt-Brot (S. 418). Dazu Tomaten-Chutney mit Senfsamen (S. 388) und ein Zucchini-Joghurt-Salat (S. 361). Wenn Sie Gäste haben, servieren Sie dazu Kürbis mit Jaggery (S. 325) und Balsambirnen mit aromatischer Kartoffelfüllung (S. 311).

Schwarze Mungobohnen und Lotoswurzeln mit Knoblauch
(Coorg Urad Dal)

Die Küche von Coorg ist charakteristisch: Sie ist feurigscharf. Dieses Bohnengericht ist keine Ausnahme. Gerichte aus Coorg, beeinflußt von der Küche von Maharaschtra und Mysore, werden mit Asafoetida, Kreuzkümmel und Koriander gewürzt. Chilischoten jeder Art und Menge geben Geschmack und Schärfe. Dieses einzigartige Rezept verdanke ich meiner Schwester Chitra. Die Lotoswurzeln verleihen den Bohnen ein erdiges Aroma und dem Gericht eine knackige Konsistenz.

Für 6 Personen

1 Tasse ganze schwarze Mungobohnen (Sabat Urad)
3 Tassen Wasser
1 Pfund Lotoswurzeln (oder Wasserkastanien oder Kartoffeln)

Für die parfümierte Butter:
4 EL leichtes Sesam- oder Pflanzenöl
½ TL gemahlenes Asafoetida
2 TL gehackter Knoblauch
1½ EL geriebener oder zerstoßener frischer Ingwer
4 scharfe grüne Chilischoten, gehackt
1 EL gemahlener Kreuzkümmel
1 TL Cayennepfeffer
1 TL Kurkuma
4 EL kleingehackte frische Korianderblätter
Zitronensaft
6 scharfe grüne Chilischoten zum Garnieren

1. Bohnen mehrmals in frischem Wasser waschen und in eine Schüssel geben. So viel Wasser zugießen, daß die Bohnen mindestens 4 cm hoch mit Wasser bedeckt sind. 8 Stunden bzw. über Nacht quellen lassen. Unter fließendem Wasser abbrausen und abtropfen lassen.
2. Bohnen zusammen mit 3 Tassen Wasser in einen Topf geben und zum Kochen bringen. Bei mittlerer Hitze zugedeckt 45 Minuten kochen lassen.
3. Während die Bohnen kochen, Lotoswurzeln zubereiten: Lotoswurzeln (oder Wasserkastanien) schälen und in $^1/_3$ cm dicke Scheibchen schneiden. Gründlich waschen und abtropfen lassen. Falls Sie Kartoffeln verwenden, schälen und in 1 cm große Würfel schneiden.
4. Lotoswurzeln zu den Bohnen geben und zugedeckt weitere 15 Minuten kochen lassen. Dann die parfümierte Butter zubereiten.
5. Gewürze neben dem Herd bereitstellen. Öl in einer kleinen Bratpfanne erhitzen. Asafoetida darin 15 Sekunden braten lassen. Knoblauch, Ingwer und Chili beifügen. Unter Rühren und Schütteln der Pfanne 30 Sekunden mitrösten. Kreuzkümmel, Cayennepfeffer und Kurkuma zugeben und 30 Sekunden braten lassen. Koriander beifügen, Pfanne einige Sekunden schütteln und den gesamten Pfanneninhalt zu den Bohnen geben. Zitronensaft zugießen — etwa 2 EL oder nach Belieben. Alles gründlich vermengen. Mit Chilischoten garniert servieren.

Dieselben Menüvorschläge wie bei Auberginen-Linsen-Chili-Eintopf (S. 248).

Unreife Pfirsiche und Kichererbsen mit Fenchel

(Manali Aadoo Dal)

An den Hängen des Himalaya, wo die Landschaft von Obstgärten geprägt ist, liegt Manali. Dort wird zu besonderen Anlässen das Obst in unreifem Zustand gepflückt und mit Kichererbsen in einer delikaten Fenchel-Ingwer-Sauce gekocht. Natürlich hat das Senföl auch einen wichtigen Anteil am charakteristischen Aroma dieses Gerichts.

Für 4 Personen

1/3 Tasse Senföl oder leichtes Pflanzenöl
1 1/2 TL Kreuzkümmelsamen
3/4 TL Fenchelsamen
3 EL geraspelter frischer Ingwer
1 1/2 Tassen gehackte Zwiebeln
5 scharfe grüne Chilischoten, gehackt
1 1/2 TL gemahlener Koriander
2 EL gemahlene Mandeln
1 Pfund harte, unreife Pfirsiche (oder Nektarinen), geschält, entsteint und in dicke Scheiben geschnitten
1 Dose Kichererbsen (20 Unzen), Flüssigkeit in eine Schüssel abgießen und aufbewahren
1 TL Mangopulver (oder 1 EL Zitronensaft)
1/2 TL Garam Masala (S. 79)

1. Gewürze neben dem Herd bereitstellen. Öl in einer schweren Pfanne sehr heiß werden lassen. Dann kurz abkühlen lassen. (Wenn Sie Pflanzenöl benützen, ist dies nicht nötig.)
2. Öl noch einmal erhitzen, dann Kreuzkümmel und Fenchel hineingeben. Wenn die Gewürze dunkelbraun werden (ca. 10 Sekunden), Ingwer beifügen und 10

oder 15 Sekunden brutzeln lassen. Zwiebeln zugeben und unter ständigem Rühren goldbraun braten (ca. 8 Minuten). Chili, Koriander und Mandeln beifügen und weitere 2 Minuten anrösten.

3. Pfirsiche zugeben und ein paarmal umwenden, damit sie von den Gewürzen bedeckt werden. Kichererbsen und Mangopulver einrühren. Falls die Mischung sehr dick aussehen sollte, einige EL von der Flüssigkeit aus der Kichererbsen-Dose zugießen. Zudecken und bei schwacher Hitze 20 Minuten kochen lassen, oder bis die Aromen sich vermischt haben und die Pfirsiche gar sind. Falls nötig, noch mehr Kichererbsen-Flüssigkeit zugießen. Mit Garam Masala besprenkelt servieren.

Dieselben Menüvorschläge wie bei Schwarze Mungobohnen und Aubergine (S. 252).

Kürbis und halbe Erbsen mit Kampferbasilikum

(Lau Dal)

Die Bewohner der östlichen Gebiete haben die Angewohnheit, Kürbis mit gelben halben Erbsen zusammen zu kochen. In Assam, nahe der birmanischen Grenze, haben die Frauen etwas Besonderes entdeckt: Sie fügen dem Gericht Kampferbasilikum bei. Ich liebe das hypnotisierende Aroma von Kampferbasilikum. Da es hier aber nicht erhältlich ist, verwende ich statt dessen eine Mischung aus Basilikum und Sternanis.

Für 4—6 Personen

⅓ Tasse frische Kampferbasilikumblätter, fest zusammengedrückt, oder
4 Sternanissamen
1 Tasse gelbe halbe Erbsen
1 Prise Kurkuma
3 Lorbeerblätter
1 kleine Zwiebel, geschält und gehackt
2 Tassen Wasser
2 Pfund Kürbis, geschält und in 4 cm große Würfel geschnitten
1 Tasse Wasser
5 EL Usli Ghee (oder eine Mischung aus Butter und leichtem Pflanzenöl)
1½ TL Kreuzkümmelsamen
2 EL geraspelter frischer Ingwer
2—4 scharfe grüne Chilischoten, in Streifen geschnitten
1 TL Zucker
grobes Salz nach Belieben

1. Basilikum grob hacken. Beiseite stellen.
2. Halbe Erbsen, Kurkuma, Lorbeerblätter, Zwiebel und, falls Sie Basilikum verwenden, Sternanis zusammen mit 2 Tassen Wasser in einen tiefen Topf geben und zum Kochen bringen. Lose zugedeckt bei mittlerer Hitze 20 Minuten kochen lassen.
3. Kürbis zusammen mit 1 Tasse Wasser zugeben und wieder aufkochen lassen. Bei mittlerer Hitze zugedeckt weitere 20 Minuten kochen lassen. Hitze wegnehmen. In eine Servierschüssel oder in Suppenteller geben.
4. Usli Ghee in einer kleinen Bratpfanne sehr heiß werden lassen und Kreuzkümmelsamen zugeben. Sobald der Kreuzkümmel dunkelbraun wird (ca. 15—20 Sekunden), Ingwer und Chili beifügen. Hitze auf niedrige Stufe schalten und alles 30 Sekunden brutzeln lassen. Kampferbasilikum (oder gewöhnliches Basilikum) zugeben und die Mischung noch einmal 30 Sekunden braten lassen. Den Pfanneninhalt in die Kürbis-Erbsen-Mischung

geben. Mit einer Gabel ein- oder zweimal umrühren, damit sich die parfümierte Butter gut verteilt. Sofort servieren.

Zu diesem milden Eintopf schmeckt am besten Brot und eine Portion Auberginen-Joghurt-Salat (S. 362). Dazu, würzig-erfrischend, Schnelles Zwiebel-Tomaten-Gurken-Relish (S. 373). Soll es anspruchsvoller sein, sind auch Champignons mit Ingwer und grünem Chili (S. 315) oder Neue Kartoffeln mit Bockshornkleeblättern (S. 324) als Beilage geeignet.

Kürbis-Bohnen-Eintopf

(Sabzi Dhan Shak)

»Dhan Shak« — ein berühmtes Gericht aus der Küche der Parsen in Bombay. Die Parsen, Anhänger des Zarathustra, gehören zu einer religiösen Sekte, die im 9. Jahrhundert wegen religiöser Verfolgung aus Persien geflüchtet ist. »Dhan Shak« besteht aus mehreren Sorten Linsen, Bohnen, Erbsen und Kürbis und wird mit Ingwer, Knoblauch und Chili gewürzt. Es ist die klassische Gewürzmischung der Parsen, »Dhanajeera«, die diesem deftigen Gericht sein charakteristisches Aroma gibt.

Für 6—8 Personen

Für die Bohnen:
¾ Tasse gelbe halbe Erbsen (Channa Dal)
¼ Tasse gelbe Mungobohnen (Moong Dal)
¾ Tasse rosa Linsen (Masar Dal)
4½ Tassen Wasser
1 EL feingehackter frischer Ingwer
1½ TL gehackter Knoblauch
2 TL Parsi Dhanajeera Masala (S. 83) oder Garam Masala (S. 79)
¼ TL gemahlene Gewürznelken
1½ TL Kurkuma
½—1 TL Cayennepfeffer
2 Lorbeerblätter
4—8 scharfe grüne Chilischoten, gehackt

Für das Gemüse:
¾ Pfund Tomaten, gehackt
¾ Pfund Kürbis, geschält und in 4 cm große Würfel geschnitten
1 große Zwiebel, in 2½ cm große Stücke geschnitten
1 Tasse Maiskörner (frisch oder tiefgekühlt)
8—12 Spinatblätter (frisch oder tiefgekühlt)
2 Tassen Wasser

Für die Würze:
5 EL Usli Ghee (S. 55) oder leichtes Pflanzenöl
1 TL schwarze Senfsamen
1½ TL gemahlener Kreuzkümmel
1 Tasse feingehackte Zwiebeln
1 TL gehackter Knoblauch
1 EL Zitronensaft
¼ Tasse gehackte frische Korianderblätter

1. Sämtliche Zutaten für die Bohnen in einen 6 Liter fassenden Topf geben und zum Kochen bringen. Hitze auf mittlere Stufe zurückschalten und leicht zugedeckt 35—40 Minuten kochen lassen bzw. bis alles gar, aber nicht musig ist.
2. Das Gemüse zusammen mit 2 Tassen Wasser hinzufügen und die Mischung wieder aufkochen lassen. Leicht zugedeckt 15 Minuten kochen lassen bzw. bis das Gemüse gar ist. Es sollte aber noch Konsistenz haben. Hitze wegnehmen.

3. Gewürze neben dem Herd bereitstellen. Usli Ghee oder Pflanzenöl in einer kleinen Bratpfanne sehr heiß werden lassen. Dann Senfsamen hineingeben. Einen Deckel oder Spritzschutz bereithalten, da die Samen hochspritzen. Wenn das Spritzen nachläßt, Kreuzkümmel hinzufügen. Sobald sich der Kreuzkümmel dunkel verfärbt, gehackte Zwiebeln zugeben und unter Rühren 5 Minuten mitrösten bzw. bis sie braun sind. Knoblauch zugeben und 10 Sekunden brutzeln lassen. Zitronensaft und Koriander hinzufügen und den Pfanneninhalt zum Gemüse geben. Das Ganze vorsichtig vermischen. Nach Belieben mit gehackten frischen Korianderblättern bestreut servieren.

Traditionsgemäß reicht man zu diesem Gericht einfachen gekochten Reis. Ich serviere es aber auch gern mit einem Brot wie Gerstenbrot mit Dill, Knoblauch und grünen Chilischoten (S. 424) oder mit Fritiertem Brot mit Mohnsamen (S. 412).

Getrocknete Bohnenklöße in würziger Tomatensauce

(Vadee)

In Kaschmir, dem nördlichsten Staat Indiens, bereiten die Frauen an kalten Wintertagen aus an der Sonne getrockneten Bohnenklößen und Gemüse eine Delikatesse zu, die einem den Mund wäßrig macht. »Vadee« (getrocknete Klöße), eine Spezialität der Brahmanen, werden mit aromatischen Bockshornkleeblättern und süßem Senföl gewürzt. Durch die Zugabe von Kartoffeln wird dieses Gericht sehr sättigend. »Vadee« sind in indischen Lebensmittelgeschäften erhältlich.

Für 8 Personen

2 Tassen würzige getrocknete Bohnenklöße, selbstgemacht (S. 261) oder gekauft
8 EL Senföl oder leichtes Pflanzenöl
2 Tassen Zwiebeln, in dünne Scheiben geschnitten
3 EL geraspelter Ingwer
1½ TL gemahlener Kreuzkümmel
1½ TL gemahlener Koriander
1 TL Kurkuma
½ TL Cayennepfeffer
½ Tasse gehackte frische Bockshornkleeblätter (oder 2 TL getrocknete Bockshornkleeblätter oder 1½ Tassen gehackter frischer Spinat)
4 mittelgroße Tomaten (ca. 1 Pfund), gehackt
3 mittelgroße Kartoffeln, geschält und in ½ cm dicke Scheiben geschnitten
6 Tassen Wasser
4 EL gehackte frische Korianderblätter
grobes Salz nach Belieben
8—12 Curryblätter (Kari), frisch oder getrocknet, nach Belieben

1. Wenn Sie gekaufte »Vadee« verwenden, in kleine Stücke zerteilen.
2. Senföl in einer großen, schweren Pfanne erhitzen, bis es raucht. Vom Herd nehmen und das Öl kurz abkühlen lassen. (Wenn Sie Pflanzenöl verwenden, ist dies nicht nötig.) Das Öl nochmals erhitzen, dann die »Vadee« hineingeben. Bei mittlerer Hitze unter häufigem Wenden braten, bis sie rundum schön gebräunt sind (ca. 2 Minuten). Mit einem Schaumlöffel herausnehmen und auf einem Teller beiseite stellen.
3. Zwiebeln und Ingwer in dasselbe Öl geben. Unter ständigem Rühren darin rösten, bis die Zwiebeln goldbraun sind. Kreuzkümmel, Koriander, Kurkuma und Cayennepfeffer hinzufügen. 1 Minute umrühren. Bockshornkleeblätter und Tomaten zugeben. Gut vermischen

und unter Rühren kochen lassen, bis die Sauce dickflüssig ist (ca. 10 Minuten).
4. Geröstete »Vadee«, Kartoffeln und 5 Tassen Wasser zugeben und zum Kochen bringen. Bei mittlerer Hitze zugedeckt 30 Minuten kochen lassen. Aufpassen, daß die Sauce nicht zu schnell eindickt. Die restliche Tasse Wasser und die Hälfte der gehackten Korianderblätter unterrühren. Von der Hitze nehmen und den Topf zugedeckt 15 Minuten stehenlassen. Dann Salz und Curryblätter dazugeben. Vor dem Servieren mit den restlichen gehackten Korianderblättern garnieren.

Als Beilage empfiehlt sich gekochter Reis oder ein einfaches Brot, wie zum Beispiel Fritiertes Brot mit Mohnsamen (S. 412) oder Vollkornbrot mit Fenchel (S. 410). Reichen Sie dazu ein Joghurt-Getränk (siehe Getränke). Für ein aufwendigeres Essen dieselben Menüvorschläge wie bei Schwarzen Mungobohnen und Aubergine (S. 250).

Getrocknete Bohnenklöße
(Badian)

Ergibt 2 Tassen

1 Tasse gelbe halbe Mungobohnen (Moong Dal) oder weiße halbe Bohnen (Urad Dal)
4 scharfe grüne Chilischoten
½ cm dicke Scheibe frischer Ingwer, geschält
¼ TL Kreuzkümmelsamen
¼ TL gemahlenes Asafoetida
1 TL grobes Salz
½ TL zerstoßene schwarze Pfefferkörner

1. Bohnen verlesen und waschen, dann unter fließendem Wasser gründlich abspülen. Bohnen in eine Schüssel geben und so viel Wasser zugießen, daß sie minde-

stens 2½ cm hoch mit Wasser bedeckt sind. 2 Stunden quellen lassen. Wasser abgießen und Bohnen noch einmal abbrausen und gut abtropfen lassen.

2. Bohnen zusammen mit Chilischoten, Ingwer, Kreuzkümmelsamen und Asafoetida in den Aufsatz einer Küchenmaschine oder eines Mixers geben und grob zerkleinern (ca. 1½—2 Minuten). Schalten Sie die Maschine alle 30 Sekunden aus, um die Masse von den Seitenwänden herunterzukratzen. Salz und Pfeffer zugeben und weitere 15 Sekunden verarbeiten. Dann den Bohnenteig in eine Schüssel geben.

3. Ein Backblech mit einer doppelten Lage Musselin auslegen. Mit einem Teelöffel Teighäufchen abstechen und auf das Backblech setzen.

4. Bohnenteig im Freien (schattig!) drei oder vier Tage trocknen lassen, bis die Klöße ganz trocken sind. Oder aber das Backblech 1 Stunde in einen warmen Ofen stellen, die Ofentür etwas offen lassen. Den Ofen ausschalten und die Teighäufchen ein oder zwei Tage im Ofen lassen, bis sie ganz trocken sind.

Die Klößchen kann man in einem luftdichten Behälter bis zu 3 Monate lang aufbewahren.

GEMÜSE MIT MILCHPRODUKTEN

Malabar-Gemüse, in Kokosnuß und Joghurt geschmort

(Avial)

»Avial« ist ein kulinarisches Meisterwerk aus Malabar. Es wird aus mehreren Sorten Kürbis, Wurzel- und Blattgemüse zubereitet, die in einer mit Kreuzkümmel gewürzten Joghurt-Kokosnuß-Sauce gegart werden. Unreife Mangos verleihen dem Gericht einen herben Geschmack (Tamarinden sind in Malabar knapp). Allerdings würde die Tamarinde auch die perlweiße Sauce häßlich verfärben. Die Mischung aus Kokosnuß und Joghurt gibt der Sauce ihren vollen Geschmack und ihre sämige Konsistenz. Die besondere Note erhält das Gericht dadurch, daß man kurz vor dem Servieren frisch gepreßtes, mit Curryblättern und Asafoetida parfümiertes Kokosöl beigibt.

Anmerkung: Das Kokosöl muß absolut frisch sein; es darf auf keinen Fall ranzig schmecken. Wenn Sie sich nicht ganz sicher sind, verwenden Sie lieber eines der anderen vorgeschlagenen Öle.

Für 6—8 Personen:

6—8 kleine Kartoffeln (ca. 1 Pfund)
3/4 Pfund grüne Bohnen
2 mittelgroße grüne Paprikaschoten (ca. 1/2 Pfund)
1/3 TL Kurkuma
2 Tassen Wasser
1 Tasse grüne Erbsen (frisch oder tiefgekühlt)
1 Tasse frische Kokosraspeln, fest zusammengepreßt
1 1/2 TL Kreuzkümmelsamen
4 scharfe grüne Chilischoten
1/2 Tasse Wasser
1 Tasse Naturjoghurt
grobes Salz nach Belieben

Für das parfümierte Öl:
2 EL Kokosöl (oder leichtes Sesam- oder Erdnußöl)
12 Curryblätter (Kari), frisch oder getrocknet
1/4 TL Asafoetida

1. Kartoffeln waschen, mit Küchenpapier trockentupfen. Ungeschält halbieren, gröbere Kartoffeln vierteln. Grüne Bohnen waschen und die Spitzen entfernen. In 2 1/2 cm lange Stücke schneiden. Paprikaschoten waschen und halbieren. Die Rippen und die Samen entfernen, Paprika in 2 1/2 cm große Stücke schneiden.
2. Kartoffeln und Bohnen zusammen mit dem Kurkuma und 2 Tassen Wasser in einen schweren emaillierten Topf geben und zum Kochen bringen. Leicht zugedeckt bei mittlerer Hitze 7 Minuten kochen lassen.
3. Erbsen hinzufügen und weitere 3 Minuten kochen lassen. Gemüse in einem Sieb abtropfen lassen.
4. Kokosraspel, Kreuzkümmelsamen und Chili zusammen mit 1/2 Tasse Wasser in den Aufsatz eines elektrischen Mixers oder einer Küchenmaschine geben. Fein pürieren.
5. Das gekochte Gemüse zusammen mit der pürierten

Kokosmischung zurück in den Topf geben und zum Kochen bringen. Zugedeckt auf kleiner Flamme 8 Minuten köcheln lassen. Joghurt mit einem Schneebesen glattrühren und zusammen mit dem Salz in das köchelnde Gemüse geben. Weitere 2 Minuten kochen lassen. Das Gemüse leise weiterköcheln lassen, während Sie das parfümierte Öl zubereiten.
6. Das Öl in einer kleinen Bratpfanne stark erhitzen. Sobald es heiß ist, die Pfanne vom Herd nehmen und Curryblätter und Asafoetida hineingeben, 5 Sekunden brutzeln lassen. Pfanneninhalt in den Topf zum Gemüse geben. Gut vermischen und servieren.

Mit gekochtem Reis und Linsenwaffeln servieren. Als Getränk empfiehlt sich Ingwerlimonade (S. 491).

In Joghurt und Gewürzen geschmortes Gemüse nach Art von Patna

(Patna Korma)

Patna, die Hauptstadt von Bihar, hat eine sehr lange, reiche Geschichte. Dies ist das Gebiet, einst Zentrum des Magadha-Reichs, wo Buddha ruhelos umherwanderte, bis ihm 100 Meilen weiter südlich in Gaja die Erleuchtung wurde. Das reiche, mehrere Jahrtausende alte Kulturerbe spiegelt sich in der Regionalküche wider: Sie ist einfach, aber komplex im Geschmack, vielfältig, doch fein gewürzt. »Patna Korma« wird mit Kreuzkümmel und Koriander parfümiert und in einer delikaten, samtenen Sauce aus Joghurt, Mandeln und Tomaten serviert. Die Kartoffeln können Sie auch durch Möhren ersetzen.

Für 6 Personen:

8 EL leichtes Pflanzenöl
1 Tasse feingehackte Zwiebeln
2 EL gemahlener Kreuzkümmel
2 EL gemahlener Koriander
½ TL Kurkuma
¼—½ TL Cayennepfeffer (nach Belieben)
¼—½ TL schwarzer Pfeffer
½ TL feingehackter Knoblauch
3 EL geraspelter oder zerstoßener frischer Ingwer
1 Tasse Naturjoghurt
4 EL Tomatenpüree aus der Dose
2 EL gemahlene Mandeln
2 mittelgroße Kartoffeln, geschält und geviertelt
1 kleine Aubergine (½ Pfund), ungeschält, in 4 cm große Würfel geschnitten
1 mittelgroßer Kürbis (½ Pfund), in 4 cm dicke Scheiben geschnitten
20 grüne Bohnen (½ Pfund), in 5 cm lange Stücke geschnitten
½ Tasse Wasser
grobes Salz nach Belieben
¾ TL Garam Masala (S. 79)
gehackte frische Korianderblätter zum Garnieren

1. Gewürze neben dem Herd bereitstellen. Öl in einer schweren Pfanne erhitzen, Zwiebel hineingeben und unter Rühren hellbraun rösten. Kreuzkümmel, Koriander, Kurkuma, Cayennepfeffer und schwarzen Pfeffer zugeben. Gut vermischen und 5 Sekunden brutzeln lassen. Knoblauch und Ingwer hinzufügen und 2 Minuten mitrösten. Joghurt, stets 2 EL auf einmal, zugeben und die Mischung unter Rühren kochen lassen, bis sie andickt.
2. Tomatenpüree und gemahlene Mandeln zugeben und 2 Minuten weiterkochen lassen. Ständig rühren, damit es nicht anbrennt. Kartoffeln untermischen, Wärmezufuhr reduzieren und das Ganze zugedeckt ca. 8 Mi-

nuten schmoren lassen. Aubergine, Kürbis und Bohnen zusammen mit $1\frac{1}{2}$ Tassen Wasser und Salz zugeben. Gut verrühren und zugedeckt weitere 20 Minuten schmoren. Garam Masala darüberstreuen und mit feingehackten Korianderblättern garniert servieren.

Servieren Sie »Patna Korma« mit einem Brot, wie zum Beispiel Gerstenbrot mit Dill, Knoblauch und grünen Chilischoten (S. 424) oder mit Tomaten-Pilaw (S. 436). Für eine anspruchsvollere Mahlzeit dieselben Menüvorschläge wie bei Blumenkohl, Auberginen und Kartoffeln in Kräutersauce (S. 228).

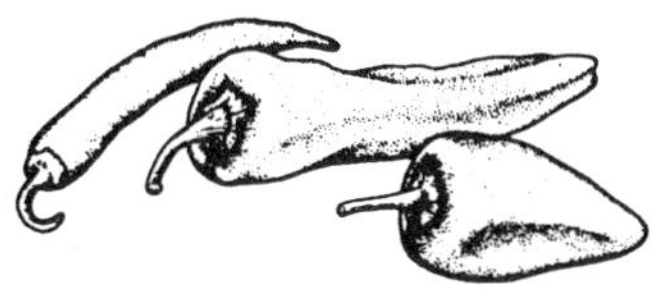

Indischer Käse und rote Paprikaschoten in aromatischer Spinatsauce

(Saag Paneer)

Indischer Käse (Paneer) ist eine Delikatesse, die alle Inder und besonders Vegetarier schätzen. Hier wird Paneer in einer mit Zwiebeln und Kreuzkümmel gewürzten Spinatsauce gekocht. Ich gebe noch süße Paprikaschoten dazu; das glänzende Rot der Paprika und die elfenbeinfarbenen Käsestücke auf der moosgrünen Sauce bilden eine herrliche Farbkombination.

Für 4—6 Personen

Indischer Käse (Paneer), aus 8 Tassen Milch hergestellt (S. 51) oder die entsprechende Menge Tofu (8 Unzen)
2 Tassen gekochter Spinat
1 grüne Paprikaschote, vom Stengel befreit und entkernt
6—8 EL leichtes Pflanzenöl
1/3 Tasse Weizenmehl zum Bestäuben
1 1/2 Tassen feingehackte Zwiebeln
2 EL geraspelter oder zerstoßener frischer Ingwer
1/2 TL Kurkuma
4 scharfe grüne Chilischoten, feingehackt
1/2 Tasse Wasser
grobes Salz nach Belieben
2 mittelgroße rote Paprikaschoten, vom Stengel befreit und entkernt, in 2 1/2 cm breite Streifen geschnitten
2 TL Garam Masala (S. 79)

1. Käsestücke in einer einfachen Lage auf einem mit Küchenpapier belegten Backblech ausbreiten und 10 Minuten trocknen lassen. Dadurch behalten sie während des Kochens ihre Form.
2. Spinat und grüne Paprikaschote zusammen in einer Küchenmaschine oder im Mixer pürieren. Das Püree soll so fein und samtig wie möglich sein.
3. 4 EL Öl in einer großen, schweren Pfanne erhitzen. Paneer leicht mit Mehl bestäuben und in die Pfanne geben. Eine Portion nach der anderen unter Rühren und Wenden hellgelb rösten (jeweils ca. 2—3 Minuten). Aufpassen, daß der Käse nicht anbrennt, Käsestücke herausnehmen, auf einen Teller geben und beiseite stellen.
4. Weitere 2 EL Öl zusammen mit der gehackten Zwiebel in dieselbe Pfanne geben. Zwiebel unter ständigem Rühren braun rösten. Ingwer beifügen und 2 Minuten mitrösten. Kurkuma und Chili zugeben, einige Se-

kunden umrühren, dann den Spinat zusammen mit ½ Tasse Wasser, Salz und roter Paprikaschote hineingeben. Gut durchmischen und zum Kochen bringen. Wärmezufuhr reduzieren und zugedeckt 2 Minuten kochen lassen. Die gerösteten Käsestücke zugeben, nochmals gut vermischen und 2 Minuten weiterkochen lassen. Garam Masala einrühren.

Vor dem Servieren gründlich erhitzen und nach Belieben die restlichen 2 EL Öl einrühren, um die Sauce noch glänzender und milder zu machen.
»Saag Paneer«, reich an Eiweiß und Nährstoffen, eignet sich mit frischem Mais-Brot (S. 406) oder mit Mais-Brot mit Rettich (S. 422) gut als leichtes Mittagessen. Wenn Sie größeren Hunger haben, servieren Sie als Beilage Auberginen und Kartoffeln mit Bockshornklee (S. 311). Trinken Sie dazu Kalorienarmes Papaja-Getränk (S. 499) oder Eiskaltes Joghurt-Getränk mit Minze (S. 496).

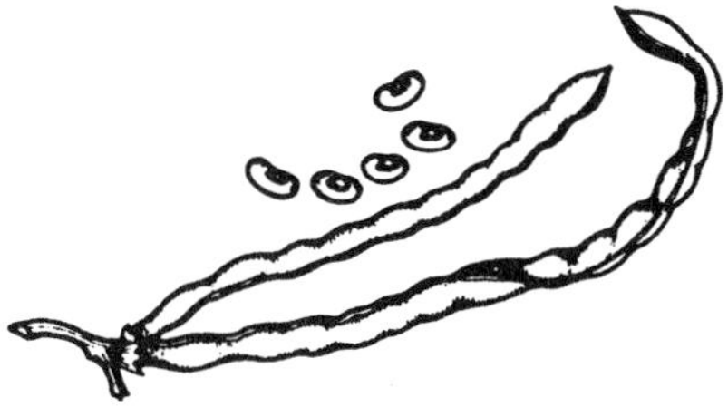

Aubergine mit Käse-Kräuter-Füllung

(Bhara Paneer Baigan)

Diese gefüllten Auberginen sind bei den Anglo-Indern sehr beliebt. Sie können statt Aubergine auch Zucchini oder Kürbis nehmen. Vergessen Sie dann nicht, die Kochzeit entsprechend zu ändern.

Für 2 Personen

1 Aubergine (1 Pfund)
4 EL leichtes Pflanzenöl
¾ Tasse gehackte Zwiebeln
1 EL geraspelter oder zerstoßener frischer Ingwer
¾ TL Cayennepfeffer
1½ TL gemahlener Koriander
¾ Tasse feingehackte Tomaten
¼ Tasse feingehackte grüne Paprikaschote
Indischer Käse (Chenna), aus 4 Tassen Vollmilch hergestellt (S. 50)
1 EL Zitronensaft
1 TL grobes Salz oder nach Belieben
Gehackte Korianderblätter zum Garnieren

1. Den Ofen auf 190° C vorheizen.
2. Aubergine halbieren. Fruchtfleisch herauslöffeln und fein hacken. Ausgehöhlte Auberginenhälften beiseite stellen.
3. Eine Bratfpanne bei starker Hitze 3 Minuten heiß werden lassen, 2 EL Öl zusammen mit den Zwiebeln zugeben und 3 Minuten braten. Ingwer hinzufügen und weitere 2 Minuten mitrösten. Cayennepfeffer und Koriander zugeben, Pfanne einige Sekunden schütteln, dann das feingehackte Auberginenfruchtfleisch zufügen. Hitze auf mittlere Stufe reduzieren und alles unter Rühren schmoren lassen (ca. 7 Minuten).
4. Tomaten, grüne Paprikaschoten und Käse zugeben und leicht verrühren. Die Mischung 1 Minute kochen

lassen. Hitze ausschalten. Zitronensaft und Salz einrühren.
5. Auberginenhälften in eine ofenfeste Schüssel geben. Füllung in die Hälften geben. Das restliche Öl darüberträufeln. Mit Alufolie abdecken und auf mittlerer Schiene 30 Minuten backen. Aulufolie entfernen und weitere 15 Minuten backen.

Vor dem Servieren mit gehackten Korianderblättern bestreuen und nach Belieben ein wenig Tamarinden-Chutney (S. 383) oder Koriander-Chutney (S. 382) dazugeben. Diese gefüllten Auberginen eignen sich hervorragend als Vorspeise. Reichen Sie dazu ein Brot oder einfachen gekochten Reis. Eine gute Beilage ist auch Nordindischer Gemüsesalat (S. 349).

Paprika mit Käse-Frühlingszwiebel-Füllung in afghanischer Sauce

(Peshavari Bhara Mirch)

In Peshawar, dem nordwestlichen Grenzgebiet in Pakistan (einst Teil Indiens) werden grüne Paprikaschoten halbiert und die Hälften mit einer Mischung aus Käse und Kartoffeln gefüllt. Das Ganze wird in der Pfanne angebraten. Die Kartoffeln entwickeln dabei ein wunderbares Aroma. Die gefüllten Paprika serviert man in einer Tomatensauce, die mit Fenchel und Kreuzkümmel gewürzt ist. Statt Paprika können Sie auch Zwiebeln nehmen. Das Gericht sieht appetitlich aus und eignet sich hervorragend für Einladungen.

Für 4 Personen

4 mittelgroße grüne oder rote Paprikaschoten
Indischer Käse (Chenna), aus 10 Tassen Milch hergestellt (S. 50)
½ Tasse feingehackte Frühlingszwiebeln, sowohl das Weiße als auch das Grün
4 scharfe grüne Chilischoten, fein gehackt
⅓ Tasse feingehackte frische Korianderblätter
2 EL Weizenmehl
5—6 EL leichtes Pflanzenöl
½ TL Kreuzkümmelsamen
2 EL geraspelter oder zerstoßener frischer Ingwer
4 mittelgroße Kartoffeln, gekocht, geschält und grob zerdrückt
1 EL Zitronensaft
grobes Salz nach Belieben
1 Tasse Afghanische Sauce (S. 273)
frischer Koriander zum Garnieren (nach Belieben)

1. Paprikaschoten waschen und trockentupfen. Halbieren. Rippen entfernen.
2. Käse, Frühlingszwiebeln, Chili, Koriander und Mehl in eine kleine Schüssel geben. Gut vermengen und beiseite stellen.
3. 3 EL Öl in einer großen Pfanne heiß werden lassen, dann die Kreuzkümmelsamen hineingeben. Wenn die Samen dunkelbraun sind (15 Sekunden), Ingwer hinzufügen und 10 Sekunden braten lassen. Kartoffeln zugeben und unter Rühren so lange braten, bis sie gut mit Öl und Gewürzen bedeckt sind und etwas Farbe angenommen haben. Hitze wegnehmen. Zitronensaft und Salz zugeben. Kartoffeln kurz abkühlen lassen.
4. Käse- und Kartoffel-Mischung jeweils in 8 gleiche Portionen teilen. Paprikahälften zuerst mit der Käse-Mischung füllen, die Füllung leicht festdrücken. Kartoffelmischung daraufgeben und mit einem Spatel glattstreichen.
5. Pfanne bei mittelstarker Hitze heiß werden lassen.

2 EL Öl hineingeben und die Paprikaschoten in einfacher Lage mit der Füllung nach oben hineinlegen. Paprika bei mittlerer bis schwacher Hitze zugedeckt 10—12 Minuten braten lassen, bis die Schoten gar, aber noch knackig sind. Deckel abnehmen, auf starke Hitze schalten und weiterkochen, bis alle Flüssigkeit verdampft ist und die Paprikaschoten anfangen zu bräunen. Dabei die Pfanne hin- und herrütteln.

6. Die Schoten vorsichtig wenden. Die Füllung liegt jetzt unten. Die restlichen 2 oder 3 EL Öl darüberträufeln. Hitze auf mittlere Stufe schalten, die Pfanne ständig schütteln und die Schoten weiterbraten lassen, bis die Kartoffelfüllung eine schöne braune Kruste bekommt (10 bis 12 Minuten).

Afghanische Sauce auf eine flache Servierplatte geben. Paprika mit der Füllung nach oben in die Sauce legen und servieren. Nach Belieben mit Koriander garnieren.

Afghanische Sauce

(Peshavari Shorva)

Ergibt 1 Tasse

6 EL leichtes Pflanzenöl
½ Tasse feingehackte Zwiebeln
3 scharfe grüne Chilischoten
1 große Zehe Knoblauch, fein gehackt
2 mittelgroße Tomaten, fein gehackt
½ TL gemahlener Kreuzkümmel
½ TL gemahlener Fenchelsamen
⅓ Tasse Naturjoghurt, mit einer Gabel leicht verrührt
grobes Salz nach Belieben

Öl in einer kleinen Pfanne heiß werden lassen. Zwiebeln darin bei mittlerer Hitze anbräunen (ca. 10 Minuten).

Sämtliche restlichen Zutaten hinzufügen, bis sich das Öl von der Sauce absetzt. Dieser Vorgang dauert etwa 30 Minuten. Während des Kochens ca. 3 EL Wasser zugießen, umrühren, damit nichts anbrennt. Hitze ausschalten, Sauce abmessen und so viel Wasser zugeben, daß Sie etwas mehr als eine Tasse haben. Sauce zurück in die Pfanne gießen und vor dem Servieren noch einmal erhitzen.

Dieselben Menüvorschläge wie bei Indischer Käse und rote Paprikaschoten in aromatischer Spinatsauce (S. 267).

Tofuklößchen mit Tomaten in einer mit Bockshornklee aromatisierten Joghurtsauce

(Haiderabad Tamatar Kadhi)

»Kadhi«, ein Klassiker aus der nördlichen Provinz Indiens, ist eine der beliebtesten Zubereitungen in der indischen vegetarischen Küche. Klößchen aus Kirchererbsenteig werden in einer würzigen Joghurtsauce geschmort. In Nordindien serviert man sie traditionsgemäß Sonntag mittag auf einer Lage Reis. Inzwischen sind sie auch in vielen anderen Regionen populär. Dadurch haben sich höchst interessante und leckere Variationen herausgebildet. In diesem Rezept aus Haiderabad wird die Joghurtsauce mit Bockshornkleesamen gewürzt.

Für 6—8 Personen

Für die Klößchen:
2 Tassen Kichererbsenmehl (Besan)
2 TL gemahlener Koriander
1/4 TL Cayennepfeffer
1/4 Tasse Naturjoghurt
1/2 Tasse warmes Wasser oder mehr, nach Bedarf
1 Prise Backpulver
grobes Salz nach Belieben
1 Zwiebel, geschält und in dünne Scheiben geschnitten
1 Kartoffel, geschält und in dünne Scheiben geschnitten
2 Portionen Tofu, in 1 1/4 × 1 1/4 × 2 1/2 cm große Stücke geschnitten
Erdnuß- oder Maiskeimöl (das Öl soll 7 1/2 cm hoch in einer Friteuse stehen)

Für die Sauce:
2 Tassen Naturjoghurt
2/3 Tasse Kichererbsenmehl (Besan)
6 Tassen kaltes Wasser
1/2 TL Kurkuma
2 TL gemahlener Koriander
grobes Salz nach Belieben
4 EL leichtes Sesam- oder Pflanzenöl
1/2 TL Bockshornkleesamen
1 TL Kreuzkümmelsamen
4 scharfe grüne Chilischoten, fein gehackt
9 Tomaten, halbiert
2 mittelgroße Zwiebeln, in dünne Scheiben geschnitten

1. Aus Kichererbsenmehl, Koriander, Cayennepfeffer, Joghurt, Wasser, Backpulver und Salz einen glatten, dickflüssigen Teig rühren. Den Teig schlagen, bis er leicht schaumig ist (ca. 15 Minuten, mit einer Küchenmaschine 5 Minuten) und an einem warmen Ort 12 Stunden ruhen lassen.
2. Das Öl in einer Friteuse auf 170° C erhitzen. Zwiebelscheiben, Tofu und Kartoffeln in den Teig tunken und

goldbraun fritieren (5—8 Minuten). Falls Teig übrigbleibt, löffelweise ins heiße Öl geben und ebenfalls fritieren.
3. Eine große Schüssel mit kaltem Wasser füllen. Klößchen hineingeben und 1 Minute darin liegenlassen. Herausnehmen, auf Küchenpapier abtropfen lassen und in eine Schüssel geben.
4. Für die Sauce Joghurt, Kichererbsenmehl, Wasser, Kurkuma, Koriander und Salz in eine Schüssel geben und neben dem Herd bereitstellen.
5. Gewürze neben dem Herd bereitstellen. Das Öl in einem großen, tiefen Topf bei mittelstarker Hitze heiß werden lassen. Bockshornkleesamen hineingeben. Nach 5 Sekunden Kreuzkümmelsamen hinzufügen. Wenn beide dunkelbraun geröstet sind (15—20 Sekunden), Chili und sofort darauf die Joghurt-Mischung zugeben. Mit einem Schneebesen kräftig durchrühren, damit der Joghurt nicht klumpt. Sauce aufkochen lassen, dann die Klößchen hineingeben. Ohne Deckel 45 Minuten bei schwacher Hitze kochen lassen. Häufig umrühren, damit nichts anbrennt. Während der letzten 3 Minuten der Kochzeit Tomaten zugeben.
6. Während die Sauce kocht, Zwiebeln mit Küchenpapier trockentupfen. Öl in der Friteuse erneut erhitzen (190°—200° C). Zwiebelscheiben portionsweise ins heiße Öl legen und karamelbraun fritieren. Herausnehmen und auf Küchenpapier abtropfen lassen. Beiseite stellen.
7. Die Sauce in Suppenschalen geben und mit fritierten Zwiebelscheiben bestreuen.

Als Beilage paßt einfacher gekochter Reis oder Fritiertes Brot mit Mohnsamen (S. 412). Dazu schmeckt ein Joghurt-Getränk oder eine Früchtebowle (siehe Getränke).

Vegetarisches »Keema«
(Matar Shufta)

»Matar Shufta« ist das vegetarische Gegenstück zu »Keema Matar« (»Keema« heißt Hackfleisch, »Matar« Erbsen). Entwickelt wurde es von den Brahmanen im Kaschmir. Man bereitet es aus einem Milchkonzentrat, das so gewürzt und gebraten wird, daß es wie Hackfleisch aussieht. Es ist sehr sättigend und wird daher in kleinen Portionen serviert. Falls Sie vegetarisches »Keema« übrig haben, verwenden Sie es als Füllung, zum Beispiel für Gebackene Zucchini mit vegetarischer Keema-Weizenflocken-Füllung (S. 292).

Für 4 Personen

½ Pfund Milchkonzentrat (Khoya, S. 51), ca. 1 Tasse (oder 1 Tasse Hüttenkäse, gemischt mit 4 EL getrocknetem Milchpulver)
3 EL Usli Ghee (S. 55), Walnuß- oder leichtes Pflanzenöl (4 EL, wenn Sie Hüttenkäse und Milchpulver verwenden)
2 TL Kreuzkümmelsamen
¼ TL gemahlenes Asafoetida
1½ EL gemahlener Koriander
½ TL gemahlener Kardamom
¼ TL Ingwerpulver
½ TL Cayennepfeffer
6 EL Naturjoghurt
1 Tasse gekochte grüne Erbsen (frisch oder tiefgekühlt)
⅔ Tasse Wasser
2 TL Paprika
1 EL geraspelter frischer Ingwer
2—3 scharfe grüne Chilischoten, gehackt
2—3 EL gehackte frische Korianderblätter
½ TL Garam Masala (S. 79)

1. Milchkonzentrat in eine Schüssel geben und mit den Fingern zerkrümeln.

2. Einen schweren Topf bei mittelstarker Hitze heiß werden lassen, 1 EL Usli Ghee und das Milchkonzentrat zugeben. Unter ständigem Rühren braten, bis das Milchkonzentrat gut gebräunt ist (ca. 3—4 Minuten). Falls es zu schnell bräunt, Hitze auf mittlere oder niedrige Stufe herunterschalten. Gebratenes Milchkonzentrat in eine Schüssel geben.
3. Gewürze neben dem Herd bereitstellen. Die restlichen 2 EL Usli Ghee in den Topf geben. Sobald es heiß ist, Kreuzkümmelsamen hineingeben. Wenn die Samen dunkel werden (ca. 10 Sekunden), Asafoetida, Koriander, Kardamom, Ingewerpulver und Cayennepfeffer hinzufügen. Den Topf einige Sekunden hin- und herschwenken. Joghurt zugeben. Unter Rühren kochen lassen, bis sich das Fett absetzt und die Sauce dickflüssig ist (3—5 Minuten).
4. Gebratenes Milchkonzentrat zugeben und gut verrühren, damit die Gewürze gleichmäßig verteilt werden. Erbsen, Wasser, Paprika, geraspelten Ingwer und Chilischoten hinzufügen und umrühren. Ohne Deckel auf kleiner Flamme 2 Minuten schmoren lassen. Hitze wegnehmen und die Hälfte der gehackten Korianderblätter und des Garam Masala vorsichtig unterrühren.

Mit dem restlichen Koriander und Garam Masala bestreut servieren. Für ein Mittagsmahl oder leichtes Abendessen reichen Sie dazu Vollkornbrot mit Fenchel (S. 278) und ein kühles Joghurt-Getränk (siehe Getränke). Wenn es aufwendiger sein soll, servieren Sie beliebige Beilagen dazu. Es paßt fast alles zu »Matar Shufta«.

GEMÜSE MIT HÜLSENFRÜCHTEN, MILCHPRODUKTEN UND ZEREALIEN

Reis-Mungobohnen-Brei mit Kartoffeln und Paprika
(Kichdee)

»Kichdee« ist ein sämiger Brei aus Reis und gelben Mungobohnen, der mit Kurkuma und Kreuzkümmel-Butter gewürzt wird. Indische Babys bekommen »Kichdee« als erste feste Nahrung, da es ähnlich wie Milch schmeckt und leicht verdaulich ist. Aus diesem Grund eignet es sich auch als Krankenkost. Mir gefällt die sämige Konsistenz und das zarte Aroma dieses Gerichts. Wenn ich es mittags esse, gebe ich gern ein wenig sautierte Paprika und Kartoffel dazu, um es interessanter zu machen.

Für 6—8 Personen

½ Tasse Langkornreis
1 Tasse gelbe Mungobohnen (Moong Dal)
⅛ TL Kurkuma
6 Tassen Wasser
1½ TL grobes Salz oder nach Belieben
6 EL Usli Ghee (S. 55) oder leichtes Pflanzenöl
2 mittelgroße Kartoffeln, geschält und in ½ cm große Stücke geschnitten
2 grüne Paprikaschoten, in ½ cm große Stücke geschnitten
1 EL Kreuzkümmelsamen
¼ TL Cayennepfeffer
Paprika
Schwarzer Pfeffer

1. Reis und Bohnen in eine Schüssel geben. Mehrmals in frischem Wasser gründlich waschen. Zusammen mit $^1/_{16}$ TL Kurkuma und 4 Tassen Wasser in einen 5-Liter-Topf geben und zum Kochen bringen. Hitze herunterschalten und das Ganze leicht zugedeckt 30 Minuten kochen lassen. Umrühren, damit es nicht anbrennt. Die restlichen 2 Tassen Wasser zugießen und 20 Minuten weiterkochen lassen. Salzen und vom Feuer nehmen. Topf zudecken, um den Brei warm zu halten, während Sie das Gemüse und die parfümierte Butter zubereiten.
2. Eine mittelgroße Pfanne bei starker Hitze 3 Minuten heiß werden lassen. 2 EL Usli Ghee zusammen mit dem restlichen Kurkuma und den Kartoffeln zugeben. Wärmezufuhr auf mittlere Stufe reduzieren und Kartoffeln unter Rühren 3 Minuten anbraten. Grüne Paprikaschoten hinzufügen und zugedeckt 5 Minuten mitbraten lassen. Hitze ausschalten. Gemüse auf eine vorgewärmte Platte geben.
3. Vor dem Servieren den Brei in eine Schüssel geben. Bratpfanne auswischen, das restliche Usli Ghee hineingeben und bei starker Hitze sehr heiß werden lassen, dann Kreuzkümmelsamen zugeben. Wenn sie etwas Farbe genommen haben (ca. 10—15 Sekunden), Cayennepfeffer hinzufügen und den Pfanneninhalt über den Brei schütten. Etwas Paprika und schwarzen Pfeffer darüberstreuen und zusammen mit den Kartoffeln und Paprikaschoten sofort servieren.

Sie können das Gericht auch in Suppentellern servieren: $1^1/_2$ Tassen »Kichdee« pro Teller, dann ein paar EL gebratenes Gemüse darüberstreuen.

Reis-Mungobohnen-Eintopf mit Kreuzkümmel und schwarzem Pfeffer

(Ven Pongal)

»Ven Pongal« ist die südindische Version von »Kichdee« (S. 279), es wird aber im Gegensatz dazu mit Cashewnüssen, zerdrückten schwarzen Pfefferkörnern, Kreuzkümmel und Ingwer gespickt.
Kurz vor dem Servieren rührt man Usli Ghee in den Brei, was die Gewürze mildert und dem Gericht ein sehr zartes Aroma verleiht.
Obwohl »Ven Pongal« heutzutage in vielen gewöhnlichen Haushalten zubereitet wird, ist es im Grunde »Prasadam«, eine »göttliche Speise«, die traditionsgemäß im Tempel zubereitet und der Gottheit als Opfer dargebracht wird.
»Pongal« bedeutet »gekocht«. Einer jahrtausendealten Tradition gemäß wird Ende März/Anfang April die Reisernte gefeiert, indem man frisch geernteten Reis kocht. Sobald der Reis zum Kochen kommt, rufen alle Umstehenden im Sprechchor »pongal, pongal«.
Meine Mutter hat dieses Gericht oft sonntags zum Brunch serviert, dazu reichte sie würzig-herbe Saucen.

Für 4 Personen

6 EL Usli Ghee (S. 55) oder 6 EL zerlassene Butter, vermischt mit etwas Öl
½ Tasse gelbe Mungobohnen (Moong Dal)
1 Tasse Langkornreis
3¼ Tassen Wasser
1½ TL grobes Salz oder nach Belieben
1½ TL Kreuzkümmelsamen
½ TL zerdrückte schwarze Pfefferkörner
1 EL gehackter frischer Ingwer
½ EL gehackte geröstete Cashewnüsse

1. 2 EL Usli Ghee bei mittelstarker Hitze in einem 4-Liter-Topf heiß werden lassen (ca. 2 Minuten). Mungobohnen hineingeben und unter Rühren 2 Minuten braten. Reis zugeben und 30 Sekunden weiterbraten. 3 Tassen Wasser und Salz hinzufügen und zum Kochen bringen. Ständig rühren, damit sich keine Klumpen bilden.
2. Hitze auf mittlere Stufe reduzieren und das Ganze leicht zugedeckt 10 Minuten kochen lassen. Umrühren, damit die Mischung gleichmäßig gart. Topf fest zudekken, auf kleinste Flamme stellen und weitere 10 Minuten köcheln lassen. Hitze ausschalten.
3. Die restlichen 4 EL Usli Ghee in einer kleinen Bratpfanne erhitzen. Kreuzkümmel und Ingwer hinzugeben. Gewürze 5 Sekunden braten lassen, dann das aromatisierte Usli Ghee zusammen mit den Gewürzen zur Reis-Bohnen-Mischung geben. Vorsichtig verrühren. Reis vor dem Servieren 5 Minuten ruhen lassen.

Mit gerösteten Cashewnüssen bestreut servieren. Reichen Sie dazu Tomaten-Zwiebel-Sauce (S. 377).

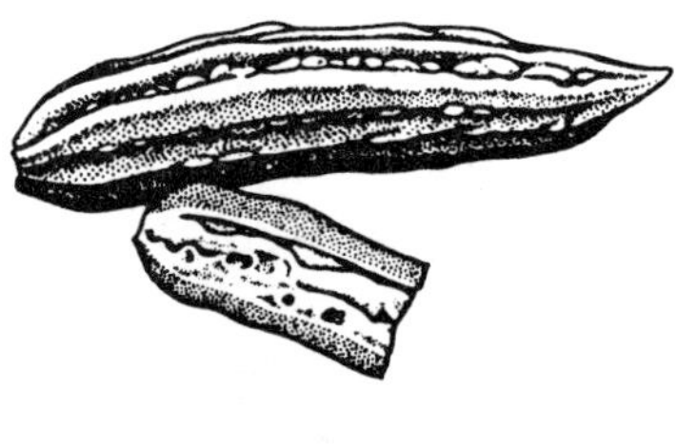

Pilaw mit indischem Käse und Paprika

(Paneer-Mirch-Pullao)

Dieser einfache, schmackhafte Pilaw wird aus Basmati-Reis mit indischem Käse und Paprikaschoten zubereitet. Er strömt das charakteristische Aroma der Mogulgewürze aus und sieht wunderschön aus.

Für 6 Personen

2 Tassen Basmati-Reis
4 Tassen Wasser
8 EL leichtes Pflanzenöl
Indischer Käse (Paneer), aus 4 Tassen Milch hergestellt (S. 51), in 1×1×2 cm große Stücke geschnitten
1½ TL Kreuzkümmelsamen
½ TL Fenchelsamen
¾ Tasse feingehackte Zwiebeln
1 TL feingehackter Knoblauch
2 TL geraspelter oder zerstoßener frischer Ingwer
½ TL Garam Masala (S. 79)
2 TL grobes Salz oder nach Belieben
2 grüne Paprikaschoten, in 1 cm breite Streifen geschnitten
1 TL Zitronensaft

1. Basmati-Reis mehrmals in frischem Wasser waschen und in eine große Schüssel geben. 4 Tassen Wasser zugießen und 30 Minuten quellen lassen. Wasser in eine Schüssel abgießen und aufbewahren. Reis beiseite stellen.
2. Während der Reis quillt, 5 EL Öl in einer großen Pfanne bei mittlerer Hitze heiß werden lassen, dann indischen Käse zugeben. Einen Deckel oder Spritzschutz bereithalten, da der Käse hochspritzen kann. Unter Rühren und Wenden hellbraun braten (3—5 Minuten). Auf einen Teller geben und beiseite stellen. Die Bratpfanne mit dem Öl beiseite stellen. Darin werden später die Paprikastreifen sautiert.

3. Die restlichen 3 EL Öl in einer schweren Pfanne sehr heiß werden lassen, Kreuzkümmel- und Fenchelsamen zugeben. Wenn die Samen anfangen zu bräunen, Zwiebeln hinzufügen und unter Rühren anbraten (ca. 5 Minuten). Knoblauch und Ingwer zugeben und 2 Minuten mitrösten.
4. Den abgetropften Reis, 4 Tassen Quellwasser, Salz und Garam Masala zugeben. Gut verrühren und zum Kochen bringen. Hitze zurücknehmen und leicht zugedeckt 15 Minuten kochen lassen bzw. bis das meiste Wasser vom Reis aufgenommen wurde.
5. Während der Reis kocht, die Bratpfanne mit dem Öl erhitzen. Die Paprikastreifen zugeben und unter Rühren ca. 5 Minuten braten; sie sollen noch knackig sein. Falls der Paprika zu rauchen anfängt, Hitze etwas zurückschalten. Zitronensaft über die Paprikastreifen sprenkeln. Wärmezufuhr reduzieren und Paprika warm halten, solange der Reis kocht.
6. Paprika und Paneer zusammen mit der ausgetretenen Flüssigkeit und dem Öl in den Reis geben und leicht unterrühren. Deckel wieder fest auflegen, Hitze auf die niedrigste Stufe stellen, den Topf auf einen Wok-Ring oder eine Küchenzange stellen und den Reis 10 Minuten dämpfen lassen. Auf eine Servierplatte geben und mit einer Gabel lockern.

Für ein einfaches Essen servieren Sie zum Pilaw einen Joghurt-Salat und ein Relish. Eine gute Wahl wäre Zucchini-Joghurt-Salat (S. 361) und feuriges Minze-Chili-Zwiebel-Relish (S. 372). Für eine anspruchsvolle Mahlzeit wählen Sie als Beilage ein Gemüse und Dal, wie zum Beispiel Gelbe Linsen mit pfeffrigen Mangoscheiben (S. 341).

Auberginen-Reis-Eintopf
(Vangi Bhat)

»Vangi Bhat« ist in allen Regionen Südwestindiens eine beliebte Zubereitung. Auberginenscheiben werden zuerst in einer stark gewürzten Curry-Mischung gebraten und dann mit dem Reis gekocht. Am besten schmeckt es, wenn man die langen japanischen Auberginen oder die kleinen italienischen mit wenigen Kernen verwendet.

Für 4 Personen

1 Pfund Auberginen, ungeschält
½ Pfund Zwiebeln
8 EL leichtes Sesam- oder Pflanzenöl
1 TL Kreuzkümmelsamen
1 TL schwarze Senfsamen
2 TL gemahlener Koriander
2 TL Bese-Bele-Pulver (S. 78) oder Currypulver (Grundrezept S. 75)
1 TL feingehackter Knoblauch
1 EL feingehackter frischer Ingwer
3 scharfe grüne Chilischoten, gehackt
2 TL grobes Salz oder nach Belieben
¼ TL Kurkuma
1 Tasse Langkornreis
2 Tassen Wasser
Saft 1 Zitrone
2 EL gehackte frische Korianderblätter
Usli Ghee (S. 55) oder Butter nach Bedarf

1. Auberginen in 1 cm dicke Scheiben schneiden. Zwiebeln schälen und in ½ cm dicke Scheiben schneiden. Beiseite stellen. Während Sie das gewürzte Öl zubereiten, wird die Aubergine Flüssigkeit abgeben, die nicht verwendet werden soll.
2. Gewürze neben dem Herd bereitstellen. Das Öl in einem großen Topf (6 Liter) sehr heiß werden lassen. Dann die Hitze etwas drosseln. Kreuzkümmel- und

Senfsamen zugeben. Einen Deckel oder Spritzschutz bereithalten, da die Samen hochspritzen. Wenn das Spritzen nachläßt, Koriander, Currypulver, Knoblauch, Ingwer und Chili, danach Zwiebeln und abgetropfte Auberginen zugeben. Gründlich vermengen, damit das Gemüse mit den Gewürzen gleichmäßig bedeckt wird. Salz und Kurkuma darüberstreuen und nochmals vermischen. Gemüse leicht anbräunen (8—10 Minuten).
3. Reis zugeben und untermischen. 2 Tassen Wasser zugießen und zum Kochen bringen. Wärmezufuhr reduzieren und das Ganze zugedeckt 30 bis 35 Minuten kochen lassen bzw. bis der Reis weich ist. (Falls das Wasser verdampft, bevor der Reis gar ist, zusätzlich einige EL Wasser zugeben. Falls die Reis-Mischung jedoch zu feucht ist, den Deckel abnehmen und die Flüssigkeit einige Minuten lang verdampfen lassen.) Hitze wegnehmen und den Reis zugedeckt 5 Minuten ruhen lassen; mit einer Gabel lockern und Zitronensaft darübersprenkeln. Vor dem Servieren mit gehackten Korianderblättern bestreuen und nach Wunsch mit etwas Usli Ghee oder zerlassener Butter beträufeln.

Dieselben Menüvorschläge wie bei Pilaw mit indischem Käse und Paprika (S. 283).

Linsen-Reis-Eintopf mit Gemüse und Cashewnüssen

(Bese Bele Olianna)

»Bese Bele« ist eine Spezialität aus Bangalore. Das Gericht enthält zahllose Zutaten — Gemüse, Nüsse, Gewürze, Linsen, Bohnen —, die zusammen mit vielen Kräutern gekocht werden. Während des Kochens bekommt »Bese Bele« einen faszinierenden Geschmack, der schwer zu beschreiben ist. Charakteristisch ist das Aroma von Zimt und Nelken, das der Gewürzmischung eigen ist. Das beste »Bese Bele« gibt es im Restaurant »Das Prakash« in Bangalore. Mein Vater unternimmt jährlich eine Reise dorthin, um diese Delikatesse zu genießen. »Bese Bele« braucht keine Beilagen: Es ist für sich eine vollständige Mahlzeit.

Für 6—8 Personen

Ein Bällchen Tamarindenfruchtfleisch, 4 cm Durchmesser
1 Tasse kochendes Wasser
4 mittelgroße Zwiebeln
3 mittelgroße Kartoffeln, ungeschält
1/2 Aubergine, ungeschält
3/4 Tasse Usli Ghee (S. 55) oder Butter
1/2 Tasse rohe Cashewnüsse, in kleine Stücke zerbrochen
1/2 Tasse grüne Bohnen, in Stücke geschnitten
1/2 Tasse grüne Erbsen, frisch oder tiefgekühlt
1/2 Tasse Wasser
3 Tassen gekochte gelbe Linsen (S. 332)
2 TL grobes Salz oder nach Belieben
6 Tassen gekochter Langkornreis (2 Tassen ungekochter Reis)
1/3 Tasse Bese-Bele-Pulver (S. 78)
2 TL schwarze Senfsamen
1 EL gelbe halbe Erbsen (Channa Dal)
1 EL weiße halbe Bohnen (Urad Dal)
8 cm langes Stück Zimtstange
2 getrocknete rote Chilischoten, aufgeschlitzt und entkernt
12 Curryblätter (Kari), frisch oder getrocknet, nach Belieben
Usli Ghee nach Belieben
Zitronenschnitze zum Garnieren

1. Tamarindenfruchtfleisch in eine kleine Schüssel geben. 1 Tasse kochendes Wasser zugießen und 15 Minu-

ten einweichen. Fruchtfleisch mit einem Löffel oder den Fingern zerdrücken. Flüssigkeit auspressen und in eine zweite Schüssel gießen. Beiseite stellen. Faserige Rückstände wegwerfen.

2. Zwiebeln schälen und in Scheiben schneiden. Kartoffeln der Länge nach halbieren. Aubergine in 1 cm dicke Scheiben schneiden. Kartoffeln und Auberginenscheiben in eine Schüssel Wasser geben und beiseite stellen.

3. Gewürze neben dem Herd bereitstellen. 2 EL Usli Ghee in einem 6-Liter-Topf erhitzen. Cashewnüsse hineingeben und bei mittlerer Hitze sautieren, bis sie ganz schwach Farbe angenommen haben (3—4 Minuten). Mit einem Schaumlöffel herausnehmen und in eine Schüssel geben. Für die Garnierung beiseite stellen.

4. Weitere 4 EL Usli Ghee in die Pfanne geben. Zwiebeln, gründlich abgetropfte Kartoffeln und Auberginenscheiben, grüne Bohnen und Erbsen hinzufügen. Gemüse bei mittelstarker Hitze leicht anbräunen (ca. 6—8 Minuten), dabei ständig wenden. ½ Tasse Wasser zugießen. Wärmezufuhr reduzieren und das Gemüse zugedeckt kochen lassen, bis es beinahe gar ist (5 Minuten). Deckel abnehmen, Tamarindenflüssigkeit und gekochte Linsen zugeben, gut vermengen. Leicht zugedeckt weitere 10 Minuten kochen lassen. Falls die Mischung zu dick wird, nach Bedarf etwas Wasser zugeben. Mit Salz abschmecken.

5. Reis und Bese-Bele-Pulver zugeben. Vorsichtig umrühren und die Gewürze und den Reis in der Linsen-Gemüse-Mischung gleichmäßig verteilen. Wärme auf kleinste Stufe stellen und den Topfinhalt weiter vor sich hin köcheln lassen, während Sie die gewürzte Butter zubereiten.

6. 3 EL Usli Ghee in einer kleinen Bratpfanne bei mittlerer Hitze heiß werden lassen und Senfsamen hineingeben. Einen Deckel oder Spritzschutz bereithalten, da die

Samen hochspritzen. Wenn das Spritzen nachläßt, halbe Erbsen zugeben. Sobald die Erbsen anfangen Farbe zu nehmen, weiße halbe Bohnen und Zimt hinzufügen. Wenn sowohl Erbsen wie auch Bohnen leicht angebräunt sind (ca. 3 Minuten), Chilischoten zugeben und 15—30 Sekunden braten lassen. Die Pfanne vom Herd nehmen. Curryblätter hineingeben und 15—20 Sekunden braten lassen. Anschließend den Pfanneninhalt zur Reis-Mischung geben. Restliches Usli Ghee zugeben und mit Salz abschmecken. Alles vorsichtig vermengen.

7. Topf fest verschließen. (Wenn nötig, den Topf mit Alufolie abdecken und dann den Deckel daraufsetzen, um ihn möglichst luftdicht zu verschließen.) Auf kleinste Flamme stellen und den Topf ein Stück über Hitzequelle setzen (dazu zwischen Topf und Hitzequelle einen Wok-Ring oder Küchenzange schieben). »Bese Bele« 10 Minuten ziehen lassen. Hitze wegnehmen und den Topf 5 Minuten ruhen lassen. Falls der Reis zu trokken sein sollte, vorsichtig etwas Wasser untermischen. »Bese Bele« soll eine cremige Konsistenz haben.

Servieren Sie »Bese Bele« mit gerösteten Cashewnüssen und Zitronenschnitzen garniert. Nach Belieben noch zusätzlich etwas Usli Ghee darüberträufeln.

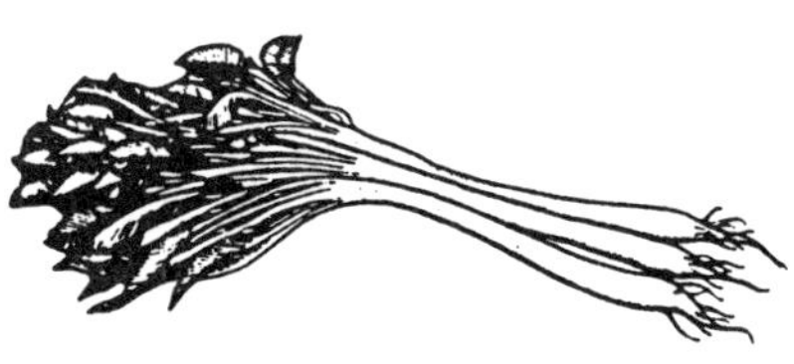

Hirse-Mungobohnen-Pilaw mit Koriandergeschmack
(Ahmadabad Jain Pullao)

Die Dschainas aus Ahmadabad benützen außer Reis und Weizen auch verschiedene andere Getreidearten. Dieser Hirse-Pilaw ist ein Beispiel dafür. Er wird ähnlich wie ein Reis-Pilaw zubereitet. Hirse-Pilaw ist ein richtiges Wintergericht. Im Grunde benötigt er keine Beilagen, Sie können aber ein Gemüse oder einen Joghurt-Salat dazu reichen.

Für 6 Personen

½ Tasse ganze schwarze Mungobohnen (Sabat Moong)
1 Tasse Hirse
2 Lorbeerblätter
6 EL Usli Ghee (S. 55) oder leichtes Pflanzenöl
1½ TL Senfsamen
1½ TL Kreuzkümmelsamen
2 mittelgroße Zwiebeln, gehackt
4 scharfe grüne Chilischoten, gehackt
1 EL feingehackter frischer Ingwer
1 TL gemahlener Kreuzkümmel
2 TL gemahlener Koriander
¼ TL Kurkuma
Saft von 1 Zitrone
1½ TL grobes Salz oder nach Belieben
1½ Tassen Wasser
1½ TL Gujarati Garam Masala (S. 81) oder Garam Masala (S. 79)
4 EL gehackte frische Korianderblätter
1 mittelgroße Gurke, geschält und in Scheiben geschnitten

1. Mungobohnen in eine Schüssel geben, soviel Wasser zugießen, daß sie mindestens 5 cm hoch mit Wasser bedeckt sind. 8 Stunden bzw. über Nacht quellen las-

sen. Wasser abgießen, Bohnen gründlich abbrausen, abtropfen lassen und beiseite stellen.
2. Gewürze neben dem Herd bereitstellen. Hirse, Lorbeerblätter und 2 EL Usli Ghee in einen großen Topf (er sollte 6 Liter fassen und einen gut schließenden Deckel haben) geben und 2 Minuten bei starker Hitze anrösten. Wärmezufuhr auf mittlere Stufe reduzieren und die Hirse unter Rühren 5 Minuten weiterrösten, bis sie eine hellgoldene Farbe angenommen hat. Geröstete Hirse in eine Schüssel geben und beiseite stellen.
3. Die restlichen 4 EL Usli Ghee in die Pfanne geben und Hitze auf mittelhohe Stufe stellen. Wenn das Fett sehr heiß ist, Senfsamen und Kreuzkümmelsamen hineingeben. Den Topfdeckel bereithalten, da die Samen hochspritzen. Sobald das Spritzen nachläßt, Zwiebeln, Chili und Ingwer hinzufügen und unter Rühren 6 Minuten rösten bzw. bis die Zwiebeln leicht angebräunt sind. Dann gemahlenen Kreuzkümmel, Koriander und Kurkuma zugeben. Gut vermischen und 1 Minute weiterrösten.
4. Hirse, abgetropfte Mungobohnen, Zitronensaft und Salz zugeben und gut vermengen. 1½ Tassen Wasser zugießen und zum Kochen bringen. Wärmezufuhr reduzieren und das Ganze zugedeckt 30 Minuten kochen lassen bzw. bis Bohnen und Hirse gar sind. Sie sollten noch Biß haben.
5. Die Mischung auf eine vorgewärmte Servierplatte geben und mit Gujarati Garam Masala oder Garam Masala und gehackten Korianderblättern bestreuen. Mit Gurken- und Tomatenscheiben garniert servieren.

Gebackene Zucchini mit vegetarischer Keema-Weizenflocken-Füllung

(Bhara Hara Kaddoo)

Die fleischähnliche Füllung für dieses beliebte Gericht wird aus vegetarischem »Keema«, einer Spezialität des Kaschmirs, hergestellt. Der Fleischersatz wird mit Weizenflocken vermischt und in ausgehölte Zucchinihälften gefüllt und gebacken. Weizenflocken enthalten wichtige Nährstoffe und haben eine angenehme Konsistenz. Sie funktionieren wie ein Schwamm: Sie saugen nämlich die Flüssigkeit der Zucchini auf. Die Kombination von Zucchini, würzigem Milchkonzentrat mit Erbsen und Weizenflocken ist einfach sensationell. Das Gericht hat ein Aroma, dem sich niemand entziehen kann.

Für 4 Personen

4 mittelgroße zarte junge Zucchini, jeweils 25—30 cm lang
1 EL leichtes Pflanzenöl
½ Tasse feingehackte Zwiebeln
⅓ Tasse Weizenflocken
1 Rezept Vegetarisches Keema (S. 277)
1 Rezept Tomaten-Koriander-Sauce (S. 233)

1. Ofen auf 180° C vorwärmen.
2. Zucchini gründlich waschen und sauber der Länge nach halbieren. So viel Fruchtfleisch mit einem Löffel herauskratzen, daß ca. ¼ cm dicke Schalen übrigbleiben. Fruchtfleisch fein zerkleinern.
3. Öl, Zwiebel, Weizenflocken, Keema und Zucchinifruchtfleisch vermengen. Zucchinihälften mit der Mischung füllen. Die gefüllten Hälften in einer flachen, ofenfesten Schüssel nebeneinandersetzen. Fest mit Alufolie abdecken.

4. Auf mittlerer Schiene im vorgewärmten Ofen 40—45 Minuten backen. Aus dem Ofen nehmen und mit der Sauce servieren.

Dieses schmackhafte Gericht ist so reichhaltig, daß es mit einem Brot oder einfachem Reis-Pilaw (siehe Grundnahrungsmittel, S. 401 ff.) als Mittagessen oder leichtes Abendessen serviert werden kann.

BEILAGEN (SAATH KA KHANA)

◇

साथ का ख़ाना

Zu einem indischen Essen gehören immer mehrere Beilagen, wie gekochtes Gemüse, Hülsenfrüchte, Gemüse- und Joghurt-Salate. Diese Zusammensetzung bewirkt, daß der Körper mit einer ausgewogenen Mischung von Eiweiß, Kohlehydraten, Mineralstoffen und Vitaminen versorgt wird.
Gemüsebeilagen sind meist einfache Zubereitungen. Sie ergeben eine leichte Mahlzeit. Die dabei verwendeten Gewürze und Zubereitungsmethoden sind je nach Region unterschiedlich. Eine der verbreitetsten Methoden ist das Braten unter ständigem Rühren, auf Hindi »Bhonao« genannt, wobei die Gemüsestückchen mit einem Schaumlöffel so lange gewendet werden, bis sie gar sind.
Zu jedem indischen vegetarischen Essen wird »Dal«, ein würzig parfümiertes Püree aus Hülsenfrüchten, gereicht, das den Körper mit Eiweiß und Kalorien versorgt.
Weiterer wichtiger Bestandteil einer indischen vegetarischen Mahlzeit sind Gemüse-Salate. Sie heißen in jeder Region anders. In Maharaschtra zum Beispiel nennt man sie »Kosumbara« und ißt sie als ersten Gang.
Indische Joghurt-Salate sind eine Klasse für sich. Nirgendwo sonst auf der Welt gibt es etwas diesen herrlichen Zubereitungen Entsprechendes. Joghurt wird mit Obst, Nüssen oder Gemüse (roh, gekocht, gebraten oder geräuchert) vermischt und mit Gewürzen und Kräutern gewürzt. In den nördlichen Regionen Indiens wird Joghurt-Salat »Raita« genannt und meist mit gerösteten Gewürzen parfümiert, das südindische Gegenstück heißt »Pachadi« und wird mit einer gewürzten Öl-Sauce zubereitet. Viele dieser Joghurt-Salate schmecken so gut, daß ich sie gern mit einer Schüssel Reis oder mit Brot als leichte Mahlzeit serviere.

Gemüse

Hülsenfrüchte

GEMÜSE

Avocado-Curry mit Ingwer und grünem Chili
(Avocadoo Masial)

Die Muslims in Malabar heißen »Moplas«, was »die Schwiegersöhne« oder »die Geehrten« bedeutet. Diesen Namen haben sie als Nachkommen arabischer Einwanderer bekommen, die sich vor vierhundert Jahren in Indien niederließen und einheimische Frauen heirateten. Die »Moplas« haben eine Vorliebe für Avocados und stellen daraus diesen himmlischen Salat her. Sie essen ihn meistens einfach für sich oder reichen dazu ihr berühmtes Reismehl-Brot. Als Beilage paßt »Avocadoo Masial« am besten zu südindischen Gerichten.

Für 4 Personen

1 große reife Avocado
Saft von 1 Limone oder 1 kleinen Zitrone
$\frac{1}{4}$ Tasse feingehackte Korianderblätter
8 Curryblätter (Kari), frisch oder getrocknet, nach Belieben

Für die parfümierte Butter:
1 EL Kokosöl, leichtes Sesam- oder Pflanzenöl
1 TL schwarze Senfsamen
1 TL feingehackter Knoblauch
$\frac{1}{2}$ Tasse gehackte Zwiebeln
$\frac{1}{2}$ TL Currypulver (Grundrezept, S. 75)
2—4 scharfe grüne Chilischoten, fein gehackt

1. Avocado halbieren und entsteinen. Fruchtfleisch mit einem Löffel herauskratzen und grob zerhacken. Limo-

nensaft, Korianderblätter, Curryblätter und Salz untermischen. Beiseite stellen.
2. Öl in einer kleinen Pfanne bei mittelstarker Hitze heiß werden lassen. Senfsamen hineingeben. Einen Deckel oder Spritzschutz bereithalten, da die Samen hochspritzen. Sobald das Spritzen aufhört, Knoblauch hinzufügen und 5 Sekunden braten lassen. Zwiebeln zugeben und unter Rühren mitrösten, bis sie weich sind (ca. 3 Minuten). Currypulver und Chili hinzufügen, untermischen und 1 Minute weiterrösten. Avocadomischung zugeben und Hitze wegnehmen. Alles gut vermischen. Bei Zimmertemperatur servieren.

Gedämpfte Bohnen und Linsen mit Chili
(Parupu Osali)

Hierbei handelt es sich um eine Spezialität aus der Andhra-Provinz im Süden Indiens. Grüne Bohnen werden mit einem Teig aus Linsen und roten Chilischoten vermischt. Daraus formt man Kugeln, die über Dampf gegart werden. Vor dem Servieren werden diese Kugeln zerbröckelt und mit parfümierter Butter gewürzt. Ein köstliches Gericht.

Für 4 Personen

8—10 Curryblätter (Kari), frisch oder getrocknet
¼ Tasse Wasser
1 Tasse gelbe Linsen (Arhar Dal oder Toor Dal)
½ Pfund grüne Bohnen
3—5 getrocknete rote Chilischoten
1 TL grobes Salz
½ TL gemahlenes Asafoetida
3 EL leichtes Sesam- oder Pflanzenöl
1 TL schwarze Senfsamen
2 TL weiße halbe Bohnen (Urad Dal)

1. Curryblätter in eine Schüssel geben, ¼ Tasse Wasser zugießen und einweichen, bis sie gebraucht werden.
2. Linsen mehrmals in frischem Wasser waschen und in eine Schüssel geben. Schüssel mit Wasser füllen, so daß die Linsen bedeckt sind. 4 Stunden quellen lassen.
3. Bohnen putzen und in 1 cm lange Stücke schneiden. Beiseite stellen.
4. Wasser von den Linsen abgießen und Linsen zusammen mit den Chilischoten in den Aufsatz einer Küchenmaschine geben. 25 Sekunden pürieren, dabei alle 5 bis 8 Sekunden die Maschine ausschalten und die Masse von den Seitenwänden herunterkratzen. Salz und Asafoetida zusammen mit den Curryblättern und dem Einweichwasser hinzufügen und weitere 10 Sekunden verarbeiten. Die Mischung in eine Schüssel geben und die Bohnen untermischen. Aus diesem Teig 4—5 cm große Kugeln formen und in den Behälter eines Dampftopfes geben. (Es macht nichts, wenn sie übereinander liegen.) 20 Minuten dämpfen. An einem Zahnstocher, den man in die Kugeln hineinsticht, darf kein Teig kleben. Wenn die Teigkugeln etwas abgekühlt sind, grob zerbröckeln.
5. Öl in einem Kadhai, einem Wok oder einer großen Bratpfanne stark erhitzen. Senfsamen hineingeben. Einen Deckel oder Spritzschutz bereithalten, da die Samen hochspritzen. Während des Spritzens halbe Bohnen hinzufügen und rösten, bis sie eine hellgoldene Farbe haben (ca. 15 Sekunden). Die zerbröckelten Kugeln zugeben und umrühren, damit sie die Gewürze gleichmäßig aufnehmen. Hitze wegnehmen und entweder dampfend heiß oder warm servieren.

»Osali« wird trocken, wenn man es aufbewahrt. Deshalb vor dem Servieren entweder mit ⅓ Tasse Wasser in einem Topf erhitzen oder über 2 EL Wasser noch einmal kurz dämpfen.

Grüne Bohnen und Kartoffeln in Senföl
(Bangla Aloo Sem)

Dieses Rezept ist typisch für die bengalische Küche. Verwenden Sie nur junge, zarte Bohnen.

Für 4 Personen

2 EL Senföl (oder leichtes Pflanzenöl und ½ TL Senfpulver)
1 TL schwarze Senfsamen
⅓ TL Kurkuma
2 grobe Knoblauchzehen, geschält und in Scheiben geschnitten
4 getrocknete rote Chilischoten, zerbröckelt
1 Pfund frische grüne Bohnen, geputzt, aber ganz belassen
1 große mehlige Kartoffel (ca. ½ Pfund), geschält und in streichholzgroße Stäbchen geschnitten
ungefähr ¼ Tasse Wasser
grobes Salz nach Belieben
Zitronensaft

1. Senföl in einer schweren Pfanne erhitzen, bis es raucht. Hitze wegnehmen und das Öl kurz abkühlen lassen. (Dies ist nicht nötig, wenn Sie Pflanzenöl verwenden. Senfpulver noch nicht zugeben.)
2. Öl bei mittelstarker Hitze wieder heiß werden lassen, dann Senfsamen hineingeben. Einen Deckel oder Spritzschutz bereithalten, da die Samen hochspritzen. Wenn das Spritzen nachläßt, Kurkuma, Knoblauch und Chili beifügen. So lange rösten, bis der Knoblauch eine hellgoldene Farbe angenommen hat (ca. 20—30 Sekunden), dabei die Pfanne ständig schütteln.
3. Bohnen und Kartoffeln zugeben. Gemüse 1 Minute braten lassen (wenn nötig, Hitze auf mittlere Stufe reduzieren). Dann unter Wenden 5 Minuten braten. Ungefähr ¼ Tasse Wasser zusammen mit dem Salz zugeben. Wenn Sie Pflanzenöl verwenden, jetzt das Senfpul-

ver beifügen und gut untermischen. Hitze herunterschalten und das Gemüse zugedeckt schmoren lassen, bis es gar ist (ca. 25 Minuten). Es wird etwas Flüssigkeit in der Pfanne zurückbleiben. Deckel abnehmen und das Gemüse weiterkochen, dabei ständig umrühren, bis es trokken und glasiert ist (3—4 Minuten). Wenn nötig, auf stärkere Hitze schalten. Pfanne vom Herd nehmen. Nach Belieben Zitronensaft (1—2 TL) darübersprenkeln.

Anmerkung: Wenn das Gericht nicht so scharf sein soll, die Samen aus den Chilischoten entfernen.

Diese Bohnen schmecken auch kalt als Salat ausgezeichnet. Obwohl es sich um eine bengalische Zubereitung handelt, paßt sie auch gut in jedes nord- oder westindische Menü. Wenn Sie eine bengalische Mahlzeit zusammenstellen wollen, servieren Sie dazu Kürbis mit Koriander (S. 320), Rote Linsen mit Gewürzen (S. 343) und einfachen gekochten Reis oder Fritiertes Brot mit Mohnsamen (S. 412). Indisches Mango-Eis (S. 468) würde das Ganze ideal abrunden.

Bohnen mit Kichererbsen-Klößchen

(Besan ki Bhaji)

Diese außergewöhnliche Spezialität stammt aus Kanauj im Norden Indiens. Die Kombination von knackigen Bohnen und würzigen Kichererbsen-Klößchen ist einmalig.

Für 6 Personen

1 Pfund grüne Bohnen
1 EL Currypulver (Grundrezept, S. 75)
3 EL leichtes Pflanzenöl
1 TL gehackter Knoblauch
2 TL gehackter frischer Ingwer
¼ Tasse Wasser
½ Tasse Kichererbsenmehl (Besan), mit ½ Tasse Wasser vermischt
2 scharfe grüne Chilischoten, gehackt
2 EL gehackte frische Korianderblätter
grobes Salz nach Belieben

1. Bohnen putzen und in ½ cm lange Stücke schneiden. Currypulver darüberstreuen und die Bohnen darin wenden. Beiseite stellen.
2. Öl in einer Pfanne bei mittelstarker Hitze heiß werden lassen. Knoblauch und Ingwer hineingeben und 30 Sekunden braten lassen bzw. bis sie anfangen, braun zu werden und das Öl zu parfümieren. Bohnen zugeben und unter Rühren und Wenden 5 Minuten braten. ¼ Tasse Wasser zugießen, Hitze zurücknehmen und zugedeckt 15 Minuten kochen lassen bzw. bis die Bohnen gar sind.
3. Deckel abnehmen, Bohnen umrühren und den Kichererbsenmehl-Teig zusammen mit den Chili und den Korianderblättern zugeben. Nicht umrühren; den Teig braten, bis er einer dicken Creme gleicht (ca. 1 Minute).
4. Die Mischung vorsichtig umrühren und 5 Minuten weiterbraten. Die Kichererbsen-Mischung wird in Teigstückchen zerfallen und sich unter die Bohnen verteilen.

Heiß oder warm mit südindischen Eintopfgerichten wie Broccoli-Mungobohnen-Eintopf mit Kokosnuß (S. 241) servieren.

Rote Bete mit Rote-Bete-Blättern
(Chukandar Saag Sabzi)

Inder werfen ungern etwas weg, was sich noch irgendwie verwerten läßt. Es ist also für einen indischen Koch nichts Ungewöhnliches, rote Bete mitsamt dem Kraut zu hacken und zu kochen. In diesem Rezept werden zarte süße rote Bete im Saft des eigenen Krauts gekocht. Das Gericht wird nach Art der Zentral-Provinz mit aromatischem Erdnußöl, Senf und Kreuzkümmel gewürzt. Es ist sehr schmackhaft und paßt zu vielen Gerichten.

Für 4 Personen

2½ Pfund rote Bete mit Kraut
5 EL Erdnußöl
1 TL schwarze Senfsamen
1 EL gemahlener Koriander
¼ TL gemahlene Bockshornkleesamen
¼ TL Kurkuma
½ TL Cayennepfeffer
1½ Tassen feingehackte Zwiebeln
1 EL zerstoßener oder geriebener frischer Ingwer
grobes Salz nach Belieben
1 TL geröstete Kreuzkümmelsamen, zerstoßen

1. Blätter und Stiele von den roten Beten entfernen. Blätter grob hacken, Stiele wegwerfen. Rote Bete schälen und in ¼ cm dicke Scheiben schneiden.
2. Öl in einer großen Pfanne stark erhitzen. Wenn es heiß ist, Senfsamen hineingeben. Einen Deckel oder Spritzschutz bereithalten, da die Samen hochspritzen. Sobald das Spritzen nachläßt, Koriander, Bockshornklee, Kurkuma und Cayennepfeffer zugeben. Dann die Zwiebeln hinzufügen und unter ständigem Rühren hellbraun rösten (ca. 6 Minuten).
3. Rote Bete zusammen mit dem Kraut zugeben und unter Wenden weiterbraten, bis das Kraut zusammen-

fällt. Ingwer vorsichtig untermischen und das Gemüse zugedeckt bei schwacher Hitze 20 Minuten kochen lassen. Deckel abnehmen, nach Geschmack salzen und so lange weiterkochen lassen, bis fast die gesamte Flüssigkeit verdunstet ist und die roten Bete glasig aussehen. Kreuzkümmelsamen vorsichtig untermischen. Heiß, warm oder gekühlt servieren.

Abwandlung: Für Blumenkohl mit Blumenkohlblättern (Gobhi Sabzi) nehmen Sie statt roter Bete einen kleinen Kopf Blumenkohl (ca. 1½ Pfund mit Blättern). Vor dem Servieren mit gehackten frischen Korianderblättern bestreuen.

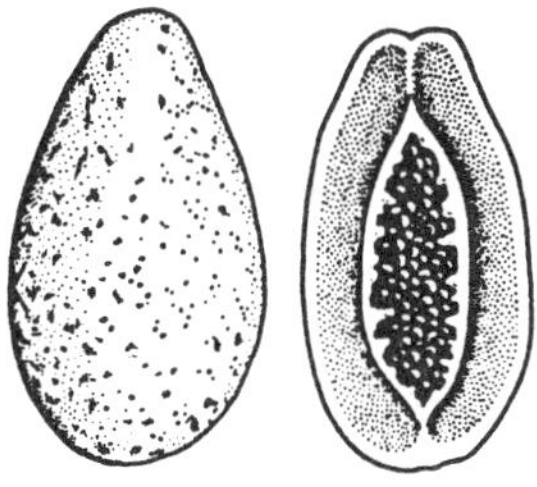

Balsambirne und gemischtes Gemüse in Senfsauce
(Shokhto)

Eine bengalische Mahlzeit fängt traditionsgemäß immer mit »Shokhto« an, einer Zubereitung aus verschiedenen Gemüsen und Balsambirne. Die Bengalen halten die Balsambirne wegen ihrer Heilkräfte für unentbehrlich für das geistige und körperliche Wohlbefinden. Sie ist zudem aber auch äußerst schmackhaft.

Für 4 Personen

1 mittelgroße Balsambirne
1½ TL grobes Salz
1 TL Zitronensaft
¼ TL Kurkuma
3 Tassen rohes Gemüse (siehe Anmerkung), geschält und in 1—2 cm große Würfel oder Scheiben geschnitten
3 EL Senföl (oder 3 EL leichtes Pflanzenöl und ½ TL Senfpulver)
1 TL Panch Phoron (S. 84)
2 Lorbeerblätter
2 getrocknete rote Chilischoten
1 EL gehackter frischer Ingwer
⅓ TL Kurkuma
¼ Tasse Wasser
1 TL Zucker
Grobes Salz nach Belieben
1½ TL Senfpulver, mit 2 EL Wasser vermischt

Anmerkung: Ich würde eine Kombination aus grünen Bohnen, Kartoffeln, Broccoli, Möhren, Auberginen, weiße Rübchen, Rettich, Erbsen und unreifer Banane empfehlen.

1. Balsambirne halbieren und Kerne und faserigen Teil herauskratzen. Fruchtfleisch in 1 cm dicke Scheiben schneiden. Salz, Zitronensaft und Kurkuma in einer Schüssel mischen. Balsambirnenscheiben hineingeben und darin wenden. Mindestens eine, besser vier Stunden in der Zitronensaft-Kurkuma-Mischung marinieren lassen. Aus den Balsambirnenscheiben mit sanftem Druck so viel Saft wie möglich auspressen, die Scheiben sollen jedoch nicht völlig zerquetscht werden. Anschließend, um der Balsambirne Bitterstoffe zu entziehen, die Scheiben unter Wasser abbrausen und abtropfen lassen. Beiseite stellen.

2. Das geputzte Gemüse zusammen mit den Balsambirnenscheiben in eine Schüssel geben und neben dem Herd bereitstellen. Das Öl in einer großen, schweren

Pfanne erhitzen, bis es raucht. Vom Herd nehmen und ein wenig abkühlen lassen. (Dies ist nicht nötig, wenn Sie statt Senföl Pflanzenöl verwenden. Senfpulver noch nicht zugeben.)
3. Öl bei mittelstarker Hitze sehr heiß werden lassen. Hitze wegnehmen und Panch-Phoron-Gewürze hineingeben. Wenn die Gewürze sich dunkler verfärbt haben und Aroma ausströmen (ca. 15 Sekunden), Lorbeerblätter und Chilischoten hinzufügen. Sobald die Lorbeerblätter etwas angebräunt sind (ca. 15 Sekunden), Ingwer, Kurkuma und Gemüse zugeben. Gemüse auf mittlerer Temperatur unter Rühren 5 Minuten anbraten. $^1/_4$ Tasse Wasser zusammen mit Zucker, Salz und, wenn Sie Pflanzenöl verwenden, $^1/_2$ TL Senfpulver zugeben. Alles gut vermischen und bei schwacher Hitze zugedeckt 20 Minuten kochen lassen bzw. bis das Gemüse gar, aber noch knackig ist. Deckel abnehmen, auf höhere Temperatur schalten und das Gemüse unter Rühren weiterkochen, bis es leicht angebräunt und glasiert ist.
4. Senfpaste zugeben und weitere zwei Minuten kochen lassen.

Dieselben Menüvorschläge wie bei Grüne Bohnen und Kartoffeln in Senföl (S. 303).

Balsambirnen mit würziger Zwiebelfüllung

(Bhara Karela)

Diese Zubereitung ist ein typisches Beispiel für die knoblauchfreie Küche der Brahmanen. Schon als Kind habe ich diese Delikatesse mit einfachem Brot, einer Schale Joghurt-Salat und einem Linsenpüree mit großer Begeisterung gegessen.

Für 4 Personen

1 Pfund zarte junge Balsambirnen
4½ TL grobes Salz
1 EL Zitronensaft
¾ TL Kurkuma

Für die Füllung:
1 EL Fenchelsamen
1 EL Korianderblätter
1½ TL Kreuzkümmelsamen
¾ TL Bockshornkleesamen
½ TL Mangopulver
½ TL grobes Salz
½ TL Cayennepfeffer (nach Belieben)
4 EL leichtes Pflanzenöl
1½ Tassen feingehackte Zwiebeln

1. Die rauhe Schale der Balsambirnen entfernen, der Länge nach einen Einschnitt machen. Salz, Zitronensaft und Kurkuma in einer kleinen Schüssel vermengen und die Mischung in die Einschnitte der Balsambirnen geben. 8 Stunden bzw. über Nacht marinieren. Gut abtropfen lassen und leicht auspressen. Balsambirnen in einen großen Topf geben und so viel Wasser zugießen, daß sie bedeckt sind. Zum Kochen bringen und ohne Deckel 6 Minuten kochen lassen. Sie sollten weich sein. Wasser abgießen und die Balsambirnen vorsichtig auspressen. Beiseite stellen.
2. Eine große Pfanne (25—30 cm Durchmesser) bei starker Hitze 3 Minuten erhitzen. Fenchel, Koriander, Kreuzkümmel und Bockshornklee hineingeben und ohne Fett rösten, bis sie ein starkes Aroma entwickeln und sich dunkel verfärben (ca. 3 Minuten). Auf einen Teller geben und auskühlen lassen. In einer Kaffeemühle pulverisieren. Dann Mangopulver, Salz und Cayennepfeffer untermischen.
3. 3 EL Öl in der Pfanne erhitzen und Zwiebeln darin unter ständigem Rühren 7 Minuten rösten, bis sie leicht Farbe genommen haben. Hitze wegnehmen und die Gewürzmischung einrühren.

4. Balsambirnen mit der würzigen Zwiebelmischung füllen. Küchengarn um jede gefüllte Balsambirne wikkeln, damit die Füllung beim Anbraten nicht herausfällt.
5. Den restlichen EL Öl in der gleichen Pfanne 1—2 Minuten stark erhitzen. Gefüllte Balsambirnen hineinlegen und unter häufigem Wenden 4 Minuten braten bzw. bis sie gut erhitzt und leicht angebräunt sind. Wärmezufuhr auf mittlere Stufe reduzieren und die Balsambirnen weiterrösten. Dabei gelegentlich wenden, bis sie auf allen Seiten schön gebräunt sind (ca. 8 Minuten). Bindfaden entfernen. Balsambirnen nach Belieben vor dem Servieren in Scheiben schneiden.

Variation: Balsambirnen mit aromatischer Kartoffelfüllung (Bhara Karela Aloo). Diese Version ist bei den hinduistischen Brahmanen, denen es verboten ist, Zwiebeln zu essen, sehr beliebt. Es ist dasselbe Rezept wie oben, nur nimmt man statt der Zwiebeln 2 gekochte, geschälte und grob zerdrückte mittelgroße Kartoffeln (ca. ½ Pfund) und läßt von den Gewürzen den Fenchel weg.

Auberginen und Kartoffeln mit Bockshornklee
(Aloo Baigan)

Auberginen und Kartoffeln sind eine in ganz Nordindien beliebte Kombination. Man kann sie nach Mogulart (wie in den meisten Restaurants) würzen. Mir schmeckt die folgende Version aus den östlichen Teilen der Nord-Provinz, nahe Nepal, am besten. Cayennepfeffer, Bockshornklee und das säuerliche Mangopulver sind typische Gewürze dieser Region.

Für 4 Personen

1 Pfund Auberginen, ungeschält
1 Pfund Kartoffeln (4 mittelgroße)
¾ TL Kurkuma
1½ EL gemahlener Koriander
½—1 TL Cayennepfeffer
1½ TL grobes Salz
4 EL leichtes Pflanzenöl
¾ TL Bockshornkleesamen
1 TL Mangopulver

1. Auberginen in 2½ cm große Würfel schneiden. Gemüse in eine Schüssel geben. Kurkuma, Koriander, Cayennepfeffer und Salz darüberstreuen und gut vermischen. Das Gemüse sollte von den Gewürzen gleichmäßig bedeckt sein.
2. Öl in einer großen Pfanne 3 Minuten stark erhitzen. Bockshornkleesamen hineingeben und dunkelbraun rösten (10—15 Sekunden). Gemüse zugeben, Pfanne einige Male schütteln, dann das Gemüse ungestört 1—2 Minuten braten lassen. Anschließend unter Rühren 5 Minuten braten bzw. bis die Gewürze anfangen, am Gemüse zu haften und die Auberginenwürfel weich sind. Hitze zurücknehmen und zugedeckt 20 Minuten kochen lassen. Ab und zu den Deckel abnehmen und die Gemüse umwenden, damit sie gleichmäßig garen. Beim Umwenden aufpassen, daß die Gemüsestückchen nicht zerdrückt werden. Mangopulver darüberstreuen und das Ganze ohne Deckel unter häufigem Rühren weitere 5 Minuten braten bzw. bis das Gemüse glasig ist. Heiß oder warm servieren.

»Aloo Baigan« können Sie als Beilage zu jedem Gericht reichen, solange es nicht auch Auberginen oder Kartoffeln enthält. Ich esse es gern mit Fritiertem Brot mit Mohnsamen (S. 412), Cremiger Minzsauce (S. 360) und Pandschab-Linsen »Fünf Juwelen« (S. 346).

Auberginen in Ingwer-Tamarinden-Sauce
(Masala Vanghi)

Für diese Spezialität aus Bombay verwendet man die langen japanischen Auberginen, die in asiatischen Lebensmittelgeschäften erhältlich sind. Sie sind süß, voll im Geschmack und kernlos. Ersatzweise kann man auch ganz junge, 4—5 cm lange Auberginen verwenden. Die Auberginen werden mit Zimt, Nelken und Kokosflocken überzogen und in einer süß-sauren Tamarindensauce geschmort.

Für 4—6 Personen

1 Kugel Tamarindenfruchtfleisch (1¼ cm Durchmesser)
¼ Tasse kochendes Wasser
1 Pfund Auberginen
3 EL leichtes Pflanzenöl
1½ TL feingehackter Knoblauch
2 TL gemahlener Koriander
¼ TL gemahlener Zimt
⅛ TL gemahlene Nelken
½ Tasse Kokosflocken (frisch oder ungesüßt aus der Dose), fest zusammengepreßt
1—2 TL Cayennepfeffer
grobes Salz nach Belieben
2 EL ungeschwefelte Melasse oder brauner Zucker
½ TL schwarze Senfsamen
Ingwer-Tamarinden-Sauce (S. 314)

1. Tamarinde in eine Porzellanschüssel geben. ¼ Tasse kochendes Wasser zufügen, Tamarinde 30 Minuten einweichen. Fruchtfleisch zerdrücken, um so viel Saft wie möglich aus ihm auszupressen. Sämtliche Flüssigkeit in eine Schüssel geben und die faserigen Rückstände für die Sauce aufbewahren.
2. Auberginen der Länge nach bis kurz vor dem Stielansatz aufschlitzen, so daß sie in einem Stück bleiben.

3. 2 EL Öl in einer großen Pfanne 1 Minute erhitzen. Knoblauch hineingeben und anrösten. Koriander, Zimt und Nelken hinzufügen und 15 Sekunden mitrösten. Kokosflocken und Cayennepfeffer einrühren. Unter Rühren weiterrösten, bis die Kokosflocken leicht angebräunt sind (ca. 2 Minuten). Hitze ausschalten und Salz, Tamarindensaft und Melasse einrühren. Gut vermischen.

4. Auberginen mit der würzigen Kokos-Mischung füllen. Mit Küchengarn verschnüren.

5. Den restlichen EL Öl in der Pfanne erhitzen. Wenn das Öl heiß ist, Senfsamen hineingeben. Einen Deckel oder Spritzschutz bereithalten, da die Samen hochspritzen. Wenn das Spritzen aufhört, Auberginen nebeneinander in die Pfanne setzen. 3—4 Minuten unter häufigem Wenden braten. Wärmezufuhr auf mittlere oder niedrige Stufe zurücknehmen und die Auberginen zugedeckt 10—12 Minuten kochen lassen bzw. bis sie weich sind. Hitze wegnehmen. Auberginen auf einer Platte anrichten, mit Ingwer-Tamarinden-Sauce übergießen und sofort servieren.

Ingwer-Tamarinden-Sauce

Tamarindenrückstände aus dem Rezept S. 313
½ Tasse kochendes Wasser
½ TL Maisstärke
1 EL geraspelter frischer Ingwer

1. Tamarindenrückstände mit ½ Tasse kochendem Wasser in eine Schüssel geben und 30 Minuten einweichen. Rückstände ausdrücken und so viel Saft wie möglich daraus herauspressen. Saft in eine Schüssel geben und Rückstände wegwerfen.

2. Tamarindenwasser zusammen mit der Maisstärke in einen emaillierten Topf geben, gut verrühren und zum Kochen bringen. 2 Minuten kochen lassen. Hitze wegnehmen und geraspelten Ingwer einrühren.

Anmerkung: Wenn Sie es gerne scharf mögen, geben Sie zusätzlich noch 4 gehackte Chili in die Sauce.

Champignons mit Ingwer und grünem Chili
(Khombi Tarkari)

Nordinder, vor allem diejenigen, die an den Ausläufern des Himalaya wohnen, schätzen Champignons. Sie sautieren die Pilze mit Gewürzen, kochen sie in Tomatensauce oder geben sie in einen Pilaw. In diesem Rezept werden Champignons mit einer würzigen Paste aus Zwiebeln, Knoblauch und Ingwer sautiert. Gerösteter Kreuzkümmel und frischer Koriander verleihen dem Gericht einen erfrischenden Geschmack. »Khombi Tarkari« esse ich gern kalt als Appetitanreger zu Drinks, auf Brot als Snack oder auch in einen einfachen Tomaten-Pilaw eingerührt als leichtes Abendessen. Die Champignons eignen sich auch als Beilage.
Frische Morcheln oder Pfifferlinge können auf dieselbe Weise zubereitet werden.

Für 4 Personen

3 EL Erdnußöl
1 Tasse gehackte Zwiebeln
1 EL gehackter frischer Ingwer
2 TL feingehackter Knoblauch
2 scharfe grüne Chilischoten, fein gehackt
¼ TL Kurkuma
1½ Pfund Champignons, gewaschen und in Stücke geschnitten
Grobes Salz nach Belieben
1 TL geröstete Kreuzkümmelsamen, zerstoßen
1 TL Zitronensaft
2 EL gehackte frische Korianderblätter zum Garnieren

1. Öl in einem Kadhai, einem Wok oder einer großen Bratpfanne 2 Minuten erhitzen. Zwiebeln zugeben und unter Rühren 3 Minuten anbraten. Ingwer, Knoblauch und Chili hinzufügen und 2 Minuten mitrösten.
2. Kurkuma, Champignons und Salz zugeben. Unter Rühren braten lassen, bis sämtliche Flüssigkeit, die aus den Pilzen austritt, verdunstet ist und die Pilze anfangen, Farbe zu nehmen (ca. 15 Minuten). Hitze reduzieren, Kreuzkümmelsamen und Zitronensaft zu den Pilzen geben, gut untermischen und weiterbraten, bis die Pilze den Zitronensaft aufgenommen haben (ca. 5 Minuten). Vom Herd nehmen und heiß, warm oder gekühlt mit gehackten Korianderblättern garniert servieren.

Aromatische pürierte Senfblätter

(Sarsoon ka Saag)

Jede Gegend hat ihr eigenes Leibgericht. Für die Sikhs von Amritsar, der Heimat des Goldenen Tempels, ist es dieses seidige Püree aus Senfblättern, gewürzt mit Ingwerraspeln, Knoblauch und Butter. Gegessen wird es mit Mais-Brot (S. 406 und S. 422). Das klassische Rezept für dieses Gericht verlangt eine Mischung aus Senfblättern und »Bathua«, einem Gemüse, das hierzulande leider nicht erhältlich ist. Verwenden Sie statt dessen Spinatblätter.

Für 6 Personen

1¼—1½ Pfund Senfblätter (mit Stengeln)
1 Pfund frischer Spinat (mit Stengeln) oder
250 g tiefgekühlter Blattspinat
¼ Pfund frische Bockshornkleeblätter oder
3 EL getrocknete Bockshornkleeblätter (Kasoori Methi)
¼ Tasse Maismehl (am besten gelbes)
2 scharfe grüne Chilischoten, gehackt
½ TL Asafoetida oder
⅓ Tasse feingehackte Zwiebeln
2½ Tassen Wasser
1 mittelgroße grüne Paprikaschote, gehackt
2 TL Maisstärke, in
2 EL Wasser gelöst
Grobes Salz nach Belieben
4—5 EL Usli Ghee (S. 55) oder Butter
¼ Tasse geraspelter oder feingeschnittener frischer Ingwer (nach Belieben)
2—4 EL Knoblauch, in dicke Scheibchen geschnitten

1. Stengel von den Senf- und Spinatblättern entfernen. Falls die Spinatblätter etwas gröber sind, jedes Blatt der

Länge nach falten und die Stengel mitsamt den Rippen wegreißen.

2. Senfblätter, Spinat und Bockshornkleeblätter mehrmals in frischem Wasser waschen, bis sie ganz sauber sind. Gemüse grob zerschneiden.

3. Maismehl, Chili, Asafoetida und 2½ Tassen Wasser in einen tiefen Topf geben und zum Kochen bringen. Grünen Paprika hinzufügen und unter Rühren kochen lassen, bis das Gemüse zusammenfällt. Hitze zurücknehmen und zugedeckt 1 Stunde leise köcheln lassen bzw. bis das Gemüse gar ist. Wenn das Gemüse etwas abgekühlt ist, portionsweise in einem Mixer oder in einer Küchenmaschine zu einem glatten, cremigen Püree verarbeiten.

4. Püree in den Topf geben, Maisstärke-Lösung beifügen und bei schwacher Hitze kochen lassen, bis das Püree dick und glatt ist (6—10 Minuten). Mit Salz abschmecken und weiterköcheln lassen, während Sie die parfümierte Butter zubereiten.

5. Usli Ghee oder Butter in einer kleinen Pfanne stark erhitzen. Wärmezufuhr auf mittlere bis niedrige Stufe reduzieren. Ingwer und Knoblauch in die Pfanne geben und 3 Minuten rösten. Vom Herd nehmen.

Das Püree in eine große, flache Servierschüssel geben. Parfümierte Butter dazugeben.

Chilischoten in Mandel-Sahne-Sauce
(Mirch ka Salan)

Einige Inder verwenden Chili nicht nur zum Würzen, sie essen sie auch als Gemüse. In diesem Rezept aus Haiderabad werden Chili in einer Mandel-Sahne-Sauce geschmort. Für Leute, die es sehr scharf mögen!

Für 6—8 Personen

7 EL leichtes Pflanzenöl
1 Tasse feingehackte Zwiebeln
1 Zimtstange (8 cm lang)
1½ TL feingehackter Knoblauch
1 EL geraspelter frischer Ingwer
2 EL gemahlene Mandeln
1 EL gemahlener Koriander
1 TL gemahlener Kreuzkümmel
½ TL gemahlener Kardamom
¼—½ TL Cayennepfeffer
1 Tasse Kokosmilch, Naturjoghurt, leichte Sahne oder eine Mischung aus allem
½ Tasse Wasser
1 Pfund grüne Chilischoten, aufgeschlitzt
2 mittelgroße Tomaten, in 2½ cm große Stücke geschnitten
2 EL feingehackte frische Korianderblätter
grobes Salz nach Belieben
dicke Sahne oder Milch

1. 4 EL Öl in einer schweren Pfanne erhitzen, Zwiebeln hineingeben. Bei mittelstarker Hitze hellbraun rösten.
2. Zimt, Knoblauch, Ingwer und Mandeln zugeben und weiterrösten, bis die Mandeln Farbe annehmen (3—4 Minuten). Koriander, Kreuzkümmel und Cayennepfeffer zugeben und 15 Sekunden braten lassen. Kokosmilch zugießen und zum Kochen bringen. Zugedeckt bei schwacher Hitze 10 Minuten kochen lassen. Den Deckel abnehmen und die Mischung weiterkochen lassen,

bis sie zu einer dicken Masse eingekocht ist und sich das Fett von der Sauce absetzt. ½ Tasse Wasser zugießen und weitere 3—5 Minuten kochen lassen bzw. bis sich das Wasser mit der Sauce vermischt und diese eine schöne dicke Konsistenz hat. Vom Herd nehmen und in eine Schüssel geben. Die Pfanne mit einem Spatel auskratzen.

3. Die restlichen 3 EL Öl in die Pfanne geben. Hitze auf mittelhohe Stufe schalten und die Chili in die Pfanne geben. Unter Rühren 3—5 Minuten sautieren bzw. bis sie gut mit Öl beschichtet sind, glänzen und anfangen zu dampfen. Tomaten hinzufügen, auf starke Hitze schalten und unter ständigem Rühren 1—2 Minuten anrösten.

4. Sauce zugeben und gut vermengen. Hitze zurückschalten und die Chilischoten in der Sauce zugedeckt schmoren lassen, bis sie weich sind (ca. 10 Minuten). Dabei gelegentlich umrühren, damit sich die Sauce nicht am Pfannenboden ansetzt. Aufpassen, daß die Chilischoten nicht zu weich werden. Korianderblätter und Salz einrühren. Vom Herd nehmen und servieren. Nach Belieben noch ein paar EL Sahne oder Milch einrühren, um die Sauce samtiger zu machen.

Zu diesem scharf-cremigen Chiligericht paßt ein aromatischer Pilaw wie Steckrüben-Pilaw mit Orangengeschmack (S. 449).

Kürbis mit Koriander
(Kondroo Sabzi)

»Kondroo«- oder »Tindola«-Kürbis gilt in Nordindien als eine Delikatesse. Geröstet oder in einer würzigen Sauce geschmort, schmeckt er ausgezeichnet. Dieses Rezept zeigt, wie er bei meiner Mutter in Neu-Delhi zubereitet wird. Mir schmeckt zu diesem Gericht Vollkornbrot mit Fenchel (S. 410) oder Reis-Mungobohnen-Eintopf mit Kreuzkümmel und schwarzem Pfeffer (S. 281).

Für 3—4 Personen

1½ Pfund frischer »Kondroo«-Kürbis oder 2 Dosen à 400 g
2—3 EL leichtes Pflanzenöl
¼ TL Kurkuma
¼ TL Cayennepfeffer
2 TL gemahlener Koriander
grobes Salz nach Belieben

1. Kürbis vierteln. Falls Sie Kürbis aus der Dose verwenden, Flüssigkeit abgießen und die Stücke mehrmals in frischem Wasser spülen. Abtropfen lassen.
2. Öl in einer großen Pfanne 2 Minuten bei starker Hitze heiß werden lassen. Temperatur herunterschalten und sämtliche Gewürze in die Pfanne geben. Geviertelte Kürbisstückchen beifügen, gut umrühren, damit sie gleichmäßig mit den Gewürzen überzogen werden. 3 Minuten rösten bzw. bis die Kürbisstückchen leicht angebräunt sind.
3. Hitze auf mittlere bis niedrige Stufe schalten und das Gemüse zugedeckt 10—12 Minuten schmoren lassen. Ab und zu den Deckel abnehmen und das Gemüse umrühren. Dann ohne Deckel weiterkochen lassen, bis fast alle Feuchtigkeit verdunstet ist (5—8 Minuten). Der volle Geschmack des Kürbis entwickelt sich nur, wenn er gut durchgebraten ist. Nach Belieben salzen.

Parval-Kürbis in würziger Sauce
(Parval Dalna)

Die Bengalen schätzen diese Kürbisart. Von allen Zubereitungen mit »Parval« ist »Dalna«, was würzige Currysauce bedeutet, die populärste. Leider werden Sie wohl frischen »Parval« in Deutschland kaum bekommen, aber auch aus der Dose schmeckt er gut.

Für 4 Personen

1 Dose »Parval«-Kürbis (400 g)
2 mittelgroße Kartoffeln
2 EL leichtes Pflanzenöl
$^1/_2$ TL Schwarzkümmel (Kalaunji)
1 EL geraspelter oder zerstoßener frischer Ingwer
$^3/_4$ Tasse feingehackte Zwiebeln
$1^1/_2$ TL gemahlener Kreuzkümmel
2 Lorbeerblätter
$^1/_3$ TL Kurkuma
$^1/_3$ TL Cayennepfeffer
1 Tasse pürierte frische Tomaten (oder $^1/_4$ Tasse Tomatenpüree aus der Dose und $^3/_4$ Tasse Wasser)
$1^1/_4$ Tassen Wasser
grobes Salz nach Belieben
$^1/_3$ TL Garam Masala (S. 79)

1. Flüssigkeit aus der Dose abgießen, Kürbis abtropfen lassen. Jede Dose sollte 8—12 ganze, geschälte, blanchierte »Parval« enthalten. »Parval« halbieren und so viel Flüssigkeit wie möglich aus ihnen auspressen. Auf Küchenpapier trocknen lassen. Es macht nichts, wenn sie etwas zerdrückt aussehen. Sobald sie in der Sauce sind, werden sie wieder dick und prall.
2. Kartoffeln putzen, schälen und in 6 Stücke schneiden. In eine Schüssel mit Wasser geben und beiseite stellen.
3. Öl in einem mittelgroßen Topf 2 Minuten bei starker

Hitze heiß werden lassen. Schwarzkümmel hineingeben und 10 Sekunden braten lassen. Ingwer, Zwiebeln, Kreuzkümmel und Lorbeerblätter hinzufügen und 5 Minuten mitrösten bzw. bis die Zwiebeln anfangen, Farbe zu nehmen. Kurkuma und Cayennepfeffer zugeben und weitere 30 Sekunden rösten. »Parval« zugeben und gut umrühren. Kartoffeln abtropfen lassen und zusammen mit dem Tomatenpüree, Wasser und Salz ebenfalls in den Topf geben. Aufkochen lassen und zugedeckt 15—18 Minuten köcheln bzw. bis die Kartoffeln gar sind. Garam Masala darüberstreuen und servieren.

Würziges Kartoffelcurry

(Oorla-kayanga Kai)

Aus Südindien stammt dieses einfachste aller Rezepte für Kartoffelcurry. Sie brauchen dazu lediglich gekochte Kartoffeln und reichlich Currypulver. Damit es authentisch schmeckt, sollten Sie indisches Sesam- oder Kokosöl verwenden.

Für 6 Personen

2 Pfund Kartoffeln
2 EL Currypulver (Grundrezept S. 75 oder gekauft)
3—4 TL leichtes Sesam-, Kokos- oder Pflanzenöl
grobes Salz nach Belieben

1. Kartoffeln mit Schale kochen, bis sie gar, aber noch fest sind. Wasser abgießen und Kartoffeln schälen. In 4 cm dicke Scheiben schneiden und in eine Schüssel geben. Currypulver über die Kartoffelscheiben streuen, solange sie noch warm sind. 3—4 EL Wasser darübersprenkeln und Kartoffeln wenden. Sie sollten gleichmä-

ßig mit der Gewürzmischung bedeckt sein. 15 Minuten zum Abkühlen beiseite stellen.
2. Öl in einem Kadhai oder einer großen Pfanne stark erhitzen (2 Minuten). Kartoffeln hineingeben und unter Wenden bräunen (12—15 Minuten). Sie sollen knusprig braun sein. Heiß, warm oder kalt servieren.

Neue Kartoffeln mit Bockshornkleeblättern
(Methi Aloo)

Für dieses klassische Gericht aus Neu-Delhi, das im ganzen Norden beliebt ist, sollten Sie die kleinsten Kartöffelchen verwenden, die Sie auftreiben können. Die Kartoffeln werden zusammen mit Bockshornkleeblättern gedämpft und mit schwarzem Pfeffer gewürzt. Zu diesem aromatischen Gericht paßt am besten ein Fritiertes Brot mit Mohnsamen (S. 412) oder Reis-Mungobohnen-Eintopf mit Kreuzkümmel und schwarzem Pfeffer (S. 281).

Für 4 Personen

1 Pfund winzige neue Kartoffeln (weniger als 2½ cm Durchmesser) oder kleine Kartoffeln, halbiert, ungeschält
¼—½ Pfund frische Bockshornkleeblätter oder 2 EL getrocknete Bockshornkleeblätter (Kasoori Methi)
4—6 EL Butter
½ TL schwarzer Pfeffer
½ TL Garam Masala (S. 79)
½ TL Mangopulver oder 1½ TL Zitronensaft
grobes Salz nach Belieben

1. Kartoffeln unter fließendem kaltem Wasser schrubben. Abtropfen lassen. Bockshornkleeblätter mehrmals

in frischem Wasser waschen, abtropfen lassen und fein hacken.
2. 2 EL Butter in einer Pfanne schmelzen lassen. Kartoffeln darin bei mittelstarker Hitze 3—4 Minuten braten, bis sie leicht Farbe annehmen und ihre Haut schrumplig aussieht. Gehackte Bockshornkleeblätter hinzufügen und weitere 3 Minuten braten, bis sie zusammenfallen. Schwarzen Pfeffer darüberstreuen, restliche Butter zugeben und gut vermischen.
3. Wärmezufuhr reduzieren und die Kartoffeln zugedeckt schmoren lassen, bis sie gar sind (ca. 20 Minuten). Darauf achten, daß nichts anbrennt. Gegebenenfalls umrühren. Da die Kartoffeln in der Flüssigkeit, die aus den Bockshornkleeblättern austritt, garen, wird normalerweise kein Wasser benötigt. Sollte jedoch diese Flüssigkeit zu schnell verdunsten und die Kartoffeln zu trokken sein, können Sie einige Eßlöffel Wasser zugeben. Sobald die Kartoffeln gar sind, Deckel abnehmen und auf stärkere Hitze schalten. Weiterkochen lassen, bis alle Flüssigkeit verdunstet ist.
4. Garam Masala, Mangopulver und Salz darüberstreuen und gut vermischen. Kartoffeln wenden, damit sie die Gewürze aufnehmen, und rösten, bis sie glasiert sind (ca. 5 Minuten). Heiß, warm oder kalt servieren.

Kürbis mit Jaggery
(Meetha Kaddoo)

In den Dörfern Nordindiens wird frischer Kürbis in einer süß-sauren Sauce mit Bockshornklee, Asafoetida und Koriander geschmort. Auch werden Kürbisblüten, -blätter und -stengel in das Gericht eingerührt, um ihm einen volleren Geschmack und mehr Konsistenz zu geben.

»Meetha Kaddoo«, eine der Lieblingsspeisen meiner Kindheit, schmeckt ausgezeichnet mit indischem Brot.

Für 4 Personen

1 Kürbis (ca. 1¾—2 Pfund)
3 EL leichtes Pflanzenöl
½ TL Bockshornkleesamen
½ TL gemahlenes Asafoetida
1 EL gemahlener Koriander
½ TL Cayennepfeffer
grobes Salz nach Belieben
1 TL Mangopulver oder
2 EL Zitronensaft
3 EL Palm- oder brauner Zucker (hell oder dunkel)

1. Kürbis halbieren, Stiel entfernen. Kerne und Fasern aus jeder Hälfte herauskratzen. Dann der Länge nach in 4 cm breite Stücke schneiden und die harte Schale entfernen. Fruchtfleisch in 4 cm große Stücke schneiden. Beiseite stellen.
2. Öl in einer großen Pfanne stark erhitzen. Bockshornkleesamen hineingeben und dunkelbraun rösten (ca. 10 Sekunden). Asafoetida, Koriander und Cayennepfeffer zugeben. Einmal umrühren, dann den Kürbis hinzufügen. Kräftig umrühren, um die Gewürze gut zu verteilen (3 bis 4 Minuten). Salz darüberstreuen, umrühren. Hitze herunterschalten und den Kürbis zugedeckt schmoren lassen, bis er gar ist, aber noch nicht zerfällt (ca. 10 Minuten). Deckel abnehmen und das Mangopulver über den Kürbis streuen. 2 Minuten weiterbraten, dabei ständig umrühren. Palmzucker hinzufügen und mitbraten, bis er geschmolzen und das Gemüse davon überzogen ist (3—4 Minuten). Heiß, warm oder kalt servieren.

Spinat in Senföl
(Shak)

Spinat gilt in Indien als ein mildes, etwas fades Gemüse. Man gart deshalb Spinat in aromatischen Ölen, wie in diesem Rezept aus Orissa im östlichen Indien. Zur Abwechslung können Sie statt Spinat auch Senfblätter oder Mangold verwenden. »Shak« empfiehlt sich als erster Gang und paßt ausgezeichnet zu Reis-Mungobohnen-Eintopf mit Kreuzkümmel und schwarzem Pfeffer (S. 281).

Für 4 Personen

2 Pfund frische Spinatblätter
2 EL Senföl oder leichtes Pflanzenöl
1 EL schwarze Senfsamen
2 getrocknete rote Chilischoten
grobes Salz nach Belieben

1. Von jungen Spinatblättern Stiele abschneiden. Wenn die Blätter etwas größer und zäher sind, die Blätter der Länge nach falten und mit der freien Hand den Stiel zusammen mit den dickeren Rippen wegreißen.
2. Spinatblätter mehrmals in frischem Wasser waschen. Sie sollten ganz sauber sein.
3. Öl in einer großen Pfanne sehr heiß werden lassen. Die Senfsamen hineingeben. Einen Deckel oder Spritzschutz bereithalten, da die Samen hochspritzen. Wenn das Spritzen nachläßt, Chilischoten zugeben und rösten, bis sie sich dunkel verfärben.
4. Spinatblätter in die Pfanne geben und unter häufigem und schnellem Wenden dämpfen, bis sie zusammenfallen. Weiterdämpfen, bis fast alle Flüssigkeit verdunstet ist und der Spinat glänzt (3—4 Minuten). Salzen und heiß, warm oder kalt servieren.

Gebratene Tarowurzel
(Arbi [Chuian] ki Sabzi)

In Westindien würzt man Gemüse gern mit Adiowan. In diesem Rezept wird Tarowurzel, ein beliebtes Gemüse mit einer kartoffelähnlichen Konsistenz, mit Cayennepfeffer, Kurkuma und Adiowan gebraten. Das Gericht wird nur leicht gewürzt, damit der süße Geschmack der Tarowurzel voll zur Geltung kommt. Ich esse dazu gern Fritiertes Brot mit Mohnsamen (S. 412).

Für 4 Personen

1½ Pfund Tarowurzel (Arbi)
¾ TL Kurkuma
¾ TL Cayennepfeffer
grobes Salz nach Belieben
4 EL Erdnußöl
½ TL Adiowan

1. Tarowurzeln in einen Topf geben, soviel Wasser zugießen, daß sie ganz bedeckt sind, und zum Kochen bringen. Zugedeckt 12—15 Minuten kochen lassen bzw. bis die Wurzeln sich leicht schälen lassen. Wasser abgießen und die Tarowurzeln kurz abkühlen lassen. Schälen und das Fruchtfleisch in 1½ cm dicke Scheiben schneiden.
2. Scheiben in eine Schüssel geben. Kurkuma, Cayennepfeffer und Salz darüberstreuen. Umwenden.
3. Öl in einer großen Pfanne erhitzen, Adiowan hineingeben und 10 Sekunden braten lassen. Taroscheiben hinzufügen und unter Rühren rösten, bis sie gebräunt und durchgebraten sind (ca. 15 Minuten). Wenn nötig, Hitze auf mittlere Stufe herunterschalten.

Heiß oder warm servieren.

Taroblätter-Rollen mit Linsenfüllung

(Marvadi Arbi Patta)

Nicht nur die Tarowurzeln sind in Indien sehr beliebt, auch die Blätter. Jede Region hat ein Geheimrezept, wie aus den aromatischen Blättern eine wahre Delikatesse zuzubereiten ist. Im Haus meiner Mutter werden sie nach der »Marvadi Bania« Art zubereitet, das heißt, daß die Blätter mit einem scharfen Linsenpüree gefüllt, zusammengerollt und gedämpft werden. Vor dem Servieren werden die Rollen in Öl angebraten, das mit Senfsamen aromatisiert ist. Gefüllte Taroblätter esse ich am liebsten mit einfachem Brot, dazu paßt ein erfrischendes Joghurt-Getränk (siehe Getränke).

Für 6 Personen

1 Tasse gelbe Linsen (Arhar Dal) oder gelbe halbe Linsen (Channa Dal)
3 getrocknete rote Chilischoten
½ TL gemahlenes Asafoetida
grobes Salz, ca. 1 TL
½ Tasse Wasser
½ TL Backpulver
10 Taroblätter
3 EL leichtes Pflanzenöl
1 TL schwarze Senfsamen

1. Linsen verlesen und in frischem Wasser gründlich waschen. Linsen in eine Schüssel geben und so viel Wasser zugießen, daß sie mindestens 2½ cm hoch bedeckt sind. 4 Stunden quellen lassen. Wasser abgießen.
2. Linsen zusammen mit Chilischoten, Asafoetida und Salz in den Aufsatz einer Küchenmaschine geben und 35—40 Sekunden verarbeiten. Alle 15 Sekunden die Maschine ausschalten und die Masse von den Innenwänden herunterkratzen. Es sollte ein feines Püree, aber

keine Paste entstehen. Linsenpüree in eine Schüssel geben. Wasser und Backpulver einrühren. Püree in 10 gleich große Portionen aufteilen.
3. Stiel von den Taroblättern abschneiden. Die Blätter sind auf der einen Seite glänzend und auf der anderen matt. Ein Blatt nehmen und mit der matten Seite nach oben auf die Arbeitsfläche legen. Eine Portion Linsenpüree daraufstreichen. Da das Püree etwas körnig ist, läßt es sich nicht ganz gleichmäßig verteilen. Ein zweites Blatt auf das erste legen. Dann dieses zweite Blatt mit einer zweiten Portion Linsenpüree bestreichen. Blätter vom Stielende her wie eine Roulade aufrollen. Sämtliche Blätter auf dieselbe Weise füllen und aufrollen.
4. Rollen über Dampf 15 Minuten garen lassen. Aus dem Topf nehmen und auf die Arbeitsfläche legen. Sofort diagonal in $1\frac{1}{2}$ cm dicke Scheibchen schneiden.
5. Öl in einem Kadhai oder einer großen Pfanne stark erhitzen. Senfsamen hineingeben. Einen Deckel oder Spritzschutz bereithalten, da die Samen hochspritzen. Wenn das Spritzen aufhört, gefüllte Taroblätter in das Öl geben und unter vorsichtigem Rühren braten, bis sämtliche Scheiben gleichmäßig mit Öl und Gewürzen überzogen sind (3—5 Minuten). Sofort servieren.

Zucchini in süßer Milchsauce mit Chili

(Paal Kootoo)

Dies ist eine der geschmacklich ungewöhnlichsten Zubereitungen aus Tanjore. Die Zucchini werden zuerst in einer gesüßten Milchsauce gekocht, dann aromatisiert man sie mit Chili, Senfsamen und weißen halben Bohnen. In meinen Kochkursen ist das eine der beliebtesten

Zubereitungen. Zu »Paal Kootoo« reicht man einen würzigen südindischen Eintopf wie Auberginen-Linsen-Chili-Eintopf (S. 248) und einfachen gekochten Reis.

Für 4 Personen

1 Pfund sehr zarte junge Zucchini
1 Tasse Milch
3 EL hellbrauner Zucker
½ TL grobes Salz
2 TL Maisstärke, in
2 EL Milch oder Wasser gelöst
1—2 EL leichtes Sesam- oder Pflanzenöl
¾ TL weiße halbe Bohnen (Urad Dal)
4 getrocknete rote Chilischoten, zerbröckelt (wenn Sie es nicht so scharf mögen, entfernen Sie die Samen)

1. Zucchini unter fließendem kaltem Wasser putzen und trockentupfen. In ½ cm dicke Scheiben schneiden.
2. Milch, braunen Zucker und Salz in einem 4-Liter-Topf bei mittelstarker Hitze zum Kochen bringen. Maisstärkelösung hinzufügen und unter ständigem Rühren kochen lassen, bis die Sauce dick wird (ca. 1 Minute). Zucchini hineingeben und gut erhitzen. Hitze wegnehmen.
3. Öl in einer kleinen Pfanne erhitzen. Senfsamen hineingeben. Einen Deckel oder Spritzschutz bereithalten, da die Samen hochspritzen. Wenn die Samen anfangen hochzuspritzen, weiße halbe Bohnen beifügen. Sobald die Bohnen hellbraun sind und die Senfsamen aufhören zu spritzen, Chili zugeben. Pfanne einige Male schütteln, damit alle Chilistücke mit Öl überzogen sind. Den gesamten Pfanneninhalt über die Zucchini-Milch-Mischung schütten. Umrühren und servieren.

HÜLSENFRÜCHTE

Grundrezept für Linsen, Erbsen und Bohnen
(Gala Hua Dal)

Bei vielen Rezepten aus dem Süden und Südwesten rührt man gegen Ende der Kochzeit gekochte Linsen oder Bohnen in das Gericht ein. Dabei empfiehlt es sich, die Linsen am Vortag zuzubereiten.

Ergibt 4½ Tassen dickes Linsen-, Erbsen- oder Bohnenpüree

1½ Tassen gelbe Linsen (Arhar Dal) oder rote Linsen (Masa Dal) oder gelbe halbe Erbsen (vom Supermarkt) oder gelbe Mungobohnen (Moong Dal)
¼ TL Kurkuma
4½ Tassen Wasser

1. Verlesene und gründlich gewaschene Hülsenfrüchte zusammen mit dem Kurkuma und dem Wasser in einen tiefen Topf geben und zum Kochen bringen, öfter umrühren, damit sie nicht zusammenkleben. Leicht zugedeckt bei mittlerer Hitze 40 Minuten kochen lassen (rote Linsen und Mungobohnen nur 25 Minuten). Ganz zudecken, Wärmezufuhr reduzieren und weitere 20—25 Minuten kochen lassen (rote Linsen nur 10 Minuten) bzw. bis die Hülsenfrüchte weich sind.
2. Hitze wegnehmen und das Püree abmessen. Es sollten 4½ Tassen sein; falls nicht, Wasser zugießen. Sollten

Sie ein feineres Püree wünschen, verrühren Sie es 3—5 Minuten mit einem Schneebesen. Das Püree hält sich im Kühlschrank bis zu 3 Tage. Durch die Aufbewahrung wird es jedoch dicker und verliert an Masse. Sie sollten das bei späterem Gebrauch berücksichtigen.

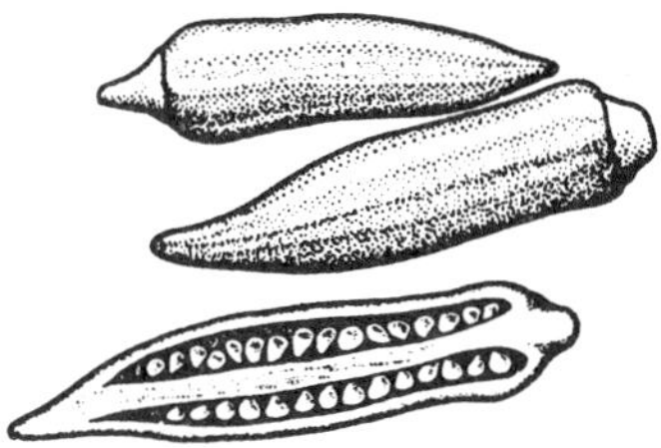

Mungobohnensprossen mit Kokosnuß und ganzen Gewürzen

(Usal)

Leicht gekeimte Mungobohnen sind im Gudscherat und Maharaschtra sehr beliebt. Sie sind nicht nur schön knakkig, sondern auch reich an Eiweiß. In diesem Rezept werden die Mungobohnensprossen in Usli Ghee mit Senfsamen, Kreuzkümmel und Asafoetida gedämpft und vor dem Servieren mit frischen Kokosflocken und Koriander garniert. Zu »Usal« gehört noch »Kokum«, eine süßsaure Obsttorte, die dem Gericht sein charakteristisches Aroma verleiht. Anstelle von »Kokum« können Sie auch Zitronensaft und etwas Zucker verwenden. Zu »Usal« paßt einfacher gekochter Reis und eine Gemüsezubereitung, wie zum Beispiel Auberginen in Ingwer-Tamarinden-Sauce (S. 313).

Für 4—6 Personen

1 Tasse ganze Mungobohnen, gekeimt (S. 89)
2 EL Usli Ghee (S. 55) oder leichtes Sesam- oder Pflanzenöl
1 TL Senfsamen
1 TL Kreuzkümmelsamen
1/4 TL gemahlenes Asafoetida
1/4 TL Kurkuma
1/2 TL Cayennepfeffer
1 EL Palmzucker oder brauner Zucker
1 TL Marathi Garam Masala (S. 82) oder Garam Masala (S. 79)
grobes Salz nach Belieben
4—6 Kokumstückchen oder 1 EL Zitronensaft und 1 TL Zucker
1/3 Tasse Wasser
3 EL gehackte frische Korianderblätter
3 EL frische Kokosflocken

1. Bohnensprossen gründlich in kaltem Wasser waschen. Abtropfen lassen und beiseite stellen.
2. Usli Ghee in einer großen Pfanne erhitzen. Senfsamen hineingeben. Einen Deckel als Spritzschutz bereithalten, da die Samen hochspritzen. Kreuzkümmel hinzufügen. Sobald die Kreuzkümmelsamen braun sind (ca. 15 Sekunden), Asafoetida, Kurkuma und Cayennepfeffer zugeben. 5 Sekunden umrühren, dann Bohnen hinzufügen und gut vermengen. Palmzucker, Marathi Garam Masala und Salz darüberstreuen und unter Rühren 2—3 Minuten weiterrösten, bis sämtliche Zutaten gut vermischt sind.
3. Kokum oder Zitronensaft und Zucker unter die Bohnen mischen. 1/3 Tasse Wasser darübergießen.
4. Hitze zurücknehmen und zugedeckt 25 Minuten kochen bzw. bis die Bohnen gar, aber noch knackig sind. Deckel abnehmen, Bohnen mit einer Gabel auflockern und Hitze ausschalten. Etwas Koriander, Kokosflocken und nach Bedarf Salz vorsichtig untermischen. Abkühlen

lassen und mit dem restlichen Koriander und den übrigen Kokosflocken bestreut servieren.

Weiße halbe Bohnen mit Zwiebelbutter

(Urad Dal)

Diese Bohnen, durchsetzt mit knackigen Zwiebeln, Pfefferkörnern und Nelken sowie aromatisiert mit zerstoßenem Ingwer, Knoblauch und süßen Gewürzen, sind ein klassisches Gericht der Kayasths (der Vaishya-Gemeinde) aus der Nördlichen Provinz. Ich schätze den vollen, cremigen Geschmack dieser Bohnen und variiere oft das Rezept, indem ich zum Beispiel gegen Ende der Kochzeit sautierte Tomaten, Auberginen oder Zucchini zugebe. Dieses Gericht ist gewöhnlich Bestandteil einer nordindischen Mahlzeit.

Für 6 Personen

1 Tasse weiße halbe Bohnen (Urad Dal)

Für die Bohnen:
2 schwarze (oder 4 grüne) Kardamomkapseln
2 Lorbeerblätter
1/8 TL Kurkuma
1 Tasse Milch
1 Tasse Wasser
grobes Salz nach Belieben

Für die Zwiebelbutter:
4 EL Usli Ghee (S. 55) oder leichtes Pflanzenöl oder eine Mischung aus beiden
1 Tasse Zwiebeln, in dünne Scheiben geschnitten
1 TL feingehackter Knoblauch
1 TL geraspelter oder zerstoßener frischer Ingwer
8 ganze Nelken
3/4 TL Garam Masala (S. 79)
3/4 TL zerstoßene schwarze Pfefferkörner

1. Bohnen verlesen und in frischem Wasser gründlich waschen. In eine Schüssel geben und so viel Wasser zugießen, daß sie mindestens 5 cm hoch bedeckt sind. 2 Stunden quellen lassen. Wasser abgießen und die Bohnen zusammen mit ihren Zutaten in einen tiefen Topf geben.
2. Leicht zugedeckt auf kleiner Flamme 1 Stunde kochen lassen. Die Flüssigkeit sollte nicht zu schnell verdampfen. Umrühren, damit die Bohnen nicht zusammenklumpen oder anbrennen. Nach 1 Stunde sollten sie gar, aber noch knackig sein. Eine weitere ½ Tasse Wasser zugießen, gut umrühren und zugedeckt weitere 15—20 Minuten kochen, bis sie sehr weich und cremig sind. Bohnen leise köcheln lassen, während Sie die Zwiebelbutter zubereiten.
3. Usli Ghee in einer kleinen Bratpfanne erhitzen. Zwiebeln hineingeben und unter ständigem Rühren goldbraun rösten (12—15 Minuten). Knoblauch, Ingwer und Nelken hinzufügen und 2 Minuten mitrösten. Hitze wegnehmen, Garam Masala und Pfefferkörner zugeben und 10 Sekunden braten lassen. Sofort den Pfanneninhalt zu den Bohnen geben. Einige Male umrühren, um die Butter und die Gewürze zu verteilen.

Gelbe Mungobohnen mit Kräutern
(Moong Dal)

Dieses goldgelbe Püree aus Mungobohnen mit einer Spur Ingwer, Chili und Kreuzkümmel ist eines meiner Lieblingsrezepte. Sein zartes, mildes Aroma paßt zu fast jedem Gericht. Es wird, wie in Ostindien üblich, mit gewürztem Öl aromatisiert. Man sollte dieses Gericht mit reichlich frisch gehackten Korianderblättern garnieren.

Für 4—6 Personen

1 Tasse gelbe halbe Mungobohnen (Moong Dal)
$\frac{1}{4}$ TL Kurkuma
$3\frac{1}{2}$ Tassen Wasser
grobes Salz nach Belieben

Für das parfümierte Öl:
3—4 EL leichtes Pflanzenöl
$1\frac{1}{2}$ TL Kreuzkümmelsamen
1 EL gehackter frischer Ingwer
2—4 scharfe grüne Chilischoten, gehackt
1 EL Zitronensaft
4 EL gehackte frische Korianderblätter
Cayennepfeffer oder Paprika (nach Belieben)

1. Mungobohnen verlesen und in frischem Wasser gründlich waschen.
2. Bohnen zusammen mit dem Kurkuma und $3\frac{1}{2}$ Tassen Wasser in einen tiefen Kochtopf geben und zum Kochen bringen. Leicht zugedeckt bei niedriger Hitze 35—40 Minuten kochen lassen bzw. bis die Bohnen gar sind. Gelegentlich umrühren. Hitze ausschalten und das »Dal« eine Minute mit dem Schneebesen oder einem Kochlöffel schlagen, bis ein dickes Püree entsteht. Mit Salz abschmecken. »Dal« wieder aufsetzen und leise köcheln lassen, während Sie das parfümierte Öl bereiten.
3. Öl in einer kleinen Bratpfanne bei mittelstarker Hitze heiß werden lassen. Kreuzkümmelsamen hineingeben und dunkelbraun werden lassen (ca. 12 Sekunden), dann Ingwer und Chili hinzufügen und 30 Sekunden weiterrösten, bis das Öl das Aroma der Gewürze aufgenommen hat. Vom Herd nehmen und den Pfanneninhalt zum »Dal« geben. Zitronensaft und die Hälfte der gehackten Korianderblätter zugeben und so lange rühren, bis sich das Öl leicht mit dem »Dal« vermischt hat.

Mit dem restlichen Koriander und nach Belieben mit etwas Cayennepfeffer oder Paprika bestreut servieren.

Ganze Mungobohnen und Spinat in würziger Tomatensauce

(Palak Moong)

Es ist in Indien üblich, Bohnen oder Linsen zusammen mit aromatischem Blattgemüse zu kochen. In dieser Version aus Neu-Delhi werden Bohnen und Spinat zuerst mit Kurkuma gegart und dann mit einer hocharomatischen Mischung aus Chili, Tomaten, frischen Korianderblättern und Garam Masala gewürzt. Dieses Gericht kann für sich als komplette Mahlzeit serviert werden. Traditionsgemäß wird dazu Brot gereicht, aber Reis paßt ebensogut dazu.

Für 4—6 Personen

1 Tasse ganze Mungobohnen (Sabat Moong)
¼ TL Kurkuma
5 Tassen Wasser
¾ Pfund frischer Spinat (oder 300 g tiefgekühlter Blattspinat)
grobes Salz nach Belieben

Für die würzige Tomatensauce:
4—5 EL Usli Ghee (S. 55) oder leichtes Pflanzenöl
1½ EL Kreuzkümmelsamen
1 Tasse feingehackte Zwiebeln
1 EL gehackter frischer Ingwer
1½ TL feingehackter Knoblauch
3 EL gehackte frische Korianderblätter
3 scharfe grüne Chilischoten, fein gehackt
2 mittelgroße reife Tomaten, gehackt
½ TL Garam Masala (S. 79)

1. Bohnen verlesen und in frischem Wasser waschen. Zusammen mit dem Kurkuma in einen tiefen Topf geben. 5 Tassen Wasser zugießen und zum Kochen bringen. Hitze zurücknehmen und die Bohnen leicht zugedeckt 1½ Stunden kochen lassen. Sie sollten langsam garen, damit sie eine weiche, cremige Konsistenz entwickeln und doch nicht zerfallen.

2. Während die Bohnen kochen, Stiele von den Spinatblättern entfernen. Blätter mehrmals in frischem Wasser waschen, dann fein hacken. (Tiefgekühlten Spinat ganz auftauen lassen.)

3. Spinatblätter zu den Bohnen geben, umrühren, bis die Blätter zusammenfallen, dann zugedeckt 15—20 Minuten kochen lassen, Salz hinzugeben. Das Ganze leise weiterköcheln lassen, während Sie die Tomatensauce zubereiten.

4. Usli Ghee oder Pflanzenöl in einer kleinen Bratpfanne bei mittelstarker Hitze heiß werden lassen. Kreuzkümmelsamen hineingeben und dunkelbraun werden lassen (ca. 12 Sekunden). Zwiebeln zugeben und unter ständigem Rühren goldbraun rösten (10—12 Minuten). Ingwer, Knoblauch, Koriander, Chili hinzufügen und weitere 2 Minuten rösten. Falls die Gewürze zu schnell bräunen, Hitze reduzieren.

5. Tomaten zugeben und braten, bis die Sauce dick und sämig ist. Pfanneninhalt zum »Dal« geben, Garam Masala darüberstreuen und gut umrühren. Vor dem Servieren das Ganze noch weitere 5 Minuten köcheln lassen.

Trockene Mungobohnen mit Ingwer
(Sookhi Dal)

Dieses Rezept bietet eine weitere beliebte Abwandlung der »Dal«-Zubereitung. Obwohl die Gewürze regional verschieden sind (diese Version stammt aus Radschastan im Westen), bleibt die Zubereitung in ganz Indien die gleiche. Die Bohnen werden mit einem Minimum an Flüssigkeit gekocht, um einen trockenen, pilawähnlichen »Dal« zu erhalten. Dazu ißt man Brot, einen Joghurt-Salat, würziges Pickles und ein erfrischendes Kräuterchutney. Damit die Bohnen während des Kochens ihre Form und Konsistenz nicht verlieren, läßt man sie vor dem Kochen eine Weile quellen. Dadurch wird auch die Garzeit verkürzt.

Für 4 Personen

1 Tasse gelbe halbe Mungobohnen (Moong Dal)
5 EL Usli Ghee (S. 55) oder Erdnußöl
1 TL Kreuzkümmelsamen
¾ Tasse feingehackte Zwiebeln
1 EL feingehackter frischer Ingwer
½ TL Cayennepfeffer
¼ TL Kurkuma
¾ TL Mangopulver oder
1½ EL Zitronensaft
grobes Salz nach Belieben
1 Tasse Wasser
2 EL feingehackte frische Korianderblätter

1. Bohnen verlesen und in frischem Wasser gründlich waschen. Dann in eine Schüssel geben und soviel Wasser zugießen, daß sie mindestens 5 cm hoch bedeckt sind. 2 Stunden quellen lassen. Wasser abgießen und Bohnen beiseite stellen.

2. 2 EL Usli Ghee in einer mittelgroßen Pfanne erhitzen. Wenn es heiß ist (ca. 12 Sekunden), feingehackte Zwiebeln unter ständigem Rühren darin goldgelb anrösten (ca. 10 Minuten). Ingwer, Cayennepfeffer und Kurkuma hinzufügen und weitere 2 Minuten mitrösten. Bohnen zugeben. Mangopulver und Salz darüberstreuen und gut vermischen. 1 Tasse Wasser zugießen und zum Kochen bringen. Wärmezufuhr reduzieren und die Bohnen leicht zugedeckt 20—25 Minuten kochen lassen bzw. bis sie beinahe gar sind und fast alle Flüssigkeit aufgenommen haben. Pfanne während der letzten 5 Minuten der Kochzeit ganz zudecken.
3. Restliches Usli Ghee unterrühren und die Bohnen zugedeckt weitere 10 Minuten garen lassen. Deckel abnehmen, gehackte Korianderblätter hinzugeben und sofort servieren.

Gelbe Linsen mit pfeffrigen Mangoscheiben

(Banarasi Arhar Dal)

Dieses Gericht, bei dem man an die nordindische Landschaft mit ihren Mangohainen, Koriander- und Linsenfeldern denken muß, ist eine einfache, anspruchslose Zubereitung. Zunächst werden die Linsen zu einem glatten, cremigen Püree gekocht, dann gibt man die mit Cayennepfeffer, Kreuzkümmel und Garam Masala gewürzten Mangoscheiben zu. Zum Schluß kommt frischer Koriander hinein, um dem Gericht Aroma zu geben.
Dazu paßt einfaches Brot, lockerer gekochter Reis sowie eine Gemüsebeilage wie Balsambirnen mit würziger Zwiebel- oder Kartoffelfüllung (S. 309 oder S. 311).

Für 6—8 Personen

1½ Tassen gelbe Linsen (Toor Dal) oder rote (Masar Dal)
½ TL Kurkuma
1 kleine grüne Mango, geschält, entsteint und in Scheiben geschnitten (oder 8 Scheiben getrocknete Mango oder 2 EL Mangopulver)
grobes Salz nach Belieben

Für die parfümierte Butter:
4—5 EL Usli Ghee (S. 55) oder leichtes Pflanzenöl
1½ TL Kreuzkümmelsamen
½ TL Cayennepfeffer
1 TL Garam Masala (S. 79)
¼ Tasse feingehackte frische Korianderblätter

1. Linsen verlesen, waschen und zusammen mit dem Kurkuma nach dem Grundrezept (S. 332) kochen. Wenn Sie getrocknete Mangoscheiben oder Mangopulver verwenden, eine halbe Stunde vor Ende der Kochzeit zugeben. Salz einrühren. »Dal« leise köcheln lassen, während Sie die parfümierte Butter zubereiten.
2. Usli Ghee in einer kleinen Bratpfanne erhitzen. Kreuzkümmelsamen hineingeben und dunkelbraun rösten (ca. 12 Sekunden). Wenn Sie frische Mango verwenden, jetzt die Scheiben zugeben und unter Rühren anbraten, bis sie weich und gar sind (ca. 8 Minuten). Wärmezufuhr, wenn nötig, reduzieren.
3. Cayennepfeffer und Garam Masala darüberstreuen. Mangoscheiben öfter umwenden und 2 Minuten weiterbraten. Pfanneninhalt zum »Dal« geben. Die Hälfte der gehackten Korianderblätter unterrühren. Mit dem restlichen Koriander bestreut servieren.

Rote Linsen mit Gewürzen

(Bengali Masar Dal)

Von allen Hülsenfrüchten, die in Indien erhältlich sind, bevorzugen die Bengalen rote Linsen, die sie immer auf die gleiche klassische Art zubereiten: Die Linsen werden zuerst mit Kurkuma und grünem Chili zu einem Püree gekocht. Dieses Püree wird zweimal gewürzt: Einmal kurz vor Ende der Kochzeit mit einer Gewürzmischung, das zweite Mal kurz vor dem Servieren mit parfümierter Butter, die in das »Dal« eingerührt wird. Für mich ist dies das beste »Dal« überhaupt. Dazu schmecken mir gekochter Reis und eine einfache Gemüsebeilage.

Für 6—8 Personen

1½ Tassen rote Linsen (Masar Dal)
6 scharfe grüne Chilischoten
½ TL Kurkuma
4½ Tassen Wasser
grobes Salz nach Belieben

Für die Gewürzmischung:
4 EL Usli Ghee (S. 55) oder leichtes Pflanzenöl
1 Tasse feingehackte Zwiebeln
1 EL geraspelter oder zerstoßener frischer Ingwer
1 Tasse feingehackte Tomaten

Für die parfümierte Butter:
2 EL Usli Ghee oder leichtes Pflanzenöl
1 EL Panch-Phoron-Mischung (S. 84)
4 Lorbeerblätter
4 getrocknete rote Chilischoten
2 TL feingehackter Knoblauch (nach Belieben)

1. Linsen verlesen, waschen und zusammen mit den grünen Chilischoten, Kurkuma und 4½ Tassen Wasser nach dem Grundrezept (S. 332) kochen.
2. Während die Linsen kochen, Usli Ghee in einer gro-

ßen Pfanne erhitzen. Zwiebeln hineingeben und unter ständigem Umrühren goldbraun rösten (ca. 10 Minuten). Ingwer und Tomaten hinzufügen und weiterbraten, bis die Tomaten gar sind. Der Inhalt der Pfanne sollte dickflüssig sein (ca. 8 Minuten). Ständig rühren, damit nichts anbrennt.

3. Zwiebel-Tomaten-Mischung zusammen mit dem Salz in das »Dal« einrühren und weitere 10—15 Minuten kochen lassen, damit sich die Aromen gut vermischen können. »Dal« leise weiterköcheln lassen, während Sie die parfümierte Butter zubereiten.

4. Usli Ghee in einer kleinen Bratpfanne erhitzen. Panch-Phoron-Gewürzmischung hineingeben. Sobald die Senfsamen hochspritzen und die Kreuzkümmelsamen dunkler werden (ca. 15 Sekunden), Lorbeerblätter und Chilischoten zugeben und unter Rühren weiterrösten, bis sich die Chilischoten dunkel verfärben (15—20 Sekunden). Hitze wegnehmen, Knoblauch zugeben und 25 Sekunden braten lassen, bis der Knoblauch leicht Farbe genommen hat. Dann den gesamten Pfanneninhalt zum »Dal« geben, gut verrühren und servieren.

Süß-saure Bombay-Linsen

(Amti)

Eine traditionelle maharaschtische Mahlzeit ist ohne eine Schale »Amti« als Beilage nicht vorstellbar. Für »Amti« werden Linsen zusammen mit Palmzucker und süß-sauren Kokumfrüchten gekocht und das Ganze mit parfümierter Butter gewürzt. Dazu ißt man traditionsgemäß gekochten Reis; »Amti« schmeckt aber auch als Suppe ganz hervorragend.

Für 6—8 Personen

4 Kokumfrüchte oder
1 Kugel Tamarindenfruchtfleisch (2 cm Durchmesser)
1½ Tassen gelbe Linsen (Arhar Dal), rote Linsen (Masar Dal) oder gelbe halbe Erbsen (vom Supermarkt)
½ TL Kurkuma
2 EL leichtes Pflanzenöl
4½ Tassen Wasser
1 EL Palmzucker oder brauner Zucker
grobes Salz nach Belieben

Für die parfümierte Butter:
3—4 EL Usli Ghee (S. 55) oder leichtes Pflanzenöl
1 TL Kreuzkümmelsamen
1 TL schwarze Senfsamen
¼ TL Bockshornkleesamen
½ TL Kurkuma
½ TL Cayennepfeffer
2 TL Marathi Garam Masala (S. 82) oder Garam Masala (S. 79)
3 EL gehackte frische Korianderblätter
3 EL Kokosflocken (frisch oder aus der Dose, ungesüßt)

1. Wenn Sie Tamarindenfruchtfleisch verwenden, weichen Sie dieses in ½ Tasse kochendem Wasser in einer Porzellan-Schüssel eine halbe Stunde ein. Flüssigkeit durch ein Sieb in eine Schüssel gießen und Fruchtfleisch auspressen. Faserige Rückstände wegwerfen.
2. Linsen verlesen, waschen und zusammen mit Kurkuma, Öl und 4½ Tassen Wasser nach Grundrezept (S. 332) kochen. »Kokum«- oder Tamarindensaft und Palmzucker zugeben und weitere 10 Minuten kochen lassen. Mit Salz abschmecken. Hitze wegnehmen und »Dal« eine Minute mit einem Schneebesen oder Holzlöffel schlagen, bis ein glattes, dickes Püree entsteht. »Dal« leise weiterköcheln lassen, während Sie die parfümierte Butter zubereiten.
3. Usli Ghee in einer kleinen Bratpfanne erhitzen.

Kreuzkümmel-, Senf- und Bockshornkleesamen hineingeben. Sobald die Gewürze dunkelbraun sind und die Senfsamen nicht mehr hochspritzen, Kurkuma, Cayennepfeffer und Marathi Masala oder Garam Masala beifügen. Gewürze ein paar Sekunden braten lassen, dann den Pfanneninhalt zum »Dal« geben und gut verrühren. Das Ganze 5 Minuten weiterkochen lassen. Mit gehackten Korianderblättern und Kokosflocken bestreut servieren.

Pandschab-Linsen »Fünf Juwelen«

(Panch Ratan Dal)

»Panch Ratan« heißt »fünf Juwelen«. Das klassische Rezept schreibt fünf verschiedene Sorten Hülsenfrüchte vor, die mit Cayennepfeffer, Kreuzkümmel und Kurkuma gewürzt werden. In dieses Gericht gehören immer Zwiebeln, Knoblauch, Ingwer, grüne Chilischoten und Korianderblätter. Ich habe hier die Chilischoten weggelassen, da der Cayennepfeffer schon scharf ist. Wenn Sie es feuriger mögen, geben Sie einfach zusätzlich 4 gehackte grüne Chilischoten dazu. Auch nehme ich statt der gelben Linsen und indischen gelben halben Erbsen die gelben halben Erbsen, die hier im Supermarkt erhältlich sind und ungefähr den Geschmack der beiden erstgenannten in sich vereinen.

»Panch Ratan« ist schmackhaft und sättigend. Es paßt ausgezeichnet zu Brot oder zu Reis.

Für 6 Personen

1 Tasse gelbe halbe Erbsen (vom Supermarkt)
½ Tasse weiße halbe Bohnen (Urad Dal)
¼ Tasse gelbe halbe Mungobohnen (Moong Dal)
¼ Tasse rote Linsen (Masar Dal)
½ TL Kurkuma
grobes Salz nach Belieben
6—8 EL leichtes Pflanzenöl
2 mittelgroße Zwiebeln, geschält und in dünne Scheiben geschnitten
2 TL feingehackter Knoblauch
2 TL geraspelter oder zerstoßener frischer Ingwer
3 mittelgroße Tomaten, grob gehackt

Für das parfümierte Öl:
1½ TL Kreuzkümmelsamen
½ TL Cayennepfeffer
1 TL Paprika
3—4 EL gehackte frische Korianderblätter

1. Hülsenfrüchte verlesen, waschen und zusammen mit dem Kurkuma kochen. Mit Salz abschmecken.
2. 4—6 EL Öl in einer großen Pfanne erhitzen. Zwiebeln darin unter ständigem Rühren hellbraun rösten. Knoblauch und Ingwer beifügen und 2 Minuten weiterrösten. Hitze auf höchste Stufe schalten, Tomaten zugeben und unter ständigem Rühren braten, bis sie leicht gebräunt und gar sind (ca. 5 Minuten). Pfanneninhalt zum »Dal« geben und vorsichtig unterrühren. Das Ganze weiterköcheln lassen, während Sie das parfümierte Öl zubereiten.
3. Pfanne auswischen und die restlichen 2 EL Öl darin bei mittelstarker Hitze heiß werden lassen. Kreuzkümmelsamen hineingeben. Sobald die Samen dunkelbraun sind (ca. 12 Sekunden), Cayennepfeffer und Paprika bei-

fügen. Dann den Pfanneninhalt zum »Dal« geben. Einige Male umrühren. Das parfümierte Öl sollte sich gut darin verteilen. Mit gehackten Korianderblättern bestreut servieren.

GEMÜSE-SALATE

Nordindischer Gemüsesalat
(Salaat)

Dieser einfache Salat aus Gurken, Tomaten, Daikon-Rettich und Kartoffeln kann beliebig variiert werden. Nach Wunsch können Sie noch Pilze, Sellerie, Möhren, grüne Paprikaschoten und indischen Käse hinzufügen. Die Salatsauce kann nur aus Zitronensaft bestehen, sie kann aber auch sehr aufwendig sein. Es kommt ganz auf den Anlaß an. Die Salatsauce, die ich hier vorschlage, ist die gleiche, die wir im Nirvana-Restaurant in New York servieren und sich dort großer Beliebtheit erfreut.

Für 6 Personen

2 mittelgroße Gurken
15 cm langes Stück Daikon-Rettich
4 mittelgroße Tomaten
¾ Pfund (etwa 6 kleine) Kartoffeln, mit der Schale gekocht
Salatblätter
2—3 EL grobgehackte frische Korianderblätter
1—2 scharfe grüne Chilischoten, in Streifen geschnitten (nach Belieben)
Nordindische Salatsauce (S. 350)

1. Gurken und Rettich schälen und in ½ cm dicke Scheiben schneiden. Tomaten waschen, trockentupfen und in ½ cm dicke Scheiben schneiden. Kartoffeln ebenfalls in ½ cm dicke Scheiben schneiden.
2. Alles hübsch auf Salatblättern auf einer Platte arran-

gieren. Korianderblätter und Chili darüberstreuen, mit Salatsauce ($^1/_4$—$^1/_3$ Tasse) beträufeln und servieren.

Variation: Sämtliche Zutaten (außer Salat- und Korianderblättchen) in eine Schüssel geben. Salatsauce ($^1/_4$—$^1/_3$ Tasse) zugeben und gut mit dem Gemüse vermischen. Einen großen Servierteller mit Salatblättern auslegen. Gemüse daraufgeben und mit gehackten Korianderblättern bestreut servieren.

Nordindische Salatsauce
(Salaat Sao)

Ergibt etwa 1$^1/_4$ Tassen

$^1/_2$ Tasse leichtes Sesam- oder Pflanzenöl
$^1/_2$ Tasse dicke Sahne
$^1/_4$ Tasse Zitronensaft
$^3/_4$ TL feingehackter Knoblauch
1 TL geraspelter oder zerstoßener frischer Ingwer
$^1/_2$ TL gemahlener Kreuzkümmel
1 EL Zucker
grobes Salz nach Belieben

Sämtliche Zutaten in einer Schüssel mit einem Schneebesen, Holzlöffel oder in einem Mixer bzw. einer Küchenmaschine vermischen. Zudecken und eine halbe Stunde kühl stellen.

Die Sauce kann man im Kühlschrank 2 Tage aufbewahren.

Südindischer Möhrensalat mit Erdnüssen und Senfsamen

(Koosmali)

In den südlichen und südwestlichen Regionen würzt man alle Salate mit Zitronensaft und grünen Chilischoten und gibt gewöhnlich eine Sauce aus Öl mit Senfsamen dazu. Dieser Salat aus geraspelten Möhren und Erdnüssen ist bei Anglo-Indern in Bangalore sehr beliebt. Wenn Sie Sahne statt Joghurt verwenden, schmeckt er noch milder.

Für 6 Personen

1 Pfund Möhren
1 EL Usli Ghee (S. 55) oder leichtes Pflanzenöl
1 TL schwarze Senfsamen
2 scharfe grüne Chilischoten, in Streifen geschnitten, Samen entfernt
¼ TL Asafoetida
1 EL Zucker
8 Curryblätter, frisch oder getrocknet
grobes Salz nach Belieben
1 TL Limonensaft (oder Zitronensaft)
¼ Tasse saure Sahne oder Naturjoghurt (oder eine Mischung aus beiden)
2 EL gehackte geröstete Erd- oder Cashewnüsse

1. Möhren schälen und grob raspeln.
2. Usli Ghee in einem Kadhai oder einer großen Bratpfanne erhitzen. Senfsamen hineingeben. Einen Deckel oder Spritzschutz bereithalten, da die Samen hochspritzen. Wenn das Spritzen nachläßt, Chili hinzufügen und 15 Sekunden braten lassen. Asafoetida, Zucker und Curryblätter zugeben; Pfanne 10—15 Sekunden hin- und herschütteln bzw. bis der Zucker zu schmelzen anfängt. Möhren zugeben und rasch wenden, damit sie gleichmäßig mit Gewürzen und Zucker überzogen sind. Die Möhren 2—3 Minuten weiterbraten, damit sie ihren

rohen Geschmack verlieren. In eine Schüssel geben und abkühlen lassen. Dann Salz, Limonensaft und saure Sahne oder Joghurt dazugeben und gut mischen. Bei Zimmertemperatur oder gut gekühlt mit Erd- oder Cashewnüssen bestreut servieren.

Der Salat hält sich im Kühlschrank bis zu zwei Tage. Die Nüsse immer erst kurz vor dem Servieren darüberstreuen.

Kohlsalat mit Senfsamen und Kokosflocken

(Band Gobhi Chi Kosumbhri)

Bei diesem Salat handelt es sich um eine klassische Zubereitung aus Mangalore. Nach dem Originalrezept gehört die vierfache Menge Chili hinein (wie man es in Mangalore eben gern ißt). Ich habe die Menge reduziert, weil es Ihnen schon allein beim bloßen Anschauen heiß würde.

Obwohl im Originalrezept nur Kohl verwendet wird, gebe ich gern Bambussprossen dazu, da sie gut zu den Gewürzen passen und dem Salat eine angenehme Konsistenz verleihen.

Manche Inder bereiten diesen Salat auch mit feingeschnittenem Blumenkohl zu. Man nimmt einfach statt Kohl und Bambussprossen einen kleinen Blumenkohlkopf ($1\frac{1}{4}$—$1\frac{1}{2}$ Pfund).

Für 6 Personen

$^1/_3$ Tasse ganze Mungobohnen, gekeimt (S. 89)
1 Pfund Kohl, fein gehackt (ca. 4 Tassen)
2—4 scharfe grüne Chilischoten, fein gehackt
1 Tasse frische Kokosflocken, fest zusammengepreßt
2 TL Zucker
grobes Salz nach Belieben
Saft von 1 Zitrone
2—3 EL leichtes Pflanzenöl
1 TL schwarze Senfsamen
$^1/_2$ TL gemahlenes Asafoetida

1. Mungobohnensprossen, Kohl, Chili, Kokosflocken, Zucker Salz und Zitronensaft in eine Schüssel geben. Gut vermengen.
2. Öl in einer großen Bratpfanne stark erhitzen. Senfsamen hineingeben. Einen Deckel oder Spritzschutz bereithalten, da die Samen hochspritzen. Sobald das Spritzen aufhört, Asafoetida zugeben und 1 Sekunde braten lassen, dann die Kohl-Mischung beifügen. Hitze wegnehmen.
3. Rühren und wenden, damit das Gemüse gleichmäßig mit dem gewürzten Öl überzogen wird. Zusätzlich Zitronensaft darüberträufeln und nochmals gut vermischen.

Mit Zimmertemperatur oder gut gekühlt servieren.

Mungobohnensprossensalat

(Kosumbara)

Die in Haiderabad ansässigen Mohammedaner südlicher Abstammung rühmen sich einer traditionsreichen Eßkultur, die Einflüsse von den nördlichen Moguln und von den Brahmanen von Madras im Süden aufgenommen hat. Dieser einfache Salat ist ein gutes Beispiel dafür. Er hält zugedeckt bei Zimmertemperatur mehrere Stunden.

Für 6 Personen

1 Tasse ganze Mungobohnen, gekeimt (S. 89)
3 mittelgroße Gurken, geschält und geraspelt
¼ Tasse Kokosflocken (frisch oder aus der Dose, ungesüßt), fest zusammengepreßt
1 mittelgroße Tomate, geschält, entkernt und in Streifen geschnitten
4 EL gehackte frische Korianderblätter
4 scharfe grüne Chilischoten, fein gehackt
grobes Salz nach Belieben
¼ Tasse Zitronensaft
½ TL zerstoßener schwarzer Pfeffer

Sämtliche Zutaten in eine Schüssel geben. Gut vermischen und 2 Stunden marinieren lassen.

Mit Zimmertemperatur oder gut gekühlt servieren.

Drei-Bohnen-Salat mit Gewürzen
(Shondal)

Dieser Salat stammt aus Tanjore im Süden Indiens. Er wird anläßlich des »Dashara«-Festes (Ende September/ Anfang Oktober) als göttliche Nahrung zubereitet und »Sarasvati«, der Göttin der Erkenntnis und der Weisheit, dargeboten. Erst dann wird er gegessen. Die klassische vegetarische Version wird mit Kichererbsen bereitet und enthält keinen Knoblauch. Ich verwende gern eine Mischung aus zarten jungen Limabohnen, schwarzäugigen Bohnen und Kichererbsen.
»Shondal« paßt zu allen südindischen Gerichten und schmeckt auch als Snack. Bei Zimmertemperatur hält er sich zugedeckt einen Tag.

Für 8 Personen

2 Tassen schwarzäugige Bohnen, gekocht
2 Tassen frische junge Limabohnen, gekocht
2 Tassen Kichererbsen, gekocht
Saft von 2 kleinen Zitronen
grobes Salz nach Belieben
2 EL leichtes Sesam- oder Pflanzenöl
2 TL schwarze Senfsamen
8 getrocknete rote Chilischoten, zerbröckelt
1 EL Knoblauch, in Scheiben geschnitten (nach Belieben)
1/3 Tasse Kokosflocken (frisch oder aus der Dose, ungesüßt), fest zusammengepreßt
2 EL feingehackte frische Korianderblätter

1. Die ersten drei Zutaten zusammen mit dem Zitronensaft und Salz in eine Schüssel geben. Gut vermengen.
2. Öl in einer kleinen Bratpfanne stark erhitzen. Senfsa-

men hineingeben. Einen Deckel oder Spritzschutz bereithalten, da die Samen hochspritzen. Sobald das Spritzen nachläßt, Chili und Knoblauch hinzufügen und einige Sekunden braten lassen, bis der Knoblauch leicht Farbe angenommen hat. Asafoetida zugeben und den Pfanneninhalt sofort zu der Bohnenmischung geben. Gut vermengen. Kokosflocken und gehackte Korianderblätter einrühren.

Mit Zimmertemperatur oder gut gekühlt servieren.

Gurkensalat mit Erdnüssen
(Khamang Kakdi)

Dies ist einer der beliebtesten Salate in Maharaschtra. Aus geraspelter Gurke, Erdnüssen, Minze und Korianderblättern zubereitet, wird er mit Kreuzkümmel, Senfsamen und Kurkuma gewürzt. Der Zusatz von Zucker und Zitronensaft ist typisch für die Küche dieser Region.

Für 6 Personen

3 große Gurken
1/3 Tasse geröstete Erdnüsse (gesalzen oder ungesalzen), fein gemahlen
3 EL gehackte frische Korianderblätter
1 1/2 EL gehackte frische Minze (nach Belieben)
2 TL Zucker
Saft von 1 kleinen Zitrone

Für die parfümierte Butter:
2 EL Usli Ghee (S. 55) oder leichtes Pflanzenöl
3/4 TL schwarze Senfsamen
3/4 TL Kreuzkümmelsamen
1/4 TL Asafoetida
1/8 TL Kurkuma
8 scharfe grüne Chilischoten, in Streifen geschnitten

1 Gurken schälen und der Länge nach halbieren. Kerne mit einem Löffel herauskratzen. Gurken raspeln. Ge-

raspelte Gurken in ein Sieb geben und überschüssige Flüssigkeit auspressen. In eine Schüssel geben. Zutaten hinzufügen und alles gut vermischen.
2. Usli Ghee in einer kleinen Bratpfanne stark erhitzen. Senfsamen hineingeben. Einen Deckel oder Spritzschutz bereithalten, da die Samen hochspritzen. Während sie dies tun, Kreuzkümmelsamen beifügen und weiterrösten, bis die Mischung dunkler wird (15—20 Sekunden). Asafoetida, Kurkuma und Chili zugeben, die Pfanne einige Sekunden hin- und herrütteln, Pfanneninhalt zu der Gurke geben. Gut mischen, damit sich die Gewürze gleichmäßig verteilen.

Gekühlt oder (besser) mit Zimmertemperatur servieren.

Halbe-Erbsen-Kokosnuß-Salat
(Vada Pappu)

Die Brahmanen aus Andhra haben diesen herrlichen Salat, die indische Version des amerikanischen Waldorf-Salates, kreiert. Er paßt gut zu einem südindischen Menü und schmeckt am besten ganz frisch.

Für 6 Personen

1 Tasse gelbe halbe Erbsen (Channa Dal)
1/3 Tasse Palmzucker oder brauner Zucker
1/2 Tasse Wasser
1/4 TL gemahlener Fenchel
1/4 TL gemahlener Kardamom
2 Tassen geschälte, gehackte Äpfel (oder eine Mischung aus verschiedenen Obstsorten)
1/4 Tasse Rosinen
1 Tasse Kokosflocken (frisch oder aus der Dose, ungesüßt)
1 EL Zitronensaft nach Belieben

1. Erbsen verlesen und in frischem Wasser gründlich waschen. In eine Schüssel geben und so viel Wasser zugießen, daß sie mindestens 2½ cm hoch bedeckt sind. 4 Stunden quellen lassen. Wasser abgießen.
2. Palmzucker zusammen mit ½ Tasse Wasser in einem mittelgroßen Topf bei ziemlich schwacher Hitze aufsetzen, bis sich der Palmzucker im Wasser auflöst. Halbe Erbsen zugeben und Hitze auf mittlere Stufe schalten. Erbsen unter häufigem Rühren kochen lassen, bis sie den Sirup aufgenommen haben (10—12 Minuten). Hitze wegnehmen und Fenchel und Kardamom unterrühren. Wenn die Mischung ausgekühlt ist, Äpfel, Rosinen und Kokosflocken vorsichtig untermischen. Mit Zimmertemperatur oder leicht gekühlt mit Zitronensaft besprenkelt servieren.

JOGHURT-SALATE

Joghurtsalat mit Kräutern und Gewürzen

(Masala Dahi)

Dieser delikate Joghurt-Salat mit duftenden Kräutern und hocharomatischen gerösteten Gewürzen enthält gerade genug zerkleinertes Gemüse, um ihm Konsistenz und ein Frühlingsaroma zu verleihen. In den meisten indischen Restaurants wird er unter dem Namen »Raita« serviert. Man reicht ihn als Dip zu Beignets, Klößchen und Brot. Seine Aufgabe besteht darin, scharfes Essen zu mildern. »Masala Dahi« hält zugedeckt im Kühlschrank zwei Tage.

Für 4 Personen

1½ Tassen Naturjoghurt
½ Tasse saure Sahne
½ EL feingehackte frische Minze (oder ½ TL getrocknete Minze, zerstoßen)
1 EL feingehackte frische Korianderblätter
¾ TL gemahlene, geröstete Kreuzkümmelsamen
¼ TL Cayennepfeffer (nach Belieben)
¼ TL schwarzer Pfeffer
2 TL Zucker
grobes Salz nach Belieben
½ Tasse feingehackte Gurke, Tomate oder eine Mischung aus beidem
Paprika zum Garnieren

Sämtliche Zutaten in einer Schüssel vermengen, zudekken und gut kühlen. Mit Paprika bestäubt servieren.

Cremige Minzsauce
(Podine ka Raita)

Es ist sicher nicht jedermanns Sache, rohe Zwiebel in einem Joghurt-Salat zu essen. Aber in diesem Salat haben die Zwiebeln zwar den Geschmack und die Konsistenz, nicht aber den Geruch von rohen Zwiebeln. Sie werden nämlich zuerst einige Sekunden in kochendem Wasser eingeweicht, wodurch sie ihr scharfes Aroma verlieren. Diese Minzsauce aus der Mogul-Küche ist perfekte Beilage zu Fritiertem, gefüllten Broten und Pfannkuchen. Sie hält zugedeckt im Kühlschrank einen Tag.

Ergibt ca. 1¾ Tassen

1 Tasse Zwiebeln, in dünne Scheiben geschnitten
1 Tasse Naturjoghurt
½ Tasse saure Sahne
¼ Tasse feingehackte frische Minze
2 scharfe grüne Chilischoten, fein gehackt
grobes Salz nach Belieben

1. Etwa 1¼ Liter Wasser in einem kleinen Topf zum Kochen bringen. Zwiebeln hineingeben, Topf vom Herd nehmen, 15 Sekunden stehenlassen. Wasser sofort abgießen und die Zwiebeln unter kaltem Wasser abbrausen.
2. Zwiebeln in eine Schüssel geben. Sämtliche Zutaten hinzufügen und gut vermischen. Vor dem Servieren 15 Minuten ziehen lassen.

Zucchini-Joghurt-Salat
(Pachadi Vallerika)

In Indien wird dieser Salat mit Schlangenkürbis zubereitet, aber Sie können genausogut Zucchini oder gelben Kürbis nehmen. Die Sauce besteht nach klassischer südindischer Art aus Sesamöl mit Senfsamen, Chilischoten und Asafoetida. Der Salat wird meist als Beilage zu südindischen Gerichten serviert. Er paßt auch ausgezeichnet zu duftenden Pilaws.

Für 6 Personen

1½ Pfund zarte junge Zucchini
1 Tasse Naturjoghurt
2 EL feingehackte frische Korianderblätter
grobes Salz nach Belieben
2 EL leichtes Sesam- oder Pflanzenöl
1½ TL schwarze Senfsamen
4—8 getrocknete rote Chilischoten
¼ TL gemahlenes Asafoetida (nach Belieben)

1. Zucchini unter fließendem kaltem Wasser putzen. Mit Küchenpapier trockentupfen. Zucchini grob raspeln.
2. In einem Topf reichlich Wasser zum Kochen bringen. Zucchini hineingeben, einmal umrühren und sofort vom Herd nehmen. Wasser abgießen und Zucchini mit kaltem Wasser abschrecken. Abtropfen lassen und überschüssige Flüssigkeit auspressen. Zucchini in eine Schüssel geben, Joghurt, Koriander und Salz hinzufügen und alles gut vermischen.
3. Öl in einer kleinen Bratpfanne stark erhitzen. Senfsamen hineingeben. Einen Deckel oder Spritzschutz bereithalten, da die Samen hochspritzen. Sobald das Spritzen nachläßt, Chilischoten hinzufügen und weiterrösten, bis sie sich dunkel verfärben (ca. 15 Sekunden). Falls die

Chili zu schnell dunkel werden, Pfanne vom Herd nehmen. Nach Belieben Asafoetida zugeben und sofort den Pfanneninhalt zur Zucchini-Joghurt-Mischung geben. Gut vermischen und servieren oder bis zum Gebrauch kühl stellen. Dieser Salat hält zugedeckt im Kühlschrank einen Tag.

Auberginen-Joghurt-Salat
(Baigan ka Raita)

Ich liebe diesen Joghurt-Salat über alles. Der milde Geschmack von süßen Auberginen zusammen mit cremigem Joghurt, der pikante Nachgeschmack der Gewürze, das ist einfach himmlisch. Ich esse ihn gern zu Pilaws, Broten, zu allen nordindischen Gerichten. Zur Abwechslung können Sie statt Auberginen geröstete grüne, gelbe und rote Paprikaschoten oder geröstete Schalotten nehmen, jeweils in dünne Streifen geschnitten. Dieser Salat sollte innerhalb von 2 bis 3 Stunden gegessen werden.

Für 6 Personen

1 große Aubergine oder 2 kleine (ca. 1½ Pfund)
1 große Tomate, blanchiert, geschält, entkernt und gehackt
⅓ Tasse feingehackte Frühlingszwiebeln mit Grün
1¼ Tassen Naturjoghurt
¼ Tasse saure Sahne
grobes Salz nach Belieben
3 EL leichtes Pflanzenöl
1 EL geraspelter frischer Ingwer
½ TL Cayennepfeffer (oder weniger)
⅓ Tasse feingehackte frische Korianderblätter
1½ TL geröstete Kreuzkümmelsamen, zerstoßen
Paprika oder Cayennepfeffer zum Garnieren

1. Auberginen waschen und trockentupfen. Um sie zu rösten, mit dem Stiel nach oben bei mittlerer Flamme auf den Brenner eines Gasherds setzen, bis die Unterseite ganz verkohlt ist (ca. 5 Minuten). Aubergine dann auf die Seite legen und jeweils nach 1 Minute wenden, bis sie auf allen Seiten verkohlt ist und sich sehr weich anfühlt (ca. 15 Minuten). Sie können die Aubergine auch 20—25 Minuten lang auf einem Backblech auf der mittleren Schiene eines auf 250° C vorgeheizten Ofens rösten. Wenn die Aubergine so weit abgekühlt ist, daß man sie anfassen kann, wird sie geschält und das Fruchtfleisch grob zerhackt. Fruchtfleisch mit Küchenpapier trockentupfen, um den Saft und überschüssige Feuchtigkeit aufzusaugen, dann in eine Schüssel geben. Tomaten und Zwiebeln hinzufügen und alles gut vermischen.

2. Joghurt, saure Sahne und Salz in einer zweiten Schüssel verrühren. Beiseite stellen.

3. Öl in einer großen Pfanne bei mittelstarker Hitze heiß werden lassen. Ingwer und Cayennepfeffer hineingeben und 10 Minuten braten lassen. Die Auberginen-Mischung hinzufügen, Hitze hochschalten und alles unter Rühren anbraten, bis die Tomaten und die Frühlingszwiebeln angeröstet sind und das Auberginenfruchtfleisch einen trockenen Eindruck macht (ca. 5 Minuten). Hitze wegnehmen. Gehackte Korianderblätter und die Hälfte des Kreuzkümmels einrühren. Abkühlen lassen und zur Joghurt-Mischung geben. Gut verrühren. Mit dem restlichen Kreuzkümmel und etwas Paprika oder Cayennepfeffer bestreut servieren.

Ananas-Joghurt-Salat in Currysauce

(Annanaas Raita)

Kombinationen von Obst und Joghurt sind eine Spezialität der Bewohner der südwestlichen Region. Ananas —

im sechzehnten Jahrhundert von den Portugiesen in Indien eingeführt — wird mit Joghurt und reichlich Kokosflocken vermischt, dann mit einer pikanten Sauce aus Senfsamen und Currypulver gewürzt. Die Zusammensetzung ist überraschend, aber der Geschmack außerordentlich gut. Zur Abwechslung können Sie statt Ananas auch Pfirsiche, Nektarinen, Aprikosen, Bananen, Mangos, Papayas oder Orangen verwenden.

Für 6 Personen

1 kleine reife Ananas
1½ Tassen Naturjoghurt
¾ Tassen Kokosflocken, frisch oder aus der Dose, ungesüßt
¼ TL Ingwerpulver
1 EL feingehackte frische Korianderblätter
2 EL Usli Ghee (S. 55) oder leichtes Pflanzenöl
1½ TL schwarze Senfsamen
1½ TL Currypulver nach Grundrezept (S. 75) oder Sambaar-Pulver (S. 76)
grobes Salz nach Belieben

1. Ananas schälen, holzige Mitte entfernen und in 2 cm große Stücke schneiden. Beiseite stellen.
2. Joghurt, Kokosflocken, Ingwerpulver und Koriander in einer Schüssel vermengen. Beiseite stellen.
3. Usli Ghee in einer kleinen Bratpfanne bei mittelstarker Hitze heiß werden lassen. Senfsamen hineingeben. Einen Deckel oder Spritzschutz bereithalten, da die Samen hochspritzen. Sobald das Spritzen nachläßt, Currypulver unterrühren und Pfanneninhalt zur Joghurt-Mischung geben. Alles gut vermischen und mit Salz abschmecken. Ananas hinzugeben und den Salat vor dem Servieren mindestens eine Stunde im Kühlschrank ziehen lassen.

SCHARFE WÜRZEN, CHUTNEYS UND PICKLES (SAATH A KHANA)

◇

साथ का खाना

Für einen Inder ist eine Mahlzeit ohne verschiedene scharfe Würzen, Chutneys oder Pickles undenkbar. Diese erhöhen den Reiz der Hauptgänge, machen sie erst vollkommen. Knusprige Waffeln und Chips, kontrastiert mit weichem Gemüse, pikante, feurige Pickles und nach frischen Kräutern schmeckende Chutneys, dazu Reis und Brot: das sind wichtige Bestandteile jeder indischen Mahlzeit, obwohl viele dieser Gerichte so lecker sind, daß man versucht ist, sich nur daran satt zu essen.
Waffeln und Chips werden im Kapitel »Vorspeisen und pikante Leckerbissen« auf Seite 159 ff. behandelt.

INHALT

Chutneys

Pickles

SCHARFE WÜRZEN

Scharfe Würzen und Saucen gehören zu jeder indischen Mahlzeit. Man kann sie aufeinander abstimmen oder miteinander kontrastieren lassen. Es gibt aber einige, die traditionsgemäß zu bestimmten Gerichten gehören, wie bei uns Senf zu Wiener Würstchen. Das Wissen, was wozu paßt, wird von Generation zu Generation weitergegeben. Klassische Kombinationen sind zum Beispiel Rotes Schießpulver (S. 369) mit Reis-und-Bohnenklößen (S. 117) oder mit Reis-und-Bohnen-Crêpes (S. 141): Vulkanische Sauce (S. 370) mit Reis-Mungobohnen-Eintopf mit Kreuzkümmel und schwarzem Pfeffer (S. 281); Schnelles Zwiebel-Tomaten-Gurken-Relish (S. 373) mit Zubereitungen aus dem Pandschab und Uttar Pradesch: Feurig-scharfes Gurken-Relish (S. 373) und Tamarindensauce mit Erdnüssen (S. 375) mit einfachem gekochtem Reis; Tomaten-Zwiebel-Sauce (S. 377) mit Grieß-Pilaw mit Tomaten und Gewürzen (S. 135) usw. Doch Sie sollten sich den Mut zum Experimentieren davon nicht nehmen lassen.

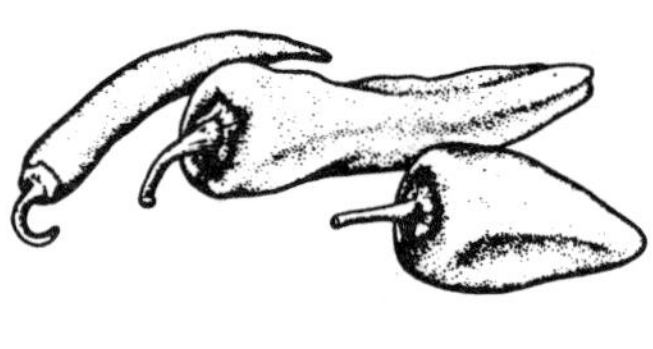

Rotes Schießpulver
(Molaha Podi)

Dieses sehr scharfe, würzige Pulver kann einen Menschen auch ohne Kugel niederstrecken!

Ergibt ca. 1/3 Tasse

1 TL leichtes Sesam- oder Pflanzenöl
2 EL gelbe halbe Erbsen (Channa Dal)
2 EL weiße halbe Bohnen (Urad Dal)
15 getrocknete rote Chilischoten
1/2 TL Asafoetida
2 EL Sesamsamen
1 TL grobes Salz oder nach Belieben
1 1/2 TL Palmzucker oder brauner Zucker
1/3 Tasse leichtes Sesam- oder Pflanzenöl zum Servieren

1. Öl in einem Kadhai oder in einer schweren Pfanne bei mittlerer Hitze 3 Minuten heiß werden lassen. Halbe Erbsen, halbe Bohnen und Chili zugeben. Unter ständigem Rühren rösten, bis die Bohnen anfangen, Farbe zu nehmen (ca. 3 Minuten).
2. Asafoetida und Senfsamen einrühren. Weiterrösten lassen, bis alles schön gebräunt ist. Das Ganze soll ein nussiges Aroma haben (ca. 3 Minuten). Hitze wegnehmen, Pfanneninhalt auf einen Teller geben und auskühlen lassen. Salz und Zucker untermischen. Die Mischung in einem Mörser oder in einer Kaffeemühle zu Pulver mahlen. Es sollte nicht zu grob, aber auch nicht so fein wie Mehl sein. Dieses Pulver kann man in einem luftdicht verschlossenen Behälter unbegrenzt lange aufbewahren. Kurz vor dem Servieren das Pulver mit etwas Öl vermischen. Man rechnet pro Person 1/2—1 TL Rotes Schießpulver.

Vulkanische Sauce
(Molaha Koyamboo)

Dosieren Sie vorsichtig, denn diese Sauce ist teuflisch scharf. Zur Abwechslung können Sie statt Okra auch dieselbe Menge grüne Bohnen, gelbe Wachsbohnen, Limabohnen, schwarzäugige Bohnen, süße grüne Erbsen, Spargel, Möhren oder Schalotten nehmen.

Für 8 Personen

1½ TL Kreuzkümmelsamen
2 EL Koriandersamen
1 EL schwarze Pfefferkörner
4 getrocknete rote Chilischoten
1½ TL gelbe halbe Erbsen
1 EL weiße halbe Bohnen (Urad Dal)
3 Tassen Wasser
2 TL Tamarinden-Paste (selbstgemacht, S. 88, oder gekauft)
⅓ TL gemahlenes Asafoetida
3 EL leichtes Sesam- oder Pflanzenöl
1 Pfund Okra, geputzt, ganz belassen oder in 4 cm lange Stücke geschnitten
1½ TL Maisstärke, in 1 EL Wasser aufgelöst
1½ TL grobes Salz oder nach Belieben

1. Kreuzkümmelsamen, Koriandersamen, Pfefferkörner, Chilischoten, gelbe halbe Erbsen und weiße halbe Bohnen in eine kleine eingefettete Pfanne geben. Bei mittelstarker Hitze rösten, bis die Gewürze mehrere Töne dunkler geworden sind (ca. 4 Minuten), dabei die Pfanne ständig rütteln. Auf einen Teller geben, völlig auskühlen lassen, dann in einer Kaffeemühle fein mahlen.
2. 3 Tassen Wasser in einem Topf zum Kochen bringen.

Tamarinden-Paste, Asafoetida und gemahlene Gewürze hineingeben und alles gut verrühren. Hitze herunterschalten und die Sauce ohne Deckel 10 Minuten kochen lassen.
3. Währenddessen Öl in einer großen Pfanne erhitzen. Die Okra darin unter Rühren und Wenden bei mittlerer Hitze rösten, bis sich an ihr braune Streifen zeigen (ca. 10 Minuten). Hitze ausschalten.
4. Geröstete Okra zur Sauce geben und weitere 4 Minuten kochen lassen. Maisstärke-Lösung einrühren und die Sauce weiterkochen lassen, bis sie andickt. Hitze wegnehmen und nach Belieben salzen.

Heiß, kalt oder mit Zimmertemperatur servieren. Die Sauce hält zugedeckt im Kühlschrank bis zu zwei Tage.

Feuriges Zwiebel-Relish
(Piaz Chatni)

Nicht umsonst wird dieses Relish »feurig« genannt; bieten Sie es also nur Feuerschluckern an! Oder mahnen Sie zur Vorsicht.

Ergibt 1 Tasse

1 Tasse gehackte Zwiebeln
½ TL grobes Salz oder nach Belieben
½ Zitrone, mit der Schale fein gehackt
1½ TL leichtes Pflanzenöl
1 TL Cayennepfeffer
1 TL Paprika
½ TL Chat Masala (selbstgemacht S. 84, oder gekauft)

1. Zwiebeln, Salz und gehackte Zitrone in eine Schüssel geben und gut miteinander vermischen.

2. Öl in einer kleinen Bratpfanne sehr heiß werden lassen. Hitze wegnehmen. Cayennepfeffer und Paprika einrühren und das gewürzte Öl sofort zu der Zwiebel-Zitronen-Mischung geben.
3. Chat Masala zugeben und alles gut vermischen.

Gut gekühlt oder mit Zimmertemperatur servieren. Feuriges Zwiebel-Relish hält sich bei Zimmertemperatur bis zu vier Stunden, danach werden die Zwiebeln weich.

Minze-Chili-Zwiebel-Relish
(Podina Piaz)

Dieses leckere scharfe Relish mit seinem frischen, frühlingshaften Aroma paßt gut zu allen nordindischen Speisen.

Ergibt 2 Tassen

2 Tassen Zwiebeln (am besten rote), in dünne Scheiben geschnitten
2 mittelgroße Tomaten, blanchiert und geviertelt
12 scharfe grüne Chilischoten
¼ Tasse grobgehackte frische Korianderblätter
¼ Tasse frische Minze
grobes Salz nach Belieben

1. Zwiebelscheiben in eine Schüssel geben. Die Hälfte der Tomaten zusammen mit sämtlichen Zutaten, außer dem Salz, in den Aufsatz eines Mixers oder einer Küchenmaschine geben und fein pürieren. Restliche Tomaten zufügen und ein paar Sekunden mitverarbeiten, so daß sie nur grob zerhackt werden.
2. Das Püree zu den Zwiebelscheiben in die Schüssel gießen und möglichst sofort servieren, da die Zwiebeln schnell weich und wäßrig werden.

Schnelles Zwiebel-Tomaten-Gurken-Relish

(Kachoomar)

Dieses duftende, nicht sehr scharfe Relish ist — wie sein Name sagt — in wenigen Minuten fertig. Es paßt zu allen Mogul-Gerichten und zu denen aus dem Pandschab.

Für 6 Personen

1½ Tassen gehackte Zwiebeln
¾ Tasse gehackte Gurken
¾ Tasse gehackte Tomaten
½ Tasse grüne Paprikaschoten
2—3 EL gehackte frische Korianderblätter
6 scharfe grüne Chilischoten, fein gehackt
⅓ TL gemahlener Kreuzkümmel
Saft von 1 kleinen Zitrone
grobes Salz nach Belieben

Sämtliche Zutaten in eine Schüssel geben, gut vermischen und vor dem Servieren eine halbe Stunde ziehen lassen. Dann jedoch sofort zu Tisch bringen, da die Zwiebeln weich werden, wenn man sie zu lange stehen läßt.

Feurig-scharfes Gurken-Relish

(Tohayal)

Traditionsgemäß serviert man dieses Relish zu südindischen Gerichten. Aber probieren Sie es auch einmal für sich allein, mit einfachem gekochten Reis vermischt: ein Erlebnis für Ihren Gaumen!

Ergibt 1½ Tassen

2 mittelgroße Gurken
3 EL leichtes Sesam- oder Pflanzenöl
1 TL schwarze Senfsamen
1 TL weiße halbe Bohnen (Urad Dal)
2—4 getrocknete rote Chilischoten, zerbröckelt
⅛ TL gemahlenes Asafoetida
½ EL Tamarinden-Paste (selbstgemacht, S. 88, oder gekauft)
½ TL grobes Salz

1. Gurken schälen und in 2 cm große Würfel schneiden. 1½ EL Öl in einer Bratpfanne bei mittelstarker Hitze heiß werden lassen. Gurkenwürfel hineingeben und unter Rühren braten, bis sie gar, aber noch fest sind (8—10 Minuten). Gurken in eine Schüssel geben und abkühlen lassen.
2. Bratpfanne auswischen, restliche 1½ EL Öl hineingeben und bei starker Hitze heiß werden lassen. Senfsamen hineingeben. Einen Deckel oder Spritzschutz bereithalten, da die Samen hochspritzen. Während die Samen noch spritzen, weiße halbe Bohnen hineingeben. Wenn die Bohnen eine hellgoldene Farbe angenommen haben (ca. 10 Sekunden), Chili und Asafoetida zugeben und Hitze wegnehmen. Tamarinden-Paste einrühren. Kurz abkühlen lassen.
3. Gewürzmischung in der Küchenmaschine grob zerkleinern (30 Sekunden). Gurkenwürfel und Salz zugeben. Die Maschine 8- bis 10mal nacheinander kurz ein- und ausschalten, bis die Gurke grob püriert und mit den Gewürzen gut vermischt ist. Man kann die Gewürzmischung aber auch im Mörser zerstoßen und die Gurken mit einem Messer grob zerkleinern.

Mit Zimmertemperatur oder gut gekühlt servieren. »Tohayal« hält zugedeckt im Kühlschrank bis zu zwei Tage.

Feurig-scharfes Auberginen-Relish

(Katrikai Tohayal)

Dieses Relish ist eine passende und schmackhafte Beilage zu jedem südindischen Gericht. Richten Sie sich nach dem Rezept für Feurig-scharfes Gurken-Relish (S. 373), ersetzen Sie aber die Gurken durch eine kleine Aubergine (ca. $^3/_4$ Pfund), die über einer offenen Flamme geröstet, dann geschält, ausgepreßt und grob gehackt wird.

Dieses Relish hält zugedeckt im Kühlschrank bis zu zwei Tage.

Tamarindensauce mit Erdnüssen

(Pulikachal)

Diese Sauce schmeckt gut zu Kokosnuß-Pilaw mit gerösteten Sesamsamen (S. 442), Reis-Mungobohnen-Eintopf mit Kreuzkümmel und schwarzem Pfeffer (S. 281) und zu Reis- und Bohnenklößen (S. 117).

Ergibt 2 Tassen

1 Kugel Tamarindenfruchtfleisch in der Größe einer Zitrone
1 Tasse kochendes Wasser
3 EL leichtes Sesam- oder Pflanzenöl
$^3/_4$ TL Senfsamen
$^1/_2$ TL gemahlenes Asafoetida
12—16 getrocknete Chilischoten
1 EL gelbe halbe Erbsen (Channa Dal)
1 EL weiße halbe Bohnen (Urad Dal)
1 EL Sesamsamen
$^1/_2$ Tasse rohe Erdnüsse
1 EL gemahlener Koriander
$^1/_4$ TL Kurkuma
$1^1/_2$ EL dunkelbrauner Zucker
12 Curryblätter (Kari), frisch oder getrocknet
grobes Salz nach Belieben

1. Tamarindenfruchtfleisch in eine Porzellan-Schüssel geben. 1 Tasse kochendes Wasser dazugießen und das Fruchtfleisch 30 Minuten einweichen. Flüssigkeit durch ein Sieb in eine zweite Schüssel abgießen, Fruchtfleisch auspressen, faserige Rückstände wegwerfen. 1½ Tassen Wasser in die Tamarindenflüssigkeit einrühren und beiseite stellen.
2. Öl in einem mittelgroßen, schweren Topf heiß werden lassen. Senfsamen hineingeben. Einen Deckel oder Spritzschutz bereithalten, da die Samen hochspritzen. Während sie dies tun, Hitze etwas zurückschalten. Asafoetida und Chili zugeben und 15 Sekunden braten lassen. Halbe Erbsen und halbe Bohnen beifügen und unter Rühren goldbraun rösten (ca. 3 Minuten). Sesamsamen und Erdnüsse zugeben und 2 Minuten mitrösten bzw. bis die Sesamsamen leicht Farbe genommen haben.
3. Koriander und Kurkuma einrühren. Tamarindensaft vorsichtig zugießen und zum Kochen bringen. Braunen Zucker, Curryblätter und Salz zugeben. Hitze zurücknehmen und das Ganze ohne Deckel leise köcheln lassen, bis sich das Öl absetzt und die Sauce dickflüssig ist (ca. 50 Minuten). Während des Kochens zwei- bis dreimal umrühren.

»Pulikachal« hält zugedeckt im Kühlschrank bis zu einer Woche.

Tomaten-Zwiebel-Sauce
(Gozzoo)

Diese nicht sehr scharfe, etwas herbe Sauce paßt gut zu den meisten Gerichten mit Reis. Sie empfiehlt sich besonders zu Reis-Mungobohnen-Eintopf mit Kreuzkümmel und schwarzem Pfeffer (S. 281).

Für 8 Personen

6 EL leichtes Sesam- oder Pflanzenöl
1 TL schwarze Senfsamen
$\frac{1}{2}$ TL gemahlenes Asafoetida
$\frac{1}{2}$—$\frac{3}{4}$ TL Cayennepfeffer
2 Tassen gehackte Zwiebeln
2 Tassen gehackte Tomaten
grobes Salz nach Belieben
2—8 scharfe grüne Chilischoten, aufgeschlitzt

1. Öl in einem Topf bei mittelstarker Hitze 3 Minuten heiß werden lassen. Senfsamen hineingeben. Einen Deckel oder Spritzschutz bereithalten, da die Samen hochspritzen. Sobald das Spritzen aufhört, Asafoetida und Cayennepfeffer und gleich darauf die gehackten Zwiebeln hinzufügen. Die Zwiebeln unter ständigem Rühren rösten, bis sie weich werden.
2. Tomaten, Salz und Chili zugeben. Gut vermischen und unter Rühren aufkochen lassen. Wärmezufuhr reduzieren und die Sauce leicht zugedeckt 15—18 Minuten kochen lassen, bis die Tomaten gar sind. Hitze wegnehmen und die Sauce zugedeckt 30 Minuten stehenlassen.

Mit Zimmertemperatur servieren. »Gozzoo« hält zugedeckt im Kühlschrank einen Tag.

Tamarinden-Auberginen-Sauce
(Puli Gozzoo)

Diese würzig-saure Allzwecksauce schmeckt kalt ganz ausgezeichnet. Wenn möglich, nehmen Sie für dieses Rezept die langen japanischen oder die kleinen italienischen Auberginen, da sie weniger Kerne und einen schönen zarten Geschmack haben. »Puli Gozzoo« paßt wunderbar zu Grieß-Pilaw mit Tomaten und Gewürzen (S. 135).

Für 8 Personen

1 Kugel Tamarindenfruchtfleisch, 2 cm Durchmesser
¼ Tasse kochendes Wasser
8 EL leichtes Pflanzenöl
1 TL schwarze Senfsamen
1 TL Kreuzkümmelsamen
1 TL weiße halbe Bohnen (Urad Dal)
2 TL feingehackter Knoblauch
½ TL Kurkuma
2 TL Sambaar-Pulver (S. 76) oder Currypulver, Grundrezept S. 75)
1½ Tassen gehackte Zwiebeln
2 Tassen Tomaten, in Achtel geschnitten
1 kleine Aubergine (ca. ¾ Pfund), in 1½×3×6 cm große Streifen geschnitten
6—12 scharfe grüne Chilischoten, in Streifen geschnitten
8—10 Curryblätter (Kari), frisch oder getrocknet
2 EL Kokosflocken (frisch oder aus der Dose, ungesüßt)
grobes Salz nach Belieben

1. Tamarindenfruchtfleisch in eine kleine Porzellan-Schüssel geben. ¼ Tasse kochendes Wasser darübergießen und 30 Minuten einweichen. Saft durch ein Sieb in eine zweite Schüssel gießen und das Fruchtfleisch gut

auspressen. Faserige Rückstände wegwerfen und den Tamarindensaft beiseite stellen.
2. Öl in einem schweren Topf bei mittelstarker Hitze heiß werden lassen. Senfsamen hineingeben. Einen Deckel oder Spritzschutz bereithalten, da die Samen hochspritzen. Sobald das Spritzen aufhört, Kreuzkümmel und halbe Bohnen hinzufügen. Wenn die Bohnen sich goldbraun verfärbt haben (ca. 30 Sekunden), Knoblauch, Kurkuma und Sambaar-Pulver zugeben. Umrühren, Zwiebeln zugeben und glasig werden lassen (2—3 Minuten). Tomaten, Aubergine, Chili, Curryblätter, Kokosflocken und Salz zugeben. Unter ständigem Rühren 6—8 Minuten braten.
3. Topf zudecken, Hitze zurücknehmen und das Gemüse kochen lassen, bis es gar ist (ca. 15 Minuten). Tamarindensaft zugießen, gut verrühren und alles zugedeckt weitere 10 Minuten kochen lassen bzw. bis sich der rohe Geruch der Tamarinde verliert. Deckel abnehmen und das Gemüse 1 Minute weiterkochen lassen, bis die überschüssige Flüssigkeit verdampft und das Gemüse mit einer dicken Glasur überzogen ist.

»Puli Gozzoo« hält zugedeckt im Kühlschrank bis zu drei Tage.

Schalottensauce mit Bockshornklee
(Mendiam Koyamboo)

Dies ist eine sehr scharfe, würzige Sauce, die hervorragend zu Reis-und-Bohnenklößen (S. 117) oder zu Grieß-Pilaw mit Tomaten und Gewürzen (S. 135) paßt.

Für 8 Personen

1 Kugel Tamarindenfruchtfleisch, 2½ cm Durchmesser
1 Tasse kochendes Wasser
3 EL leichtes Sesam- oder Erdnußöl
1 TL Bockshornkleesamen
2 EL gelbe Linsen oder gelbe halbe Erbsen
1½ Tassen gehackte Schalotten
6—8 Curryblätter (Kari), frisch oder getrocknet, nach Belieben
1 Tasse Wasser
2 TL Sambaar-Pulver (S. 76) oder Currypulver, Grundrezept (S. 75)
1½ TL Maisstärke, mit 1 EL Wasser verrührt
grobes Salz nach Belieben
½ TL schwarze Senfsamen
¼ TL gemahlenes Asafoetida

1. Tamarindenfruchtfleisch in eine Porzellan-Schüssel geben und 1 Tasse kochendes Wasser darübergießen. 30 Minuten einweichen. Den dabei entstehenden Saft in eine zweite Schüssel abgießen. Das Fruchtfleisch durch ein Sieb drücken, gut auspressen. Faserige Rückstände wegwerfen. Saft beiseite stellen.
2. 2 EL Öl in einem Topf bei mittlerer Hitze heiß werden lassen. Bockshornkleesamen darin 30 Sekunden rösten, dann die Linsen hinzufügen und unter Rühren mitrösten, bis sie braun werden (ca. 3 Minuten).
3. Schalotten zugeben und unter Rühren glasig werden

lassen. Tamarindensaft, Curryblätter und 1 Tasse Wasser hinzufügen und zum Kochen bringen. Zugedeckt 10 Minuten kochen lassen bzw. bis sich der rohe Geruch der Tamarinde verliert.

4. Sambaar-Pulver einrühren und weitere 5 Minuten kochen lassen. Die Maisstärke-Lösung unter ständigem Rühren hinzugeben und die Sauce so lange weiterkochen lassen, bis sie andickt. Mit Salz abschmecken. Leise köcheln lassen, während Sie das gewürzte Öl zubereiten.

5. Den restlichen EL Öl in einer kleinen Bratpfanne sehr heiß werden lassen. Senfsamen hineingeben. Einen Deckel oder Spritzschutz bereithalten, da die Samen hochspritzen. Sobald das Spritzen aufhört, Hitze wegnehmen. Das gewürzte Öl zur Sauce geben und gut verrühren. Die Sauce vor dem Servieren eine halbe Stunde zugedeckt stehenlassen.

Warm, mit Zimmertemperatur oder gut gekühlt servieren. Hält zugedeckt im Kühlschrank bis zu drei Tage.

Chutneys

»Chutney« ist ein Sanskritwort, das »zum Schlecken« bedeutet. In kleinen Mengen als Beilage zu einem Essen serviert, erfreuen sie den Gaumen mit vielerlei Reizen — herb, scharf, süß, pikant, bitter und mild-aromatisch. Traditionsgemäß bestehen Chutneys aus hocharomatischen Kräutern, Früchten und Gewürzen. Man kann sie in drei große Gruppen einteilen: Saucenartige wie Koriander-Chutney (S. 382) oder Tamarinden-Chutney (S. 383), die zu Gebratenem passen. Solche, die man als Aufstrich zu Brot oder Crêpes serviert, wie zum Beispiel Knoblauch-Chutney (S. 384) oder Kokosnuß-Chutney mit grünen Chilischoten (S. 387). Und die eingekochten, zu denen das Anglo-indische Limonen-(oder Zitronen-)Chutney (S. 391) und das scharfe Carambola-Chutney (S. 394) gehören.

Koriander-Chutney
(Dhania Chatni)

Dieses aromatische, nicht sehr scharfe Chutney, das sich in indischen Restaurants großer Beliebtheit erfreut, wird in der Regel zu Appetithappen und nordindischen Mahlzeiten serviert.

Ergibt 1½ Tassen

1½—2 Tassen frische Korianderblätter, grob gehackt und fest zusammengepreßt
⅓—½ Tasse Wasser
2—4 frische scharfe grüne Chilischoten, grob gehackt
1—2 Scheiben frischer Ingwer, je ¼ cm dick
1 TL Zucker
1 EL frischer Zitronensaft oder 2 TL Weißweinessig
Salz nach Belieben
¼ Tasse frische Minze, fest zusammengedrückt, nach Belieben

Sämtliche Zutaten in den Aufsatz eines Mixers oder einer Küchenmaschine geben und fein pürieren. Abschmekken und in eine Schüssel geben.

Zudecken und bis zum Gebrauch kühl stellen. Koriander-Chutney hält im Kühlschrank zwei bis drei Tage.

Tamarinden-Chutney
(Imli-Chatni)

Diese nordindische Zubereitung ist eine beliebte Beilage zu fritierten Speisen. Zur Abwechslung können Sie eine Tasse geschälte, gehackte unreife Mango zufügen.

Ergibt ca. 3 Tassen

1 Kugel Tamarindenfruchtfleisch (Größe einer Mandarine)
2½ Tassen kochendes Wasser
1½ EL Paprika
1 EL Cayennepfeffer
1 TL Ingwerpulver
2 TL Mangopulver (oder 2 EL Zitronensaft)
½ TL Garam Masala (S. 79)
2 TL gemahlene geröstete Kreuzkümmelsamen
1 TL grobes Salz nach Belieben
¼ Tasse Zucker

1. Tamarinde in eine Porzellan-Schüssel geben und mit 2 Tassen kochendem Wasser aufgießen. 30 Minuten einweichen. Den dabei entstandenen Saft durch ein Sieb in eine zweite Schüssel abgießen und das Fruchtfleisch gut auspressen. Die Rückstände zurück in die Schüssel geben und eine weitere halbe Tasse kochendes Wasser daraufgießen. Abkühlen lassen, Fruchtfleisch auspressen. Insgesamt sollten Sie 2¾ Tassen Tamarindensaft erhalten. Wiederholen Sie das oben beschriebene Verfahren so lange, bis Sie die gewünschte Menge haben. Zum Schluß faserige Rückstände wegwerfen.
2. Die übrigen Zutaten zusammen mit dem Tamarindensaft pürieren und servieren.

Dieses Chutney hält zugedeckt im Kühlschrank drei Tage, in der Tiefkühltruhe 6 Monate.

Knoblauch-Chutney
(Lassan Chi Chatni)

Dieser sehr scharfe Aufstrich paßt zu Gerichten aus Gudscherat, Marath, Coorg und Mangalore.

Ergibt 1 Tasse

1 Tasse Kokosflocken, frisch oder getrocknet, ungesüßt
4—8 scharfe grüne Chilischoten oder
½—1 TL Cayennepfeffer
4 große Knoblauchzehen, geschält
grobes Salz nach Belieben
leichtes Sesam- oder Pflanzenöl

Sämtliche Zutaten, außer dem Öl, in den Aufsatz eines Mixers oder einer Küchenmaschine geben und verarbeiten, bis sie gut gemahlen und vermischt sind. Soll das Chutney eine etwas dünnere Konsistenz haben, während des Pürierens einige TL Öl zugießen. Mit Zimmertemperatur servieren.

Hält zugedeckt einen Tag, im Kühlschrank eine Woche.

Scharf-würziger Koriander-Aufstrich
(Kotthamali Chatni)

Servieren Sie dieses Chutney zu Reis-und-Bohnenklößen (S. 117) oder zu Reis-und-Bohnen-Crêpes (S. 141).

Ergibt 1 Tasse

2 TL leichtes Sesam- oder Pflanzenöl
4 TL gelbe halbe Erbsen (Channa Dal)
4 TL weiße halbe Bohnen (Urad Dal)
12 getrocknete rote Chilischoten
½ TL gemahlenes Asafoetida
¼ Pfund frische Korianderblätter und zarte Stiele
1½ EL Palmzucker oder dunkelbrauner Zucker
1½ TL Tamarinden-Paste (selbstgemacht S. 88, oder gekauft)
grobes Salz nach Belieben

1. Öl in einer kleinen Bratpfanne bei starker Hitze 2 Minuten heiß werden lassen. Halbe Erbsen hineingeben und Hitze auf mittlere Stufe zurückschalten. Erbsen 2 Minuten anrösten, dann die halben Bohnen hinzufügen. Sobald Erbsen und Bohnen eine hellgoldene Farbe angenommen haben (ca. 2 weitere Minuten), Chilischoten zugeben und unter Rühren 1½ Minuten mitrösten. Asa-

foetida einrühren und nach ½ Minute die Hitze abschalten. Abkühlen lassen. Die Mischung in einer Kaffeemühle oder in einem Mixer zu einem groben Pulver mahlen und beiseite stellen.
2. Korianderblätter und Stiele gründlich waschen, trokkentupfen und zusammen mit der Gewürzmischung und dem Salz in den Aufsatz einer Küchenmaschine geben. So lange verarbeiten, bis der Koriander fein zerhackt ist. Aber nicht zu einer Paste werden lassen! Das Chutney soll eine eher grobe Konsistenz haben.

Mit Zimmertemperatur servieren. Fest zugedeckt hält dieses Chutney im Kühlschrank bis zu acht Wochen.

Kokosnuß-Chutney mit Tomaten
(Takkali Payam Tenga Chatni)

Wenn Sie frische Kokosnuß mögen, dann wird Sie dieses Chutney aus Madras entzücken. Es paßt gut zu allen südindischen Gerichten.

Ergibt 1½ Tassen

1½ Tassen frisch geraspelte Kokosnuß
¼ Tassen Naturjoghurt
1 kleine Tomate, blanchiert, geschält und entkernt
3—4 EL Wasser
4 scharfe grüne Chilischoten, in Scheiben geschnitten, oder
4 getrocknete rote Chilischoten, grob zerbröckelt, jeweils ohne Samen
grobes Salz nach Belieben
1½ EL leichtes Sesam- oder Pflanzenöl
¾ TL schwarze Senfsamen
¾ Tasse weiße halbe Bohnen (Urad Dal)

1. Kokosnuß, Joghurt, Tomate, Wasser und grüne Chili in den Aufsatz eines Mixers oder einer Küchenmaschine

geben und fein pürieren. (Wenn Sie getrocknete rote Chili verwenden, erst später zufügen.) Püree in eine Servierschüssel geben und mit Salz abschmecken.
2. Öl in einer kleinen Bratpfanne stark erhitzen. Senfsamen hineingeben. Einen Deckel oder Spritzschutz bereithalten, da die Samen hochspritzen. Während Sie dies tun, weiße halbe Bohnen hinzufügen. Wenn die Bohnen eine hellgoldene Farbe angenommen haben (ca. 15 Sekunden), Hitze wegnehmen. Falls Sie getrocknete rote Chili verwenden, jetzt zugeben und einige Sekunden mitbraten lassen, bis sie einige Töne dunkler geworden sind. Pfanneninhalt zum Kokosnuß-Püree geben, gut vermischen und mit Zimmertemperatur servieren.

Dieses Chutney hält zugedeckt im Kühlschrank einen Tag.

Kokosnuß-Chutney mit grünen Chilischoten
(Mangalorian Chatni)

Dieses hervorragende Chutney empfiehlt sich als würzige, aromatische Beilage zu südindischen Gemüse-Eintöpfen.

Ergibt 1½ Tassen

1½ Tassen frisch geraspelte Kokosnuß, fest zusammengepreßt
¼ Tasse Naturjoghurt
8—16 scharfe grüne Chilischoten
¼ Tasse frischer Koriander, Blätter und Stiele, fest zusammengepreßt
¼ Tasse Wasser
grobes Salz nach Belieben
2 EL Usli Ghee (S. 55) oder leichtes Pflanzenöl
¾ TL schwarze Senfsamen
1 EL Sesamsamen
⅓ TL gemahlenes Asafoetida (oder 2 EL gehackte Zwiebeln)

1. Kokosnuß, Joghurt, Chili, Koriander und Wasser in den Aufsatz einer Küchenmaschine oder eines Mixers geben und fein pürieren. In eine Servierschüssel geben und mit Salz abschmecken.
2. Usli Ghee in einer kleinen Bratpfanne stark erhitzen. Senfsamen hineingeben. Einen Deckel oder Spritzschutz bereithalten, da die Samen hochspritzen. Während sie dies noch tun, Sesamsamen hinzufügen, anrösten und leicht Farbe nehmen lassen, dann Asafoetida zugeben und die Pfanne sofort vom Herd nehmen. (Falls Sie Zwiebeln statt Asafoetida verwenden, diese mitrösten, bis sie etwas Farbe angenommen haben, ca. 2 Minuten.) Den Pfanneninhalt zur Kokosnuß-Mischung geben.

Chutney gut verrühren und mit Zimmertemperatur servieren. Es hält zugedeckt im Kühlschrank zwei bis drei Tage.

Tomaten-Chutney mit Senfsamen
(Tamatar Koot)

Frische, reife Tomaten sind für dieses Rezept unerläßlich. Reichen Sie dieses Chutney zu Pilaws und gefüllten Broten.

Ergibt 2 Tassen

6 EL Pflanzenöl
1½ TL schwarze Senfsamen
½ TL Kreuzkümmelsamen
8 scharfe grüne Chilischoten, aufgeschlitzt
2 EL Knoblauch, in dünne Scheiben geschnitten (ca. 6 große Zehen)
1—2 TL Currypulver, Grundrezept S. 75 oder gekauft
½ TL Cayennepfeffer
1—1¼ Pfund Tomaten, in Achtel geschnitten
grobes Salz nach Belieben

1. Öl in einer schweren Pfanne stark erhitzen. Senfsamen hineingeben. Einen Deckel oder Spritzschutz bereithalten, da die Samen hochspritzen. Sobald das Spritzen nachläßt, Kreuzkümmelsamen hinzufügen. Wenn die Kreuzkümmelsamen dunkelbraun sind (ca. 12 Sekunden), grüne Chili, Knoblauch, Currypulver und Cayennepfeffer zugeben. Hitze auf mittlere Stufe reduzieren und die Mischung 1—2 Minuten braten lassen. Tomaten zugeben und, ohne umzurühren, 2 Minuten braten lassen. Mit einem Spatel die Tomaten vorsichtig umwenden, so daß sie nicht zerdrückt werden.
2. Die Hitze etwas reduzieren und die Tomaten leicht zugedeckt 15 Minuten garen lassen. Während des Kochens einmal vorsichtig umrühren. Gegen Ende der Kochzeit sollte die Sauce etwas angedickt, die Tomaten sollten weich, aber möglichst nicht zerdrückt sein. Hitze wegnehmen und die Sauce mit Salz abschmecken.

Das Chutney sollte eine Stunde bei Zimmertemperatur ruhen, damit sich sein Geschmack entwickeln kann. »Tamatar Koot« hält bei Zimmertemperatur einen Tag, im Kühlschrank bis zu einer Woche.

Mango-Chutney in würziger Chili-Sauce
(Manga Pachadi)

Dieses einfache, pikante Chutney ist in wenigen Minuten zubereitet. Es paßt zu allen indischen vegetarischen Gerichten, insbesondere zu Pilaws, wie zum Beispiel Erbsen-Pilaw (S. 434).

Ergibt 1¼ Liter

1 große oder 2 mittelgroße nicht ganz reife Mango (insgesamt 1½ Pfund)
1 Tasse Wasser
⅓ TL Kurkuma
1 TL grobes Salz
2 scharfe grüne Chilischoten, in dünne Streifen geschnitten
½ Tasse dunkelbrauner Zucker
2 TL Maisstärke, verrührt in 1 EL Wasser
1 EL Usli Ghee (S. 55) oder leichtes Pflanzenöl
1 TL schwarze Senfsamen
4 getrocknete rote Chilischoten
¼ TL gemahlenes Asafoetida

1. Mango schälen, Kern entfernen, Fruchtfleisch in dünne Scheiben schneiden.
2. Wasser, Kurkuma und Salz in einem mittelgroßen Emailletopf zum Kochen bringen. Mangoscheiben zusammen mit den grünen Chilischoten hineingeben und bei mittlerer Hitze 3 Minuten kochen lassen bzw. bis die Mangoscheiben gar sind. Zucker hinzufügen, auf starke Hitze schalten und das Chutney 5 Minuten stark kochen lassen. Maisstärke-Lösung unterrühren und so lange mitkochen, bis die Sauce andickt. Hitze wegnehmen.
2. Usli Ghee in einer kleinen Bratpfanne stark erhitzen, Senfsamen hineingeben. Einen Deckel oder Spritzschutz bereithalten, da die Samen hochspritzen. Sobald das Spritzen aufhört, Pfanne vom Herd nehmen, Chilischoten hineingeben und mitbraten lassen, bis sie einige Töne dunkler sind. Asafoetida einrühren und Pfanneninhalt zum Chutney geben. Gut vermischen und mit Zimmertemperatur oder kalt servieren.

Das Chutney hält zugedeckt im Kühlschrank 4 bis 5 Tage.

Anglo-indisches Limonen-(oder Zitronen-)Chutney

(Nimboo Chatni)

Dieses Chutney ist — wie die meisten anglo-indischen Speisen — leicht zuzubereiten und schmeckt fantastisch, besonders zu Aubergine mit Käse-Kräuter-Füllung (S. 270).

Ergibt 1¼ Liter

12 Limonen oder Zitronen
1 mittelgroße Zwiebel, geschält und geviertelt
4 scharfe grüne Chilischoten
2½ cm großes Stück frischer Ingwer
125 g dunkle kernlose Rosinen
5 schwarze (oder 7 grüne) Kardamomkapseln
1 EL schwarze Pfefferkörner
1 EL Koriandersamen
1 EL Senfsamen
4 getrocknete rote Chilischoten
1½ Tassen Apfelessig
3 EL grobes Salz
1 Pfund hellbrauner Zucker

1. Limonen halbieren. Saft auspressen. 6 der ausgepreßten Limonenhälften wegwerfen, die restlichen 18 zusammen mit der Zwiebel, grünen Chili, Ingwer und Rosinen in den Aufsatz einer Küchenmaschine geben. Fein hacken. Dann die Mischung in eine Glas- oder Keramikschüssel geben.
2. Samen aus den Kardamomkapseln nehmen. Kardamomsamen zusammen mit den Pfefferkörnern, Senfsamen und getrockneten roten Chilischoten in einen Kadhai oder eine schwere Pfanne geben. Gewürze auf großer Flamme rösten, bis sie ein starkes Aroma entwickeln (ca. 3 Minuten). Die Pfanne dabei ständig schütteln. Ge-

röstete Gewürze auf einen trockenen Teller geben und abkühlen lassen. Dann in einer Kaffeemühle fein pulverisieren.

3. Gemahlene Gewürze, Limonensaft und Essig zu der feingehackten Masse geben und gut vermischen. Zudecken und bei Zimmertemperatur zwei Tage marinieren lassen.

4. Am dritten Tag die Mischung in einen emaillierten Topf geben. Salzen und bei schwacher Hitze zum Kochen bringen. Ohne Deckel eine halbe Stunde leise köcheln lassen. In sterilisierte Gläser füllen und fest verschließen.

Das Chutney vor dem Servieren mindestens zwei Wochen ruhen lassen. Sein Geschmack wird noch besser, wenn Sie die Gläser erst nach vier Wochen öffnen. Angebrochenes Chutney im Kühlschrank aufbewahren.

Mango-Chutney mit Mandeln und Safran
(Chundoo)

Nur wenige Rezepte schreiben solche Mengen kostbares Safran vor wie »Chundoo«. Deshalb wird es auch nur zu ganz besonderen Anlässen zubereitet, zu Hochzeiten oder zum Fest des Lichtes (Diwali). »Chundoo« paßt ausgezeichnet zu Fritiertem Brot mit Mohnsamen (S. 412), zu Kohlsalat mit Senfsamen und Kokosflocken (S. 352) oder zu Bohnen-Dill-Eintopf mit Aubergine (S. 245).

Ergibt ca. ½ Liter

1—2 mittelgroße, unreife Mangos (insgesamt ca. 800 g)
2 EL grobes Salz
¾ Tasse Zucker
½ TL Safranfäden oder Kurkuma
2 TL Cayennepfeffer
1 TL gemahlener Kardamom
1½ TL gemahlener Kreuzkümmel
2 EL kernlose Rosinen
2 EL blanchierte Mandeln, in dünne Scheiben geschnitten

1. Mangos schälen, Kerne entfernen und entweder in einer Küchenmaschine oder mit einer Reibe raspeln. Es sollte 2½ Tassen Mango-Raspeln ergeben. Die Raspeln in einen Emailletopf geben, mit Salz vermischen und 30 Minuten beiseite stellen.
2. Die übrigen Zutaten zugeben und auf mittlerer Hitze unter ständigem Umrühren zum Kochen bringen. Das Chutney auf schwacher Hitze köcheln lassen, bis die Mango-Raspeln glasig sind und der Sirup andickt (ca. 20 Minuten).

Chutney in sterilisierte Gläser füllen und fest verschließen. Es kann jederzeit serviert werden. Angebrochene Gläser im Kühlschrank aufbewahren.

Ananas-Chutney
(Chatni Annanaas)

Was macht man mit einer Ananas, die zu sauer schmeckt? Stellen Sie daraus dieses köstliche Chutney her, ein ideales Weihnachtsgeschenk.

Ergibt ca. ½ Liter

1 mittelgroße säuerliche Ananas
1½ TL gemahlener Kreuzkümmel
1½ TL gemahlener Fenchel
¼ TL Zimt
½—¾ TL Cayennepfeffer
½—¾ TL schwarzer Pfeffer
Saft von 1 Zitrone
1½ TL grobes Salz oder nach Belieben
1½ Tassen Zucker

1. Ananas schälen und holzige Mitte entfernen. Fruchtfleisch in den Aufsatz einer Küchenmaschine oder eines Mixers geben und grob zerkleinern (oder mit einem scharfen Messer fein hacken).
2. Das zerkleinerte Fruchtfleisch zusammen mit den restlichen Zutaten in einem mittelgroßen Emailletopf bei mittlerer Hitze aufsetzen. Unter ständigem Rühren — der Zucker soll sich ganz auflösen — zum Kochen bringen. Dann ohne Deckel bei schwacher Hitze köcheln lassen, bis der Inhalt des Topfes wie Marmelade aussieht (ca. 30 Minuten). Hitze wegnehmen, das Chutney in sterilisierte Gläser füllen und fest verschließen.

Dieses Chutney kann zwar sofort serviert werden, sein Geschmack wird aber noch besser, wenn man es zwei bis drei Tage bei Zimmertemperatur stehenläßt. Im verschlossenen Glas hält es sich unbegrenzt lange, angebrochen muß es im Kühlschrank aufbewahrt werden.

Carambola-Chutney
(Tokkoo)

»Tokkoo« ist ein sehr scharfes, würziges Chutney aus Carambola-Früchten, das traditionsgemäß zu Reis, Joghurt-Gerichten oder Nudeln gegessen wird. Mir schmeckt es auch sehr gut zu Broten und Pilaws. Es ist ebenfalls eine perfekte Beilage zu allen milden Mogul-Gerichten. Zur Abwechslung kann man statt Carambolas auch unreife Mangos verwenden.

Ergibt ca. ½ Liter

2 Tassen feingehackte unreife Carambolas (oder unreife Mangos)
1 EL grobes Salz
2 EL Cayennepfeffer
1 TL Kurkuma
¾ TL gemahlenes Asafoetida
½ TL gemahlene Bockshornkleesamen
½ Tasse leichtes Sesam- oder Pflanzenöl
1 TL schwarze Senfsamen

1. Feingehackte Carambolas in einer Porzellan-Schüssel mit dem Salz vermengen und beiseite stellen.
2. Cayennepfeffer, Kurkuma, Asafoetida und Bockshornkleesamen in eine kleine Schüssel geben und neben dem Herd bereitstellen.
3. Öl in einem Emailletopf erhitzen. Senfsamen hineingeben. Einen Deckel oder Spritzschutz bereithalten, da die Samen hochspritzen. Sobald dies aufhört, die gemahlenen Gewürze zugeben, einmal kurz umrühren und sofort das Carambola-Fruchtfleisch hinzufügen. Hitze zurücknehmen und die Masse unter Rühren kochen lassen, bis sie eindickt und sich das Öl absetzt (ca. 10 Minuten). Das Chutney soll während der ganzen Kochzeit brodeln, gegebenenfalls die Hitze regulieren. Es muß ständig umgerührt werden, damit es nicht anbrennt.

In ein sterilisiertes Glas abfüllen und fest verschließen. Dieses Chutney kann sofort gegessen werden.

PICKLES

Der Unterschied zwischen Chutneys und Pickles liegt in der Konsistenz. Was bei uns im Westen oft als Chutney bezeichnet wird, würde man in Indien Pickle nennen, denn nur Pickles enthalten deutlich erkennbare Obst- oder Gemüsestückchen.

Möhren-Pickle in Senföl

(Gajjar ka Achaar)

Diese knackigen Möhrenstäbchen in Senföl sind eine Spezialität aus dem Pandschab. Sie passen gut zu nordindischen Gerichten. Ich reiche sie auch gern als Appetitanreger und zu Drinks.

Ergibt ca. ½ Liter

1 Pfund Möhren
1½ EL Cayennepfeffer
1 EL zerstoßene schwarze Senfsamen
½ TL Kurkuma
1 EL grobes Salz
½ Tasse Senföl
½ TL gemahlenes Asafoetida
⅓ Tasse Zitronensaft

1. Möhren schälen und in 6 × 1 × 1 cm große Stäbchen schneiden.
2. Möhrenstäbchen zusammen mit dem Cayennepfeffer, Senfsamen, Kurkuma und Salz in eine Schüssel geben. Gut vermischen.
2. Öl in einer mittelgroßen Emaillepfanne bei mittlerer Hitze heiß werden lassen. Asafoetida und die gewürzten

Möhrenstäbchen hineingeben. Umrühren, damit die Stäbchen auf allen Seiten mit Öl überzogen werden, 1 Minute anrösten. Zitronensaft zugießen und die Möhrenstäbchen weitere zwei Minuten rösten bzw. bis sie blanchiert sind. Hitze ausschalten.

Die Möhrenstäbchen mitsamt den Gewürzen und dem Öl in sterilisierte Gläser füllen und fest verschließen. Das Pickle kann nach drei Tagen gegessen werden.

Schnelles Ingwer-Grüne-Chili-Pickle

(Adrak Achaar)

Manche Pickles kann man innerhalb weniger Minuten zubereiten. Diese enthalten meist viel Zitronen- oder Limonensaft, die das Gemüse weich machen. »Adrak Achaar« aus dem Gudscherat ist so ein Beispiel für ein schnelles Pickle. Es paßt besonders gut zu Pilaws und Reis-Eintöpfen wie Reis-Mungobohnen-Eintopf mit Kreuzkümmel und schwarzem Pfeffer (S. 281), Pilaw mit indischem Käse und Paprika (S. 283), Hirse-Mungobohnen-Pilaw mit Koriandergeschmack (S. 290), Erbsen-Pilaw (S. 434) und Kokosnuß-Pilaw mit gerösteten Sesamsamen (S. 442).

Ergibt 1¼ Liter

½ Pfund frische Ingwerwurzel
½ Pfund scharfe grüne Chilischoten
8 Limonen (oder kleine Zitronen), ca. 1½ Pfund
½ Tasse grobes Salz
1¼ Tassen Senföl, leichtes Sesam- oder Pflanzenöl (oder eine Mischung aus Sesam- und Pflanzenöl)
2 TL Karobensamen
2 TL Kreuzkümmelsamen, zerstoßen
2 TL Kurkuma

1. Ingwer schälen und in ¼ cm dicke Stäbchen schneiden. Chilischoten putzen, gründlich abtrocknen und

aufschlitzen. Limonen (oder Zitronen) halbieren und in dünne Scheiben schneiden.
2. Ingwer, Chili und Limonenscheiben in eine Schüssel geben. Salz hinzufügen und gut vermischen.
3. Öl in einem großen Emailletopf erhitzen, bis es raucht. Hitze ausschalten und das Öl 2 Minuten abkühlen lassen. Karobensamen, Kreuzkümmel und Kurkuma hineingeben, kurz umrühren und die Ingwer-Chili-Limonenmischung zugeben.
4. Topf bei starker Hitze wieder aufsetzen und die Mischung unter ständigem Rühren und Wenden 5 bis 7 Minuten anrösten. Hitze wegnehmen, Pickle in sterilisierte Gläser füllen und fest verschließen.

Das Pickle kann schon nach einer Woche gegessen werden, aber sein voller Geschmack entwickelt sich erst nach zwei Wochen.

Eingemachte gefüllte scharfe Chilischoten
(Sabat Mirch ka Achaar)

Diese Chilischoten, gefüllt mit einer herrlichen Mischung von aromatischen Gewürzen und in Senföl eingelegt, schmecken himmlisch. Sie passen zu jeder nordindischen Mahlzeit, aber am besten in Paratha (S. 410) oder Poori (S. 414) eingerollt, wie es im Pandschab üblich ist.

Ergibt 1¼ Liter

1 Pfund große scharfe Chilischoten
¼ Tasse Korianderkörner
¼ Tasse Fenchelsamen
¼ Tasse Senfsamen
4 TL Bockshornkleesamen
2 TL Schwarzkümmel
1 TL gemahlenes Asafoetida
4 TL Mangopulver
2½ TL grobes Salz
4 Tassen Senföl oder leichtes Pflanzenöl (oder eine Mischung aus beiden)

1. Chilischoten waschen und mit Küchenpapier gründlich trockentupfen. Die Schoten dürfen auf keinen Fall feucht sein, sonst verdirbt das Pickle! Das Ende mit dem Stiel wegschneiden.
2. Korianderkörner, Fenchel-, Senf-, Bockshornklee- und Kreuzkümmelsamen ohne Fett in eine kleine Bratpfanne geben. Gewürze auf mittelstarker Hitze trocken rösten, bis sie ihr Aroma freisetzen und beginnen, Farbe zu nehmen (ca. 4 Minuten). Die Pfanne dabei ständig rütteln. Asafoetida hinzufügen, Hitze wegnehmen und die Gewürze gut vermischen.
3. Gewürze auf einen kleinen Teller geben. Völlig abkühlen lassen, dann in einer Kaffeemühle oder im Mixer fein pulverisieren. Das Pulver mit dem Mangopulver und dem Salz gut vermischen.
4. Chilischoten mit dieser Gewürzmischung füllen und in sterilisierte Gläser geben. Zwischen den Chilischoten und dem Rand des Glases sollten etwa 2 cm frei bleiben.
5. Öl in einer kleinen Pfanne erhitzen, bis es raucht. Das heiße Öl über die Chili in die Gläser gießen. Die Schoten sollen ganz vom Öl bedeckt sein. Wenn das Öl völlig abgekühlt ist, die Gläser verschließen.

Vor dem Verzehr 4 Tage, am besten in der Sonne, stehenlassen. Noch besser schmeckt das Pickle, wenn man es einen Monat reifen läßt.

Mango-Ingwer in gewürztem Öl
(Ingee Manga)

Dieses sehr einfache und leckere Pickle aus einer besonderen Sorte Ingwer mit Mangogeschmack (S. 63) ist eine Spezialität aus Madras. In Südindien wird es im Juli und August, wenn der Mango-Ingwer auf den Markt kommt, zubereitet. Obwohl es eine klassische Beilage zu südindischen Gerichten ist, paßt es auch zu Speisen aus anderen Regionen. Mir schmeckt es besonders gut zu gefüllten Broten wie Mangold-Brot (S. 408).

Ergibt ca. ½ Liter

1 Pfund frischer Mango-Ingwer (oder ½ Pfund frischer Ingwer und 1 mittelgroße rohe grüne Mango)
1 EL grobes Salz
4 EL leichtes Sesamöl
12 getrocknete rote Chilischoten, zerbröckelt
1 TL gemahlenes Asafoetida
½ TL Kurkuma

1. Mango-Ingwer schälen und entweder in 1 cm große Würfel oder in ¼ cm dicke Scheiben schneiden. Wenn Sie gewöhnlichen Ingwer und rohe Mango verwenden, Ingwer genauso vorbereiten. Mango schälen, Kern entfernen. Fruchtfleisch wie den Ingwer zerschneiden. Mango-Ingwer bzw. Ingwer und Mango in eine Porzellan-Schüssel geben, mit Salz bestreuen und gut vermischen.
2. Öl in einer kleinen Bratpfanne stark erhitzen. Chili, Asafoetida und Kurkuma hineingeben und das gewürzte Öl zum Ingwer geben. Gut vermengen. Vor dem Servieren eine halbe Stunde ruhen lassen.

DIE GRUND-NAHRUNGS-MITTEL: BROT UND REIS

◇

रोटी और चावल

BROT

(Roti)

Beim Thema indische Küche denkt man im Westen zuerst an Curry, dann aber gleich an Brot. Es gibt unglaublich viele Sorten indisches Brot, in unserem Restaurant Nirvana haben wir immer mindestens acht verschiedene Brotsorten zur Auswahl. Das Brot, das alle anderen in den Schatten stellt, ist ohne Zweifel das prächtige »Poori« (S. 414), ein hauchdünner Fladen, der wie ein Luftballon aufgeht.

Indische Brote sind eigentlich sehr einfach zuzubereiten. Da sie aus ungesäuertem Teig gemacht werden, geht es ganz schnell. Man braucht keine speziellen Geräte, kann sogar die Küchenmaschine benutzen. In der Regel werden die Brote aus Vollkornmehl hergestellt und oft mit feingehackten Kräutern oder Käse gewürzt. Auch mit Gemüse kann man sie füllen. Sie schmecken nicht nur lecker, sie sind auch gesund und nahrhaft.

Brot ist das Hauptnahrungsmittel im Norden und im Zentrum. Das folgende Kapitel enthält Rezepte für vielerlei Brote, ungesäuerte und gesäuerte, einfache, blättrige und schließlich auch gefüllte. Letztere, begleitet von einer Gemüse-Beilage oder einem Joghurt-Salat, können als selbständige Mahlzeit gelten. Menüvorschläge finden Sie jeweils am Ende der Rezepte.

Einfaches gebackenes Vollkornbrot
(Roti oder Chapati)

»Roti« (auch »Chapati« genannt) ist in den östlichen und südwestlichen Regionen Indiens sehr beliebt. Man verwendet zu diesem Rezept Chapati-Mehl, das in indischen Lebensmittelgeschäften erhältlich ist. Sie können aber auch aus einer Mischung aus Vollkorn- und Weizenmehl ein sehr gutes Brot herstellen.

Ergibt 16 »Roti«,
für 4—6 Personen

1⅓ Tassen Chapati-Mehl
und ⅔ Tasse Weizenmehl
(oder 1 Tasse Vollkornmehl
und 1 Tasse Weizenmehl)
2 TL leichtes Pflanzenöl
Salz nach Belieben
⅔ Tasse sehr warmes
Wasser (40—50° C)

1. Mehl in eine Schüssel geben. Öl (und nach Belieben Salz) zugeben und in das Mehl einarbeiten. Zuerst soviel Wasser auf einmal zugießen, daß das Mehl zusammenklumpt, dann vorsichtig das restliche Wasser angießen, bis ein knetbarer Teig entsteht.
2. Den Teig auf die Arbeitsfläche geben und 10—15 Minuten durchkneten. Zudecken und 30 Minuten gehen lassen.

Falls Sie den Teig in der Küchenmaschine herstellen wollen, Mehl, Öl und Salz in den Aufsatz geben und die Maschine laufen lassen, bis alles gut vermischt ist. Bei laufender Maschine Wasser zugießen, zuerst schnell, bis das Mehl zusammenklumpt, dann tröpfchenweise, bis sich eine feste Teigkugel bildet. Die Maschine zwischendurch immer wieder kurz ausschalten.
Um den Teig zu kneten, Maschine einschalten und 40—50 Sekunden laufen lassen. Dann den Teig herausneh-

men und in eine Schüssel geben. Er sollte glänzend, glatt, weich und elastisch sein.

3. Teig ein paar Sekunden mit den Händen kneten und dann in zwei gleiche Portionen teilen. Jede Portion zu einer Rolle formen und diese in 8 gleiche Teile zerschneiden. Jedes Stück Teig zu einem kleinen Bällchen formen.

4. Ein Teigbällchen nach dem anderen auf die Arbeitsfläche legen, reichlich mit Mehl bestäuben und aus den Bällchen Kreise von 18—20 cm Durchmesser ausrollen. Mit Küchenpapier bedecken und beiseite stellen.

5. Eine schwere Pfanne bei starker Hitze sehr heiß werden lassen (ca. 4—5 Minuten). Einen Fladen in die Pfanne geben und 30—45 Minuten backen, bis sich auf der Unterseite kleine braune Flecken zeigen. Den Fladen mit einem Spatel oder einer Küchenzange wenden, auf der anderen Seite backen.

6. Einen zweiten Brenner einschalten und auf höchste Flamme stellen. (Wenn Sie einen Elektroherd haben, eine zweite Platte einschalten und über die Platte ein Kuchengitter legen. Die Platte rechtzeitig einschalten, damit sie heiß genug ist.) Das in der Pfanne vorgebackene Brot nun auf den Brenner legen und backen, bis es weitere braune Flecken aufweist. Das Brot geht dabei weiter auf. Wenden und auf der anderen Seite ebenso verfahren. Das Ganze dauert insgesamt kaum 15 Sekunden, Sie müssen deshalb aufpassen, daß das Brot nicht anbrennt.

Entweder sofort servieren oder in einen mit einer Serviette ausgelegten Brotkorb geben. Vor dem Essen das Brot nach Belieben mit Usli Ghee (S. 55) bepinseln.

»Roti« oder »Chapati« paßt zu fast allen indischen vegetarischen Gerichten. Es ist besonders zu empfehlen bei einem reichhaltigen Hauptgericht mit Sahne, Butter und

Nüssen. Servieren Sie »Roti« mit einem einfachen Gemüsegericht wie Balsambirnen mit würziger Zwiebelfüllung (S. 309) und einem »Dal« wie Gelbe Linsen mit pfeffrigen Mangoscheiben (S. 341) als leichtes Mittagessen.

Mais-Brot
(Bhutte ki Roti)

Dieses herrlich duftende Brot wird aus pürierten Maiskörnern und Weizenmehl hergestellt.

Ergibt 12 Brote

2 Tassen frische Maiskörner (oder aufgetaute, aus denen fast alle Flüssigkeit gepreßt wurde)
1/3 TL grobes Salz (nach Belieben)
1 1/4 Tassen oder mehr Weizenmehl (oder eine Mischung aus Chapati- und Weizenmehl) sowie Mehl zum Bestäuben
1 EL leichtes Pflanzenöl
Butter (nach Belieben)

1. Maiskörner und Salz in einer Küchenmaschine oder einem Mixer fein pürieren. Püree in eine mittelgroße Schüssel geben. Mehl, jeweils 1/4 Tasse auf einmal, zugeben und mit dem Püree vermischen, bis ein weicher, klebriger Teig entsteht. Hände vom Teig säubern. Den Teig mit dem Öl begießen, damit er nicht mehr klebt.
2. In 12 gleiche Portionen teilen. Jede Portion zu einem Bällchen formen und aus diesem einen Kreis von 15 cm Durchmesser ausrollen. Immer wieder mit Mehl bestäuben, damit der Teig nicht klebt. Die ausgerollten Fladen mit einem Küchenhandtuch bedecken. Sie sollten nicht miteinander in Berührung kommen.
3. Eine gußeiserne Pfanne bei starker Hitze 3 Minuten

heiß werden lassen. Auf mittelhohe Stufe herunterschalten und einen Fladen in die Pfanne legen. Auf der Unterseite backen, bis sich braune Flecken zeigen (ca. 1½ Minuten). Wenden und auf der anderen Seite backen (ca. 1 Minute). Brot aus der Pfannne nehmen und nach Belieben mit Butter bepinseln. Zudecken und im Ofen warm halten, bis die restlichen Fladen gebacken sind. Sofort servieren.

Der Maisgeschmack dieses Brotes wird noch intensiver, wenn Sie den Fladen nach dem Backen mit einer Küchenzange direkt über eine starke Flamme halten und kurz anrösten. Aufpassen, daß er nicht anbrennt. Nach Belieben mit Butter bepinseln, sofort servieren oder warm halten.
Diese leckeren Brote passen wunderbar zu Cocktails. Zusammen mit Eingemachten, gefüllten scharfen Chilischoten (S. 398) eignen sie sich als leichter Snack. Reichen Sie dazu ein erfrischendes Glas »Lassi« (siehe Getränke) sowie eine einfache Gemüsezubereitung wie Grüne Bohnen und Kartoffeln in Senföl (S. 303), und Sie haben ein wunderbares, leichtes Mittagessen.

Mangold-Brot
(Hara Paratha)

Mangold-Brot ist in der Nördlichen Provinz und im Pandschab sehr beliebt. Diese würzigen, sättigenden Brote können auch mit Spinat, den Blättern von roten Beten, Senfblättern oder Sauerampfer hergestellt werden.

Ergibt 8 Brote

1½ Tassen Vollkornmehl und zusätzlich Mehl zum Bestäuben
1 Tasse Mangold, blanchiert, fest zusammengepreßt
¼ Tasse frische Korianderblätter
1 EL getrocknete Bockshornkleeblätter (nach Belieben)
4 scharfe grüne Chilischoten oder ½ TL Cayennepfeffer
½ TL grobes Salz
½ Tasse warmes Wasser (40° C)
½ Tasse leichtes Pflanzenöl

1. Mehl, Mangold, frische Korianderblätter, Bockshornkleeblätter, Chilischoten und Salz in den Aufsatz einer Küchenmaschine geben. Maschine neun- bis zehnmal nacheinander schnell ein- und ausschalten, dann 30 Sekunden lang ununterbrochen laufen lassen. Dabei das Wasser langsam zugießen, bis die Masse zusammenklumpt. Weitere 30 Sekunden verarbeiten. Der Teig muß gut durchgeknetet sein.
Sie können das Gemüse, die Koriander- und Bockshornkleeblätter sowie die Chili aber auch mit einem Messer klein hacken und in einer Schüssel mit den übrigen Zutaten, außer dem Öl, vermischen. Der Teig muß dann 10 Minuten geknetet werden.
2. Teig auf die Arbeitsfläche geben und 2 TL Öl hineinkneten. Aus dem Teig eine 18 cm lange Rolle formen

und diese in 8 gleich große Stücke schneiden. Mit einem Küchenhandtuch bedecken.

3. Das erste Stück Teig nehmen, zu einer glatten Kugel formen und diese zu einem Kreis mit 12 cm Durchmesser ausrollen. Mit Mehl bestäuben, damit der Teig nicht klebt. Die Oberfläche des Kreises mit Öl bepinseln. Am äußeren Rand rundum einen 1¼ cm breiten Streifen frei lassen. Den Fladen einmal zusammenfalten. Die Oberfläche des nun entstandenen Halbkreises wiederum mit Öl bepinseln und noch einmal zusammenfalten. Das Teigdreieck ausrollen, bis die beiden geraden Seiten je 15 cm lang sind. Den Teig dabei regelmäßig mit Mehl bestäuben. Mit einem Tuch bedecken. Mit dem restlichen Teig ebenso verfahren. Die Fladen nicht übereinanderschichten.

4. Eine gußeiserne Pfanne bei mittelstarker Hitze ca. 2 Minuten heiß werden lassen. Einen Brotfladen hineinlegen und auf beiden Seite je 3 Minuten braten bzw. bis er braune Flecken aufweist. Die Oberfläche leicht mit Öl bepinseln, das Brot wenden und weitere 1½ Minuten braten. Diese Seite sollte nun schön gebräunt sein. Die jetzt oben liegende Seite ebenfalls mit Öl bepinseln, wenden und 1—1½ Minuten braten. Im Ofen warm halten. Mit den restlichen Broten ebenso verfahren.

Ich esse diese Brote gern mittags mit einer Tasse Tee. Geeignete Beilagen sind Rote Linsen mit Gewürzen (S. 343) und Auberginen-Joghurt-Salat (S. 362). Soll es aufwendiger sein, reichen Sie außerdem dazu Schwarze Mungobohnen und Lotoswurzeln mit Knoblauch (S. 252).

Vollkornbrot mit Fenchel
(Meetha Paratha)

Mein Schwager Kumar ist überzeugt, daß das beste »Meetha Paratha« im Hause meiner Mutter hergestellt wird. Ich kann ihm nur zustimmen. Das Brot schmeckt wahrhaft himmlisch. Es ist nicht nur eine herrliche Beilage zu nordindischen Speisen, auch als Snack mit einer Tasse Kaffee schmeckt es köstlich.

Ergibt 8 Brote

3 Tassen Vollkornmehl und zusätzlich Mehl zum Bestäuben
1 TL Fenchelsamen, grob gemahlen
2/3 Tasse Usli Ghee (S. 55) oder leichtes Pflanzenöl
1 Tasse warmes Wasser (40° C)
1/3—1/2 Tasse brauner oder weißer Zucker

1. Mehl und Fenchelsamen in einer großen Schüssel miteinander vermischen. 2 EL Usli Ghee zugeben und mit den Fingerspitzen in das Mehl reiben. 1/2 Tasse Wasser zugießen und mit den Händen in das Mehl einarbeiten. Löffelweise Wasser zugeben und einarbeiten, bis sich die Masse von der Schüssel löst und ein gut knetbarer Teig entsteht. Nicht mehr Wasser zufügen als nötig, sonst wird der Teig klebrig.
2. Den Teig zu einer Kugel formen und auf eine saubere Arbeitsfläche geben. Hände waschen, Finger und Knöchel mit 2 TL Usli Ghee einfetten. Den Teig kneten, bis er glatt und seidig wird (ca. 10 Minuten). Er soll auf Zeigefingerdruck nachgeben und sofort wieder seine ursprüngliche Form annehmen. Teig in eine saubere Schüssel geben, mit Folie abdecken und bei Zimmertemperatur 30 Minuten gehen lassen.
Wenn Sie den Teig in der Küchenmaschine herstellen

wollen, Mehl, Fenchel und 3 EL Usli Ghee in den Aufsatz geben. 10 Sekunden durchmischen. Während die Maschine weiterläuft, Wasser langsam zugießen, bis das Mehl zusammenzuklumpen beginnt. Teig in der Küchenmaschine 40—50 Sekunden durchkneten.

3. Auf eine saubere Arbeitsfläche geben, zu einer 20 cm langen Rolle formen und diese in 8 gleich große Stücke teilen. Mit einem Tuch abdecken.

4. Ein Stück Teig zu einer Kugel formen, mit Mehl bestäuben und zu einem Kreis von 12,5 cm Durchmesser ausrollen. 2—3 TL Zucker in die Mitte des Kreises geben. Die Teigränder über dem Zucker zusammenfalten, so daß der Zucker in der Mitte eingeschlossen ist. Das so gefüllte Brot mit Mehl bestäuben und mit dem Nudelholz wieder flachdrücken. Dann vorsichtig zu einem 15—17 cm großen Kreis ausrollen. Diesen Fladen mit einem Tuch abdecken. Mit den restlichen Teigstücken ebenso verfahren. Die Brote nicht übereinanderschichten.

5. Eine schwere, gußeiserne Pfanne bei mittelstarker Hitze 3 Minuten heiß werden lassen. Einen Teigfladen hineinlegen und 2—3 Minuten braten, bis sich an der Unterseite braune Flecken zeigen. Brot mit einem Spatel umdrehen und auf der anderen Seite 1 Minute braten. Etwa 1 EL Usli Ghee um den Rand des Brotfladens herum in die Pfanne träufeln und auf beiden Seiten je 1 Minute weiterbraten, bis das Brot goldbraun ist. Im Ofen warm halten. Pfanne mit Küchenpapier auswischen und die übrigen Brote auf die gleiche Weise herstellen.

Fritiertes Brot mit Mohnsamen
(Khas Khas ki Poori)

Diese leckeren Brote stellen alles in Schatten. Ihre Gäste werden begeistert sein.

Ergibt 16 Brote

2 Tassen Chapati-Mehl oder 1 Tasse Vollkornmehl und 1 Tasse Weizenmehl sowie Mehl zum Bestäuben
2 EL Mohnsamen
½ TL schwarzer Pfeffer
½ TL gemahlener Kreuzkümmel
½ TL grobes Salz (nach Belieben)
3 TL Erdnuß- oder Maiskeimöl
⅔ Tasse warmes Wasser (40° C) oder mehr nach Bedarf
Erdnuß- oder Maiskeimöl (das Öl soll 7,5 cm hoch in einem Kadhai, Wok oder einer Friteuse stehen)

1. Mehl, Mohnsamen, Pfeffer, Kreuzkümmel und Salz in einer großen Schüssel gründlich miteinander vermischen. 2 TL Öl zugeben und mit den Fingerspitzen in das Mehl einreiben. ⅓ Tasse Wasser auf einmal zugießen und mit den Händen in das Mehl einarbeiten. Das restliche Wasser löffelweise zufügen, bis das Mehl zusammenklumpt und ein knetbarer Teig entsteht.
2. Teig auf die Arbeitsfläche geben. Hände waschen und mit dem restlichen Öl einfetten. Teig kneten, bis er glatt und seidig ist (ca. 10 Minuten). Er soll auf Zeigefingerdruck nachgeben, aber wieder elastisch seine ursprüngliche Form annehmen. Teig in eine saubere Schüssel geben, mit Plastikfolie bedecken und bei Zimmertemperatur 30 Minuten ruhen lassen.
Wenn Sie den Teig in der Küchenmaschine herstellen wollen, Mehl, Mohnsamen, Pfeffer, Kreuzkümmel, Salz und Öl in den Aufsatz geben. 10 Sekunden durchmi-

schen. Während die Maschine weiterläuft, Wasser langsam zugießen, bis sich der Teig zu einem Klumpen zusammenballt. Dann in der Küchenmaschine 40—50 Sekunden durchkneten lassen.
3. Teig auf eine saubere Arbeitsfläche geben. 1 Minute kneten, dann in 8 gleich große Stücke teilen. Diese zu glatten Kugeln formen und abdecken. Eine Teigkugel auf einer leicht bemehlten Fläche zu einem dünnen Kreis von 7,5—9 cm Durchmesser ausrollen. Beim Ausrollen stets darauf achten, daß Sie mit dem Nudelholz festen, aber gleichmäßigen Druck ausüben. Mit den restlichen Teigstücken ebenso verfahren. Die ausgerollten Fladen flach beiseite legen. Nicht übereinanderschichten, sie sollen nicht miteinander in Berührung kommen. Mit Folie bedecken.
4. Öl in einem Kadhai, Wok oder einer Friteuse erhitzen. Wenn es 190° C hat, einen Brotfladen hineinlegen. Sobald das Brot an die Oberfläche steigt, mit dem Schaumlöffel vorsichtig niederdrücken. Aufpassen, daß das Brot nicht aufreißt, sonst saugt es sich voll Öl. Wenn das Zischen aufhört und die Unterseite leicht gebräunt ist, wenden und auf der anderen Seite 10—15 Sekunden fritieren. Das Brot herausnehmen und auf Küchenpapier abtropfen lassen. Mit den restlichen Broten ebenso verfahren. Sofort servieren.

»Poori« sind ideal für Parties. Und sie passen zu praktisch allen vegetarischen Gerichten. Ich esse sie mittags gern zusammen mit scharf-würzigen Pickles wie Eingemachte gefüllte scharfe Chilischoten (S. 398) oder Anglo-indisches Limonen-(oder Zitronen-)Chutney (S. 391). Dazu trinke ich eine Tasse Tee.

Nirvana-Brot
(Poori)

Dieses »Poori« ist der absolute Renner in unserem Restaurant. Das folgende Rezept ist fast identisch: Nur werden die Brote etwas kleiner ausgerollt, damit Sie sie zu Hause leichter zubereiten können.

Ergibt 12 Brote

3 Tassen Weizenmehl sowie Mehl zum Bestäuben
½ TL Backpulver
1 TL grobes Salz
5 EL Erdnuß- oder Maiskeimöl
1 Tasse und 2 EL warmes Wasser (40° C)
Erdnuß- oder Maiskeimöl (das Öl soll 7,5 cm hoch in einem Kadhai, einem Wok oder einer Friteuse stehen)

1. Mehl, Backpulver und Salz in einer großen Schüssel gründlich miteinander vermischen. 4 EL Öl zugeben und mit den Fingerspitzen in das Mehl reiben. ½ Tasse Wasser auf einmal zugießen und mit den Händen einarbeiten. Die restliche ½ Tasse Wasser löffelweise einarbeiten, bis ein sehr weicher, klebriger Teig entsteht. Dann die restlichen 2 EL Wasser zugeben und in den Teig kneten. Wenn der Teig an den Händen kleben bleibt, Hände waschen und mit dem restlichen EL Öl einfetten. Teig in der Schüssel 10 Minuten durchkneten. Dann in 12 gleich große Portionen teilen. Diese jeweils zu glatten Kugeln formen, auf einen Teller oder ein Backblech setzen und mit Folie bedecken. Bei Zimmertemperatur ½ Stunde ruhen lassen bzw. bis zum Gebrauch im Kühlschrank aufbewahren (Der Teig hält sich bis zu 4 Tage).

Anmerkung: Versuchen Sie nicht, diesen Teig in der Küchenmaschine herzustellen. Er ist dafür zu weich und klebrig.

2. Öl in einem Kadhai, Wok oder in einer Friteuse auf 190° C erhitzen. In der Zwischenzeit die Brote ausrollen: Eine Teigkugel in eine Schüssel mit Mehl tauchen und umwenden, so daß sie rundum mit reichlich Mehl bestäubt ist. Dann auf die Arbeitsfläche geben und einen Kreis von 17 cm Durchmesser ausrollen. Wenn nötig, immer wieder mit Mehl bestäuben. Insgesamt 6 Teigfladen auf diese Weise herstellen, dann flachgelegt beiseite stellen. Nicht übereinanderschichten, die Fladen sollen nicht miteinander in Berührung kommen. Mit Folie abdecken.
3. Einen Fladen in das heiße Öl gleiten lassen. Sobald er an die Oberfläche steigt, mit dem Schaumlöffel vorsichtig niederdrücken. Der Fladen füllt sich langsam mit Dampf und geht auf wie ein Ballon. Wenn er an der Unterseite leicht gebräunt ist (ca. 20 Sekunden), vorsichtig wenden und auf der anderen Seite weitere 20 Sekunden fritieren. »Poori« herausheben und auf Küchenpapier abtropfen lassen. Die übrigen 5 Teigfladen auf dieselbe Weise fritieren. Darauf achten, daß das Öl die gewünschte Temperatur beibehält. Die fertigen 6 »Pooris« im Ofen warm halten, während Sie das ganze Verfahren mit den 6 restlichen Teigkugeln wiederholen. Alle 12 »Pooris« auf einmal servieren.

Diese »Pooris« sind voller im Geschmack als andere, da das Weizenmehl, aus dem sie hergestellt werden, sehr viel Öl enthält. Der Weizenmehlteig bewirkt auch, daß sie nach dem Aufgehen nicht gleich wieder zusammenfallen. Sie passen besonders gut zu nordindischen und zu Gerichten aus der Mogul-Küche wie Blumenkohl, Auberginen und Kartoffeln in Kräutersauce (S. 228) oder Zucchini-Koftas in Tomatensauce (S. 240).
Ich esse sie auch gern mit Eingemachten gefüllten scharfen Chilischoten (S. 398).

Süßkartoffel-Brot
(Aloo Poori)

Eine Variation des klassischen »Poori«. Die Kartoffel bewirkt, daß die Brote mehrere Tage weich und seidig bleiben. Diese leicht süßen, aromatischen Brote sind bei Kindern ein großer Erfolg. Sie eignen sich auch sehr gut für Picknicks.

Ergibt 16 Brote

1 mittelgroße (225 g schwere) Süßkartoffel
½ TL Zimt
3 TL Erdnuß- oder Maiskeimöl
1⅔ Tassen ungebleichtes Weizenmehl
Erdnuß- oder Maiskeimöl (das Öl soll 7,5 cm hoch in einem Kadhai, Wok oder einer Friteuse stehen)

1. Süßkartoffel kochen, abkühlen lassen, schälen und grob zerhacken.
2. Gehackte Kartoffel, Zimt und 2 TL Öl in einer großen Schüssel gründlich zerdrücken und miteinander vermengen. 1⅓ Tassen Mehl zugeben und in die Kartoffelmischung einarbeiten. Das restliche Mehl löffelweise zugeben und mit den Händen verkneten, bis das Ganze zusammenklumpt und ein knetbarer Teig entsteht.
3. Teig auf die Arbeitsfläche geben. Die Hände waschen, dann mit dem restlichen EL Öl einfetten und den Teig durchkneten, bis er glatt und seidig ist (ca. 5 Minuten). Teig in eine saubere Schüssel geben, mit Folie abdecken und bei Zimmertemperatur ½ Stunde ruhen lassen.

Wenn Sie den Teig in der Küchenmaschine herstellen wollen, Süßkartoffel zusammen mit dem Zimt zu einem glatten Püree verarbeiten (ca. 45 Sekunden). Die Maschine dabei einige Male ausschalten, um die Masse von

den Seitenwänden herunterzukratzen. Während die Maschine weiterläuft, Mehl und Öl zugeben und mischen, bis sich die Masse zu einem Klumpen zusammenballt (ca. 35—40 Sekunden). Teig weitere 20 Sekunden verarbeiten, bis er durchgeknetet ist.
4. Teig auf eine leicht bemehlte Arbeitsfläche geben und in zwei Stücke teilen. Aus jedem Stück eine 20 cm lange Rolle formen und diese jeweils in 8 gleich große Stücke teilen. Teig mit einem Tuch abdecken. Aus jedem Stück Teig eine kleine Kugel formen. Diese Teigkugel zu einem 10 cm großen Kreis ausrollen. Häufig mit Mehl bestäuben, damit der Teig nicht klebt. Fladen mit einem Tuch abdecken, nicht übereinanderschichten.
5. Öl in einem Kadhai, Wok oder einer Friteuse auf 190° C erhitzen. Einen Teigfladen vorsichtig in das Öl gleiten lassen. Sobald das Brot an die Oberfläche steigt, mit einem Schaumlöffel leicht niederdrücken. Der Fladen füllt sich langsam mit Dampf und geht auf wie ein Ballon. Wenn das Brot auf der Unterseite leicht gebräunt ist (20—25 Sekunden), vorsichtig wenden und auf der anderen Seite 10—15 Sekunden fritieren. »Poori« herausheben und auf Küchenpapier abtropfen lassen. Mit den restlichen Teigfladen ebenso verfahren. Dabei darauf achten, daß die Öltemperatur konstant bleibt. Sofort servieren.

Joghurt-Brot
(Bhatoora)

Mein Schwager Subhash ist der Erfinder dieses einfachen Rezepts für »Bhatoora«, der berühmten Brotspezialität aus Neu-Delhi. Statt einfaches Mehl zu verwenden und den Teig mit Joghurt zu säuern, nimmt er ein Mehl, das ohne Treibmittel aufgeht. Dadurch muß der Teig nicht mehr acht, sondern nur noch zwei Stunden gehen. Dieses Mehl, »self-rising flour«, ist in Deutschland nicht im Handel. Sie können es sich jedoch aus England oder Amerika, wo es in jedem Supermarkt erhältlich ist, mitbringen lassen. Oder Sie verwenden normales Weizenmehl und geben die entsprechende Menge Backpulver dazu.

Ergibt 12 Brote

2 Tassen »self-rising flour«
1 TL Schwarzkümmel (»Kalaunji«, nach Belieben)
¼ Tasse Naturjoghurt
½ Tasse Wasser
3 EL leichtes Pflanzenöl
2—3 TL Öl zum Kneten
Weizenmehl zum Bestäuben
Erdnuß- oder Maiskeimöl (das Öl soll 7 cm hoch in einem Kadhai, Wok oder einer Friteuse stehen)

1. Mehl und Schwarzkümmel in eine Schüssel geben. Joghurt hinzufügen und untermischen, so daß eine krümelige Masse entsteht.
2. Wasser und Öl in einer kleinen Schüssel vermengen. Diese Mischung nach und nach zum Mehl gießen. Einrühren, bis das Mehl zu einer weichen und etwas klebrigen Masse zusammenklumpt. Der Teig sollte jedoch nicht an der Schüssel hängen bleiben.
3. Hände gründlich waschen, dann mit ca. 2 TL Öl einfetten. Das restliche Öl über den Teig gießen. Teig in der

Schüssel gut durchkneten, bis er elastisch und seidig ist (ca. 8 Minuten). Zudecken und mindestens 2 Stunden gehen lassen.
4. Teig in 12 gleich große Stücke teilen. Die Stücke mit Folie bedecken, damit sie nicht austrocknen.
5. Öl in einem Kadhai oder in einer Friteuse langsam auf 190° C erhitzen.
6. Unterdessen die Brote formen: Ein Stücke Teig nehmen, zu einer glatten Kugel formen und diese auf die Arbeitsfläche geben. Teigkugel mit Mehl bestäuben und zu einem Kreis von 10 cm Durchmesser ausrollen. Der Teigfladen soll ungefähr ¼ cm dick sein. Mit den restlichen Teigstücken ebenso verfahren. Abgedeckt beiseite stellen. Nicht übereinanderschichten.
7. Wenn das Öl heiß ist, darauf achten, daß die Temperatur konstant bleibt. Einen Teigfladen in das heiße Öl gleiten lassen. Sobald das Brot an die Oberfläche steigt, mit dem Schaumlöffel leicht niederdrücken. Der Fladen füllt sich langsam mit Dampf und geht auf wie ein Ballon. Wenn die Unterseite leicht gebräunt ist (½—1 Minute), wenden und auf der anderen Seite ungefähr ½ Minute fritieren. Brot herausheben und auf Küchenpapier abtropfen lassen. Mit den restlichen Teigfladen ebenso verfahren.

Traditionsgemäß wird »Bhatoora« als Beilage zu Kichererbsen-Gerichten gereicht. Eine gute Wahl wäre Unreife Pfirsiche und Kichererbsen mit Fenchel (S. 254). Ich esse es auch gern zu Zucchini-Koftas in Tomatensauce (S. 240) und zu Okra mit Tomaten, Zwiebeln und Gewürzen (S. 236).

Tandoor-Brot

(Nan)

»Nan« wird traditionsgemäß im indischen Lehmofen (Tandoor) gebacken; mit diesem einfachen Rezept können Sie das berühmte Mogul-Brot in Ihrer eigenen Küche herstellen. Dem Brot fehlt zwar das süße Aroma von Holzkohle und Lehm, trotzdem schmeckt es sehr lecker.

Ergibt 8 Brote

3 Tassen Mehl
1 großes Ei (nach Belieben)
$\frac{2}{3}$ Tasse Milch
6 EL ungesalzene Butter
$1\frac{1}{2}$ TL Trockenhefe
2 TL Zucker

1. Mehl in eine Schüssel geben. Ei in einer zweiten Schüssel leicht verquirlen und beiseite stellen.
2. Milch zusammen mit der Butter in einem kleinen Topf auf kleiner Flamme erhitzen, bis die Butter schmilzt und die Milch warm ist (40° C). Hefe und Zucker einrühren. Verquirltes Ei dazugeben und verrühren.
3. Milchmischung zum Mehl gießen. Verkneten, bis ein weicher, seidiger Teig entsteht (ca. 15 Minuten). Zudekken und an einem warmen Ort 4 Stunden gehen lassen bzw. bis der Teig sein Volumen verdoppelt hat.
4. Ofen auf 250° C vorheizen.
5. Den Teig mit der Faust zusammendrücken, dann noch einmal 1 Minute durchkneten und in 8 gleich große Stück teilen.
6. Aus den Teigstücken glatte Kugeln formen und diese mit einem Nudelholz zu Kreisen von 12,5 cm Durchmesser ausrollen. Jeden Kreis mit den Händen in die Länge ziehen, so daß ovale Fladen entstehen. Fladen auf ein nicht eingefettetes Backblech legen und auf der mittleren Schiene im Backofen 3 Minuten backen.

7. Damit die Fladen eine schöne Farbe bekommen, legt man sie einige Sekunden unter den Grill, bis sich an ihrer Oberfläche braune Flecken zeigen. Sofort servieren.

Anmerkung: Wenn Sie auf authentisches Aussehen Wert legen, sollten Sie jedes Brot vor dem Backen mit verquirltem Ei bepinseln und mit $^{1}/_{16}$ TL Schwarzkümmel (Kalaunji) oder $^{1}/_{4}$ TL Sesamsamen bestreuen.

»Nan« schmeckt besonders gut zu allen nordindischen und Mogul-Gerichten mit cremigen Saucen, wie zum Beispiel Blumenkohl, Auberginen und Kartoffeln in Kräutersauce (S. 228).

Tandoor-Brot mit Käse-Kräuter-Füllung
(Paneer Kulcha)

Dieses »Nan« hat eine herrliche Füllung aus feuchtem indischen Käse (Paneer), frischen Korianderblättern und grünen Chilischoten. Das Brot schmeckt noch deftiger, wenn Sie $^{1}/_{2}$ Tasse gehackte und leicht in Usli Ghee (S. 55) sautierte Zwiebeln in die Füllung geben.

Ergibt 12 Brote

Für die Füllung:
indischer Käse (Paneer), aus 6 Tassen Milch hergestellt (S. 51), oder
1 Tasse Kartoffelpüree
3—6 scharfe grüne Chilischoten, fein gehackt
4 EL feingehackte frische Korianderblätter
1$^{1}/_{2}$ TL Zitronensaft
grobes Salz nach Belieben
sämtliche Zutaten für Tandoor-Brot (S. 420)

1. Sämtliche Zutaten für die Füllung in einer Schüssel gründlich miteinander vermischen. Masse in 12 gleiche Portionen teilen.

2. Tandoor-Brot nach den Anweisungen auf Seite 420 zubereiten. Vor dem Ausrollen jedes Stück Teig mit einer Portion Füllung versehen. Dazu in den Teigstücken in der Mitte eine kleine Mulde machen und die Füllung hineingeben. Die Ränder mit den Fingern zusammendrücken, damit die Füllung nicht herausquillt. Die Brote dann vorsichtig zu 15—17,5 cm großen Kreisen ausrollen, jedoch nicht mit den Händen langziehen.

Diese Brote schmecken aufgeschnitten köstlich zu Cocktails. Zusammen mit einem Joghurt-Salat wie Joghurtsalat mit Kräutern und Gewürzen (S. 359) ergibt es ein leichtes Mittagessen. Und wenn Sie es aufwendiger lieben, servieren Sie dazu noch Vegetarische Pastetchen (S. 174) und ein »Dal« wie Pandschab-Linsen »Fünf Juwelen« (S. 346).

Maisbrot mit Rettich
(Makkai ki Roti)

Diese Spezialität der Shiks im Pandschab wird stets frisch zubereitet und mit einem Aufstrich aus Aromatischen pürierten Senfblättern (S. 317) gegessen.

Ergibt 8 Brote

1 Tasse geraspelter Rettich (Daikon- oder Eiszapfenrettich), fest zusammengedrückt
½ EL grobes Salz
1 Tasse feingemahlenes Maismehl (S. 38)
5 EL Wasser
4 EL Butter

1. Geraspelten Rettich zusammen mit dem Salz in eine mittelgroße Schüssel geben. Maismehl dazuschütten

und alles mit den Fingerspitzen gut vermischen. Dabei den Rettich fest zerdrücken, damit das Mehl möglichst viel Feuchtigkeit aufnimmt. Wasser löffelweise zugeben und mischen, bis die Masse zusammenklumpt. Der Teig soll sehr weich und feucht sein. Teigmasse in 8 gleiche Stücke teilen. Diese mit Folie abdecken und beiseite stellen.

2. Acht 22,5×22,5 cm große Quadrate Wachspapier ausschneiden. Eine große Schüssel Wasser bereitstellen. Ein Stück Wachspapier auf die Arbeitsfläche legen. Hände mit Wasser befeuchten, ein Stück Teig nehmen und auf die Mitte des Wachspapiers setzen. Die Finger nochmals anfeuchten, dann aus dem Teig mit sanftem, aber festem Druck einen etwa ¼ cm dicken Kreis von 7,5 cm Durchmesser formen. Mit den übrigen Teigstücken ebenso verfahren.

3. Eine schwere gußeiserne Pfanne bei mittlerer Hitze 3 Minuten heiß werden lassen. Einen Teigfladen samt Wachspapier aufheben und den Fladen in die Pfanne stürzen. Wachspapier vorsichtig ablösen. Brot 3 Minuten rösten bzw. bis sich an der Unterseite braune Flekken bilden. Obwohl die Pfanne nicht eingefettet ist, bleibt das Brot nicht am Pfannenboden haften. Brot wenden und auf der anderen Seite 2 Minuten backen. Dann etwa 1½ TL Butter zufügen und das Brot auf beiden Seiten braten, bis es schön gebräunt ist. Auf einen Teller geben und abgedeckt im Ofen warm halten. Mit den restlichen Teigfladen ebenso verfahren.

Servieren Sie diese köstlichen gefüllten Brote mit Aromatischen pürierten Senfblättern (S. 317) und einem Glas »Lassi« (siehe Getränke). Soll es aufwendiger sein, reichen Sie dazu noch Schwarze Mungobohnen und Aubergine (S. 250) und einen erfrischenden Salat wie Nordindischen Gemüsesalat (S. 349).

Gerstenbrot mit Dill, Knoblauch und grünen Chilischoten

(Juan Roti)

Dieses Gerstenbrot, eine Spezialität der Patels, einer Hindusekte im westlichen Staat Gudscherat, schmeckt hervorragend. Da der Teig Kartoffeln enthält, bleibt das Brot länger frisch und feucht.

Ergibt 24 Brote

3 mittelgroße Kartoffeln (ca. $^3/_4$ Pfund), gewaschen
$1^1/_2$ Tassen Gerstenmehl
1 Tasse ungebleichtes Weizenmehl
Mehl zum Bestäuben
$^1/_4$ Tasse gehackter frischer Dill oder $1^1/_2$ TL getrockneter Dill
2—4 frische scharfe grüne Chilischoten, entkernt und in dünne Streifen geschnitten
2 mittelgroße Knoblauchzehen, in dünne Scheiben geschnitten
3 EL leichtes Pflanzenöl
grobes Salz nach Belieben
Butter nach Belieben

1. Kartoffeln weich kochen (ca. 20 Minuten). Wasser abgießen, Kartoffeln abschrecken, pellen und zerdrükken. Sie sollten ca. 2 Tassen zerdrückte Kartoffeln erhalten.
2. Kartoffeln mit sämtlichen Zutaten in einer großen Schüssel mit den Händen vermengen, bis ein knetbarer Teig entsteht. Dieser Teig läßt sich in Folie verpackt im Kühlschrank bis zu 5 Tage aufbewahren oder auch einfrieren. Eingefrorenen Teig vor Gebrauch völlig auftauen.
3. Teig zu einer Kugel formen und auf eine leicht bemehlte Arbeitsfläche setzen. Hände waschen und den

Teig 2—3 Minuten durchkneten. Er soll weich, aber nicht klebrig sein.

4. Teig in 4 gleich große Portionen aufteilen. Aus jeder Portion eine 15 cm lange Rolle formen und diese in 6 gleiche Stücke teilen. Aus jedem Teigstück eine glatte Kugel formen und diese zu einem Kreis von 15 cm Durchmesser ausrollen. Häufig mit Mehl bestäuben, damit der Teig nicht klebt. Die fertigen Teigfladen mit einem Tuch bedecken. Sie sollten nicht miteinander in Berührung kommen.

5. Eine schwere gußeiserne Pfanne bei starker Hitze 3 Minuten heiß werden lassen. Wärmezufuhr auf mittlere Stufe reduzieren und einen Teigfladen in die Pfanne geben. Backen, bis sich an der Unterseite des Fladens braune Flecken zeigen (ca. 1 Minute). Wenden und auf der anderen Seite backen. Brotfladen aus der Pfanne nehmen und nach Belieben mit Butter bepinseln. Fertige Brote in ein sauberes Tuch einwickeln und warm halten, bis die restlichen Fladen gebacken sind. Sofort servieren.

Die Brote werden noch schmackhafter, wenn man sie nach dem Backen noch 8—10 Sekunden über einer offenen Flamme röstet. Häufig umdrehen und aufpassen, daß sie nicht anbrennen.

»Juan Roti« ist für sich allein ein Genuß. Zusammen mit einem Salat wie Ananas-Joghurt-Salat in Currysauce (S. 363) und einer würzigen Tasse Tee wird daraus ein wunderbares, leichtes Mittagessen. Diese Brote passen auch gut zu Taroblätter-Rollen mit Linsenfüllung (S. 329) oder zu Kürbis mit Jaggery (S. 325). Wenn Sie es scharf und würzig mögen, servieren Sie »Juan Roti« als Beilage zu Chilischoten in Mandel-Sahne-Sauce (S. 319) und Minze-Chili-Zwiebel-Relish (S. 372).

Reismehl-Brot
(Pathiri)

»Pathiri« ist das Brot der Muslims von Malabar. Es schmeckt köstlich und paßt besonders gut zu Eintopf- und Currygerichten aus Malabar.

Ergibt 12 Brote

1 Tasse Reismehl und zusätzlich Mehl zum Bestäuben
½ Tasse kochendes Wasser
½ Tasse Kokosmilch (oder ⅓ Tasse dicke Sahne, vermischt mit 3 EL zerlassener Butter)

1. Reismehl in den Aufsatz einer Küchenmaschine geben. Bei laufender Maschine das kochende Wasser langsam zugießen, bis das Mehl zusammenzuklumpen beginnt. Vermischen, bis eine Teigkugel entsteht. Den Teig in der Maschine 15 Sekunden durchkneten lassen, in eine Schüssel geben, mit Öl befetten und abkühlen lassen. Wenn der Teig abgekühlt ist, auf eine leicht mit Reismehl bestäubte Arbeitsfläche geben und von Hand kneten, bis er sich weich und seidig anfühlt (3—5 Minuten).
Wenn Sie den Teig von Hand herstellen wollen, das Mehl in eine Schüssel geben und kochendes Wasser in einem gleichmäßigen Strahl zugießen. Mit einem Holzlöffel verrühren. Sobald der Teig abgekühlt ist, auf eine mit Reismehl leicht bestäubte Arbeitsfläche geben und durchkneten. Öl während des Knetens einarbeiten, bis der Teig glatt und glänzend ist (ca. 10 Minuten).
2. Aus dem Teig eine 30 cm lange Rolle formen und diese in 12 gleiche Stücke teilen. Aus jedem Stück eine glatte Kugel formen. Hände mit Mehl bestäuben, damit der Teig nicht klebt. Teigkugeln mit Folie abdecken.
3. Teigkugeln zu Kreisen von 15 cm Durchmesser aus-

rollen. Dabei immer wieder mit Reismehl bestäuben. Fladen mit Folie bedeckt beiseite stellen, nicht übereinanderschichten.

4. Eine schwere gußeiserne Pfanne bei mittelstarker Hitze 2 Minuten heiß werden lassen. Einen Teigfladen in die Pfanne geben und auf beiden Seiten je 20 Sekunden backen bzw. bis sich auf den Broten braune Flecken zeigen. Das fertige Brot aus der Pfanne nehmen, reichlich mit Kokosmilch (oder der Sahne-Butter-Mischung) bepinseln und zusammenfalten. Abgedeckt warm halten. Mit den restlichen Teigfladen ebenso verfahren. Sofort servieren.

Diese zarten Brote sind die klassische Beilage zu Malabar-Gemüse, in Kokosnuß und Joghurt geschmort (S. 263), und Avocado-Curry mit Ingwer und grünem Chili (S. 300).

Hirsebrot mit Zucchini
(Dhebra)

Hirsebrot ist in ganz Indien und besonders im Radschastan und im Gudscherat beliebt. Dieses interessante Rezept wird mit Zucchini, Chili, Ingwer und Knoblauch zubereitet. Die Zugabe von Kichererbsen- und Weizenmehl macht das Brot leichter. Es schmeckt besonders gut an kalten Wintertagen mit Joghurt-Käse-Aufstrich mit Kräutern (S. 112) und Knoblauch-Chutney (S. 384).

Ergibt 12 Brote

1 Tasse Hirsemehl (Bajra Atta)
1 Tasse Chapati-Mehl oder Weizenvollkornmehl und zusätzlich Mehl zum Bestäuben
½ Tasse Kichererbsenmehl
1 EL geraspelter frischer Ingwer
1 EL Knoblauch, in dünne Scheiben geschnitten
4 scharfe grüne Chilischoten, in dünne Streifen geschnitten
2 TL Zucker nach Belieben
grobes Salz nach Belieben
2 TL Gujarati Garam Masala (S. 81) oder Garam Masala (S. 79)
¼ TL Kurkuma
3 EL leichtes Sesam- oder Pflanzenöl
2 EL Naturjoghurt
1½ Tassen geraspelte Zucchini (oder Kürbis)
Wasser nach Belieben
½ Tasse Usli Ghee (S. 55) oder Butter

1. Sämtliche Zutaten, außer dem Wasser und dem Usli Ghee, in eine große Schüssel geben und mit den Händen vermischen. Die Masse bearbeiten, bis ein knetbarer Teig entsteht. Wenn nötig, löffelweise Wasser zugießen.
2. Teig auf einer sauberen, mit Weizenmehl bestäubten Arbeitsfläche 3—5 Minuten kneten, bis er einigermaßen glatt ist. Wegen der geraspelten Zucchini wird er allerdings grob sein. Teig abdecken und ½ Stunde ruhen lassen.
3. Aus Folie zwölf 12,5 × 12,5 cm große Quadrate ausschneiden.
4. Teig in 12 gleich große Stücke teilen und daraus glatte Kugeln formen. Ein Stück Folie auf die Arbeitsfläche geben und mit reichlich Mehl bestäuben. Eine Teigkugel in die Mitte des Quadrats setzen und ebenfalls mit Mehl bestäuben. Ein zweites Stück Folie darauflegen und die

Teigkugel zu einem 10—12,5 cm großen Kreis ausrollen. Nach Bedarf Folie ablösen und den Teig wieder mit Mehl bestäuben. Weitere 5 Teigfladen auf dieselbe Weise ausrollen. Sobald 6 Fladen fertig sind, eine schwere gußeiserne Pfanne bei mittelstarker Hitze aufsetzen.

5. Folie von einem Teigfladen abziehen und beiseite legen. Wenn die Pfanne heiß ist, den Fladen hineinlegen und 3—4 Minuten backen, bis sich an der Unterseite leichte braune Flecken zeigen. Wenden und auf der anderen Seite backen (ca. 3 Minuten). Etwa 2 TL Usli Ghee um den Rand des Brotfladens herum in die Pfanne hineinträufeln und das Brot auf beiden Seiten noch je 1 Minute braten, damit es eine schöne braune Farbe erhält. Brot aus der Pfanne nehmen und zugedeckt beiseite stellen. Mit den restlichen 5 Teigfladen ebenso verfahren. Dann den ganzen Vorgang mit den übrigen sechs Teigstücken wiederholen. Die Brote heiß oder mit Zimmertemperatur servieren.

REIS

Zu allen indischen Mahlzeiten gehören Reis und Brot. Diese beiden Nahrungsmittel mit relativ wenig Eigengeschmack geben den Hintergrund ab, gegen den sich die anderen scharfen und würzigen Speisen abheben. Da die meisten indischen Speisen sehr scharf sind, ist dieser Kontrast nötig.

Obwohl Reis überall in Indien gegessen wird, ist er eigentlich nur in den südlichen und östlichen Regionen ein Grundnahrungsmittel. In diesen Gebieten wird Reis nicht nur als Beilage serviert. Man bereitet daraus zusammen mit verschiedenen Gemüsesorten, Linsen, Früchten, Kräutern und Gewürzen großartige Hauptgerichte, die sehr vitamin- und proteinreich sind. Dieses Kapitel enthält mehrere solcher Reis-Hauptgerichte. Reichen Sie als Beilage dazu einen grünen Salat oder einen Joghurt-Salat und Sie haben eine gesunde Mahlzeit.

Einfacher gekochter Basmati-Reis oder normaler Langkornreis
(Obla Chawal)

Für 6 Personen

2 Tassen Basmati- oder Langkornreis

1. Reis mehrmals in frischem Wasser waschen und in eine Schüssel geben. So viel Wasser zugießen, daß der Reis mindestens 2½ cm hoch mit Wasser bedeckt ist. ½ Stunde einweichen. Wasser abgießen und Reis abtropfen lassen.
2. Während der Reis weicht, 4—4½ Liter Wasser in einem großen Topf zum Kochen bringen. Abgetropften Reis hineingeben. 30 Sekunden umrühren, damit der Reis nicht am Topfboden bleibt. Aufkochen lassen und Basmati-Reis ohne Deckel 5 Minuten (Langkornreis 13 Minuten) stark kochen lassen. Hitze wegnehmen und den Reis durch ein Sieb abgießen und einige Male schütteln, damit das Wasser abtropft. Reis auf eine vorgewärmte Platte geben und sofort servieren.

Einfacher gedämpfter Basmati-Reis oder normaler Langkornreis

(Obla Chawal)

Für 6 Personen

2 Tassen Basmati- oder Langkornreis

1. Reis mehrmals in frischem Wasser waschen, bis das Wasser klar abfließt. Reis in eine Schüssel geben und 4 Tassen Wasser zugießen. ½ Stunde weichen lassen. Wasser abgießen, aber nicht wegschütten.
2. Das Einweich-Wasser in einen schweren 3-Liter-Topf mit gut schließendem Deckel geben und zum Kochen bringen. Den eingeweichten Reis hineingeben und mit einer Gabel vorsichtig umrühren, damit er nicht am Topfboden bleibt. Wasser nochmals aufkochen lassen.
3. Reis auf kleiner Flamme leicht zugedeckt köcheln lassen, bis er das Wasser fast ganz aufgenommen hat und sich an seiner Oberfläche viele Dampflöcher zeigen (10—15 Minuten). Es ist nicht nötig, den Reis während der Kochzeit umzurühren.
4. Topf fest zudecken und den Reis im Dampf fertiggaren. Es gibt zwei Methoden: Hitze auf niedrigste Stufe stellen und den Topf etwa 2½ cm von der Hitzequelle entfernen, indem Sie zwischen den Topf und den Brenner eine Küchenzange oder einen Wok-Ständer schieben, und Reis 10 Minuten dämpfen lassen. Oder den Topf zugedeckt in einen auf 150° C vorgeheizten Ofen auf die mittlere Schiene stellen und den Reis 25 Minuten dämpfen lassen.

Den fertigen Reis mit geschlossenem Deckel 5—10 Minuten im Topf ruhen lassen. Deckel abnehmen, Reis mit einer Gabel auflockern und servieren.

Erbsen-Pilaw

(Matar Pullao)

Dieses würzige Mogul-Gericht mit einer Spur Zimt und Nelke stammt aus Haiderabad im Süden Indiens. Zur Abwechslung können Sie statt der grünen Erbsen auch kleine Lima-Bohnen nehmen.

Für 6 Personen

2 Tassen Basmati-Reis
4 EL leichtes Pflanzenöl
1½ TL Kreuzkümmelsamen
½ Tasse feingehackte Zwiebeln
1 TL feingehackter Knoblauch
1 TL geraspelter oder zerstoßener frischer Ingwer
2 Lorbeerblätter
¼ TL gemahlene Nelken
⅓ TL Zimtpulver
¼ TL schwarzer Pfeffer
2—4 scharfe grüne Chilischoten, fein gehackt
2 Tassen frische Erbsen (oder 300 g tiefgekühlte)
1½ TL grobes Salz

1. Basmati-Reis mehrmals in frischem Wasser waschen und in eine Schüssel geben. So viel Wasser zugießen, daß der Reis mindestens 2½ cm hoch mit Wasser bedeckt ist. ½ Stunde einweichen, dann das Wasser abgießen.
2. Während der Reis weicht, eine große Menge Wasser (3½—4 Liter) zum Kochen bringen. Unterdessen das gewürzte Öl zubereiten.
3. Öl in einer großen Pfanne bei mittelstarker Hitze heiß werden lassen. Kreuzkümmelsamen hineingeben. Wenn die Samen dunkelbraun sind (ca. 12 Sekunden), Zwiebeln hinzufügen und unter ständigem Rühren gold-

braun rösten (6—8 Minuten). Knoblauch, Ingwer und Lorbeerblätter zugeben und 2 Minuten mitbraten lassen.

4. Nelken, Zimt, Pfeffer und Chili zugeben, 15—30 Sekunden braten. Erbsen und Salz hinzufügen. Alles gut verrühren. Die Erbsen im gewürzten Öl zugedeckt auf kleinster Flamme dämpfen lassen, währen der Reis gekocht wird.

5. Eingeweichten Reis ins kochende Wasser geben. 30 Sekunden umrühren, damit sich der Reis nicht am Topfboden absetzt. Zum Kochen bringen und ohne Deckel 4 Minuten stark kochen lassen. Hitze wegnehmen und Reis durch ein Sieb abgießen. Sieb kräftig schütteln, damit das Wasser gut abtropft.

6. Reis sofort zu den Erbsen geben. Vorsichtig umrühren, um alles gut zu vermischen. Deckel auflegen und die Reis-Erbsen-Mischung bei schwacher Hitze 10 Minuten dämpfen lassen. Hitze wegnehmen. Pfanne zugedeckt 5 Minuten stehen lassen. Deckel abnehmen, Reis mit einer Gabel auflockern und sofort servieren.

Dieser Pilaw ist wie die meisten Gerichte aus Haiderabad etwas scharf. Reichen Sie deshalb einen erfrischenden Salat dazu wie Auberginen-Joghurt-Salat (S. 362) oder Cremige Minzsauce (S. 360). Wer es scharf mag, könnte Carambola-Chutney (S. 394) als Beilage probieren.

Tomaten-Pilaw
(Tamatar Bhat)

Dieser außerordentlich leckere Pilaw mit Tomaten, Zwiebeln und Koriander ist eine Spezialität aus Bangalore in Südindien.

Für 6 Personen

3 EL leichtes Pflanzenöl
½ Tasse feingehackte Zwiebeln
2 TL gemahlener Koriander
1 Pfund Tomaten, mit der Haut püriert
½ Tasse Wasser
1½ TL grobes Salz
1 TL schwarzer Pfeffer
5 Tassen gekochter Reis (am besten Basmati-Reis, der schon am Vortag zubereitet wurde)
1—1½ Tassen Wasser
3 EL Butter
Bratkartoffeln (siehe Rezept S. 437) oder Daikon-Rettich, geraspelt oder in Streifen geschnitten, zum Garnieren (nach Belieben)

1. Öl in einer großen Pfanne erhitzen. Zwiebeln darin unter Rühren hellbraun rösten (ca. 7 Minuten). Koriander hinzufügen und 25—30 Sekunden braten. Tomaten und ½ Tasse Wasser zugeben, gut verrühren und zugedeckt bei schwacher Hitze 15 Minuten köcheln lassen bzw. bis eine dicke Sauce entsteht.
2. Salz, Pfeffer, Reis und Wasser zugeben. Durch vorsichtiges Wenden den Reis mit der Sauce vermengen. Butter zugeben und untermischen. Fest zudecken und das Ganze bei schwacher Hitze 15—20 Minuten dämpfen lassen, bis der Reis die Sauce völlig aufgenommen hat. (Wenn Sie den Reis mit Bratkartoffeln garnieren wollen, können Sie sie vorbereiten, während der Reis gart.) Hitze wegnehmen, Reis auflockern und auf einer

Platte mit Bratkartoffeln oder geraspeltem Daikon-Rettich garniert servieren.

Bratkartoffeln

4 EL leichtes Pflanzenöl
1 Pfund Kartoffeln, ungeschält, in $^1/_2$ cm große Würfel geschnitten

Öl in einer großen Bratpfanne 3 Minuten erhitzen. Kartoffeln hineingeben und bei mittlerer Hitze unter Rühren und Wenden braten, bis sie braun und gar sind (ca. 20—25 Minuten). Mit einem Schaumlöffel herausnehmen und auf Küchenpapier abtropfen lassen.

Dieser zart-aromatische Tomaten-Pilaw paßt zu allen Vorspeisen. Besonders gut schmecken mir dazu Gerichte mit Kokosnuß oder Joghurt wie Broccoli-Mungobohnen-Eintopf mit Kokosnuß (S. 241) oder In Joghurt und Gewürzen geschmortes Gemüse nach Art von Patna (S. 265).

Tamarinden-Pilaw mit Erdnüssen
(Poliyodarai)

»Poliyodarai« ist ein klassisches Gericht der südindischen Brahmanen. Traditionsgemäß bereitet man es im Januar zum Fest des »Kanu« zu.

Für 6 Personen

3 Tassen gekochter Reis

½ Rezept (1 Tasse) Tamarinden-Sauce mit Erdnüssen (Pulikachal) (S. 375)

Tamarindensauce und Reis in einer Schüssel gründlich vermischen. Zudecken und vor dem Servieren mindestens ½ Stunde ruhen lassen.

Zu diesem würzig-scharfen Pilaw empfiehlt sich eine Gemüse-Zubereitung wie Gedämpfte Bohnen und Linsen mit Chili (S. 301). Wenn Sie es sehr scharf mögen, reichen Sie dazu Chayote-Mungobohnen-Eintopf mit Kokosnuß (S. 245) und Kokosnuß-Chutney mit Tomaten (S. 368).

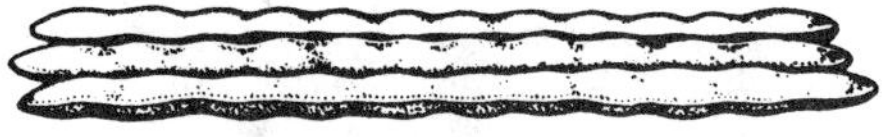

Zitronen-Pilaw mit Cashewnüssen
(Elumbuchupayam Shaadam)

Dieses Rezept zeigt, wie man aus Reisresten einen delikaten Pilaw zubereiten kann. Traditionsgemäß wird er zum Kanu-Fest gegessen.

Für 6 Personen

1/3 Tasse gelbe halbe Erbsen (Channa Dal)
4 EL leichtes Sesam- oder Pflanzenöl
1 EL weiße halbe Bohnen (Urad Dal)
8 getrocknete rote Chilischoten
1/2 TL gemahlenes Asafoetida
1 TL Kurkuma
1/2 TL Cayennepfeffer
2 TL feingehackter frischer Ingwer
8-10 Curryblätter (frisch oder getrocknet)
1/3 Tasse Zitronensaft
2 Tassen gekochter Reis
1 TL grobes Salz
3/4 Tasse geröstete Cashewnüsse, in Stückchen gebrochen

1. Halbe Erbsen verlesen, säubern und in frischem Wasser waschen. In eine Schüssel geben und so viel Wasser zugießen, daß sie mindestens 2 1/2 cm hoch mit Wasser bedeckt sind. 2 Stunden quellen lassen. Wasser abgießen Erbsen abtropfen lassen und mit Küchenpapier trockentupfen.
2. Öl in einer großen Pfanne bei mittlerer Hitze 3 Minuten heiß werden lassen. Halbe Erbsen hineingeben und unter ständigem Rühren anbräunen (ca. 3 Minuten). Weiße halbe Bohnen und Chilischoten hinzufügen und mitrösten, bis die Bohnen hellbraun und die Chilischoten einige Töne dunkler sind. Asafoetida, Kurkuma, Cayennepfeffer und Ingwer darüberstreuen, gut vermischen und 15—20 Sekunden braten.
3. Curryblätter und Zitronensaft zugeben und, sobald

der Zitronensaft warm ist, Reis hinzufügen. Mit Salz abschmecken. Sämtliche Zutaten gut miteinander vermengen. Falls der Reis zu trocken erscheint, etwas Wasser (2—3 EL) darübersprenkeln. Hitze zurücknehmen und Reis zugedeckt 10 Minuten dämpfen bzw. bis der Pilaw durch und durch erhitzt ist und die Aromen sich vermischt haben.

Reis vor dem Servieren zugedeckt 5 Minuten stehenlassen. Deckel abnehmen und den Pilaw mit einer Gabel auflockern. Die Hälfte der Cashewnüsse einrühren und mit den restlichen Nüssen bestreut servieren.

Dieser frisch-würzige Pilaw macht müde Gaumen wieder munter. Ganz hervorragend schmeckt er als Vorspeise mit Grünen Bohnen und Kartoffeln in Senföl (S. 303) und einem Gemüse-Salat (S. 349 ff.).

Gurken-Joghurt-Reis-Pilaw mit Senfsamen
(Bagala Bhat)

Die ursprüngliche Zubereitungsmethode dieses Pilaws ist bemerkenswert. Zuerst wurde der Reis mit warmer Milch und Gewürzen vermischt. Dann wurde dieser Mischung eine kleine Menge Joghurt beigegeben, der Topf zugedeckt und an einer warmen Stelle stehengelassen, bis die Milch zu Joghurt wurde. »Bagala Bhat«, eine Spezialität aus Mysore in Südindien, läßt sich auch — wie in diesem Rezept — erfolgreich mit fertigem Joghurt zubereiten.

Für 6 Personen

2 Tassen Langkornreis (am besten Basmati oder Texmati)
1—2 mittelgroße Gurken
1 kleine unreife grüne Mango (nach Belieben)
3 Tassen Naturjoghurt
2 TL feingehackter frischer Ingwer
1½ TL grobes Salz
4 EL Usli Ghee (S. 55) oder leichtes Sesam- oder Pflanzenöl
1½ TL schwarze Senfsamen
2—4 getrocknete rote Chilischoten, zerbröckelt, ohne Kerne
2—4 scharfe grüne Chilischoten, in Streifen geschnitten, ohne Kerne
8 Curryblätter (Kari), frisch oder getrocknet

1. Reis mehrmals in frischem Wasser gründlich waschen und in eine Schüssel geben. So viel Wasser zugießen, daß der Reis mindestens 2½ cm hoch mit Wasser bedeckt ist. ½ Stunde einweichen, Wasser abgießen, Reis abtropfen lassen.
2. Während der Reis weicht, 4,5 Liter Wasser in einem tiefen Topf zum Kochen bringen. Gurken schälen, der Länge nach halbieren, Kerne herauskratzen und wegwerfen. Gurken in ½ cm große Würfel schneiden und in eine große Schüssel geben. Mango schälen, Kern entfernen. Fruchtfleisch in ½ cm große Würfel schneiden und in die Schüssel zu den Gurken geben. Joghurt, Ingwer und Salz ebenfalls hinzufügen, alles gut vermischen.
3. Reis in das kochende Wasser geben, 30 Sekunden umrühren, damit er nicht am Topfboden bleibt. Wasser wieder aufkochen lassen. Basmati-Reis 5 Minuten, andere Reissorten 13 Minuten kochen lassen. Hitze ausschalten und den Reis durch ein Sieb abgießen. Sieb ein paar-

mal schütteln, damit der Reis gut abtropft. Reis zur Gurken-Joghurt-Mischung geben. Vorsichtig unterrühren.

4. Usli Ghee in einer kleinen Bratpfanne heiß werden lassen. Senfsamen hineingeben. Einen Deckel oder Spritzschutz bereithalten, da die Samen hochspritzen. Während die Samen noch spritzen, getrocknete Chili zugeben und fast schwarz rösten. Grüne Chili und Curryblätter hinzufügen, 15 Sekunden braten. Pfanneninhalt zur Reis-Joghurt-Mischung geben. Alles gut vermischen, zudecken und mindestens 1 Stunde ziehen lassen. Kalt oder mit Zimmertemperatur servieren.

Dieser kühle, salatähnliche Pilaw ist eine Mahlzeit für sich. Als Beilage empfiehlt sich Carambola-Chutney (S. 394).

Kokosnuß-Pilaw mit gerösteten Sesamsamen
(Til-Narial Bhat)

Dieser Pilaw mit dem köstlichen Aroma von frischem Ingwer und Kokosnuß ist unwiderstehlich. Ich jedenfalls kann nie genug davon bekommen.

Für 6 Personen

2 Tassen Langkornreis (am besten Basmati oder Texmati)
2 Tassen Kokosnußmilch (selbstgemacht S. 86)
1 TL geraspelter oder zerstoßener frischer Ingwer
4 EL leichtes Sesam- oder Pflanzenöl
$1\frac{1}{2}$ TL schwarze Senfsamen
8 getrocknete rote Chilischoten
$\frac{1}{3}$ Tasse Sesamsamen
$1\frac{1}{2}$ TL grobes Salz
1 Tasse frische Kokosraspeln

1. Reis mehrmals in frischem Wasser waschen und in eine Schüssel geben. So viel Wasser zugießen, daß der Reis mindestens 2½ cm hoch mit Wasser bedeckt ist. ½ Stunde einweichen, Wasser abgießen und den Reis abtropfen lassen.
2. 1½ Tassen Wasser, Kokosmilch und Ingwer in einem Topf zum Kochen bringen. Reis zugeben und umrühren, bis die Flüssigkeit wieder aufkocht. Hitze zurückschalten und den Reis leicht zugedeckt 10 Minuten köcheln lassen bzw. bis er die Flüssigkeit nahezu vollständig aufgenommen hat und bis sich an der Oberfläche viele Dampflöcher zeigen. Den Topf nun fest zudecken und den Reis bei ganz schwacher Hitze weitere 10 Minuten dämpfen lassen. Hitze ausschalten und den Reis zugedeckt stehen lassen, während Sie die Gewürz-Mischung zubereiten.
3. Öl in einem Kadhai, Wok oder einer großen Pfanne heiß werden lassen. Senfsamen hineingeben. Einen Deckel oder Spritzschutz bereithalten, da die Samen hochspritzen. Während die Samen noch spritzen, Chilischoten zugeben und mehrere Töne dunkler werden lassen (5—8 Sekunden). Sesamsamen hinzufügen und unter ständigem Rühren mitrösten, bis sie goldgelb sind.
4. Den gekochten Reis zusammen mit dem Salz und den Kokosraspeln vorsichtig in die Gewürz-Mischung einrühren. Heiß, mit Zimmertemperatur oder kalt servieren.

Dieser hocharomatische, milde Pilaw paßt zu allen vegetarischen Gerichten, außer solchen, die ebenfalls Kokosnuß enthalten. Ganz besonders gut dazu schmeckt Kohl-Tomaten-Eintopf aus den Blauen Bergen (S. 243).

Pilaw mit gerösteten halben Bohnen

(Parupu Pura Shaadam)

Dieser feurige Pilaw mit dem herrlichen Aroma von Asafoetida, Senfsamen und Curryblättern ist eine Spezialität des Andhra-Volkes in Südindien.

Für 6 Personen

½ Tasse weiße halbe Bohnen (Urad Dal)
8—16 getrocknete rote Chilischoten, in Stücke gebrochen
1⅓ Tassen Langkornreis (am besten Basmati oder Texmati)
2⅔ Tassen Wasser
1½ TL grobes Salz
4 EL Usli Ghee (S. 55) oder leichtes Sesam- oder Pflanzenöl
2 TL schwarze Senfsamen
1 TL gemahlenes Asafoetida
8 Curryblätter (frisch oder getrocknet)
1 Tasse Möhren, in ½ cm große Würfel geschnitten (nach Belieben)

1. Halbe Bohnen und Chili in einen Kadhai, Wok oder eine Bratpfanne geben und ohne Fett bei mittelstarker Hitze rösten. Pfanne rütteln und die Gewürze schön anbräunen (ca. 10 Minuten). Die Gewürze abkühlen lassen und in einem Mixer oder in der Küchenmaschine zu einem feinen Pulver mahlen.
2. Reis mehrmals in frischem Wasser waschen und in eine Schüssel geben. 2⅔ Tassen Wasser dazugießen und den Reis ½ Stunde einweichen. Reis durch ein Sieb abgießen, Einweich-Wasser aber nicht wegschütten.
3. Einweich-Wasser in einem Topf zum Kochen bringen. Reis zugeben und ständig rühren, damit sich der Reis nicht am Topfboden anlegt, bis das Wasser wieder aufkocht. Hitze zurückschalten und den Reis leicht zu-

gedeckt 10 Minuten köcheln lassen bzw. bis er fast alle Flüssigkeit aufgenommen hat und sich an seiner Oberfläche viele Dampflöcher zeigen. Topf fest verschließen und den Reis bei ganz schwacher Hitze weitere 10 Minuten dämpfen. Hitze abschalten und den Reis zugedeckt noch 10 Minuten stehenlassen.

4. Das Bohnen-Chili-Pulver zusammen mit dem Salz vorsichtig in den Reis rühren. Topf wieder zudecken und den Reis kurz ziehen lassen.

5. Usli Ghee in einem Kadhai, Wok oder einer großen Pfanne erhitzen. Senfsamen hineingeben. Einen Deckel oder Spritzschutz bereithalten, da die Samen hochspritzen. Sobald das Spritzen aufhört, Asafoetida und Curryblätter hinzufügen und 5 Sekunden braten. Wenn Sie Möhren verwenden, diese zugeben und leicht anrösten (ca. 3 Minuten). Einige EL Wasser darübersprenkeln und zudecken. Wärmezufuhr reduzieren und die Möhren kochen lassen, bis sie weich sind (ca. 6 Minuten). Dann den Deckel abnehmen und die Möhren weiterbraten lassen, bis sie glasiert sind.

6. Die gewürzte Reis-Mischung zugeben und vorsichtig, aber gründlich mit den Möhren vermengen. Zudecken und vor dem Servieren 10 Minuten stehenlassen. Heiß oder mit Zimmertemperatur servieren.

Dieser würzige Pilaw ist eine Mahlzeit für sich. Es fehlen lediglich noch ein paar Beilagen wie Zucchini in süßer Milchsauce mit Chili (S. 330) und Nordindischer Gemüsesalat (S. 349). Auch Malabar-Gemüse, in Kokosnuß und Joghurt geschmort (S. 263), würde sehr gut dazu passen.

Pilaw mit Pinienkernen und Pilzen

(Chilgoza Pullao)

Dieses Rezept stammt von meinem guten Freund Rodney Madden, einem ganz hervorragenden Koch. Der Pilaw aus Basmati-Reis und wildem Reis mit Pinienkernen und Pilzen ist sowohl im Geschmack als auch im Aussehen einfach sensationell.

Für 8—12 Personen

1¼ Tassen wilder Reis
1 Tasse Basmati-Reis
½ Tasse Pinienkerne
4 EL Butter
125 g frisch Champignons, in Scheiben geschnitten
1 TL grobes Salz
frisch gemahlener schwarzer Pfeffer nach Belieben
1 EL feingehackte frische Korianderblätter oder glattblättrige Petersilie

1. 3½ Liter Wasser in einem Topf zum Kochen bringen. Wilden Reis zugeben und ohne Deckel kochen lassen, bis er gar, aber noch fest ist (ca. 45 Minuten).
2. Während der wilde Reis kocht, Basmati-Reis mehrmals in frischem Wasser waschen und in eine Schüssel geben. So viel Wasser zugießen, daß der Reis mindestens 2½ cm hoch mit Wasser bedeckt ist. 5 Minuten einweichen. Während der Basmati-Reis weicht, etwa 2 Liter Wasser in einem zweiten Topf zum Kochen bringen. Basmati-Reis abtropfen lassen und in das kochende Wasser geben. Umrühren, damit sich der Reis nicht am Topfboden anlegt. Wasser wieder aufkochen lassen und den Reis ohne Deckel 10 Minuten stark kochen lassen. Hitze wegnehmen und den Reis durch ein Sieb abgießen. Sieb schütteln, damit der Reis gründlich abtropft. In eine kleine Schüssel geben und beiseite stellen.
3. Pinienkerne in eine große Bratpfanne geben und rö-

sten, bis sie leicht gebräunt sind (ca. 5 Minuten); Pfanne dabei ständig schütteln. Auf einen Teller geben und abkühlen lassen.
4. Pfanne auswischen, Butter hineingeben und schmelzen lassen. Pilze zugeben und unter Rühren leicht anbräunen (ca. 4 Minuten). Aus den Pilzen sollte keine Flüssigkeit austreten. Pilze warm halten, bis der wilde Reis gar ist.
5. Wenn der wilde Reis fertig ist, Wasser abgießen und den Reis zu den Pilzen geben. Basmati-Reis, Zitronensaft, Salz und Pfeffer ebenfalls hinzufügen. Alles vorsichtig miteinander vermengen und auf kleiner Flamme erhitzen. Hitze abschalten und Pinienkerne und feingehackten Koriander unterrühren. Abschmecken und servieren.

Reichen Sie zu diesem Pilaw Gefüllten Blumenkohl mit herber Tomaten-Koriander-Sauce (S. 230) oder Aubergine mit Käse-Kräuter-Füllung (S. 270). Wenn vom Pilaw etwas übrigbleibt, können Sie daraus einen leckeren Reissalat bereiten: einfach gehackten Apfel dazugeben und mit einer Vinaigrette anmachen.

Pilaw aus braunem Reis mit Broccoli, Cashewnüssen und Kreuzkümmel

(Pullao Dilbahaar)

Dieser Pilaw ist immer ein Erfolg. Kochen Sie den Calmati-Reis nach Packungsanweisung bzw. nach einem beliebigen Rezept für braunen Reis.

Für 4—6 Personen

1 Bund Broccoli
4 EL leichtes Pflanzenöl
1 Tasse rohe, ungesalzene Cashewnüsse
2 TL Kreuzkümmelsamen
1 Zimtstange von 7,5 cm Länge
2 Lorbeerblätter
½ Tasse feingehackte Zwiebeln
1 TL feingehackter Knoblauch
⅓ Tasse Wasser
2½ Tassen gekochter Calmati-Reis (brauner Basmati-Reis)
1 TL grobes Salz

1. Broccoli zerkleinern, Stengel schälen. Beiseite stellen.
2. Eine große, schwere Pfanne auf kleiner Flamme erhitzen. 1 EL Öl zusammen mit den Cashewnüssen hineingeben. Nüsse unter Rühren hellbraun rösten (ca. 4 Minuten). Aufpassen, daß sie nicht anbrennen. Auf Küchenpapier abtropfen lassen. Beiseite stellen..
3. Die restlichen 3 EL Öl in die Pfanne geben und Hitze auf mittlere Stufe schalten. Wenn das Öl heiß ist, Kreuzkümmelsamen hineingeben. Sobald die Samen sich dunkelbraun verfärben (ca. 20 Sekunden), Zimt und Lorbeerblätter hinzufügen und 30 Sekunden braten. Zwiebel und Knoblauch zugeben und unter Rühren 5 Minuten mitrösten bzw. bis die Zwiebel anfängt, Farbe zu nehmen.
4. Broccoli zugeben und unter Rühren 5 Minuten braten. ⅓ Tasse Wasser zugießen, Hitze zurückschalten

und die Broccoli zugedeckt 6 Minuten kochen lassen bzw. bis sie gar, aber noch knackig sind.
5. Gekochten Reis und Salz unterrühren und zugedeckt weitere 5 Minuten kochen lassen. Der Reis soll schön heiß sein. Deckel abnehmen und die gerösteten Cashewnüsse vorsichtig unter den Reis mischen. Sofort servieren.

Dieser Pilaw ist eine Mahlzeit für sich. Servieren Sie dazu einen einfachen Salat wie Nordindischen Gemüsesalat (S. 349) oder Südindischen Möhrensalat mit Erdnüssen und Senfsamen (S. 351).
Wenn Sie es aufwendiger wollen, reichen Sie dazu Kürbis mit würziger Kartoffelfüllung in Tomaten-Kräuter-Sauce (S. 237) oder Auberginen in Ingwer-Tamarinden-Sauce (S. 313).

Steckrüben-Pilaw mit Orangengeschmack

(Santre ka Pullao)

Dieser Pilaw mit dem Aroma von süßen Mogul-Gewürzen ist in Radschastan sehr beliebt.

Für 4—6 Personen

2 kernlose Orangen
1 Pfund Steckrüben
1½ Tassen Basmati- oder normaler Langkornreis
4 EL Usli Ghee (S. 55) oder leichtes Pflanzenöl
⅓ Tasse feingehackte Zwiebeln
2 Lorbeerblätter
¼ TL Zimtpulver
⅛ TL gemahlene Macis (Muskatblüte)
⅛ TL gemahlene Nelken
¼ TL gemahlene oder geriebene Muskatnuß
⅓ TL Ingwerpulver
¼ TL gemahlene Fenchelsamen
1 EL Zucker
¼ Tasse Orangensaft

1. Eine Orange reiben, bis Sie 1 TL geriebene Schale haben. Abgeriebene Orangenschale in einer Schüssel beiseite stellen. Orangen schälen und in Schnitze zerlegen. Schnitze in einer Schüssel beiseite stellen, Schale wegwerfen.
2. Steckrüben schälen und in gleichmäßige 2 cm große Würfel schneiden. Nach Belieben die Würfel zu Kugeln schneiden.
3. Basmati-Reis mehrmals in frischem Wasser waschen. (Wenn Sie gewöhnlichen Langkornreis verwenden, brauchen Sie ihn nicht zu waschen.) Reis in eine Schüssel geben, reichlich Wasser zugießen und ½ Stunde einweichen. Während der Reis weicht, 3½ Liter Wasser in einem großen Topf zum Kochen bringen. Reis hineingeben, umrühren und wieder aufkochen lassen. Dann genau 4 Minuten kochen lassen. (Der Reis sollte nun zu 90% gar sein.) Abtropfen lassen und beiseite stellen.
4. 1 EL Usli Ghee in einer großen Pfanne erhitzen. Orangenschnitze hineingeben und bei starker Hitze 2 Minuten leicht anbräunen. Auf einen Teller geben und beiseite stellen.
5. Die restlichen 3 EL Usli Ghee zusammen mit den Zwiebeln und den Lorbeerblättern in die Pfanne geben. Zwiebeln unter Rühren bei mittelstarker Hitze rösten, bis sie anfangen, Farbe zu nehmen. Zimt, Nelken, Macis, Ingwerpulver und Fenchel zugeben. Verrühren und 30 Sekunden braten. Steckrüben, Zucker und abgeriebene Orangenschale hinzufügen. Unter ständigem Rühren 5—7 Minuten anrösten bzw. bis die Steckrüben leicht angebräunt sind. Den Orangensaft zugießen, Deckel auflegen, Hitze herunterschalten und die Steckrüben kochen lassen, bis sie gar, aber nicht zerkocht sind (ca. 10 Minuten). Deckel abnehmen, Reis und Orangenschnitze zufügen und mit den Steckrüben vermi-

schen. Zudecken und weiterkochen lassen, bis der Reis sämtliche Flüssigkeit aufgenommen hat und gar ist (ca. 3—5 Minuten). Hitze wegnehmen und den Pilaw zugedeckt 5 Minuten stehenlassen.

Ein erfrischender Joghurt ist die einzige Beilage, die dieser Mahlzeit noch fehlt. Als Vorspeisen empfehlen sich Vegetarische Pastetchen (S. 174) oder Aubergine mit Käse-Kräuter-Füllung (S. 270).

NACHSPEISEN

(Meetha)

Die Vorstellung, daß alle indischen Nachspeisen klebrig und zu süß sind, ist weit verbreitet. Aber das ist nicht richtig. Im Gegenteil, sie sind oft feiner und zarter als amerikanische oder europäische Desserts. Es handelt sich zumeist um puddingähnliche Zubereitungen, die aus Milch oder Milchprodukten hergestellt werden. Inder halten Milch für eine göttliche Nahrung. Aber das ist nicht der einzige Grund, weshalb Nachspeisen aus Milch so beliebt sind. Sie sollen auch den scharfen Gewürzen der Hauptgerichte entgegenwirken und die Verdauung fördern.

Frische Milch ist nicht in allen Regionen Indiens leicht erhältlich, vor allem nicht im Süden. Dort behilft man sich mit verdünnter Milch, der Geschmacksverlust wird durch Zugabe von Kokosmilch oder charakteristischen Gewürzen kompensiert.

Da man in den meisten indischen Haushalten Kühlschränke nicht einmal vom Hörensagen kennt, werden die Nachspeisen gewöhnlich mit Zimmertemperatur oder heiß serviert. (Dies gilt natürlich nicht für »Kulfi«, die berühmte indische Eiscreme.) Ich bevorzuge die im folgenden aufgeführten Nachspeisen gekühlt, da sie dadurch milder im Geschmack sind. Außerdem gibt es kaum etwas Schöneres als ein kaltes Dessert nach einem würzig-scharfen Hauptgericht.

Reisauflauf »Nirvana«
(Kheerni)

Reisauflauf ist bei Kindern und Erwachsenen auf der ganzen Welt beliebt. Es gibt dafür vielerlei Zubereitungsmöglichkeiten. In unserem Restaurant »Nirvana« würzen wir ihn nach Art von Bangladesh mit Kokosnuß und Kardamom und garnieren ihn mit Mandeln und Rosinen.

Diese milde Nachspeise schmeckt nach allen scharfen und würzigen Gerichten, besonders nach Kürbis-Bohnen-Eintopf (S. 257), Auberginen-Linsen-Chili-Eintopf (S. 248) oder Bohnen mit Kichererbsen-Klößchen (S. 304).

Ergibt 12 Portionen

2¼ Liter Vollmilch
½ Tasse Langkornreis (am besten Basmati-Reis)
⅛ TL gemahlener Kardamom
½ Tasse weißer Zucker
2 EL gesüßte Kokosflocken (vom Supermarkt)
2 EL Rosinen
2 EL Mandeln, in Scheibchen geschnitten

1. 1⅛ l Milch zusammen mit dem Reis in einem großen Topf zum Kochen bringen. Wärmezufuhr reduzieren und die Milch 30 Minuten köcheln lassen. Dabei öfter umrühren, damit der Reis nicht am Topfboden haftet und anbrennt. Am Ende der Kochzeit soll die Milch wie dünne Sahne aussehen.
2. Restliche Milch und den gemahlenen Kardamom zugeben. Das Ganze weiterköcheln lassen, bis die Milch zur Konsistenz von Pudding eingedickt ist (1—1¼ Stunden). Während der ganzen Kochzeit öfter umrühren, damit nichts anbrennt.
3. Zucker und Kokosflocken hinzufügen und 10—15 Minuten kochen lassen. Den Auflauf in eine flache Schüssel geben und mit Rosinen und Mandeln bestreuen. Vor dem Servieren gut kühlen.

Bohnen-Reis-Auflauf mit Rosinen und Nüssen

(Shakkara Pongal)

Der Beginn der Erntezeit ist eine Zeit großer Feiern und Festessen. Im Süden heißt das Fest »Pongal«, und dort wird diese buttrige Zubereitung aus Reis, Mungobohnen, Nüssen und Dörrobst hergestellt. »Shakkara Pongal« wird mit dem Vieh und den Vögeln geteilt, um ihr harmonisches Zusammenleben mit den Menschen zu ehren und anzuerkennen.
Ich liebe »Shakkara Pongal« nach einem würzigen Hauptgericht wie Kürbis-Bohnen-Eintopf (S. 257). Sie können diese Nachspeise aber auch gut zum Frühstück oder als Snack servieren.

Für 6 Personen

1½ Tassen Langkornreis
1 Tasse Usli Ghee (S. 55)
¾ Tasse gelbe halbe Mungobohnen (Moong Dal)
2 EL gelbe halbe Erbsen
etwa 2½ Tassen kochendes Wasser
3 Tassen Milch
1½ Tassen hellbrauner Zucker
1½ TL gemahlener Kardamom
¼ Tasse kernlose dunkle Rosinen
¼–½ Tasse ungesalzene geröstete Cashewnüsse, grob gehackt

1. Reis waschen und abtropfen lassen. Beiseite stellen.
2. 2 EL Usli Ghee in einem großen Topf erhitzen. Mungobohnen und halbe Erbsen darin unter Rühren bei mittlerer Hitze anrösten, bis sie leicht Farbe annehmen (ca. 3 Minuten).
3. 2 Tassen kochendes Wasser zugießen, Wärmezufuhr reduzieren und das Ganze leicht zugedeckt 15 Minuten leise köcheln lassen. Reis und ½ Tasse Wasser einrüh-

ren. Zugedeckt weiterköcheln lassen, bis der Reis sämtliche Flüssigkeit aufgenommen hat und fast gar ist (15—20 Minuten).
4. Milch zugeben, aufkochen und köcheln lassen, bis die Mischung dick und der Reis gar ist (ca. 15 Minuten). Öfter vorsichtig umrühren, damit nichts anbrennt. Aufpassen, daß die Reiskörner nicht zerdrückt werden.
5. Zucker, Kardamom und Rosinen untermischen und 3 Minuten kochen lassen. Das restliche Usli Ghee, jeweils 2 EL nacheinander, und den Großteil der Cashewnüsse unterrühren.

Den Auflauf vor dem Servieren 15 Minuten zugedeckt ruhen lassen. Mit den restlichen Cashewnüssen garniert warm oder gekühlt als Nachspeise oder als Snack servieren.
Hübsch sieht es aus, wenn Sie den frisch zubereiteten Auflauf in eine eingefettete Form geben und darin auskühlen lassen. Vor dem Servieren stürzen und dazu leicht geschlagene, ungesüßte Sahne reichen.

Lotoskern-Pudding
(Makhane ki Kheer)

Dieser delikate Pudding wird aus Lotoskernen (S. 43) zubereitet, die dem Gericht sein charakteristisches blumiges Aroma geben. Weitere Geschmacksstoffe oder Essenzen sind überflüssig. Bei meiner Mutter wurde dieses wunderbare Gericht aus Kanauj in Nordindien gewöhnlich sonntags zu Tisch gebracht, als Hauptgericht gab es vorher »Kadhi« (S. 274) oder Kürbis mit Jaggery (S. 235).

Für 6 Personen

3 Tassen getrocknete Lotoskerne (Makhana)
4 EL Usli Ghee (S. 55) oder Butter
½ Tasse dicke Sahne
4 EL Zucker
4 EL blanchierte Mandeln, in Scheibchen geschnitten
1 EL gehackte ungesalzene Pistazien (nach Belieben)

1. Lotoskerne halbieren und zusammen mit 2 EL Usli Ghee in einem schweren Topf bei mittlerer Hitze unter Rühren rösten, bis sie leicht knusprig sind (8—9 Minuten).
2. Milch zugießen und rasch zum Kochen bringen. Dann Wärmezufuhr reduzieren und die Milch ohne Deckel köcheln lassen, bis nur noch ein Drittel der ursprünglichen Menge im Topf ist (dies dauert etwa 1 Stunde). Versuchen Sie auf keinen Fall, diesen Vorgang zu beschleunigen, indem Sie etwa die Temperatur erhöhen, denn sonst kann der Pudding sein herrliches Aroma nicht entwickeln. Während der Kochzeit öfter umrühren. Wenn die Milch genügend eingekocht ist, Hitze wegnehmen, Sahne und Zucker einrühren und gut vermischen.
3. Die restlichen 2 EL Usli Ghee in einer kleinen Bratpfanne erhitzen. Mandeln und nach Belieben Pistazien hineingeben und bei mittlerer Hitze sautieren, bis sie leicht angeröstet sind (ca. 1 Minute). Hitze ausschalten. Nüsse zusammen mit dem Usli Ghee zum Pudding geben und gut untermischen. Zudecken und vor dem Servieren gut kühlen.

Joghurt-Nachspeise mit Safran
(Shri Khand)

Joghurt als Nachspeise ist vielleicht nicht nach jedermanns Geschmack. Aber Sie sollten diesen Klassiker aus dem Gudscherat unbedingt probieren. Die wichtigsten Gewürze in diesem wunderbaren Dessert sind Safran und Muskat, einige geben auch noch gemahlenen Kardamom hinein. Als luxuriöse Variante können Sie vor dem Servieren gehackte frische Mango, Ananas, Melone oder Papaya hinzufügen.
Dieses Dessert, das ich gern anbiete, paßt ausgezeichnet zu Gefülltem Blumenkohl mit herber Tomaten-Koriander-Sauce (S. 230) oder zu Pilaw mit indischem Käse und Paprika (S. 283).

Für 4—6 Personen

Joghurt-Käse aus 3 Tassen Vollmilch und 1 Tasse dicker Sahne
(oder 2 Tassen saure Sahne, vermischt mit 115 g Frischrahmkäse)
10 EL Puderzucker
$\frac{1}{4}$ TL Safranfäden, zwischen den Fingern zerrieben
$\frac{1}{8}$ TL geriebene Muskatnuß
2—3 EL gehackte Pistazien

Alle Zutaten in einer Schüssel gründlich vermischen. »Shri Khand« soll die Konsistenz einer dicken Creme haben, ziemlich süß, aber zugleich etwas herb schmecken. Es sollte auf keinen Fall sauer sein. Diese Nachspeise schmeckt am besten, wenn sie innerhalb von 48 Stunden gut gekühlt oder mit Zimmertemperatur gegessen wird.

Gebackener Käse-Auflauf
(Chenna ki Mithai)

Diese bengalische Nachspeise aus Kalkutta wird traditionsgemäß aus indischem Käse (Chenna) zubereitet, ihren charakteristischen Geschmack erhält sie vom Palmzucker, mit dem sie gesüßt wird. Indische Köche, die im Ausland leben, sind auf die Idee gekommen, statt Chenna Ricotta zu verwenden. Diese Lösung ist schnell und einfach, das Resultat ist im Geschmack und in der Konsistenz durchaus authentisch. Mit dem folgenden Rezept habe ich immer großen Erfolg.
Dieser Auflauf paßt gut als Nachspeise zu anglo-indischen Gerichten wie Aubergine mit Käse-Kräuter-Füllung (S. 270), aber auch zu scharf gewürzten Dal-Zubereitungen wie Schwarze Mungobohnen und Lotoswurzeln mit Knoblauch (S. 252).

Ergibt 12—16 Portionen

3 Pfund Vollmilch-Ricotta
¼ Tasse Weizenmehl
1—1¼ Tassen Zucker
Samen aus 10 Kardamomkapseln, zerdrückt, oder ¾ TL gemahlener Kardamom
1 Tasse geraspelte Kokosnuß (frisch oder aus der Dose, ungesüßt)
1½ Tassen gehackte Ananas (nach Belieben)

1. Ofen auf 165° C vorheizen.
2. Ricotta, Mehl, Zucker, Kardamom und ¾ Tasse Kokosraspeln in einer Schüssel gründlich vermengen. Diese Masse in eine Backform von 23 cm Durchmesser geben. Die Mischung gleichmäßig in der Form verteilen. Restliche Kokosraspeln darüberstreuen.
3. Auflauf auf der mittleren Schiene 1—1¼ Stunden

backen, bis die Masse fest ist. Wenn man ein Messer in den Auflauf hineinsticht, sollte es sich sauber, das heißt ohne daß Teig daran klebt, wieder herausziehen lassen. Ofen ausschalten und Auflauf herausnehmen. Er sollte an der Oberfläche leicht gebräunt sein. Auflauf in der Backform völlig auskühlen lassen, zudecken und vor dem Servieren mindestens 4 Stunden, am besten über Nacht, kühl stellen.

4. Auflauf in Portionen aufschneiden. Falls Flüssigkeit ausgetreten ist, über die Stücke löffeln und mit Ananas garniert servieren.

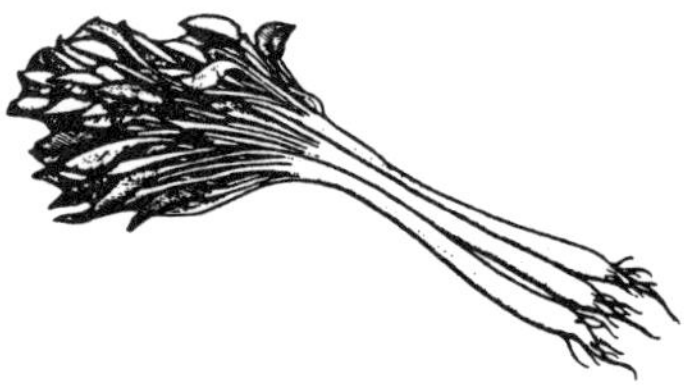

Käsebällchen in Sirup
(Ras Gulla)

»Ras Gulla«, ein sehr beliebtes Dessert aus Kalkutta, das auch als Konfekt gereicht wird, ist eine Spezialität der Bengalen, die Experten in der Verwendung von indischem Käse (Chenna) sind. Kleine Bällchen aus frisch zubereitetem Käse werden in einem Sirup gedämpft, wobei sie sich aufblähen und leicht und luftig werden. Die Hauptzutaten sind Milch und Zucker. Der Erfolg dieses Rezeptes hängt wesentlich davon ab, wie frisch der Käse ist und wie Sie mit ihm umgehen. »Ras Gulla« schmeckt immer, ob als Nachspeise, zum Nachmittagstee oder zum Kaffee.

Ergibt 12 kleine »Ras Gulla«, für 4—6 Personen.

4 Tassen Vollmilch
1½ EL weißer Essig, vermischt mit 3 EL Wasser
4 Tassen kaltes Wasser
2 TL Weizenmehl, vermischt mit ⅛ TL Backpulver, oder 2 TL Weizengrieß
2 Tassen Zucker
3 Tassen Wasser
2 TL Maisstärke, mit 2 EL Wasser verrührt
2½ Tassen Wasser
½ TL Pandanus-Essenz (Kewra)

1. Milch in einem großen, schweren Topf zum Kochen bringen. Hitze reduzieren und die Essigmischung hinzufügen. Umrühren, bis die Milch gerinnt und sich von der grünlich-gelben Molke absetzt (ca. 10 Sekunden). 4 Tassen kaltes Wasser zugeben und die Hitze ausschalten. 1 Minute ruhen lassen.
2. Ein Sieb mit zwei oder drei Lagen Musselin auslegen. Milch und Molke hineingießen und abtropfen lassen. Mit kaltem Wasser 10 Sekunden abbrausen. Das Musselin oben zusammenhalten und den Käse ausdrücken. Der Käse soll feucht, aber nicht naß sein und etwas über 100 g wiegen.
3. Käse auf eine Marmorplatte geben. Die Stücke vorsichtig mit der Handwurzel zerdrücken. Dann den Käse 3 Minuten kneten. Die Mehl-Backpulver-Mischung darüberstreuen und einkneten. Der Teig soll zum Schluß weich und feucht sein.
4. Den Käse-Teig in 12 gleiche Portionen teilen und aus diesen glatte Bällchen formen. Zugedeckt beiseite stellen.
5. 2 Tassen Zucker zusammen mit 2 Tassen Wasser in einen flachen Topf geben, der groß genug ist, um die 12 Käsebällchen aufzunehmen. Zucker und Wasser unter Rühren zum Kochen bringen und 5 Minuten ko-

chen lassen. Dann die Maisstärke-Lösung einrühren und 1½ Minuten weiterkochen lassen.
6. Hitze reduzieren, die Käsebällchen in den Sirup legen und wieder aufkochen lassen. Zudecken und 5 Minuten kochen lassen. Während der nächsten 8 Minuten alle 2 Minuten den Deckel abnehmen und je 2 EL Wasser (im Ganzen ca. ½ Tasse) zugießen. Dies soll verhindern, daß der Sirup zu dick und zu heiß wird. Die Käsebällchen werden unterdessen wie Dampfnudeln aufgehen. Deckel abnehmen, mit einer Suppenkelle 1 Tasse Sirup aus dem Topf schöpfen und in eine flache Schüssel geben, in der alle 12 Käsebällchen Platz haben. Während des Herausschöpfens aufpassen, daß Sie keines der Käsebällchen zerdrücken. Den Sirup in der Servierschüssel mit 2 Tassen Wasser verdünnen, dann die »Ras Gulla« herausnehmen und ebenfalls in die Schüssel geben. Zum Schluß vorsichtig die Pandanus-Essenz unterrühren. Zudecken und mindestens 8, besser 24 Stunden ruhen lassen.

Mit Zimmertemperatur oder gekühlt servieren. Je 2 oder 3 Käsebällchen in eine flache Dessertschale geben und 3—4 EL Sirup darüberlöffeln.

Karamel-Bällchen in Kardamom-Sirup
(Gulab Jamun)

»Gulab Jamun« ist das Lieblingsdessert der Nordinder. Diese süßen, klebrigen Bällchen in mit Kardamom oder Zimt aromatisiertem Sirup bilden den idealen Abschluß zu jedem indischen Menü. Traditionsgemäß werden sie aus Milch hergestellt, die zu »Khoya« (S. 51) eingekocht wird, aber meine Methode mit Milchpulver und Pflanzenfett bringt genauso gute Resultate. Außerdem

sind sie nach meinem Rezept in einer halben Stunde fertig!
Zur Abwechslung nehme ich statt der Kardamomkapseln 1 Stange Zimt, um den Sirup zu würzen.
»Gulab Jamun« empfiehlt sich als Nachspeise zu Okra mit Tomaten, Zwiebeln und Gewürzen (S. 236), zu Unreifen Pfirsichen und Kichererbsen mit Fenchel (S. 254), zu Champignons mit Ingwer und grünem Chili (S. 315) oder zu Balsambirnen mit würziger Zwiebelfüllung (S. 309).

Ergibt 16 »Gulab Jamun«

1½ Tassen Milchpulver (Magerstufe)
½ Tasse Weizenmehl
3 EL Pflanzenfett
1 TL Backpulver
9 EL Naturjoghurt oder mehr nach Bedarf

Für den Sirup:
2 Tassen Zucker
2 Tassen Wasser
3 grüne Kardamomkapseln, leicht zerstoßen
½ TL Rosenwasser oder mehr, nach Belieben
Pflanzenfett zum Fritieren (es soll 6 cm hoch im Topf stehen)

1. Milchpulver und Mehl in einer Schüssel vermischen. Pflanzenfett zugeben und mit den Fingern in das Mehl hineinreiben. Backpulver hinzufügen und gut vermischen.
2. Joghurt, jeweils 2 EL auf einmal, zugeben und mit den Fingerspitzen einarbeiten, bis ein sehr klebriger Teig entsteht. Den Teig zu einer Kugel formen, zudecken und 10 Minuten ruhen lassen.
3. Während der Teig ruht, den Sirup zubereiten. Zukker, Wasser und Kardamom in einem flachen Topf unter Rühren zum Kochen bringen. Ohne Deckel 5 Minuten kochen lassen, dabei nicht mehr umrühren. Hitze wegnehmen, Rosenwasser einrühren und den Sirup in eine

große, flache Schüssel gießen, in der alle 16 Bällchen nebeneinander Platz haben.
4. Teig 1 Minute leicht kneten und in 16 gleich große Portionen teilen. Jede Portion zu einer glatten Kugel formen und auf einen Teller geben.
5. Pflanzenfett in einer Friteuse auf 165° C erhitzen. Teigkugeln, eine nach der anderen, hineinlegen. Nachdem Sie 8—10 Kugeln hineingelegt haben, fällt die Temperatur des Fetts automatisch auf 120—135° C. Regeln Sie die Hitze so, daß diese Temperatur konstant bleibt. Sie können die Bällchen alle auf einmal oder in zwei Schüben fritieren. Sie sollten aber nicht miteinander in Berührung kommen. Das Fett sollte nur winzige Bläschen werfen, es darf auf keinen Fall zu heiß werden. Die Bällchen unter gelegentlichem Wenden fritieren, bis sie aufgegangen sind und eine walnußbraune Farbe haben. Dies sollte ca. 20 Minuten dauern, damit der Teig richtig durchgebraten wird. Auch entwickelt sich der besondere Karamelgeschmack nicht, wenn die Bällchen bei zu hoher Temperatur fritiert werden. Die fertigen Bällchen mit einem Schaumlöffel herausnehmen und in den Sirup legen. Häufig wenden und mit Sirup beträufeln, damit sie davon so viel wie möglich aufnehmen.

»Gulab Jamun« vor dem Servieren mindestens 2 Stunden bei Zimmertemperatur ruhen lassen, besser wären 8 Stunden oder ein ganzer Tag.
Mit Zimmertemperatur oder gut gekühlt servieren.

Indisches Eis mit Phalooda-Nudeln

(Kulfi aur Phalooda)

»Kulfi«, indisches Eis, ist eine Nachspeise, die von den Moguln kreiert wurde. Es wird zubereitet, indem man Milch ganz langsam einkocht, bis sie dick und cremig wird. Diese eingekochte Milch wird dann gesüßt, mit Kardamom und Pistazien gewürzt und in die konische Kulfi-Form (S. 98) gegossen. Ursprünglich, bevor man in Indien Kühlschränke hatte, wurden diese Formen mit einem Stück Teig versiegelt und in einen großen irdenen Wasserkrug (Ghara) gelegt. Der Krug wurde dann mit Eis und Wasser gefüllt, bis das »Kulfi« gefroren war. Heutzutage legt man die Form 4 Stunden in die Tiefkühltruhe.

»Kulfi« erhält sein charakteristisches Aroma durch das langsame Kochen der Milch. Seine besondere Konsistenz zwischen Speiseeis und Sorbet kommt daher, daß es gefroren wird, ohne vorher geschlagen zu werden.

Indisches Eis serviert man traditionsgemäß zusammen mit Phalooda-Nudeln, die mit Pandanus-Essenz aromatisiert wurden. Ihre Milde bildet einen wunderbaren Kontrast zu der Süße des »Kulfi«. Ich esse »Kulfi« am liebsten nach einem Hauptgericht aus der Mogul-Küche, zum Beispiel Zucchini-Koftas in Tomatensauce (S. 240).

Für 4 Personen

4 Tassen Milch
8 TL Zucker
gemahlene Samen aus 8 grünen Kardamomkapseln
1 EL Pistazien, in dünne Scheiben geschnitten, nach Belieben
Phalooda-Nudeln zum Garnieren (selbstgemacht, S. 466 oder gekauft), nach Belieben

1. Milch bei starker Hitze in einem mittelgroßen, schweren Topf zum Kochen bringen; dabei ständig rüh-

ren, damit sich keine Haut bildet. Hitze auf mittlere Stufe reduzieren und auf 1¾ Tassen einkochen lassen. Dies dauert 45—60 Minuten. Während der Kochzeit häufig umrühren, damit die Milch nicht anbrennt. Zucker und gemahlene Kardamomsamen einrühren und die Milch völlig abkühlen lassen.

2. Eingekochte Milch in Kulfi-Formen gießen oder in eine mit Folie ausgelegte Kuchenform. Mit Folie zudecken und einfrieren (ca. 4 Stunden).

3. Eis aus den Formen nehmen, indem Sie mit einem Messer an der Innenwand der Formen entlangfahren. Wenn nötig, Form 15—20 Sekunden in heißes Wasser tauchen. »Kulfi« auf einen Teller geben und drei- oder viermal quer durchschneiden. Sofort servieren, vorzugsweise mit Phalooda-Nudeln.

Phalooda-Nudeln mit Pandanus-Essenz-Sirup
(Phalooda)

»Phalooda« ist die traditionelle Beilage zu indischem Eis. Sie können diese Nudeln aber auch als Nachspeise für sich allein servieren, in Milchsauce (»Rabadi«, S. 51) oder mit Kompott und Sahne, wie unten beschrieben.

»Phalooda« werden entweder aus Mais- oder aus Weizenstärke hergestellt. Die Stärke wird zuerst mit Wasser vermischt und zu einer dicken Paste gekocht. Dann drückt man die warme Paste durch eine Nudelmaschine direkt in eine Schüssel mit eiskaltem Wasser. Die Nudeln werden durch den Kontakt mit dem kalten Wasser fest. Sie sind allerdings extrem zerbrechlich, gehen Sie vorsichtig mit ihnen um.

Ergibt 4 Portionen als Dessert für sich oder 8 Portionen als Beilage zu »Kulfi«.

1 Tasse Zucker
2 Tassen kochendes Wasser
1 Tasse Maisstärke
$2\frac{1}{2}$ Tassen kaltes Wasser
$\frac{1}{2}$ TL Pandanus-Essenz (Kewra) oder Rosen-Essenz (Ruh Gulab)

1. Zucker in 2 Tassen kochendem Wasser auflösen. Bis zum Gebrauch in den Kühlschrank stellen. Dieser Sirup kann bis zu einer Woche im Kühlschrank aufbewahrt werden.
2. Zwei Maisstärke-Lösungen herstellen: Für die erste $\frac{1}{2}$ Tasse Maisstärke in eine kleine Schüssel geben und $\frac{3}{4}$ Tasse kaltes Wasser zugießen. Gründlich mischen, bis die Lösung völlig frei von Klümpchen ist. Beiseite stellen. (Diese Lösung wird später der bereits kochenden zweiten Maisstärke-Lösung beigefügt.)
3. Die zweite Maisstärke-Lösung herstellen. Die restliche $\frac{1}{2}$ Tasse Maisstärke zusammen mit den restlichen $1\frac{3}{4}$ Tassen Wasser in einen mittelgroßen Topf geben. Gut verrühren, dann bei schwacher Hitze aufsetzen. Unter ständigem Rühren erhitzen, bis die Mischung zum Kochen kommt und dick wie eine Rahmsauce wird (ca. 4 Minuten). Sauce unter Rühren 1 Minute weiterkochen lassen.
4. Während die Sauce leise weiterköchelt, die erste Maisstärke-Lösung (siehe Schritt 2), jeweils 1 EL auf einmal, einrühren. Sobald der erste EL eingerührt ist, den nächsten zugeben und so weiter, bis die Lösung eingerührt ist (das dauert 7—10 Minuten).
5. Hitze auf mittlere Stufe stellen und die Mischung unter ständigem Rühren 15 Minuten kochen lassen. Diese Mischung wird zuerst sehr dick werden, dann, während

der letzten 5 Minuten der Kochzeit, wieder dünner. Hitze ausschalten.
6. Die Schüssel mit dem eisgekühlten Wasser auf die Arbeitsfläche stellen. Eine Portion warmen Teig in die Nudelmaschine geben und die Nudeln direkt ins eiskalte Wasser drücken. Die Nudeln werden zunächst sehr weich sein, aber sobald sie im Wasser abkühlen, werden sie fester. Mit dem restlichen Teig ebenso verfahren. Versuchen Sie nicht, die Nudeln jetzt schon zu vermischen oder zu heben, da sie zu diesem Zeitpunkt sehr, sehr zerbrechlich sind. Die Schüssel in den Kühlschrank stellen und mindestens 1, am besten 2 Stunden darin stehenlassen. Dann die Schüssel kippen und überschüssiges Wasser vorsichtig abgießen. Den vorbereiteten Zuckersirup und Pandanus-Essenz zufügen. Nicht umrühren. Bis zum Gebrauch kühl stellen.
7. Wenn Sie »Phalooda« als Beilage zu »Kulfi« servieren wollen, Nudeln mit zwei Löffeln herausheben und auf das Eis geben. 1—2 EL Sirup darüberträufeln.
8. Als Dessert für sich die Nudeln auf eine Lage kleingeschnittenes Obst (Mango, Papaya oder Ananas) legen und mit Schlagsahne und gehackten, gerösteten Mandeln oder Pistazien garnieren.

Indisches Mango-Eis

(Aam Kulfi)

Diese sehr beliebte »Kulfi«-Version schmeckt am besten, wenn Sie süße, reife Mangos verwenden. Falls Sie diese nicht erhalten, verwenden Sie ein indisches Mango-Püree (Alfanzo) aus der Dose. Das Püree hat ein intensives Aroma und ist bei vielen indischen Lebensmittelhändlern erhältlich.

Für 5 Personen

4 Tassen Milch
4 EL Zucker
$\frac{1}{8}$ TL frischgeriebene Muskatnuß
1 Tasse Mango-Püree, aus frischen Mangos hergestellt oder aus der Dose

Befolgen Sie die Anweisungen für die Zubereitung von »Kulfi« auf (S. 465), nur rühren Sie die Muskatnuß und das Mango-Püree ein, bevor Sie die Mischung in die Formen gießen.

Indisches Safran-Eis
(Kesari Kulfi)

Dieses Safran-Eis ist ohnegleichen. Zwar riecht bzw. schmeckt man den Safran eigentlich nicht, aber das Aroma ist unvergleichlich. Damit es noch reiner und zarter wird, verzichten Sie auf die Pistazien ganz und reduzieren Sie den Kardamom auf die Hälfte der angegebenen Menge. Verwenden Sie für dieses Rezept nur spanischen Safran von höchster Qualität.
Befolgen Sie die Anweisungen für die Zubereitung von »Kulfi« auf Seite 465, nur rühren Sie, während die Milch kocht, $\frac{1}{2}$ TL zerdrückte Safranfäden ein und geben Sie $\frac{1}{2}$ Tasse dicke Sahne zu, bevor Sie die Mischung in die Formen gießen.

Wassermelonen-Sorbet
(Sharbat e Tarbooz)

»Sharbat« ist eine Spezialität aus der Mogul-Küche. In der nordindischen Hitze schmilzt dieses Eis so schnell,

daß man es in Gläsern serviert und daran nippt. Hierzulande ißt man es besser mit dem Löffel.
Statt mit Wassermelone kann man dieses Eis auch einmal mt Cantaloupe- oder Honigmelone zubereiten. Eine Mischung aus verschiedenen Obstsorten (Mangos, Papayas, Erdbeeren, Pfirsichen, Orangen, Granatapfel) wäre ebenfalls eine interessante Variation.
Dieses Dessert schmeckt ganz besonders gut nach etwas Scharfem. Es ist die ideale Nachspeise zu Auberginen-Linsen-Chili-Eintopf (S. 248), zu Getrockneten Bohnenklößen in würziger Tomatensauce (S. 259) oder zu Auberginen-Reis-Eintopf (S. 285).

Für 8 Personen

2¼ Liter reife Wassermelone, entkernt, in Würfel geschnitten
1 Tasse Zucker
¾ Tasse kaltes Wasser
8 frische Minzeblättchen zum Garnieren

Melonenwürfel in eine große Plastiktüte geben. Zucker hinzufügen und gut schütteln, damit er gleichmäßig verteilt wird. Tüte gut verschließen und mindestens 4, besser aber 8 Stunden in die Tiefkühltruhe legen. Gefrorene Melonenwürfel, jeweils 2 Tassen auf einmal, in den Aufsatz einer Küchenmaschine geben und 2—3 Minuten verarbeiten. Maschine zwischendurch einige Male ausschalten und die Masse mit einem Spatel von den Innenwänden kratzen. Während des Verarbeitens 3 EL Wasser zugeben. Die pürierte Mischung soll hell und locker sein. Die Mischung in eine gekühlte Schüssel geben und gefrieren lassen.

In Martini-Gläsern mit Minze garniert servieren.

KONFEKT UND GETRÄNKE

◇

मिठाइ और ठडा-गरम्

KONFEKT

(Mithai)

Indisches Konfekt wird in der Regel kommerziell hergestellt und in Konditoreien, »Halwai ki Dukan« genannt, verkauft. Man ißt Konfekt meist nachmittags oder spät abends. Bei religiösen Veranstaltungen und Festen reicht man es auch als Vorspeise, um die Götter milde zu stimmen.

Gewöhnlich wird Konfekt aus Nüssen, Gemüse, Obst oder Hülsenfrüchten zubereitet, die in geklärter Butter geröstet und mit verschiedenen Aromastoffen versetzt werden. Indische Konditoren verwenden traditionsgemäß große Mengen Zucker und Fett bei der Zubereitung ihrer Süßigkeiten, um sie in dem warmen, feuchten Klima haltbar zu machen. Da Inder von Kindheit an solch süßes Konfekt essen, sind sie als Erwachsene längst daran gewöhnt. Natürlich kann man nicht erwarten, daß Menschen, deren Gaumen nicht an diese intensive Süße gewöhnt sind, sofort daran Geschmack finden.

Die Rezepte in diesem Buch enthalten relativ wenig Zukker und Fett. Der charakteristische Geschmack, die Konsistenz und das Aroma der echten, klassischen Zubereitungen bleiben trotzdem erhalten. Ich finde sogar, daß dieses Konfekt besser schmeckt, da der Eigengeschmack der Zutaten stärker zur Geltung kommt.

Es braucht nicht hinzugefügt zu werden, daß das meiste Konfekt im Kühlschrank aufbewahrt werden muß. Eingefroren hält es sich unbeschränkt lange.

Crêpes mit Kokosnuß-Palmzucker-Füllung
(Poli)

In den südlichen und südwestlichen Regionen Indiens, wo uralte Bräuche noch gepflegt werden, gehört zu einer Hochzeitsfeier oder einem religiösen Fest immer eine Süßigkeit, die zum Abschluß der Festlichkeiten serviert wird. Bei den Brahmanen in Madras gibt es dann »Poli«, zarte Weizen-Crêpes, die mit Usli Ghee und Kardamom aromatisiert und mit Kokosnuß, halben Erbsen und Palmzucker gefüllt werden.
Ich habe »Poli« mit »Crêpes« übersetzt, nicht weil die Zubereitungsart ähnlich ist — sie ist im Gegenteil ganz anders —, sondern weil das Resultat ähnlich aussieht. Um »Poli« zu machen, wickelt man eine Portion Fülle in einen sehr weichen Teig ein, dann setzt man das gefüllte

Teigbällchen auf ein gefettetes Bananenblatt (Wachspapier erfüllt denselben Zweck) und drückt es flach. Anschließend gibt man die »Poli« mit der Teigseite nach unten in eine heiße Pfanne und, sobald sie zu rösten beginnen, zieht man das Bananenblatt (oder Wachspapier) ab. »Poli« sind weder übermäßig sättigend noch zu süß, daher eignen sie sich auch als Nachtisch. In Alufolie verpackt, kann man sie im Kühlschrank eine Woche aufbewahren, in der Tiefkühltruhe drei Monate.
Vor dem Servieren auftauen, in einer Pfanne erhitzen und mit Usli Ghee bepinseln.

Ergibt 24 Poli

Für den Teig:
4 Tassen Weizenmehl
½ TL grobes Salz
3 EL Öl
1½ Tassen Wasser oder nach Bedarf

Für die Fülle:
1 Tasse gelbe halbe Erbsen (Channa Dal)
2 Tassen Wasser
1¼ Tassen Palmzucker oder hellbrauner Zucker
2½ Tassen frisch geraspelte Kokosnuß (fest zusammengepreßt)
1½ TL gemahlener Kardamom
Öl zum Bepinseln
¾ Tasse Usli Ghee (S. 55) für das Aroma (nach Belieben)

1. Mehl, Salz und 1 EL Öl in eine Schüssel geben und mit den Fingerspitzen vermischen. Wasser zufügen und einen sehr weichen, klebrigen Teig herstellen. 1 EL Öl einarbeiten und den Teig 3—4 Minuten durchkneten. Er soll weich und elastisch wie Pizzateig sein. Teig zu einer glatten Kugel formen, mit dem restlichen Öl einpinseln, zudecken und 1 Stunde gehen lassen bzw. bis er gebraucht wird.
2. Während der Teig ruht, Füllung zubereiten. Halbe Erbsen zusammen mit dem Wasser in einem mittelgro-

ßen Topf zum Kochen bringen. Leicht zugedeckt bei mittlerer Hitze 40 Minuten köcheln lassen. Gelegentlich umrühren und schauen, ob das Wasser nicht zu schnell verdampft. Am Ende der Kochzeit soll das Wasser von den Erbsen ganz aufgenommen worden sein. Wenn dies nicht der Fall ist, Deckel abnehmen und die Erbsen kochen lassen, bis sämtliche Flüssigkeit verdampft. Palmzucker oder Zucker zugeben und weitere 5 Minuten kochen lassen, bis er sich auflöst und von den Erbsen aufgenommen wird. Dann Kokosnuß einrühren und auf schwacher Flamme 5 Minuten weiterkochen lassen. Kardamom hinzufügen und Hitze ausschalten. Die Füllung soll feucht und krümelig wie gekochter Reis sein.

3. Füllung in den Aufsatz einer Küchenmaschine geben und 30 Sekunden pürieren. Das Püree soll nicht zu glatt sein. In eine Schüssel geben.

4. Zwanzig 15×15 cm große Quadrate Wachspapier ausschneiden. Teig in 20 gleiche Portionen aufteilen. Füllung ebenfalls in 20 gleiche Portionen aufteilen und jede Portion zu einer glatten Kugel formen.

5. Ein Stück Wachspapier auf die Arbeitsfläche geben. Finger und Wachspapier mit Öl einfetten. Ein Stück Teig auf das Wachspapier geben, flachdrücken und ziehen, um einen Fladen von 5 cm Durchmesser zu formen. Eine Portion Füllung auf die Mitte des Fladens setzen. Teig an den Seiten hochziehen, um die Füllung einzuwickeln, und oben zusammenfalten. Finger wieder einfetten und das gefüllte Teigbällchen flachdrücken. Mit gleichmäßigem Druck den Teig auseinanderziehen, bis man einen kreisförmigen Fladen von 12 cm Durchmesser erhält. Auf dieselbe Weise 4 weitere »Poli« herstellen. Dann eine Pfanne ohne Fett auf starker Flamme 3 Minuten erhitzen.

6. Hitze auf mittlere Stufe reduzieren. Einen »Poli« mitsamt dem Wachspapier in die Pfanne geben. Das Wachs-

papier zeigt nach oben. Wachspapier schnell, aber vorsichtig abziehen. Falls der Teig daran klebt, einen Spatel zu Hilfe nehmen. »Poli« 1½ Minuten rösten bzw. bis sich an der Unterseite braune Flecken zeigen. Mit einem breiten Spatel wenden und auf der anderen Seite 1 Minute rösten. »Poli« auf einen mit Küchenpapier ausgelegten Teller geben, zudecken und die restlichen vier »Poli« auf dieselbe Weise rösten. Wenn alle fünf »Poli« fertig sind, mit dem Rest ebenso verfahren.

Heiß oder mit Zimmertemperatur servieren. Diese »Crêpes« haben einen herrlichen Geschmack, wenn man sie mit reichlich Usli Ghee bepinselt.

Crêpes mit Pekannuß-Palmzucker-Füllung

(Pooran Poli)

Die Brahmanen in Poona haben ihre eigene Version von »Poli«, die sie »Pooran Poli« nennen. Die Zubereitungsmethode ist diesselbe wie im oben beschriebenen Rezept, nur verwenden sie statt Kokosnuß 2 Tassen gemahlene Pekan- oder Walnüsse.

Kokosnuß-Klößchen

(Koyakattai)

»Koyakattai«, auch »Modakam« genannt, werden traditionsgemäß zum »Vinayaka Chachurthi«-Fest hergestellt. Das Fest findet zu Ehren von Granesha mit dem Elefantenkopf, dem mächtigen und weisen Gott, der alle Hindernisse beseitigt, statt. Man sagt, daß Granesha eine besondere Schwäche für diese Klößchen habe. Sie schmecken wunderbar als Nachtisch, als Snack oder zum Kaffee. Sie sind auch ideal für Picknicks.

Ergibt 12 »Koyakattai«

Für den Teig:
⅔ Tasse Wasser
1 Prise grobes Salz
1 Tasse Reisstärke
1 EL leichtes Sesam- oder Pflanzenöl

Für die Füllung:
½—⅔ Tasse Palmzucker oder dunkelbrauner Zucker
¼ Tasse Wasser
1 Tasse frisch geraspelte Kokosnuß, fest zusammengepreßt
1 TL gemahlener Kardamom
⅓ Tasse feingehackte geröstete Cashew- oder Walnüsse (nach Belieben)
Öl zum Bepinseln
Usli Ghee (S. 55) oder Butter zum Bepinseln

1. Wasser und Salz in einer kleinen Pfanne zum Kochen bringen. Reisstärke zugeben und kräftig umrühren, damit sich keine Klümpchen bilden. Sobald die Mischung puddingartig ist, Hitze ausschalten. 1 Minute weiterrühren. Mischung in eine kleine Schüssel geben, Öl hinzufügen und 3 Minuten durchkneten. Völlig abkühlen lassen.
2. Pfanne auswischen. Palmzucker (oder brauner Zukker) und Wasser hineingeben und unter ständigem Rühren zum Kochen bringen. Kokosflocken hinzufügen und bei schwacher Hitze kochen lassen, bis sie den Sirup aufgenommen haben (ca. 5 Minuten). Hitze abschalten und Kardamom sowie die Nüsse einrühren. Die Mischung völlig abkühlen lassen und in 12 gleiche Portionen teilen.
3. Aus dem Teig 12 glatte Kugeln formen. Die Kugeln jeweils mit etwas Öl einfetten und daraus runde Fladen von ca. 10 cm Durchmesser ausrollen. (Das geht am einfachsten zwischen 2 Lagen Folie.) Je eine Portion Fülle in die Mitte eines Fladens setzen, den Teig an den Seiten hochziehen und oben zusammenfalten. Alle Klößchen auf dieselbe Weise zubereiten.

4. Die Klößchen 20 Minuten im Dampf garen. Mit einem Zahnstocher die Garprobe machen.

Anmerkung: Frische Klößchen sind gewöhnlich weich, feucht und etwas klebrig. Beim Abkühlen werden sie fest. Servieren Sie die Klößchen, solange sie noch warm sind, und reichen Sie dazu Schlagsahne oder bepinseln Sie sie mit Usli Ghee.

Glasierte Karotten-Halwa

(Gajar Halwa)

Die Inder haben die Kunst, aus Nüssen Halwa zuzubereiten, von kleinasiatischen Händlern gelernt. Indische Köche waren es aber, die als erste Halwa aus Gemüse wie Karotten, Kürbis, Zucchini, Melone, Kartoffeln und Yamswurzeln herstellten.

Dieses glasierte Karotten-Halwa, eine Spezialität der Sikhs im Pandschab, ist in ganz Indien beliebt und wird sowohl als Nachspeise als auch als Konfekt gegessen.

Traditionsgemäß wird »Gajar Halwa« als Milchkonzentrat (Khoya, S. 51) hergestellt, ich verwende jedoch eine Mischung aus Ricotta, Milchpulver und Butter, mit der ich ohne viel Mühe und in kürzester Zeit den gleichen Erfolg habe.

Für 12—16 Personen

¾ Pfund Butter
¾ Tasse Vollmilch-Ricotta
¾ Tasse Milchpulver (Magerstufe)
½ Tasse blanchierte gestiftelte Mandeln
2 EL gehackte Pistazien
6 Tassen geraspelte Karotten (2⅓—3 Pfund), fest zusammengepreßt
9 EL Zucker
1½ TL gemahlener Kardamom

1. 8 EL Butter in einer Pfanne zergehen lassen. Ricotta und Milchpulver hinzufügen, vermischen und bei mittelstarker Hitze unter ständigem Rühren zu einer dicken Masse einkochen lassen (ca. 15 Minuten). Mischung auf einen kleinen Teller geben und beiseite stellen.
2. Pfanne auswischen und 2 EL Butter hineingeben. Mandeln darin bei mittelstarker Hitze unter ständigem Rühren hellgolden rösten (ca. 2 Minuten), auf Küchenpapier abtropfen lassen und für die Garnierung beiseite stellen. Pistazien in die Pfanne geben und knusprig rösten (ca. 1 Minute). Auf Küchenpapier abtropfen lassen und ebenfalls beiseite stellen.
3. Pfanne wiederum auswischen, 8 EL Butter hineingeben und bei mittelstarker Hitze zergehen lassen. Karotten zufügen, gut rühren und wenden, bis sie gleichmäßig mit Butter überzogen sind. Wärmezufuhr etwas reduzieren und Karotten zugedeckt 8 Minuten garen lassen. Dann Zucker und Kardamom hinzufügen und unter ständigem Rühren weiterkochen lassen, bis die Karotten glasiert sind (ca. 5 Minuten).
4. Milch-Ricotta-Mischung unterrühren und weiterkochen lassen. Dabei die restlichen 6 EL Butter portionsweise einrühren, bis die Halwa fest wird (12—15 Minuten). Hitze ausschalten und die Pistazien einrühren. Halwa auf einen hübschen Teller geben und mit einem Spatel glattstreichen. Mit Mandeln garnieren.

Warm oder gekühlt in Dessertschälchen servieren. Da diese Halwa relativ feucht und nicht sehr fest ist, wird sie mit dem Löffel gegessen.

Zucchini-Pekannuß-Halwa
(Ghia Halwa)

Dieses aromatische Halwa aus dem Gudscherat ist in den nördlichen und westlichen Regionen sehr beliebt. Sie können sie entweder als Dessert oder als Konfekt servieren.

Ergibt 100 2,5×2,5 cm große Quadrate

2 Pfund Zucchini, geputzt und geraspelt
1½ Tassen Zucker
½ Tasse Usli Ghee (S. 55), Butter oder Mandelöl
1 Tasse gemahlene Pekannüsse
¼ TL frisch geriebene Muskatnuß
½ TL gemahlener Kardamom

1. 3 Tassen Wasser in einem großen Topf zum Kochen bringen. Geraspelte Zucchini hineingeben, Wasser wieder aufkochen lassen. Auf großer Flamme 1 Minute stark kochen lassen. Zucchini in ein großes Sieb gießen und abtropfen lassen. Sieb über eine Schüssel halten und so viel Flüssigkeit wie möglich aus der Zucchini pressen. ¼ Tasse dieser Flüssigkeit beiseite stellen, den Rest wegschütten.
2. ¼ Tasse Zucchini-Wasser mit dem Zucker in einer großen, flachen Pfanne langsam erhitzen, bis sich der Zucker auflöst, dann zum Kochen bringen. Zucchini zugeben und 7—8 Minuten weiterkochen lassen.
3. Während die Zucchini kochen, Usli Ghee in einer mittelgroßen Pfanne erhitzen. Gemahlene Pekannüsse hineingeben und Hitze abschalten. Die Pekannüsse einige Minuten unter Rühren im heißen Fett bräunen. Beiseite stellen.
4. Pekannüsse zu den Zucchini geben, auf mittlere Hit-

ze schalten und unter Rühren 15 Minuten kochen lassen. Am Anfang dämpfen die Zucchini, dann aber setzt sich das Fett vom Gemüse ab und sammelt sich am Rande der Pfanne. Die Zucchini-Nuß-Mischung wird leicht zusammenklumpen. Nun Muskat und Kardamom zufügen, einrühren und die Masse gleichmäßig in einer 25×25 cm großen Form verstreichen. Nach dem Abkühlen in 2,5×2,5 cm große Quadrate schneiden.

Safran-Mandel-Halwa

(Badaam Halwa)

»Badaam Halwa« ist das Lieblingsdessert meiner Mutter. Im Gegensatz zu anderen Halwas ist es sehr feucht, muß also mit dem Löffel gegessen werden. In Indien wird diese Halwa immer warm serviert, da die Butter, die sie enthält, beim Abkühlen fest wird. Diese Nachspeise schmeckt milder, wenn Sie Schlagsahne und nach Belieben frisches Obst dazu reichen.

Für 6—8 Personen

1 Tasse blanchierte, gestiftelte Mandeln
1 TL Safranfäden
1½ Tassen Zucker
1 Tasse Usli Ghee (S. 55)
⅛ TL geriebene Muskatnuß
⅓ TL gemahlener Kardamom

1. Mandeln 4 Stunden in Wasser einweichen. Wasser abgießen. 10 EL zurückbehalten. Mandeln zusammen mit 9 EL Einweich-Wasser im Mixer fein pürieren (ca. 3 Minuten). Mandelcreme in eine große Bratpfanne (30 cm Durchmesser) geben. Den restlichen Löffel Einweich-Wasser in den Mixer gießen, herumschwenken und dann ebenfalls in die Pfanne schütten.

2. Safranfäden in eine kleine Schüssel geben, zwischen den Fingern zu einem feinen Pulver zerdrücken und mit 1 EL heißem Wasser aufgießen. Die Lösung stehenlassen, bis sie gebraucht wird.

3. Die Pfanne mit der Mandelcreme bei schwacher bis mittlerer Hitze aufsetzen. Zucker hinzufügen und unter Rühren 13 Minuten kochen lassen bzw. bis die Masse blubbernd kocht und beginnt, am Pfannenboden anzusetzen. Auf schwache Hitze herunterschalten und das Safranwasser einrühren.

4. Alle 15 Sekunden jeweils 2 EL Usli Ghee zugeben und untermischen. Unter Rühren weiterkochen, bis das Fett sich von der Halwa abzusetzen beginnt (ca. 8 Minuten). Die Mischung ist nun ziemlich dickflüssig. Hitze wegnehmen. Muskatnuß und Kardamom unterrühren. Die Halwa in eine gefettete Form gießen, gleichmäßig verteilen. Sie soll ca. ½ cm dick sein. Abkühlen lassen, in 2½ cm große Quadrate oder Rauten schneiden.

Wenn Sie — wie die Inder — diese Halwa warm servieren wollen, verteilen Sie sie mit dem Eisportionierer.

Jalaibees in süßem Sirup

(Jalaibee)

Dieses knusprigen, orangefarbenen Spiralen können einen süchtig machen. Als Kind konnte ich ein Pfund davon auf einmal verputzen. »Jalaibee« sind wirklich lekker, vor allem wenn es dazu Tee und — wie in Indien üblich — etwas Würziges wie feurig-scharfe Tapioka-Erdnuß-Kroketten (S. 179) gibt.

Ergibt ca. 4 Dutzend »Jalaibees«

2¼ Tassen Weizenmehl
¼ Tasse Kichererbsenmehl
¼ TL Backpulver
2 EL Naturjoghurt
1½ Tassen heißes Wasser
¼ Tasse Reismehl
2 Tassen Zucker
½ TL Tandoori-Farbstoff oder ½ TL zerriebene Safranfäden
Erdnuß- oder Maiskeimöl (das Öl soll 5 cm hoch in einem Kadhai, Wok oder in einer Bratpfanne stehen)

1. 2 Tassen Weizenmehl mit dem Kichererbsenmehl, Backpulver, Joghurt und heißem Wasser in einer Schüssel vermengen. Zudecken und an einem warmen Ort 24 Stunden gehen lassen.
2. Die restliche ¼ Tasse Weizenmehl und das Reismehl in die Mehl-Joghurt-Mischung rühren.
3. Zucker mit 2 Tassen Wasser in einem großen, flachen Topf aufkochen lassen. Ohne Deckel 5 Minuten kochen lassen. Hitze ausschalten und Tandoori-Farbstoff oder Safran in den Sirup einrühren. Sirup neben dem Herd bereitstellen.
4. Öl bei mittlerer Hitze in einem Kadhai, Wok oder in einer Friteuse heiß werden lassen (175° C). Einen Spritzbeutel mit Teig füllen (ca. ¾ Tasse auf einmal) und diesen mit einer schnellen Spiralbewegung ins heiße Öl

spritzen (ca. 3 Kreise von 10 cm Durchmesser). Drei oder vier solche Spiralen formen. 2 Minuten fritieren lassen bzw. bis sie ganz leicht gebräunt sind. Sie sollen nicht dunkelbraun werden, ein paar braune Stellen schaden jedoch nicht. Wenden und ½ Minute weiterfritieren.

5. »Jalaibees« mit einer Küchenzange aus dem Fett nehmen und in den Sirup tauchen. Aufpassen, daß das zarte Gebäck nicht zerbricht. Nach 15—30 Sekunden aus dem Sirup nehmen und auf einem Kuchengitter 1 Minute abtropfen lassen. Mit dem restlichen Teig ebenso verfahren. Heiß oder mit Zimmertemperatur servieren.

»Jalaibees« schmecken ganz frisch — wenn der Sirup noch warm und das Gebäck noch blättrig-knusprig ist — am allerbesten. Fest in Alufolie eingepackt kann man sie bis zu 5 Tage aufbewahren. Sobald der Sirup zu kristallisieren anfängt, sind sie als Konfekt nicht mehr so lecker. Werfen Sie sie aber nicht weg! Sie können daraus eine ungewöhnliche Frühstücksspezialität bereiten: Jalaibees mit heißer Milch (S. 110).

Gefüllte Poori

(Gujjia)

»Gujjia« werden traditionsgemäß zum Fest des Wassers (Holi), Ende März/Anfang April, und zum Fest des Lichtes (Diwali), Ende Oktober/Anfang November, zubereitet. Selbstverständlich schmecken sie das ganze Jahr über.

Ergibt 16 Gujjias

Für den Teig:
1½ Tassen Chapati-Mehl oder Weizenvollkornmehl
Mehl zum Bestäuben
5—6 EL Fett
⅓ Tasse Wasser oder mehr, nach Bedarf

Für die Füllung:
4 EL Butter
½ Tasse Instant-Weizengrieß
⅔—¾ Tasse hellbrauner Zucker
¾ Tasse indisches Milchkonzentrat (Khoya), aus 4 Tassen Milch zubereitet (S. 51)
2 EL gehackte ungesalzene Pistazien
1 EL Chironji-Samen (S. 43)
⅓ Tasse Kokosflocken (getrocknet)
¼ Tasse kernlose Rosinen, gehackt
Öl zum Fritieren (das Öl soll 5 cm hoch in einem Kadhai, Wok oder einer Friteuse stehen)

1. Mehl und Fett in eine Schüssel geben und das Fett in das Mehl einreiben. Wenn es gut vermischt ist, Wasser, immer 1 EL nach dem anderen, zufügen und einrühren, bis das Mehl zusammenklumpt. Nur so viel Wasser zugeben wie nötig. Die Masse leicht verkneten. Es soll ein relativ weicher, aber elastischer Teig entstehen (ca. 10 Minuten). Zudecken und bis zum Gebrauch beiseite stellen.
2. Eine Pfanne bei mittelstarker Hitze 2 Minuten heiß werden lassen. 2 EL Butter hineingeben und Pfanne herumschwenken, bis die Butter schmilzt und der Pfannenboden vom Fett bedeckt ist. Weizengrieß zugeben und 3½ Minuten rösten, bis er leicht Farbe annimmt. Dabei ständig rühren, damit er nicht anbrennt. Hitze wegnehmen, die restliche Butter zusammen mit 2 EL Wasser zufügen und unterrühren. Die restlichen Zutaten für die Füllung dazugeben, gut vermischen und die Füllung abkühlen lassen. Füllung in 16 gleiche Portionen teilen, zu

Bällchen formen und auf einen Teller legen. Zudecken und beiseite stellen.
3. Teig in 2 gleiche Portionen teilen. Aus jeder Portion eine etwa 20 cm lange Rolle formen und diese in 8 gleich große Stücke schneiden. Aus den Stücken glatte Kugeln formen. Die Kugeln zu runden Fladen von 12,5 cm Durchmesser ausrollen. Zwischendurch immer wieder mit Mehl bestäuben, damit der Teig nicht klebt. Fertige Fladen mit einem Tuch abdecken, nicht aufeinander legen.
4. Wenn der gesamte Teig ausgerollt ist, die Fladen füllen. Einen Fladen auf die Arbeitsfläche geben. Eine Portion Füllung in die Mitte setzen. Füllung leicht flachdrükken, halben Teigfladen darüberklappen und den Teig an den Rändern zusammendrücken, daß die Fülle eingeschlossen ist und eine halbmondförmige Pastete entsteht. Mit den restlichen Fladen ebenso verfahren.
5. Fett in einem Kadhai, Wok oder einer Friteuse auf 175—190° C erhitzen. Etwa 8 Pasteten ins heiße Fett geben. Sie sollen frei im Fett schwimmen können. Pasteten unter häufigem Wenden 10 Minuten fritieren bzw. bis sie eine hellgoldene Farbe angenommen haben. Auf Küchenpapier abtropfen lassen. Die restlichen Pastetchen ebenso fritieren. Heiß oder mit Zimmertemperatur servieren.

Sonnenblumenkerne-Karamel oder »Der Weg zum Nirvana«

(Bhang Barfi)

In Indien wird während bestimmter religiöser Feste wie zum Fest des Lichtes (Diwali) und zum Fest des Wassers (Holi) ein besonders süßes Karamel-Konfekt zubereitet, das die Bauern und Landbewohner mit großem Genuß

essen. Neben Melonen- oder Sonnenblumenkernen besteht es aus »Bhang« oder Haschisch von dem Hanfgewächs *Canabis sativa* und aus »Affeem« von der Opiumpflanze *Papaver somniferum.* »Barfi« essen und den selbstgebrannten Wein »Tharra« trinken, das öffnet den Weg zum Himmel!
Auch ohne Rauschmittel schmeckt »Barfi« lecker.

Ergibt 5½—6½ Dutzend »Barfi«

2 Tassen Kerne von Cantaloupe-Melonen oder Sonnenblumenkerne
200 g Butter
1 Tasse Vollmilch-Ricotta
1 Tasse Milchpulver
1 Tasse hellbrauner Zucker
½ TL Zimtpulver
½ TL Kardamom
¼ TL gemahlene Nelken
3 Tassen Blätter von der Chilipflanze, fest zusammengepreßt (nach Belieben)

1. Kerne in eine große Pfanne geben und ohne Fett bei mittelstarker Hitze rösten, bis sie leicht gebräunt sind (ca. 6 Minuten). Pfanne dabei ständig schütteln. Hitze wegnehmen, Kerne auf einen Teller geben und abkühlen lassen. Dann in einer Kaffeemühle fein mahlen. Beiseite stellen.
2. Pfanne auswischen und ¼ Pfund Butter darin schmelzen lassen. Ricotta und Milchpulver hineingeben und mit der Butter vermischen. Die Mischung bei mittlerer Hitze zu einer dicken Paste einkochen (ca. 4 Minuten). Zucker, Zimt, Kardamom und Nelken zugeben und weiterkochen lassen, bis sich der Zucker ganz aufgelöst und mit der Ricotta-Mischung vermengt hat. Wenn die Masse anfängt, große Blasen zu werfen, die restliche Butter zufügen.
3. Sobald die Butter geschmolzen ist, die Chiliblätter (falls Sie sie verwenden), jeweils ½ Tasse auf einmal, zu-

geben und unterrühren. Wenn die Mischung zu schnell bräunt, die Hitze reduzieren. Nachdem alle Chiliblätter eingerührt sind, »Barfi« unter Rühren weiterkochen lassen, bis es ein dicker Brei ist.
4. Hitze ausschalten und gemahlene Kerne einrühren. Die warme Mischung gleichmäßig auf einem 22,5 × 22,5 cm großen Backblech verteilen. Mit einem Spatel glattstreichen. Abkühlen lassen und in kleine Quadrate schneiden. Die einzelnen Stückchen hübsch in Silberfolie verpacken.

»Barfi« kann im Kühlschrank 3 Monate aufbewahrt werden.

GETRÄNKE
(Thanda Garam)

Indische Getränke, das ist für die meisten »Lassi«, das beliebte Joghurt-Getränk, sowie Tee und sonst nichts. Dabei kennen die Inder unzählige Getränke, die sie aus allem herstellen, was Aroma besitzt: Blumen, Holzspäne, Blätter, Obst, Bohnen, Nüsse, Kerne und Gemüse.
Es gibt Getränke, die nur zu bestimmten Gelegenheiten, religiösen Festen oder Hochzeiten, zubereitet werden, um die Gäste in die richtige Stimmung zu bringen. Andere dienen der Gesundheit, zum Beispiel Kräutertee gegen Erkältung oder Bauchschmerzen. Und dann natürlich Tee und Kaffee, die von den Indern jedoch auf eine ganz eigene, wunderbare Art zubereitet werden.
Da man zu den meisten Getränken auch etwas ißt, finden Sie bei jedem Rezept entsprechende Serviervorschläge.

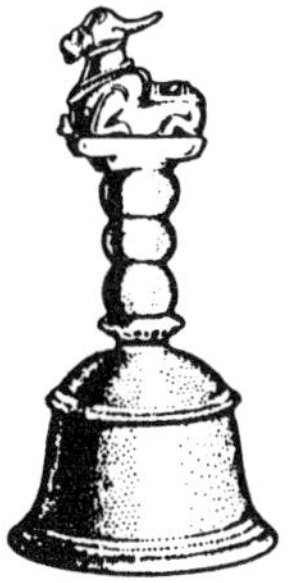

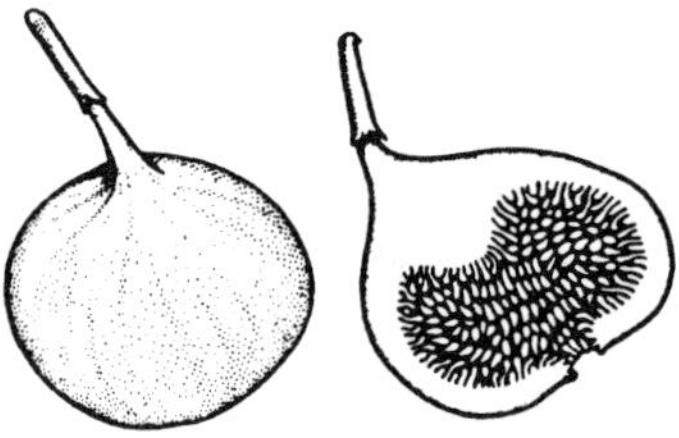

Ingwerlimonade
(Shikanjee)

Diese Limonade wird aus einer bestimmten Sorte Zitronen, »Kagzee Nimboo«, zubereitet, die eine hauchdünne Schale haben. Man kann statt dessen Limonen verwenden, die diesen Zitronen sehr ähnlich sind. Der Ingwer wirkt erfrischend und gibt dem Getränk die indische Note.

Für 8 Personen

½ Tasse frisch gepreßter Limonensaft oder eine Mischung aus frisch gepreßtem Zitronen- und Limonensaft
1 EL Saft, aus frischem Ingwer ausgedrückt
1 Tasse weißer Zucker
2 Tassen Wasser

1. Limonen- und Ingwersaft in einer Glas- oder Keramikschüssel vermischen und beiseite stellen.
2. Zucker und Wasser in einen kleinen Topf geben und bei schwacher Hitze unter ständigem Rühren zum Kochen bringen. Sirup 30 Sekunden kochen lassen. Hitze abschalten.
3. Sobald der Sirup abgekühlt ist, mit der Limonen-Ingwer-Mischung verrühren. Saft in einen Krug oder in eine Flasche füllen und gut kühlen.
4. Wenn Sie »Shikanjee« servieren wollen, 8 Gläser (250 ml) zur Hälfte mit eiskaltem Wasser füllen. Den Saft gleichmäßig auf die Gläser verteilen und mit Eiswürfeln auffüllen. Vorsichtig umrühren.

Ingwerlimonade ist das Lieblingsgetränk vieler Inder. Es paßt zu Gerichten aus dem Pandschab und Gudscherat und empfiehlt sich als Erfrischung nach dem Joggen oder Fitneß-Training.

Präsidenten-Bowle

(Sharbat)

Diese Obstbowle wird gewöhnlich bei Staatsbanketten serviert. Sie besteht aus saftigen tropischen Früchten, Orangen- und Grapefruit sowie dem Saft aus frischem Ingwer. Zur Abwechslung können Sie statt der Eiswürfel auch gekühltes Mineralwasser verwenden.

Für 8 Personen

1½ Tassen frisch gepreßter Orangensaft
1½ Tassen frisch gepreßter Grapefruitsaft
1½ Tassen Apfelsaft
1½ Tassen Ananassaft
1 EL Saft, aus frischem Ingwer ausgedrückt
1 kleine, feste, aber vollreife süße Mango, geschält, entsteint und in Scheiben geschnitten
2 Tassen gemischtes Obst, in Scheiben geschnitten (eine Mischung aus Äpfeln, Pfirsichen, Erdbeeren, Ananas, Nektarinen, Birnen und Trauben)

Sämtliche Säfte in einem großen, hübschen Krug vermischen und gut kühlen. Geschnittenes Obst in einer Schüssel ebenfalls kühlen. Kurz vor dem Servieren das geschnittene Obst in den Krug geben, umrühren und die Bowle in hohen Gläsern mit Eis servieren. Diese nichtalkoholische Bowle paßt gut zu allen indischen Gerichten.

Gekühlter Karotten-Tee mit scharfen Chilischoten

(Kaanji)

In Neu-Delhi ist »Kaanji« das beliebteste nicht alkoholische Getränk. Es wird aus roten Karotten zubereitet, die

in Senfwasser eingelegt werden. Das Wasser nimmt das Aroma der Karotten auf und die Senfsamen setzen den Gärungsprozeß in Gang. »Kaanji« hat einen zarten, würzig-sauren Geschmack und wird gewöhnlich gut gekühlt serviert. Ein Stäbchen Karotte wird als eßbares Rührgerät mit ins Glas gesteckt.
Rote Karotten sind hier nicht erhältlich. Eine Mischung aus Karotten und roten Beten ergibt aber ebenso gute Resultate.
»Kaanji« eignet sich hervorragend als Aperitif.

Ergibt 2½ Liter

2 EL schwarze Senfsamen
1 Pfund Karotten
1 sehr kleine rote Bete
1 EL grobes Salz
8 Tassen Wasser
4 getrocknete rote Chilischoten, in Stücke zerbrochen
frischer Zweig Majoran oder Oregano (oder ½ TL getrockneter Oregano)

1. Senfsamen in einem Mörser, in einer Küchenmaschine oder auf der Arbeitsfläche mit einem Nudelholz grob zerstoßen. Beiseite stellen.
2. Karotten putzen und in 6 cm lange Stücke schneiden. Jedes Stück der Länge nach in ½ cm dicke Scheiben schneiden. Mehrere solcher Scheiben aufeinanderstapeln und wieder der Länge nach in ½ cm dicke Stäbchen schneiden.
3. Rote Bete unter fließendem kalten Wasser schrubben. Schälen und in ½ cm dicke Scheiben schneiden.
4. Karotten und Salz mit 8 Tassen Wasser in einem tiefen Topf zum Kochen bringen. Hitze wegnehmen und rote Bete, Senfsamen, Chili und Majoran (oder Oregano) zugeben. Gut verrühren. Die Mischung in einen Glas- oder Keramikkrug geben. Den Krug mit einem Stück Musselin abdecken, damit zwar Luft, aber kein Staub an

die Flüssigkeit kommt. Die Karotten im Senfwasser an einem kühlen Ort 1 bis (besser) 3 Tage marinieren lassen.

»Kaanji« vor dem Servieren im Kühlschrank kalt stellen. Das Getränk durch ein feines Sieb oder ein Tuch in hohe Cocktailgläser gießen, in die man zur Garnierung einige Karottenscheibchen gegeben hat.

Gekühlter Kreuzkümmeltee mit Minze

(Jal Jeera)

Ich liebe den zarten, blumigen Geschmack dieser Zubereitung aus der Nördlichen Provinz. Die Kombination aus Tamarinde, Mangopulver und braunem Zucker verleiht ihm ein köstliches süß-saures Aroma. Eine wichtige Zutat ist »Chat Masala« oder »schwarzes Salz«, sowohl des Geschmacks als auch seiner appetitanregenden Wirkung wegen. Als Kind habe ich diesen Tee an warmen, schwülen Sommerabenden vor dem Essen getrunken.

Ergibt 7 Tassen

1 Stück Tamarinde von der Größe einer Limone
1 Tasse kochendes Wasser
2 Tassen Wasser
2 EL dunkelbrauner Zucker
1 EL Mangopulver
1 EL gemahlener Kreuzkümmelsamen
2 TL Cayennepfeffer
1 Tasse Minzblätter
1½ cm großer Würfel frischer Ingwer
½ TL »Chat Masala« oder »schwarzes Salz«
2 TL grobes Salz oder nach Belieben
8 Zweigchen Minze zum Garnieren

1. Tamarinde in einer Porzellan-Schüssel mit 1 Tasse kochendem Wasser aufgießen und 1½ Stunden bzw. über Nacht einweichen. Fruchtfleisch mit ei-

nem Löffel oder den Fingern zerdrücken. So viel Saft wie möglich herauspressen und in eine zweite Schüssel abgießen. Fruchtfleisch nochmals mit 2 Tassen Wasser übergießen, wiederum auspressen und die Flüssigkeit in die zweite Schüssel abgießen. Ausgepreßtes Fruchtfleisch wegwerfen. Tamarindensaft mit Wasser verlängern, bis es insgesamt 6½ Tassen Flüssigkeit sind.

2. Brauner Zucker, Mangopulver, Kreuzkümmel und Cayennepfeffer zugeben und verrühren. Minzblätter und Ingwer mit ½ Tasse Wasser in einer Küchenmaschine oder im Mixer pürieren und das Püree ebenfalls zum Tamarindensaft geben. »Chat Masala« und grobes Salz nach Belieben einrühren. Die Mischung vor dem Servieren 1 Stunde ziehen lassen.

3. Flüssigkeit durch ein feines Sieb oder Tuch abseihen. In mit Minze garnierten Cocktailgläsern servieren.

Kaltes Tamarinden-Getränk mit Palmzucker

(Panakam)

Diese originelle Zusammensetzung aus Tamarinde, Palmzucker, Ingwerpulver, Limonensaft und verschiedenen Gewürzen ergibt ein sehr leckeres Getränk, das in Südindien bei allen religiösen und gesellschaftlichen Anlässen serviert wird.

Ergibt 6 Tassen

1 Stück Tamarinde in der Größe einer Zitrone
1 Tasse kochendes Wasser
2 Tassen Wasser (Zimmertemperatur)
Saft von 3 Limonen (ca. ⅓ Tasse)
1½ TL Ingwerpulver
1½ TL gemahlener Kardamom
¼ TL Fenchelsamen
1½ TL schwarzer Pfeffer
1⅓ Tasse Palmzucker oder dunkelbrauner Zucker, fest zusammengepreßt

1. Tamarinde in einer Porzellan-Schüssel mit 1 Tasse kochendem Wasser übergießen und ½ Stunde bzw. über Nacht einweichen. Fruchtfleisch mit den Fingern über einem tiefen Topf zerdrücken und so viel Saft wie möglich auspressen. Fruchtfleisch mit 2 Tassen Wasser noch einmal aufgießen, Saft auspressen und in denselben Topf geben. Das ausgepreßte Fruchtfleisch wegwerfen. Tamarindensaft mit Wasser verlängern, bis er insgesamt 6 Tassen Flüssigkeit ergibt.
2. Tamarinden-Wasser bei mittelstarker Hitze aufsetzen und zum Kochen bringen. Hitze zurücknehmen und die Flüssigkeit 2 Minuten leise köcheln lassen. Hitze ausschalten. Sämtliche Zutaten einrühren.

Gut gekühlt in Cocktailgläser servieren.
»Panakam« paßt zu allen südindischen Gerichten und empfiehlt sich auch anstelle von schwarzem Tee zum Tiffin oder Nachmittagstee.

Eiskaltes Joghurt-Getränk mit Minze
(Chaach)

Joghurt-Getränke sind in Indien sehr beliebt. Sie können süß oder salzig sein oder, wie in diesem Rezept, beides zusammen. In jeder Region werden sie anders gewürzt. Das folgende Getränk, eine Spezialität der Muslims von Gudscherat, wird mit frischem Ingwer aromatisiert.

Für 6 Personen

3 Tassen Buttermilch
2 Tassen Naturjoghurt
¼ TL Salz
5 EL Zucker
1 TL Saft, aus frischem Ingwer ausgedrückt
1½ TL Zitronensaft
¼ Tasse Minzblätter, grob zerkleinert, fast zusammengedrückt

1. Sämtliche Zutaten, außer der Minze, in den Aufsatz eines Mixers oder einer Küchenmaschine geben und pürieren, bis alles gut vermischt ist und der Zucker sich aufgelöst hat.
2. Die Mischung in einen Krug gießen. Minzblätter einrühren und gründlich kühlen.

»Chaach« mit Eiswürfeln in hohen Gläsern servieren. Dieses kalorienarme Joghurt-Getränk paßt zu allen indischen vegetarischen Gerichten, besonders zu scharfen südindischen Eintöpfen. Es schmeckt auch zum Brunch oder zu Picknicks.

Mandelmilchpunsch mit Safran

(Kesari Doodh)

Dieser erfrischende Punsch aus gesüßter Milch, gemahlenen Mandeln und Safran ist in ganz Indien beliebt. Er wird als alkoholfreier Cocktail oder als Erfrischungsgetränk bei religiösen Festen serviert.

Für 2 Personen

2 EL Mandelsplitter
1 TL Safranfäden
2 Tassen Milch
1 EL Zucker oder nach Belieben

1. Mandelsplitter und Safranfäden in eine kleine Schüssel geben. ½ Tasse Milch in einem Topf aufkochen lassen und über die Mandelsplitter und Safranfäden gießen. Zugedeckt ½ Stunde ziehen lassen.
2. Milch mit den Mandeln und dem Safran in den Aufsatz eines Mixers geben. Zucker hinzufügen und fein pürieren. Restliche Milch zugießen und das Ganze ½ Minute mixen.

3. Gut gekühlt oder mit Zimmertemperatur servieren. Sie können den Milchpunsch auch in einem Topf unter ständigem Rühren erhitzen. Dann von einem Behälter in einen anderen gießen, bis er schaumig wird. In hohe Gläser füllen und servieren.

»Kesari Doodh« paßt ausgezeichnet zu würzig-scharfen südindischen Linseneintöpfen und zu Gemüsecurry.

Joghurt-Getränk mit Mango

(Aam Lassi)

»Lassi«, das nahrhafte Joghurt-Getränk, das oft auf der Speisekarte indischer Restaurants erscheint, ist leicht und schnell zuzubereiten. Das Fruchtfleisch wird mit Joghurt, Zucker und dem jeweiligen Aromastoff vermengt und mit Eis gemischt, bis das Getränk schaumig ist. »Aam Lassi« wird mit süßer, reifer Mango zubereitet. Wenn Sie frische Mango dieser Qualität nicht bekommen, verwenden Sie indisches Mangopüree (Alfanzo) aus der Dose.

Ergibt 3 Portionen

$1\frac{1}{4}$ Tassen Naturjoghurt
$\frac{1}{2}$ TL Zitronensaft
$\frac{1}{2}$ Tasse Mangofruchtfleisch (frisch oder aus der Dose)
$\frac{1}{3}$ Tasse kaltes Wasser
4 EL Honig oder Zucker
9—10 Eiswürfel

Joghurt, Zitronensaft, Mango, Wasser und Honig oder Zucker in den Aufsatz einer Küchenmaschine oder eines Mixers geben und $1\frac{1}{2}$ Minuten verquirlen bzw. bis sich der Zucker aufgelöst hat. Eiswürfel zugeben und weitermixen, bis das Joghurt-Getränk schaumig ist. (Die Eiswürfel werden sich nicht vollständig auflösen.) In hohe Gläser gießen und servieren.

»Aam Lassi«, ein sehr schmackhaftes und sättigendes Getränk, schmeckt am besten zum Mittagessen, zum sonntäglichen Brunch oder an heißen Sommernachmittagen.

Kalorienarmes Papaya-Getränk

(Papeeta Lassi)

Diese etwas leichtere und im Geschmack auch feinere Version von »Lassi« wird statt mit Mango mit Papaya zubereitet. Die Papaya sollte ganz reif sein.

Ergibt 2 Portionen

½ Tasse reife Papaya, in 1½—2 cm große Stücke geschnitten (die Hälfte einer mittelgroßen Papaya)
¾ Tasse fettarme Buttermilch
1 EL Honig oder Zucker
1 Prise Muskatnuß
¼ Tasse Wasser
4 Eiswürfel

Papaya, Buttermilch, Honig, Salz und Muskatnuß in einem Mixer 1½ Minuten verquirlen bzw. bis sämtliche Zutaten gründlich vermischt sind. Wasser und Eiswürfel zugeben und so lange mischen, bis das Getränk schaumig ist. (Die Eiswürfel sollen sich nicht vollständig auflösen.) In hohe Gläser gießen und servieren.

Wenn man zu viele klebrig-süße »Jalaibees« gegessen hat, dann ist »Papeeta Lassi« genau das Richtige.

Zimt-Tee
(Masala Chah)

Was könnte nach einem scharfen indischen Essen willkommener sein als eine Tasse Darjeeling-Tee, aromatisiert mit Zimt und einer Spur Zitrone. Meiner Meinung nach schmeckt dieser Tee am besten ohne Milch und Zucker, die das Aroma nur maskieren.

Für 4 Personen

3¾ Tassen Wasser
7,5 cm langes Stück Stangenzimt, in Stücke zerbrochen
7,5 cm langer Streifen Zitronenschale (ca. 1 cm breit)
4 gehäufte TL Teeblätter oder 4 Teebeutel (Orange Pekoe)
Milch und Zucker nach Belieben

1. Wasser in einem Topf zum Kochen bringen. Zimt zufügen. Umrühren und Hitze wegnehmen. Zimt 2 Minuten ziehen lassen.
2. Wasser und Zimt noch einmal aufkochen lassen. Zitronenschale und Tee hineingeben. Hitze wegnehmen. Tee zugedeckt 3 Minuten ziehen lassen, durch ein Sieb in eine Kanne gießen und servieren. Nach Wunsch Milch und Zucker dazu reichen.

Dieser Tee schmeckt nicht nur gut nach einer scharfen nordindischen Mahlzeit, er eignet sich auch hervorragend als Nachmittagstee.

Basilikum-Tee

(Tulsi ki Chah)

Seit Jahrhunderten werden in Indien Kräutertees als Mittel gegen kleine Unpäßlichkeiten gereicht. Dieser Basilikum-Tee mit Ingwer und Honig gehört im Haushalt meiner Mutter zu den Standardmitteln gegen Erkältungen.

Für 2 Personen

½ Tasse Basilikumblätter (am bestem »Ocimum sanctum«)
2¼ Tassen Wasser
2 TL Teeblätter oder 2 Teebeutel (Orange Pekoe)
1 dünne Scheibe frischer Ingwer
1 EL Honig (nach Belieben)
Milch nach Geschmack

Basilikumblätter mit dem Wasser in einem kleinen Topf zum Kochen bringen. Wärmezufuhr drosseln und die Blätter zugedeckt 5 Minuten köcheln lassen. Tee, Ingwer und Honig zugeben, umrühren und aufkochen lassen. Hitze ausschalten und Tee 3 Minuten ziehen lassen, durch ein Teesieb in Tassen gießen und servieren. Nach Belieben Milch dazu reichen.

Basilikum-Tee ist nicht nur gesund, er ist auch sehr erfrischend. Mir schmeckt er besonders am späten Nachmittag zu Kreuzkümmelkeksen (S. 201).

Orangen-Tee

(Santr ki Chah)

Dieser Tee ist gerade richtig, um die Sommerhitze erträglich zu machen oder die Nerven nach den unzähligen kleinen Krisen des Alltags zu beruhigen. Das Aroma von

Orangenschale und frischem Ingwer wirkt erfrischend und lindernd.

Für 4 Personen

$3^3/_4$ Tassen Wasser
4—5 2,5 cm breite Stücke Orangenschale
2 $^3/_4$ cm dicke Scheiben frischer Ingwer
4 gehäufte TL Teeblätter oder 4 Teebeutel (Orange Pekoe)
2—3 EL Honig
4 Zitronenscheiben zum Garnieren

Wasser zum Kochen bringen. Orangenschale, Ingwer und Tee in eine vorgewärmte Kanne geben. Wasser zugießen und den Tee 3 Minuten ziehen lassen. Honig einrühren und den Tee in Tassen gießen. Mit einer Zitronenscheibe garniert servieren.

Wenn Sie diesen Tee gekühlt servieren wollen, lassen Sie ihn 5 Minuten ziehen. Tee durch ein Teesieb in einen Krug gießen, zudecken und auskühlen lassen. Tee in hohen Gläsern mit Eiswürfeln und einer Zitronenscheibe servieren.
Dieser Tee ist ein köstliches Getränk nach einem raffinierten Gemüsegericht aus Kaschmir, wie zum Beispiel Unreife Pfirsiche und Kichererbsen mit Fenchel (S. 254) oder Vegetarisches Keema (S. 277).

Eisgekühlter Fenchel-Tee
(Saunf ki Chah)

Dieses Rezept habe ich von einer sehr lieben Freundin, Margret Morrello, einer ehemaligen Studentin und Lehrassistentin von mir. Margret ist eine hochbegabte Köchin mit einem besonderen Gespür für interessante Gewürzkombinationen. Dieser köstliche Tee mit leichtem Fenchel-Zitrus-Aroma hat mich ganz bezaubert. Sie schlägt vor, ihn in einer Thermosflasche zum Strand oder zum Picknick mitzunehmen.

Für 4 Personen

½ TL Fenchelsamen
4 Tassen kaltes Wasser
4 gehäufte TL Teeblätter oder 5 Teebeutel (Orange Pekoe)
4 2,5×2,5 cm große Stücke Zitronenschale
Honig oder Zucker nach Belieben

1. Fenchelsamen mit dem Wasser in einem kleinen Topf zum Kochen bringen.
2. Während das Wasser kocht, Teekanne vorwärmen. Tee und Zitronenschale hineingeben. Kochendes Fenchel-Wasser zugießen und den Tee 3 Minuten ziehen lassen. (Nach Belieben, solange der Tee noch heiß ist, Honig oder Zucker einrühren.)
3. Tee durch ein Sieb in einen Krug gießen, zudecken und ganz abkühlen lassen. Mit Eiswürfeln in hohen Gläsern servieren.

Variation: Für Rosen-Tee (Gulab Chah) ersetzen Sie die Fenchelsamen durch ½ Tasse frische Blüten von roten Rosen. Verwenden Sie statt Zitronenschale die gleiche Menge Limonenschale.

Dieser Tee ist der vollkommene Abschluß jeder scharfen indischen vegetarischen Mahlzeit.

Südindischer Kaffee
(Madras Kapee)

In diesem Rezept beschreibe ich die indische — genauer gesagt die südindische — Methode, Kaffee zu kochen. Das besondere Aroma dieses Kaffees kommt von den südindischen Kaffeebohnen, die in Mysore und in den Nilgiri-Bergen wachsen. Er ist auch bei uns im Fachhandel erhältlich.
Dieser Kaffee rundet eine südindische vegetarische Mahlzeit ab, er schmeckt auch köstlich zum Frühstück oder Tiffin.

Für 2 Personen

¼ Tasse Mysore-Kaffee, filterfein gemahlen
⅔ Tasse kochendes Wasser
⅔ Tasse Milch
3 TL Zucker oder nach Belieben

1. Gemahlenen Kaffee in eine südindische Kaffeemaschine oder in eine Filtertüte geben. Leicht festdrücken. Mit kochendem Wasser aufgießen und durchlaufen lassen.
2. Während der Kaffee durch die Maschine (bzw. durch den Filter) läuft, Milch und Zucker in einem leichten Topf zum Kochen bringen. Ständig rühren. Den Kaffee dazugießen und vermischen. Milchkaffee so lange von einem Topf in einen zweiten und wieder zurück schütten, bis er aufschäumt. In Gläser oder Tassen geben und sofort servieren.

Der heilige Punsch

(Thandai Banarasi)

In den meisten hinduistischen Tempeln werden Süßigkeiten und Getränke zubereitet, die Rauschmittel enthalten und von denen man glaubt, daß sie Seelenruhe, Weisheit, die Vereinigung mit dem Gott möglich machen. Diese Zubereitungen werden gewöhnlich von den »heiligen Männern«, den Gurus, den Panditen und ihren Schülern genossen.
Auch ohne Marihuana schmeckt dieser Punsch ausgezeichnet.

Für 16 Personen

2 Tassen Blätter der Chilipflanze
1 Tasse blanchierte Mandeln
2 Tassen rohe Sonnenblumenkerne
1 EL Ingwerpulver
15 Kardamomkapseln, geschält
$1\frac{1}{2}$ TL Piment
$\frac{1}{4}$ Tasse Fenchelsamen
6—8 Chilischoten oder 30—34 schwarze Pfefferkörner
2 Tassen Honig oder Zucker
$2\frac{1}{4}$ Liter Milch
Eiswürfel

1. 5 Tassen Wasser zum Kochen bringen. Chiliblätter zugeben, zudecken und 1 Minute kochen lassen. Ingwer, Kardamom, Piment, Fenchel und Chilischoten hinzufügen, einmal umrühren und Hitze ausschalten. Zugedeckt 1 Stunde ziehen lassen bzw. bis die Samen sehr weich sind.
2. Wasser abgießen, aber nicht wegschütten. Die eingeweichten Gewürze in den Aufsatz einer Küchenmaschine oder eines Mixers geben und pürieren. Bei laufender Maschine einen Teil des Einweich-Wassers, jeweils ein

paar Löffel auf einmal, zugeben, bis ein dickflüssiges Püree entsteht.

3. Ein Sieb mit einer doppelten Lage Musslin auslegen und über einen Topf legen. Püree hineingießen und den Saft abtropfen lassen. Noch etwas Wasser zugießen und soviel Saft wie möglich auspressen. Ab und zu das Musselintuch hochheben und die Masse zusammendrükken, damit noch mehr Saft austritt. Dieses Verfahren wiederholen, bis das ganze Einweich-Wasser aufgebraucht ist. Das Konzentrat in eine Flasche oder in einen Krug füllen und kalt stellen.

$\frac{1}{3}$ Tasse »Thandai Banarasi«-Konzentrat in ein hohes Glas gießen. 2 EL Honig oder Zucker und $\frac{1}{2}$ Tasse Vollmilch oder Wasser zufügen und gut verrühren. 3—5 Eiswürfel hineingeben, umrühren und servieren.

Als transzendentales Erlebnis empfehle ich, zum »Heiligen Punsch« den »Weg zum Nirvana« (S. 486) zu genießen.

Adressenliste

Die nachfolgend aufgeführten Geschäfte führen eine große Auswahl indischer Lebensmittel und versenden sie auch per Post- oder Bahnexpreß (Stand 1995):

Bashir International
Torfstraße 24
13353 Berlin
Telefon (030) 453 46 52
Telefax (030) 453 47 28

Claire Zurgeissel
Rostocker Straße 68
20099 Hamburg
Telefon (040) 280 27 47

Indische Gewürze und Spezialitäten
Vinay Vermani
Marienstraße 9–11
30171 Hannover
Telefon (05 11) 363 17 11

INDU-Versandlädchen
Turmstraße 7
35085 Ebsdorfergrund
Telefon (0 64 24) 39 88
Telefax (0 64 24) 49 40

Maharani – Indisches Gewürzhaus
Düsseldorfer Straße 13
60329 Frankfurt/M.
Telefon (069) 23 47 76

Mailing am Viktualienmarkt
Westenrieder Straße 8a
80331 München
Telefon/Fax
(089) 29 40 11

Asien-Basar
Hirschbergstraße 3
80634 München
Telefon (089) 13 17 03
Telefax (089) 13 28 21

Alphabetisches Register

C

D

E

N

O

P

R

S

T

Register nach Sachgruppen

BEILAGEN

BROT UND REIS

Brot

Reis

FRÜHSTÜCK UND KLEINE GERICHTE FÜR ZWISCHENDURCH

GEWÜRZMISCHUNGEN

HAUPTGERICHTE/
EINTOPFGERICHTE